LADY DEATH

The Memoirs of Stalin's Lyudmila Pavlichenko

女狙击手

柳德米拉·帕夫利琴科

［苏］柳德米拉·帕夫利琴科（Lyudmila Pavlichenko） 著

刘 巍 译 董旻杰 审校

ZHEJIANG UNIVERSITY PRESS
浙江大学出版社
·杭州·

图书在版编目（CIP）数据

女狙击手：柳德米拉·帕夫利琴科 / （苏）柳德米拉·帕夫利琴科著；刘巍译.—杭州：浙江大学出版社，2024.7

书名原文：Lady Death：The Memoirs of Stalin's Lyudmila Pavlichenko

ISBN 978-7-308-24964-5

Ⅰ.①女… Ⅱ.①柳… ②刘… Ⅲ.①柳德米拉·帕夫利琴科—回忆录 Ⅳ.①K835.125.2

中国国家版本馆CIP数据核字(2024)第112164号

女狙击手：柳德米拉·帕夫利琴科

［苏］柳德米拉·帕夫利琴科 著 刘 巍 译 董旻杰 审校

责任编辑 钱济平
责任校对 朱卓娜
责任印制 范洪法
装帧设计 千橡文化
出版发行 浙江大学出版社
　　　　（杭州市天目山路148号 邮政编码310007）
　　　　（网址：http://www.zjupress.com）
排 版 西风文化工作室
印 刷 北京文昌阁彩色印刷有限责任公司
开 本 710mm×1000mm 1/16
印 张 26
字 数 330千
版 印 次 2024年7月第1版 2024年7月第1次印刷
书 号 ISBN 978-7-308-24964-5
定 价 128.00元

英文版前言

　　这本回忆录在狙击手文献领域非常独特，因为它是第一本由前线的女性狙击手撰写的回忆录。而且，柳德米拉·米哈伊洛芙娜·帕夫利琴科也绝非普通的狙击手，而是有史以来杀敌数第一的女狙击手，正式档案记载的人数是 309 人。不过要说一句，正式的杀敌数是由另外一方负责统计的。帕夫利琴科与其他狙击手一样，一般是在进攻的同时击杀敌人。这时候停下来去记录她打死了多少敌人，既不明智，也不现实。于是她确切的杀敌总人数也就不明，但 500 人左右确实是有可能的。

　　另外一个层面，这份不寻常的回忆录也澄清了很多后来出现的，专门针对她的莫须有的指责，以及各种不准确的文章。特别是有一种说法，说她根本不是狙击手，而是红军宣传机器制造出来的神话。但帕夫利琴科就如同她的同行、狙击手瓦西里·格里戈里耶维奇·扎伊采夫一样，都是实打实的真英雄。确实有一种局面很讽刺：他们并不想要荣誉，然而这份他们不想要的荣誉却使得他们被迫脱离了前线的使命，否则两人的名字毫无疑问都要刻在战争纪念碑上了。苏联狙击手的生命一般十分短暂。斯大林格勒战役中，新狙击手在前线的存活时间一般只有两个星期。存活的时间越长，水平就会越高，而生存下来机会也会越大，至少一定程度上如此。然而，战争时期，前线战斗方面却有一条"收益递减"的法则。最终，战斗疲劳、身体和意志的严重耗损会显出其危害，战斗员就会犯错。狙击手的生命可以说很像飞行员的生命，一次出错就可能终结，也很少有重来的机会。

帕夫利琴科并未有丝毫暗示，说她未来注定会背上"死亡女神"（德军给她起的绰号）[1] 这么一个称号，说她注定会荣获苏联的最高奖项，见到斯大林，访问美国、加拿大、欧洲。她就好像成千上万苏联的年轻人一般，战争爆发之前似乎注定要在苏联体系内工作。而且她受过高等教育，很可能还会当个基层官员，一步步地晋升。然而她偶然摸到了 TOZ–8 式 0.22 英寸（5.56 毫米）口径打靶步枪，这改变了她一生的轨迹。这款步枪在苏联以外基本没有名气，属于小口径单发步枪，制造量数以万计，在射击俱乐部里十分流行，猎人也爱用它来狩猎小动物。这种步枪很廉价，结构牢固，精准度高，是大部分苏联人练习射击所用的第一支步枪。而且出于机缘巧合，她又有这样一种天赋，恰好同时具有手眼协调、肌肉稳定、好眼力、有耐心的特质。但还有另外一种更加模糊的品质，并非每一个优秀射手都能拥有，也正是这种品质，让狙击手不同于普通的枪手。这品质究竟是什么，乃是争论不休的话题。有人叫它"内在的狩猎本能"，男人并非都拥有这样的本能，女人则更加少见。也有人叫它"目标之力"，也就是一种超越普遍准则的意志。但是显然，柳德米拉对祖国、对苏联的信仰从未减弱，这信仰给了她超出一般的决心，经常在面临巨大困难时表现出来。她和其

---

[1]　即本书英文名 Lady Death 直译，也是柳德米拉在西方广泛传播的绰号。——中译者注

他苏军战士一样，都坚信为祖国而死是一种崇高的牺牲。或许正是这一点让她在多次负伤之后坚持作战，而换作旁人，可能早已中途放弃了。后来，为丈夫报仇的愿望，一定也成了她的动力。然而在很多方面，帕夫利琴科都不是宣传员所青睐的那种英雄素材。她确实很有吸引力，但她的性格则是典型的狙击手性格。她沉默寡言，偏于内向，不喜欢抛头露面，只想完成自己的任务，一如她简单明确的说法："消灭法西斯！"[1] 肯定会有一些性格合群的狙击手，但数量不多，也很可能没有在自己选择的岗位上存活很久。人们对柳德米拉的角色越来越感兴趣，而她说道："狙击手最不应该引起别人注意，成功的首要条件是不让人知道。"[2] 不仅在战场上如此，她对公开宣传也十分小心。狙击手需要如猫一样的耐心，需要有内在的狡猾，还要对自己的职业有一种态度，可以称之为"迷恋"的态度。例如，请想一想她设法找到、消灭那个躲在铁路桥上的德国狙击手所投入的努力吧。这需要连续仔细观察多个小时，用德国狙击手的思维去思考，多次返回战场，还需要准备好继续这样行动，而且并不知道结果何时才会来到眼前。一般士兵绝不会有如此的毅力去完成这一任务。

这一切也许看上去并不像那个周游世界，会见各国总统、政治家的柳德米拉。但她被人放到了这个环境当中，也必须充分融入这个环境。我们也绝不应忘记，她已经负伤四次，每一次都必然损害了她的身心健康。最悲惨的是，她在从前线退下来之前几个月，刚刚埋葬了丈夫阿列克谢·阿尔卡季耶维奇·基岑科少尉[3]，而她与丈夫结婚只有几个星期。[4] 如今，医

---

[1] 这句话参见 14 章，以柳德米拉口气撰写的传单末句。——中译者注

[2] 这句话参见第 10 章。——中译者注

[3] 英文原作"中尉"，据实际情况改正。——中译者注

[4] 按照本书记载，两人 1941 年底或 1942 年初结婚，1942 年 3 月 4 日基岑科就因伤重去世了，两人结婚最多 3 个月多一点。——中译者注

学界已经有了可观的文献，记载男兵因作战而受到的长期影响。但关于女兵却几乎没有类似的研究，因为加入战斗部队的女兵少之又少。因此柳德米拉离开苏联时究竟是什么状态，我们也就无法确定了。一方面，上级希望她为盟军展示苏军最优秀的一面，而她并没有真正发表过大型公开演讲，没有面对过报纸和电台记者，甚至没有出国经验。她自己说，只是来到莫斯科就觉得自己像是在外国了。因此她出访欧美所面临的挑战和压力必然非常巨大。此外，她所见的大部分媒体都让她相当鄙视，尤其是在美国，有记者问她在前线怎么化妆，问她的军服下摆的细节，让她实在不能理解，美国人怎么会如此不了解战争的实际情况。偶尔她也会爆发，比如对着集会的人群说，他们一直躲在战斗者的背后。[1] 有人请她展示射击水平，也让她很不高兴。她在本国就不愿意展示，更别说在周游世界的时候。她总是拒绝，因此产生了流言，说她其实不会用步枪。[2] 柳德米拉当然是天才射手，但并不是马戏团演员，她相信自己的任务并不包括专门演示射击技巧，特别是她还要使用完全不熟悉的各种步枪和瞄准镜。

她经常提到的两种步枪或许值得专门介绍一下。一种是莫辛－纳甘1891/30式 [3]，带 PE 瞄准镜，后来换成改进型 PEM 瞄准镜。另一种则是

---

[1] 这句话参见第 16 章柳德米拉在芝加哥集会的发言。原话是"先生们，难道你们不觉得在我背后躲得太久了吗？"也强调了性别不同。——中译者注

[2] 正文中她出访美国时并未直接出现拒绝的情节。第 16 章写了她参观射击俱乐部，很愉快地打靶，而且已经知道现场有记者。但她这时又说"我已经一个半月没摸过步枪了"，间接说明之前出现过邀请和拒绝。普切林采夫回忆录《特殊使命》（*Особая миссия*）第 12 章"新任务"记载，柳德米拉和普切林采夫参观军事机构时总是有人怂恿他们测试各种轻武器，两人多次婉拒。后来代表团在华盛顿时，为了应对诋毁他们的谣言，普切林采夫只得展示了狙击手的地面作战行动，之后两人也展示了射击技巧。在这期间，柳德米拉确实有一个排斥的阶段。——中译者注

[3] 按照俄语习惯，正文中，柳德米拉对其只称"莫辛"而不称"纳甘"。——中译者注

SVT-40 半自动步枪。莫辛是一种古旧的军用步枪，于 1891 年设计，枪管长 73 厘米，弹仓装弹 5 发，重 4 千克，使用缘发式（rimmed）7.62 毫米 × 54 毫米子弹。这种子弹也是相当陈旧的类型，大多数国家在二战时期已经换用了无缘式（rimless）子弹。莫辛步枪狙击型装有 4 倍 PE 瞄准镜，基本仿制了德国蔡司（Zeiss）瞄准镜，有效射程超过 1000 米，但必须在极好的天气条件下，由水平极高的狙击手方可实现。柳德米拉最喜欢莫辛步枪，它十分坚固耐用，容易在战场上修理，光学器件质量也很高。PE 瞄准镜一直生产到 20 世纪 40 年代早期，后来被新型的 PU 瞄准镜取代。PU 体积小，重量轻，放大倍率 3.5 倍。

相比之下，SVT-40 半自动步枪就是新技术的产物，由早期缺陷较大的 SVT-38 改进而来。SVT-40 膛室容纳的也是 7.62 毫米 × 54 毫米子弹，不过它的气动操作使得步枪能够快速发射，在战时作用极大。它也具备新式 PU 瞄准镜，放大倍率较 PE 更小。但因为气动结构复杂，射程与精度都不如莫辛，有效狙击射程一般以 600 米为极限。当然，柳德米拉的 SVT 是一支礼宾枪，但她自己不大可能主动选择它，虽然她在一些场合也提到 SVT 的火力在大规模进攻时作用巨大。总体来说，SVT 作为狙击步枪没有达到原有的期望。1942 年，军方重新生产莫辛狙击步枪。

柳德米拉的回忆录虽然讲述了一些最难忘的狙击经历，但她在敖德萨、塞瓦斯托波尔围城期间，大部分射击还是相对近距离的射击。原因之一在于，敌人距离越近，越能被消灭。不过，柳德米拉也确实提到了一种新的可怕战术：射击德军腹部。这不仅是为了实际的目标，也是为了攻心战的目标。这为我们展现了东线战场是何等惨烈。她还专门提到，手枪中最后一颗子弹留给自己，这也绝不是夸张。只要一方活捉了另一方的狙击手，一般都会将其折磨至死。另外，有趣的是，她的回忆录提到，随着战争的发展，苏联军方才逐渐重视狙击手。原先军方只是认为他们是光荣的步枪兵，应当在进攻时随着步兵一道前进。后来军方才承认，狙击手是前线专家中最值得尊敬的。他们的地位高到了可以每周休假一天，这是军中前所未有的特权，本身也说明了军方认为狙击手有多么重要。原因之一很简单：狙击手作战非常有效。整个苏德战争期间，苏联狙击手究竟杀了多少德军，不可能有完整的统计，但由下列数据可以推得数目必然十分惊人：苏联各狙击手学校毕业的女生约2000人，官方认定的击杀德军人数总共12000人。而苏联男狙击手的前10名击杀人数则超过了4300人。若将范围扩大至整个苏联陆军狙击手全体，则他们的击杀人数将达到数十万。但是，西方读者习见的1944年后西欧各战场上的狙击击杀数字则要小得多，英国狙击手的官方认定杀敌数量最高也不过119人。而苏联宣传机关非常关注这些新涌现的英雄，特别是其中的女性，也就不足为奇了。毕竟整个二战中只有苏联让女人走上前线担任战斗员，公众也需要一个焦点来转移注意力，不去想着1941—1943年轴心国那些看似势不可挡的一次次进攻。

柳德米拉成了红军中名气最大的女性之一，两次荣获列宁勋章，也获得了苏联英雄称号。战后她依然留在军中，成了苏联海军研究所的一名历史学家，1953年6月以少校军衔退役。战后，人们对狙击战术的兴趣一直在增长，柳德米拉的地位也并未下滑。她在书中清楚地表明，针对她的很多批评毫无根据。但她与成千上万的老兵一样，虽然幸存下来，却付出了高昂代价，身心严重受创。战后，她余生一直在对抗酒精的诱惑，头部多处损伤（包括耳聋）的后遗症也让她极为痛苦。她一直没有再婚。[1]1974年

---

[1] 此处可能有一个重大错误。根据新圣女公墓的柳德米拉墓碑照片，这里安葬的有她本人、她母亲伊莲娜、儿子罗斯季斯拉夫，此外还有一个男人，名为康斯坦丁·安德烈耶维奇·谢维列夫（俄文：Костянтин Андреевич Шевелєв，转写：Konstantin Andreevich Shevelyov，1906—

10月，58岁的柳德米拉去世，按照严格的军人仪式安葬在莫斯科的新圣女（Novodevichye）公墓，与她挚爱的阿列克谢相隔了1500千米，也相隔了一生。

马丁·佩格勒[1]

1963），网上多个信源说这就是她的第三任丈夫。按照常理，能与她母亲、儿子并列的人也必然是她最亲近的。但很奇怪的是，关于此人，网上能够立刻找到的资料极少，大部分是俄文的家谱及墓地网站。只有一个中文网页说丈夫较早离世，加重了她的精神症状。——中译者注

[1] 马丁·佩格勒是著名军事狙击术专家，毕业于"伦敦大学学院"（University College London），曾任皇家军械库博物馆（the Royal Armouries）火器馆长，著有20本书。曾参与多部电视节目，其中包括BBC纪录片《时代瞭望指南》（*Timewatch*）、"历史频道"（History Channel）纪录片《战地侦探》（*Battle Field Detectives*），担任英国鉴宝节目《古董巡回秀》（*The Antiques Roadshow*）常驻军事专家达6年之久。目前退休，与妻子定居法国。

英文版出版说明

衷心感谢英译者戴维·福尔曼（David Foreman），及约翰·沃尔特（John Walter）提供的建议与修改工作。

英文版地名保留了俄文版原文的俄文拼写。今天[1]很多地方有了修改之后的乌克兰语地名。

英文版中有些插入文本带有方括号，来自俄文版编辑阿拉·伊戈列夫娜·别古诺娃及英译者。尾注亦为别古诺娃所写，加上了一些英文版注解，撰写者包括约翰·沃尔特、马丁·佩格勒（Martin Pegler）、戴维·福尔曼。[2]

---

[1] 指英文版出版的 2018 年。本书俄文版 2015 年推出。——中译者注

[2] 英文版尾注在中文版中全部改为脚注，并增加了一组中译者写的注解。——中译者注

俄文版编辑前言

苏联英雄柳德米拉·米哈伊洛芙娜·帕夫利琴科是历史上成就最高的女狙击手，单人击杀 309 名敌人官兵。她也是二战期间最知名的普通士兵之一，不论在国内还是国际上。她还是个漂亮姑娘，1942—1945 年，印有她头像的口号"打敌人，别失手！"的传单在苏德战场前线发放了超过 10 万张。1974 年，柳德米拉去世之后，多个机构以她命名，包括苏联渔业部的一艘船，乌克兰基辅州白采尔科维市（Bila Tserkva）[1] 第三中学（她在这里从一年级上到七年级），塞瓦斯托波尔市中心一条街道。

这位女英雄的自传真实而完整 [2]，读起来像是一本引人入胜的小说。这本书包括了悲剧的篇章，例如她在 1941 年 6 月 26 日加入红军步兵第 54 团之后，经历了艰辛的撤退，从西部边境一直撤到敖德萨。这本书也包括了

---

[1] "白采尔科维"是乌克兰语，俄语作"贝里亚·特沙科夫市"（Belaya Tserkov），意义均为"白教堂"。——中译者注

[2] 实际上并未写完，只有参战的部分相对完整。——中译者注

英雄的篇章，例如她为了保卫敖德萨，两个月消灭了 187 名纳粹分子。塞瓦斯托波尔保卫战使得这位第 25 "恰巴耶夫"师的王牌狙击手获得了更高的荣誉，杀敌人数最终达到了 309 人。同时，这本书也包括了诗歌一般的篇章，柳德米拉在战争中遇到了真爱。她所在团的英雄少尉阿列克谢·阿尔卡季耶维奇·基岑科成了她的丈夫。

奉斯大林的命令，1942 年 8 月，尼古拉·克拉萨夫琴科、弗拉基米尔·普切林采夫、柳德米拉·帕夫利琴科三人组成共青团代表团，飞赴美国参加一场国际学生大会，目的是敦促盟国在西欧尽快开辟第二战场……[1]

战时苏军禁止士兵写日记，但柳德米拉还是无视禁令，保留了一份日记，时不时写下非常简短的记录。狙击手并没有机会每天都拿起铅笔或钢笔。所有战役当中，塞瓦斯托波尔战役尤为激烈而残酷。

1953 年，柳德米拉以少校军衔从苏联海军[2]退休时，想起了她在前线留下的这份记录。她大学学的是历史专业，以严谨的学术态度研究了自己的回忆录，认为需要先到各大图书馆、档案馆做研究工作，才能充实回忆录并且出版。1958 年，柳德米拉迈出了第一步，奉苏联国家政治书籍出版社（State Political Publishing House）指示，写了一份 72 页的文献性小册子，名为《英雄的故事：塞瓦斯托波尔保卫战》（*The Heroic Past: The Defence of Sevastopol*）。此外她还为多种选集、杂志写了多篇文章。这些文章并没有回忆她作为狙击手的服役经历，只是 1941 年 10 月到 1942 年 7 月塞瓦斯托波

---

[1] 此段英文版以句号作结，俄文版以省略号作结，表示她的生平没有讲完。此处从俄文版。——中译者注

[2] 此处英文写的是 Soviet coast guard，但苏联当时并没有海岸警卫队这样的独立兵种。根据俄罗斯国家英雄官网上的信息，她于 1945 年 8 月从预备役转入现役时，是在海军服役，1953 年退役前在海军总参谋部海军科研局舰队历史教研处当研究员，因此原文的意思可能是指她在岸上而非海军舰艇部队服役。——中译者注

尔防区前线及后方主要事件的一般叙述。

1964 年，柳德米拉因这些作品而加入苏联记者联盟（the USSR Union of Journalists，又译苏联新闻工作者协会），当了莫斯科分会军事历史部的书记。她接触了很多以写作为业的同事，并积极参加对下一代青少年进行爱国主义军事义务精神教育。在这些工作中，她逐渐得出结论，如果让当年担任过上士并指挥过"特等射手"排的她写一本书，写出步兵服役的诸多真实细节，是可以受到现代读者欢迎的。

20 世纪 60 年代末，不仅苏联红军的主要军事指挥员出版了很多 1944—1945 年红军成功作战的回忆录，红军军官和政工人员也写了很多纪实文章，回忆了伟大卫国战争[1]的艰难甚至悲剧性的开端。这些书中有关而值得一提的有：伊利亚·阿扎罗夫（Ilya Azarov）《围困中的敖德萨》[*Odessa Under Siege*，苏联国防部军事出版社（Voenizdat），莫斯科，1966]。回忆录合集《在黑海要塞边》（*By the Black Sea Fortresses*，苏联国防部军事出版社，莫斯科，1967）。其中包括第 25 "恰巴耶夫"师前任师长特罗菲姆·科洛米耶茨（Trofim Kolomiyets），其下属女兵柳德米拉·帕夫利琴科，还有第 54 团前任共青团书记雅科夫·瓦斯科夫斯基（Yakov Vaskovsky）的文章。以及敖德萨保卫战期间普通士兵尼古拉·阿列先科（Nikolai Aleshchenko）的回忆录《他们保卫了敖德萨》[*They Defended Odessa*，"陆海空军志愿后援协会"出版社（DOSAAF Publishing），莫斯科，1970]。柳德米拉读过这几本书之后，开始自己写作。

她关注前线狙击手所起的作用，而且详细描述这一军事专业岗位相关

---

[1] 俄语：Великая Отечественная война，转写：Velikaya Otechestvennaya voyna，是绝大部分苏联加盟共和国对 1941—1945 年苏德战争的称呼。1812 年的俄法战争，俄人称为"卫国战争"（俄语：Отечественная Война），没有"伟大"二字。——中译者注

的一切：训练方法、战场上的战术，特别是武器装备。她对这些都非常了解，而且十分热衷。20 世纪 40—50 年代，这些资料是不允许披露的，但狙击手的战斗故事缺了这些资料就不完整了。

柳德米拉回忆自己先前受过的学术训练，努力收集材料，为自己的稿子寻找最适合的文学叙事风格。她清楚地认识到，伟大卫国战争结束已经过去了 20 年，这当然无助于她的计划快速实现。很多事情很难回想起来，很多记录已经找不到了。除此之外，她已经把自己的很多珍贵文件、照片和个人物品上交给了博物馆，包括莫斯科的苏联武装力量中央博物馆[1]、塞瓦斯托波尔英勇保卫和解放国家博物馆。

不幸的是，严重的慢性病使得这位女英雄最终没有完成这本书，也没有看到她作为狙击手的人生回忆录得以出版。柳德米拉的儿子罗斯季斯拉夫·阿列克谢耶维奇·帕夫利琴科（Rostislav Alexeyevich Pavlichenko）也已经去世，他的遗孀卢博芙·达维多夫娜·克拉申尼科娃–帕夫利琴科（Lubov Davydovna Krashennikova–Pavlichenko）保留了本书手稿的片段。

我们对此表示衷心感谢。

俄文版编辑　阿拉·伊戈列夫娜·别古诺娃

---

[1] 今俄罗斯联邦武装力量中央博物馆。——中译者注

苏联英雄，柳德米拉·帕夫利琴科中尉，莫斯科，1944 年摄（塞瓦斯托波尔英勇保卫和解放国家博物馆提供）

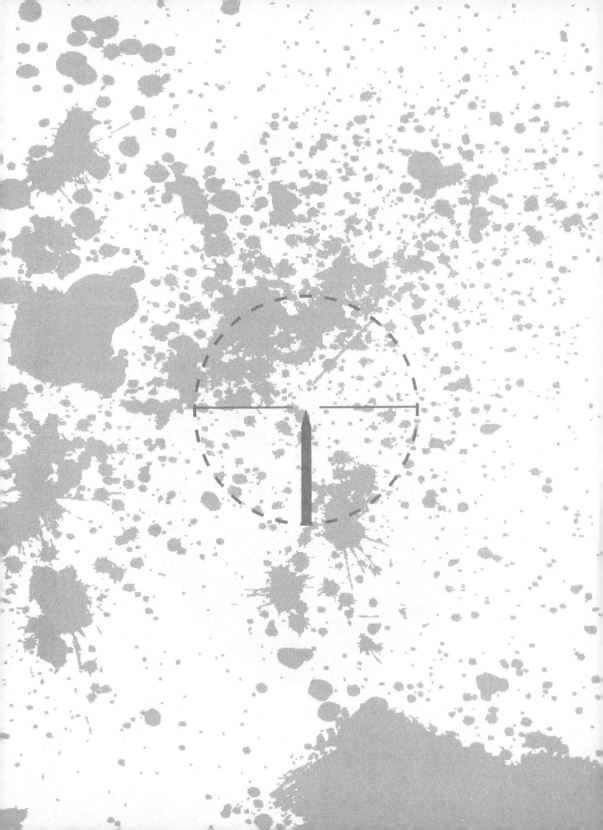

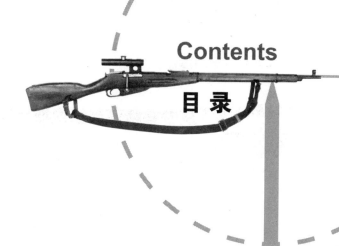

Contents

目录

第二次突击 143

夕阳的最后一缕余晖穿过凄凉缠绕的树枝，落在一个"维京人"闪亮的盔甲上，明亮的斑点在他的头盔上闪闪发光。

对决 160

一月的夜色渐渐退去，桥的轮廓在黎明的薄雾中慢慢显现出来，一个黑影小心翼翼地在扭曲铁梁中穿行，在逐渐泛白的天空衬托下，瞬间消失。

在无名高地上 180

廖尼亚在掩体里紧紧拥抱我，吻我。跨出门槛一步，我们就不再是夫妻，而是同团的战友。

1942 年春天

我坐在一棵倒下的树上，丈夫搂着我的肩，说起他童年的趣事。"你没事吧？"基岑科刚问出这么一句，第三次射击的炮弹就在我们身后爆炸了。

集团军司令员的话

在 6 月的暮色中，我们首先看到了潜艇高高的指挥塔，然后是指挥塔前方的 100 毫米舰炮，接着是整个潜艇，狭长的艇身像一根巨型雪茄，海水从潜艇圆润的侧面瀑布般倾泻而下。

莫斯科之星

在莫斯科这座大城市里，我完全是孤身一人。没有亲戚，没有朋友，也没有熟人。只是定期去见米哈伊洛夫，我不得不同他一起乘坐他的司机驾驶的汽车去参加各种公共活动。

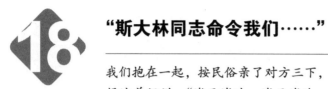

"斯大林同志命令我们……" 316

我们抱在一起，按民俗亲了对方三下，又拥抱了很久很久。妈妈流着泪说："谢天谢地，谢天谢地，我亲爱的！说出门 1 个月，结果 4 个月才回来！"

我靠边站了！ 329

只有鸟儿的叫声在雪松之间来回穿梭，只有偶尔从海上吹来的阵风，吹得野玫瑰丛沙沙作响。只有晶莹剔透的天穹在士兵纪念碑的人行道、小路和墓碑上闪烁着蔚蓝色的光芒。

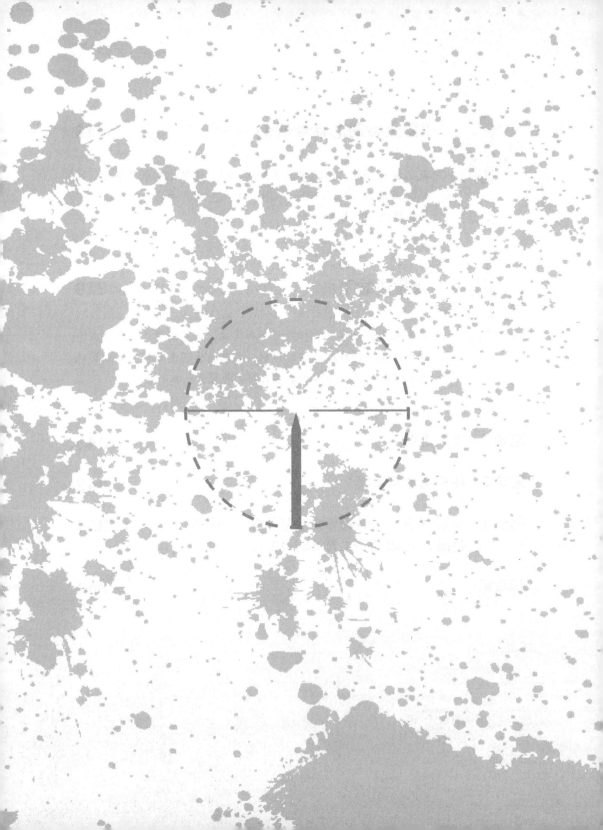

工厂围墙

1932 年，我们家的生活发生了很大变化。我们原来住在基辅州南部一个偏僻的小镇博胡斯拉夫（Boguslav），这一年，搬进了乌克兰首都基辅的一套政府公寓。这套房子是分给我爸爸的，他名叫米哈伊尔·伊万诺维奇·别洛夫（Mikhail Ivanovich Belov）。我爸爸的工作单位是内务人民委员部（NKVD，俄语全称转写为 Narodny Kommisariat Vnutrennykh Del），他因为工作勤勉，被提拔进了中央政府。

父亲性格坚定而严厉，忠于职守。他年轻的时候在一家大厂里做装配工，一战期间，在前线待过一阵子。他参与了彼得堡（Petrograd）革命运动，又在萨马拉—辛比尔斯克（Samara–Simbirsk）第 24 "铁师" 担任团政委，在乌拉尔南部和伏尔加地区中部与高尔察克（Kolchak）的白卫军作战。1923 年，我父亲 28 岁，从军中退伍。不过，他一辈子都穿着军服，在我们印象中，他也总穿着同一套衣服：卡其色华达呢军用夹克，翻领，胸口佩戴着红旗勋章。裤子是深蓝色的，大腿部分向外展，好像马裤一样。再加上一双小牛皮的军官靴，一套军服就配齐了。

平时，家里的纠纷（如果有的话），总是爸爸最后说了算。我亲爱的妈妈伊莲娜·特罗菲莫芙娜·别洛娃（Elena Trofimovna Belova），毕业于弗拉基米尔市（Vladimir）一所女子文法学校[1]，她很清楚怎么缓和爸爸严厉的天性。她模样秀气，身材修长而玲珑有致，一头深棕色的头发，一双棕色眼睛在脸上闪闪发光。她懂得很多外语知识，也在学校教过外语，小学生们都喜欢她。她有本事把上课变成玩游戏，能保证学生们记住苏联人听起来陌生的很多欧洲词汇。在她的指导下，孩子们对各门语言，不光阅读得很好，说得也很棒。母亲对自己的孩子——我和我姐姐瓦莲京娜（Valentina），也是一样地疼爱。她让我们很早接触了俄罗斯经典文学，普希金（Pushkin）、莱蒙托夫（Lermontov）、果戈理（Gogol）、列夫·托尔斯泰（Leo Tolstoy）、契诃夫（Chekhov）、马克西姆·高尔基（Maxim Gorky）、库普林（Kuprin）的作品，全都放进了我家书房。我姐姐性情比我更加温柔，也爱幻想，对于文学、小说，她的接受度更高一些。我更喜欢历史，确切地说，是伟大祖国的军事史。

搬到博胡斯拉夫之前，我们在基辅州白采尔科维市住了几年。我在这里上了市立第三学校，度过了无忧无虑的童年和少年时期。我在站前街（Station Street）上交了一帮朋友，总是与他们混在一起。我们玩一种叫"哥萨克和强盗"的追人游戏，在市里的罗斯河（Ros）上划船，在古老而美丽的亚历山大公园里游逛。到了秋天，还会组队偷袭邻居家的果园。我手下管着一帮十几岁的男孩子，因为我打弹弓是最准的，跑起来是最快的，擅长游泳，也从来不怕打架。谁惹了我，我肯定第一个把拳头挥到他脸上。

---

[1] 西方及俄国一种程度较高的学校，大致相当于我国的重点高中。——中译者注

我还没满 15 岁，那些后院里的追人游戏就结束了。变化是突然发生的，在仅仅一天之内。现在回想起来，就好比世界末日，好比心甘情愿让自己盲目，好比失去理智。那是我的初恋，一场校园恋情。初恋的回忆，如今依然伴随着我，也就是那个人的姓氏——帕夫利琴科（Pavlichenko）。[1]

走运的是，我的儿子罗斯季斯拉夫一点也不像他父亲。他性格温和沉稳，是我们家族典型的外貌特征：棕色眼睛，浓密的黑发，身材魁梧，体格强壮。他属于别洛夫家族，继承了为祖国奉献的光荣传统。斯拉瓦（Slava，罗斯季斯拉夫的昵称）以优异成绩毕业于莫斯科大学法学院及克格勃高等学校，光荣地成为一名苏维埃军官。我为他而骄傲。

我们很快在基辅的新家安顿下来，逐渐适应了这个喧闹的首都大城市。爸爸每天都工作到很晚才回家，我们很少看见他。于是，我们要和他谈心，一般都是吃完了晚饭在厨房里谈。妈妈把俄式茶具摆在桌子上，喝茶的时候，我们跟爸妈什么都可以谈，什么都可以问。很快，我们就谈到了紧要的问题。

爸爸一边抿着热茶一边问："亲爱的孩子们，你们现在打算怎么办？"

瓦莲京娜是姐姐，她先回答："我们还不知道呢。"

爸爸说："你们应该考虑找工作的事了。"

"什么工作？"姐姐很惊讶。

"找份好工作，去个好地方，挣一份好工资。"

---

[1] 作者极少谈到与她儿子的父亲的关系。推断这关系不仅很短暂，而且遭到严重非议，从而让作者父母搬离了白采尔科维市。1941 年夏，作者称她与阿列克谢·帕夫利琴科已经有三年没见面了（中译者补充：参见后文第 3 章），那之后就再也没有提到他。他似乎只是战争期间失踪的无数苏联军人之一。（中译者补充：后文第 6 章前半部提到，1941 年 10 月，柳德米拉说"他已经消失在战争的烈火中"，但消息来源不明，中译者也暂未找到此人后来的资料。）

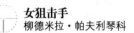
我插嘴说："可是爸爸，我才上了七年学，还想接着上呢。"

"柳德米拉，只要你想学习，总有机会。"爸爸坚定地说，"不过，参加工作，填好报名表，现在正是时候。而且我已经安排好了，他们做好了准备要招你了。"

"是什么地方？"姐姐很不高兴，撅起了嘴。

"是基辅兵工厂。"

从阿斯科尔德陵墓公园就能看见第聂伯河宽阔平静的水面向左延伸。右边则是笔直而很短的"兵工厂街"，1942 年改名"莫斯科街"[1]。街道尽头立着一座非常气派的建筑，那就是沙皇尼古拉一世（Nicholas Ⅰ）时期建造的基辅兵工厂，传说第一块砖头是沙皇亲自奠基的。建筑的墙足有 2 米厚，两层楼高，砖块是浅黄色，于是当地人给了它一个外号"瓷器楼"。

不过，建筑里面的车间也好，建筑旁边的工厂也罢，都与这种黏土烧成的精致物件没什么关系，最早的基辅兵工厂是俄国女沙皇叶卡捷琳娜二世下令修建的，从 1784 年一直到 1803 年，花了很长一段时间才建成。工厂生产加农炮、炮架、步枪、刺刀、军刀、阔剑，还有各种军事装备。

苏维埃时期，兵工厂还负责生产经济建设的必要设备：犁、锁、双马车，以及磨坊机器、炼糖厂机器。基辅兵工厂的工人全心投入工作，1923 年，工人们获得了乌克兰政府的奖章——劳动红旗勋章。

我第一眼就喜欢上了基辅兵工厂，工厂的样子非常像一座堡垒。厂房呈矩形，长 168 米，宽 135 米，有一个很大的内院，一座塔楼，外墙是圆角，其中一层外墙装饰有大型木制粗面板。整座建筑给人感觉活像一幅古代战争的版画，只缺了城墙下的护城河、河面上的吊桥，还有穿着闪亮盔

---

[1] 俄文原版作 1941 年，似更合理。——中译者注

甲的武士，守卫沉重的大门。

完成一套手续（比如签署一份国家保密协议）之后，我和姐姐参加了保卫"要塞"的驻军。瓦莲京娜当了一名进度检查员，因为她已经满了18岁，有了毕业证。我当时才16岁，因为年纪小，也没有专业技能，就只好当了普通工人。我花了6个月时间才适应了工厂的生活节奏，跟别的工人交上了朋友，我还加入了共青团。1934年5月，我调到一家车工车间当了大约一个月的学徒，终于有资格独立工作了。我很快就当上了六级车工。

那段时间真是有趣，基辅兵工厂就在我们眼前一点点发生变化。工厂收到了新车床，是苏联国产的；安装了更先进的设备，有了新的产能，旧厂房也翻修了。工人们看到了当局为发展工业的各种努力，都加倍勤勉地干活儿作为回报。另外，我们的计件工资（所有车工都是计件工资）也上涨了不少。

我实在没什么可抱怨的。我操作一台螺纹切削车床，带DIP300型变速箱，是莫斯科"红色无产者"工厂1933年生产的。DIP的全称是俄语Dogonim i Peregonim（赶上并超越资本主义国家）。车床是用来加工圆柱形表面、圆锥形表面、复杂表面，不光有外部表面，还包括内部表面。

现在回想起来，这一切好像是昨天发生的事。我还记得，我加工过差不多一切种类的齿轮轴，刀具切一下就能切掉0.5毫米到3毫米的金属。我根据材料硬度和刀具寿命，选择适当的切削速度，主要采用的是高碳钢制成的工具。不过也有别的材料——钨钛硬质合金制成的焊接盘。刀具切削下来的卷曲的蓝紫色金属屑，如今想起来依然美得惊人，不管金属有多硬，都会屈服于人力，只要你发明出一种足够聪明的工具就行。

基辅兵工厂在组织工人生产的同时，也给工人机会让他们有章法地度过业余时间。确实，工厂俱乐部的建筑，虽然色彩丰富而明亮，但模样并不算出众。俱乐部占地面积很小，可以说是狭窄。不过，俱乐部的场地也足够让很多圈子各自活动：蓝领工人剧团、美术工作室（教授绘画、裁剪、缝纫，对女工非常有用），还有滑翔协会、射击协会。大礼堂会定期举行"三代人会议"，表彰俄国革命和内战的退伍兵，还有超额完成任务量50%以上的年轻产业工人。

一开始，我和一个朋友都很喜欢滑翔俱乐部，其实就是她把我拉进去的。[1] 报纸上很多文章都在说航空，说飞行员的种种成绩。于是我们非常热情地参加飞行理论课，讲课的是一位帅气的空军中尉，讲了不少关于机翼升力的内容，他一边讲，我们一边认认真真记笔记。可是我第一次跟着教官飞行，热情就彻底冷却了。机场的草地飞快向我们冲来，又突然退到了下面什么地方。我感到天旋地转，喉咙一阵恶心。我心想："也就是说，天空实在不是我的菜。我是纯粹的大地子民，双脚必须站在坚硬的土地上。"

兵工厂射击俱乐部教练费奥多尔·库先科（Fyodor Kushchenko）就在我们车间工作，他总是撺掇年轻人，邀请他们去射击场。费奥多尔自己刚服完兵役 [2]，对射击很着迷。他向我们保证说，子弹的飞行，子弹击中目标的过程，都是很迷人的。

费奥多尔这小伙子很讨人喜欢，很有魅力，他也打算凭这种魅力让我加入俱乐部。可是我还记得那次滑翔机试飞，这让我非常怀疑自己的能力，哪怕在我年轻的时候（年轻就是年轻，也没必要装成熟），自己的能力仿佛是无限的。除此之外，我觉得费奥多尔那种撺掇也只是惯常的献殷勤的手段

---

[1] 这一句在译者自行寻找的俄文版里缺失，怀疑是版本不同的缘故。英文版也未写出这位朋友的姓名与身份。——中译者注

[2] 英文"兵役"作"emergency service"，直译为"紧急状态兵役"，但俄文并无这一修饰语，译者咨询俄文专家后从俄文版。——中译者注

而已。我的人生经验有限但很严酷，给我的教训就是：对男人要始终保持警惕。

有一次团支部开会，费奥多尔又大讲特讲他那些故事，我实在听腻了，就用讽刺的语气回答了他。坐在周围的那些人觉得这个笑话很好玩，哈哈大笑起来。当时团书记正在读一份很无聊的报告，讲的是乌克兰共青团成员怎么努力，早日实现车间季度生产指标。不知怎的，书记以为大伙儿在笑他，于是很生气。他和参会的几个团员吵了几句，双方都用了一些花哨的骂人话，还打了些很不寻常的比方（冷嘲热讽）。最后书记说我和费奥多尔破坏秩序，把我俩轰了出去。

我和费奥多尔大吃一惊，只得出了房门。这一天的工作已经结束，走廊里回响着我们的脚步声。

费奥多尔忽然说："眼下，咱们真得冷静一下了。"

我说："对啊。"

"咱们去靶场，练射击好了。"

"练射击能让人冷静吗？"

"当然啦。射击就是专门给冷静人预备的行当。不过，也需要点儿别的天分。"

"还有什么天分？"我忍不住，问出了这个讽刺的问题。

"最实际的那些天分。比如眼力要好，对武器的感知要精确，诸如此类吧。"他从皮夹克的口袋里掏出一串钥匙摇晃，哗哗作响。

靶场建在主楼旁边的工厂保留地上。这地方以前肯定是个仓库，一栋矮矮的长形建筑，窗户上装着铁条，窗户的位置很高，差不多紧挨着屋顶。从我如今的知识水平来看，我可以说，20 世纪 30 年代中期的基辅兵工厂附属靶场符合所有必要的标准。靶场有个用来上理论课的教室，有桌子、椅子，墙上还有黑板。有一座小军械库，里面有上锁的步枪和手枪柜，一个弹药保险箱，还有一条射击线（firing line），学员可以进行依托射击、跪姿射击、立姿射击，也能趴在垫子上卧姿射击。距离射击线 25 米远处，就是一排厚木板，上面装着靶标。

费奥多尔打开一个枪械柜，拿出一支很新的步枪。枪身并不算很长，只有 1 米多一点（确切说是 111 厘米），但装有很大的桦木枪托，枪管也非常厚。这支枪是图拉兵工厂生产的，在苏联通称 TOZ-8，生产时间从 1932 年到 1946 年，连同改型 TOZ-8M，大概一共生产了 100 万支。[1] 这是一款小口径单发栓动式步枪（Melkashka），结构简单，性能可靠，装填 5.6 × 16 毫米缘发式子弹 [2]，不仅适合射击比赛，也适合打猎。我对这支枪感情很深，因为我对步枪射击的热情，我作为特等射手的学员生涯，正是从这支 TOZ-8 开始的。

火器的使用有非常详细的说明。费奥多尔当然也可以从这些说明开始聊起，但他却没有这么做，只是把步枪递给我：

"你先熟悉一下！"

老实说，先前我以为枪支很重很重，拿起来要困难得多，可是这支步枪还不到 3.5 千克。[3] 我的工作有时候需要往车床上安一些很是笨重的零件用于加工，于是举起这支枪一点也不费力。枪管和机匣的金属冰凉而坚硬，

---

[1] 综合介绍：TOZ 音译"陶兹"，为"图拉兵工厂"（俄语：Тульский оружейный завод，转写：Tulsky Oruzheiny Zavod）之缩写。新中国第一支民用小口径步枪"55 式"即它的仿制品，民间俗称"大五五"，影响力很大。TOZ-8M 是苏德战争结束后开始生产的，一直生产到 1986 年。——中译者注

[2] 也叫"边缘发火弹"，将引药装在弹壳底部突出边缘。击锤或撞针打击到底缘，引燃引药及装药，射出子弹。——中译者注

[3] 实际重量为 3.1 千克。——中译者注

也让我觉得很舒服。枪栓拉柄有一个向下弯曲的弧度，说明设计者专门考虑了持枪者的方便。

首先，费奥多尔提出要检查"这把枪的适配性"，看看我适不适合用这把枪。这方面一切都很顺利，枪托后部紧紧顶在肩窝，右手可以自由抓住枪托的握把，食指（我手指很长）放在第一、第二指骨之间的扳机上。头保持右倾，脸颊贴到枪托的腮托部分，右眼睁开，盯住了照门和准星。瞄准杆正好在照门中间，可以完全看到它的整体。

费奥多尔说："现在可以开枪了。"

"子弹呢？"

"等一下。"费奥多尔从我手中拿过步枪，上了子弹，瞄准一个靶子。一声巨响，好像棍子砸在铁皮上，我吓得一激灵。费奥多尔笑了："你还不习惯枪声。试试吧，你能行的。"

步枪又递到我手中。我努力模仿他的射击姿势，体会所有动作要领，然后打响了第一枪。我们把 TOZ-8 叫作"小口"（"小口径步枪"的简称），"小口"的后坐力不算大，而且我听了费奥多尔的建议，事先把枪托抵紧了肩窝，所以没有一点不舒服。费奥多尔又让我打了三枪，然后去看靶子，他把那张画着黑圈圈的靶纸带到了射击线，我就在射击线等着他，说不紧张是假的。他仔细瞧着我说：

"作为入门的学员，实在是太棒了。你显然有这个能力。"

"不是天生的？"不知怎的，我觉得一定得开开玩笑。

"是天生的。"我的第一任教官满脸严肃，我以前从没见过费奥多尔·库先科有这么认真。

射击俱乐部的课程每周一次，周六上课。我们开始研究小口径步枪的结构，拆装枪栓，培养全面保养武器的习惯：清洁、上油。我们还在那间有黑板的教室里上了弹道学的课程。课上我才第一次学到,子弹不是直线飞向目标的,因为重力和空气阻力,子弹的轨迹是一条弧线,而且一边飞行一边旋转。

我们还学了枪械史,这段历史从 15 世纪的火绳枪开始。[1] 科技的发展使人类第一次能够利用火药的推进功能,之后,燧发枪与雷帽式枪机先后得到普及。真正的革命性突破是在 19 世纪末,出现了弹仓式的来复枪,枪管内有膛线,枪栓纵向滑动,有助于快速装弹、增加射程和精度。

总之,在我看来,枪械代表了人脑和人手最完美的创造。枪械的制造总能用上最先进的发明,有关造枪的技术方案会很快得到完善,进入生产阶段,造出上万、上百万支的成品。天才的工程师们以一种最理想、最完善的外部形状实现了自身的需要,成品就是那些最成功的设计,值得闻名世界的设计。枪械有一种独特的美,拿在手里很舒服,用起来也很方便。枪被人带进了一次次惨烈得令人难以置信的战争,也因此赢得了人的深爱。有一些种类的枪械甚至成了时代象征,比如莫辛三线口径步枪[2]、什帕金冲锋枪(Shpagin)、捷格佳廖夫轻机枪(Degtyarev)、图拉 – 托卡列夫手枪(Tula–Tokarev,TT–33)……

然而,朋友们还是最喜欢实弹射击。我们在射击场用各种姿势瞄准靶

---

[1] 俄文版作 14 世纪。据维基百科,火绳枪约在 15 世纪中期于奥地利发明。此处从英文版。火绳枪依靠缓慢燃烧的火绳点燃引药,再点燃装药。——中译者注

[2] 综合介绍:维基百科记载,莫辛步枪在国际上普遍称为莫辛 – 纳甘步枪(Mosin–Nagant),是俄罗斯帝国于 1891 年采用的栓动步枪。名称来自步枪的设计者俄国陆军上校谢尔盖·莫辛,以及设计枪机的比利时枪械专家埃米尔·纳甘。因为历史原因,这把枪在俄语国家只称为"莫辛步枪"而不称"莫辛 – 纳甘步枪",中文也保留俄语说法。"线"(俄语 линейка,英语 line)是当时俄罗斯的一种量度单位,现已废弃。3 线约等于 0.30 寸或 7.62 毫米。选自 B 站"真绯红披头士"介绍文章《入门军事科普(二十)莫辛 – 纳甘栓动步枪(上)》。——中译者注

标：站姿、卧姿、跪姿，用枪架，还用左臂下方的枪背带撑紧辅助瞄准姿势。[1] "小口" 只有一个开放式照门，照门上有可滑动的表尺环。枪管末端有一个圆柱准星，安装在加长的准星座上。它的结构十分简单，却帮助我们培养了射击的基本技巧：快速瞄准，平稳扣动扳机，用正确姿势持枪，而不是枪身向左或向右倾斜。"小口" 的子弹初速为每秒 320 米，射程达到了 120～180 米，但这其实没什么意义。[2]

春天来了。我们开始去城外的射击场训练，要达到二级 "伏罗希洛夫射手"（Voroshilov Marksman）证书规定的标准。这套标准不仅包括枪法，还包括在特定地点寻找装备，投掷手榴弹，体能训练（跑步、跳跃、俯卧撑）。我们顺利完成了所有任务，然后去参加了 "奥索维亚希姆"（Osoaviakhim）城市射击比赛。

先要说一句，"奥索维亚希姆" 全称 "国防、航空和化学建设促进协会"（the Society for Promoting Defence, Aviation and Chemical Construction）[3]，有数百个分支部门，我们的射击俱乐部只是其中一个分支。这是我国 1927 年成立的一个大型公共军事爱国组织，成员都是自愿参加，极大地促进了青年男女服兵役的准备训练。成员大约有 1400 万人，参与了这个协会的主要机构的训练，掌握了各种军事专门技能：飞行、跳伞、步枪、机枪、卡车驾驶、驯犬等等。

---

[1] 枪背带的主要作用是携带步枪行军的携行具，其次是辅助射击，增强稳定性，还有多种其他用途。——中译者注

[2] "320 米" 俄文版作 310 米，差异不大。"120～180 米" 原文如此。俄文版作 "1200～1600 米"，英文版肯定是笔误。最大射程处子弹几乎没有什么威力，也谈不上精度，所以说 "没什么意义"。——中译者注

[3] 俄语转写：Obshchestva sodeystviya oborone, aviatsionnomu i khimicheskomu stroitel'stvu，取首字母 O-so-avia-khim 的组合，中文音译了这个缩写。

　　我参赛后赢得了一份荣誉证书，放在镜框里，挂在我和瓦莲京娜房间的墙上。不过，父母、姐姐都没有把我对射击的热情当回事，平时他们总是喜欢拿我对枪械的热情开玩笑。我也没办法给他们解释清楚，究竟是什么吸引着我来到靶场，是什么吸引我接近这种带着金属枪管、木质枪托、后膛、扳机、准星的物件，而操纵子弹向目标飞行的过程又为什么如此有趣……

　　1935 年底，我经共青团的批准，参加了为期两周的制图员和抄写员课程，以优异成绩毕业，去了一家机械车间担任高级制图员。我非常喜欢这份工作，当然这与车工并不一样，但也需要专注、准确。墙那边的车床隆隆作响，我们的办公室却很安静。我们在绘图板、一捆捆草稿纸中间核对着蓝图，预备把蓝图转交给生产工人。团队成员之间非常和睦，我对射击的热情在这里得到了大家的理解。

　　对基辅兵工厂，我怀着深深的感激之情。我在工厂围墙里这四年获得了两类许可证，习惯了在半军事化的国防企业工作。我成熟起来，感觉成了真正的人，能够意识到自己的目标、行动，也能实现确定的目标。工厂的团组织也帮我迈上了人生的新阶段。1935 年春天，我被推荐到基辅国立大学工人学院。我在切削车间工作了一年，晚上还去上夜校，接着，我顺利通过了入学考试。1936 年 9 月，我拿到了基辅州立大学历史学院的学生证。这样我终于实现了儿时的梦想，虽然我在学院里可能是女生中年纪最大的一个。

2 假若明天战争来临……

因为我的工作经验，我被选为小组的组长。虽然我已经开始上课，做笔记，看文献，为研讨会写报告，写论文，准备各种测验、考试，但这些任务并没有让我觉得困难。我很快确定了喜欢的科目：基础考古学与民族志、苏联历史、古代史、拉丁语和英语（当时让选两门外语）。我记得妈妈怎么给学生上课，于是学业很顺利。我在工厂已经达到了"伏罗希洛夫射手"标准，还有"劳动与卫国合格人才"（Prepared for Work and Defence）[1]体育标准，所以大学体育课对我来说也不算困难。校园生活很有趣也很自在，有很多课余活动，比如看电影、看戏、参加音乐会、看美术展，晚上还有舞会。

除此以外，我们也对政治很感兴趣。比如，我们非常同情西班牙共和派，他们从1936年开始就同本国的法西斯党人、君主主义者进行武装斗争。

---

[1] 俄语转写：Gotovk Trudui Oboronye，取首字母 GTO。

德意两国支持法西斯，苏联则支持共和派。苏联报纸经常详细报道这个遥远的南方国家的事件。记者米哈伊尔·科尔佐夫（Mikhail Koltsov）在《真理报》上发表了不少优秀文章。他写了国际旅战士的功绩，写了西班牙的空战。一方是德国"秃鹰"（Condor）军团飞行员，另一方是驾驶苏联飞机的我方志愿飞行员。在伊比利亚半岛的平原上甚至出现了坦克战。坦克战也显示了这三个国家（意大利、德国、苏联）的科技水平。

法西斯轰炸了巴斯克自治区的小镇格尔尼卡（Guernica），激起了舆论的义愤。从军事方面而言，完全没有必要轰炸格尔尼卡。然而在 1937 年 4 月，50 多架德国飞机空袭了这个被共和派占领的定居点，小镇几乎被夷为平地，很多平民遇难。卓越的西班牙艺术家巴勃罗·毕加索听说这次暴行，怒不可遏，后来他创作了一幅著名油画《格尔尼卡》，现在已经世界闻名。格尔尼卡的悲剧让俄罗斯人难过了很久，伴随着这些情绪，我们不得不考虑新的战争会是什么样子，什么时候会打到我们的家门口。[1]

在历史系上到第二年，我感觉到一种强烈的愿望，想要提高我的射击水平，因为随时可能派上用场。费奥多尔建议我参加"奥索维亚希姆"狙击手学校的两年课程，这所学校最近才在基辅成立。只有获得二级"伏罗希洛夫"射手证书的人才可以报名，报名者还要提供教育机构或者工作单位的推荐信和一份简历，二者都必须经过人事部门签字。此外，还必须有医学委员会出具的适合服兵役的证明。我提供了这些文件，被录取了。我很快明白，在这所学校，我拥有了一切条件，让我对轻武器的操作迈上一

---

[1] 作者此处只是重复了苏联官方说法。虽然有一些支持共和派的记者报道说，当时死亡数千人，但现代考证认为最多数百人。而且，西班牙国民军（Nationalists）当时由德国人指挥，他们（确实）认为轰炸格尔尼卡有着更大的战略意义。中译者补充："死亡数千人"的说法，原书俄文版及英文版都未提到，只是说"很多平民遇难"。而即使死亡数百人，当然也可以这么说。

个新台阶。

每周上两次课，周三晚上 6—8 点，周六下午 3—6 点。我们拿到了进校的通行证，还发了深蓝色束腰上衣，相当于必穿的校服。这些都让我们联想到军队的规矩，但我们没有抱怨，相反，我们想到这些培训的前景，都觉得很严肃，充满了责任感。

先说说狙击手学校的课程吧，课程确实为红军训练了"超级特等射手"。政治学习 20 学时，陆战演习 14 学时，枪械训练 220 学时，战术 60 学时，军事工程 30 学时，徒手搏斗 20 学时，各种课程考试加起来一共 16 小时。学员能以优异成绩通过期末考试，就会被列入市、区征兵办的特殊名单，定期集合参加进一步训练，还有各级射击比赛。总的来说，这些训练并没有忽视狙击手，安排上也有考虑。但是直到伟大卫国战争以前，我们苏联真正的"王牌射手"，也就是第一枪（也是唯一一枪）就能击中目标的专家，也许只有 1500 人左右。

枪械训练的第一堂课就表明，我们在兵工厂俱乐部的训练只是特等射手的序曲，很有用，但远远不够。我怀着对老朋友"小口"的感激之情，拿起了莫辛军用步枪。这是一把 1891/1930 式，俗称"三线"。当然"三线"比"小口"更重，不含刺刀就有 4 千克。长度也更长，有 1232 毫米，口径适合 7.62×54 毫米 R 子弹（R 代表 Russian，俄罗斯），初速 865 米 / 秒，射程 2000 米。"三线"的握持舒适度不如"小口"，对肩膀的后坐力更强，而且因为重量和长度都增加了，对我来说，立姿射击也更为困难。不过，说这些一点意义都没有。

对这种用于列装红军的普通莫辛步枪，我们必须了如指掌，因此我们花了一定时间（10 个小时）专门学习它的结构。渐渐地，我习惯了"三线"，闭着眼睛就能拆装整支步枪，哪怕仅它的枪栓就有七个部件。"三线"的开放式照门，以及带有环状护圈的准星，都让它能够达到良好的射击效果。

狙击步枪和标准步枪只有几处细节上的差异。第一，狙击步枪的枪身上方有一个叶梅利亚诺夫（Emelyanov）（PE）[1] 瞄准镜，这是一个金属管，长 274 毫米，重 598 克，带有两只调节手轮。第二，加装了瞄准镜之后，因为瞄准镜挡住了枪身上方空间，桥夹上的子弹就没办法一下子压入弹仓，必须一颗一颗装进去。第三，枪栓拉柄向下弯成很大角度。另外还有一些肉眼看不见的区别：狙击步枪的枪管用的是最优质的钢材，由精密车床加工，以提高精度。各部件用专门的方式手工组装并调试。

1939 年，我在狙击手学校学习的最后阶段，又了解了刚刚列装红军的几种最新武器，包括西蒙诺夫（Simonov）AVS-36 型和托卡列夫（Tokarev）SVT-38 型自动步枪。[2] 自动化操作原理是利用火药气体。枪弹沿着枪管推进的时候，总是伴随着火药气体。这几类步枪配有可拆卸的弹匣，可装 10 ~ 15 发子弹。只有一件事让师生们疑虑，那就是两种自动步枪的零件非常多，其结构比起莫辛步枪来也更复杂。

我记得这门课第一堂的主题是"射击入门"，分配了 25 个学时。一天，我们坐在教室里，外面进来一个消瘦的男人，中等身材，约莫 40 岁，左眉上方有一道显眼的疤痕。班长喊道："起立！敬礼！"老师自称亚历山大·弗拉基米罗维奇·波塔波夫（Alexander Vladimirovich Potapov），把教学内容简单讲了一下。然后，他不说话了，严厉地扫视了阶梯教室一圈，开口说：

---

[1] 据初步查找，PE 即俄语 Прицел（瞄准镜）和 Емельянов（叶梅利亚诺夫）的缩写 ПЕ 的拉丁转写，但译者暂未查到设计者的具体资料。之后还会出现一些类似的查不到具体资料的人名，不再一一注明。——中译者注

[2] 托卡列夫 SVT-38 型实际为半自动步枪，相对于莫辛 - 纳甘栓动步枪来说，也可以算是相对的"自动步枪"。——中译者注

"听说你们射击成绩都不错。不过别忘了，优秀的特等射手，还不算狙击手。"[1]

就这样，我们同高级教官波塔波夫的交流开始了。我们了解到，他在沙俄时期圣彼得堡的皇家近卫军猎兵团（the Imperial Life Guard Chasseur Regiment）开始了戎马生涯。猎兵团对下级官兵的射击训练可以称之为典范。1915—1916 年，他在德国前线立了功，获得两枚圣乔治十字勋章，一枚三级、一枚四级，还晋升为士官。苏俄内战时，波塔波夫在红军的一个步兵团中担任连长，而且在被迫穿越锡瓦什河（Sivash）期间受了重伤。1929 年，他从步兵团借调到共产国际建立的红军"伏斯特洛"（Vystrel，意译"射击"）指挥员和战术高级训练班，就在这里，苏联第一个狙击研究小组成立了。但他没有机会在军中担任狙击教官，因为旧伤发作，波塔波夫（这时候当上了营长）退役了。如此一来，"奥索维亚希姆"协会就获得了一位宝贵的专家。

顺便说，协会是个志愿、公立的大型爱国军事组织，协会下属的基辅狙击手学校与莫斯科、列宁格勒的机构一样闻名，不只是因为装备精良，技术过硬，还因为教学队伍训练有素。波塔波夫对射击非常热衷，也是武器的鉴赏家和发烧友，特别喜欢 1891/1930 式"三线"步枪。他把自己的经验、观察记录，对狙击哲学的思考，都写进了在基辅出版的一本小册子《特等射手指南》（*Instructions for Sharpshooters*）。

无疑，波塔波夫天生就是当教师的料。他总是严密注意着学员，不光在教室里，在靶场上同样如此。他认为，理论知识和射击训练当然很必要，但还不足以培养真正的狙击手。狙击手不仅必须拥有出色的眼睛（各人的

---

[1] 特等射手一般作为大部队的一分子行动，狙击手则一般单独或成小组行动。——中译者注

眼球结构不同，所以出色的眼力属于天赋），还需要特殊的性格：冷静、平衡，甚至冷漠；不容易发怒、开心、绝望，当然更不能歇斯底里。狙击手是耐心的猎手，他只开一枪，一旦不中，可能会付出生命代价。

波塔波夫警告我们：一个月之后，他会开除一些他认为无法掌握狙击这门艰深艺术的人。这让我们有些提心吊胆。不过，他的教学法一如往常，得到了我们所有人的尊敬，甚至可以说喜欢。于是我们都全力以赴，至少我用尽了全力。除了我之外，参加小组的还有另外两名女生，所谓"弱势性别"的代表。他对我们女生的态度跟平时不同，很礼貌，但我们这个年纪的姑娘（19、20、22岁），军官一旦礼貌起来，我们不会高兴，反而会担心。我们都怀疑，要淘汰的首先就是我们，结果却不是那么回事。

到头来，和深蓝色束腰上衣说再见的反倒是不少没教养的后生，其中还有三个先前拿了"红军一级射手"的证书。波塔波夫说，对男生女生的区别，他并没有怎么看重，而且他还确信，女人（当然不是所有女人）更适合当狙击手。女人吃苦耐劳，善于观察，有着天生的强烈直觉。女人在受训期间会严格执行命令，完成射击过程的方式审慎而准确。狙击手在战场上最重要的任务之一就是"创意伪装"，而在这方面，女人可以说是所向无敌。

高级教官如此的赞扬，谁听了都会吃一惊。但是波塔波夫并没有给我们多少时间回味。对于小组剩下的学员，他变得更加严苛，更加挑剔，更加关注我们每一个人。他还谈到了我们从来没有想到过的一些精准操作，比如他命令我们监视一处建筑工地，那是弗拉基米尔大街（Vladimir）上正在兴建的第25中学的三层楼房。监视之后要向他汇报，工人在两个小时之内都做了些什么，工地的情况有什么变化，新的门窗开口、楼梯、内墙在哪里出现；从哪个位置击杀，比如工头，会更加方便。当时工头正在沿着木板铺设的走道，从一层楼跑到另一层楼。

波塔波夫缓慢而扎实地教会了我们仔细观察周围的世界，仿佛通过瞄准镜一般，密切注意快节奏生活的各种细节，从各种细枝末节获得全局概念。用这种方法总能辨别出一个重要差异：有些东西失去了意义，要么退回到背景中，要么与背景融为一体。相反，有些东西又会变得非常重要。每一个新目标的本质都会显现出来，仿佛被镜头放大了一般。

有时候恩师似乎在专门挑我的毛病。有些情况下，一项任务显示的特征并不适合快速完成，但我会变得焦躁。一件事乍一看很是寻常，我却不得不花费更多时间和精力，这就让我非常生气。波塔波夫这时就会暂停训练，冷静而坚决地分析各个方面（有时候达到了让人生厌的地步），解释情况，指出错误，看我怎么改正。他对我这么上心，让我很惊讶。高级教官只是回答："对一个人投入更多，要求的回报也就更多。"

我并无意在这儿讲述狙击手所需的一切技巧和能力（平民读者完全用不上）。我只是想说一点：狙击手学校除了实弹射击之外，还非常重视各种理论科目。我们学习了弹道学，特别是理解了在距离评估中的"密位"[1]

---

[1] 密位，英文全称 milliradian，缩写 mil 或 milrad，这一概念出现于 19 世纪。当时的战争需要快速计算，而传统的度、分、秒单位体系会妨碍快速计算，因此密位的概念应运而生。基数是一个圆的半径，分成一千份，也就是 milli（千分之一）和 radian（半径）的组合（中译者补充：中文"密位"是音译结合意译）。因此，一个圆的周长也分成这么多密位。圆周率不可能精确，因此周长分成的密位份是大约 6283。法军最早采取密位概念，从那以后直到今天，大多数（西方国家）军队，包括北约各国军队都把份数取整数，为 6400。从数学上说，这是错误的，但使用军用步枪的时候，这一差异太小，没有任何现实影响。但苏军体系是基于一个圆里面分成的六个等边三角形，每个三角形分成 100 个单位，1918 年 9 月 15 日之后改为 1000 个单位。因此，帕夫利琴科所用的"密位"代表圆的周长的 6000 分之一。同上面一样，6000 与 6400 在实战情况下也没有任何现实差别。苏军与其他很多军队步枪瞄准镜的调整手轮在每转过 0.1 个密位时会发出明显的"咔哒"声，因此三次"咔哒"声就是 0.3 个密位。

（mil）的概念，根据角度，快速测算距离，工具是一种特别的公式。还有
PE 瞄准镜、双筒望远镜、炮队镜的十字线（reticles）。我们学会计算，旋
转的子弹从枪口飞向目标期间会有多少侧向偏离。我们还背下了各种表
格——比如说，莫辛步枪在击发的时候，根据从"轻"到"重"的子弹不同，
其平均弹道的过度偏差，等等，等等。

四个月的训练，让小组成员变得十分团结。春天来了，我们不光一起
去射击场，还一起去乡下。波塔波夫闲不住，在乡下安排了额外的"伪装
技巧"课程。在（距离村庄）远处的空地上，学员们铺开桌布，上面放着
几瓶柠檬味矿泉水和柠檬汁，摆上从家里带来的各种食物。波塔波夫给我
们讲课，演示怎么在自然环境中伪装自己，有时候我们一连半个小时都不
能发现他。这种情况下，我们就大喊"我们认输了"，老师就出现在我们面
前，穿着一件不可思议的黄绿色连裤服，戴着兜帽，还装饰着碎布、干树
枝、一丛丛的草。

别的时候，我们还会把狙击步枪带进森林玩一个游戏，叫"打瓶底儿"。
午餐的饮料喝完之后，我们就会把一个饮料瓶子水平夹在一根分叉的棍子
上，瓶口向着我们，距离射击线 20～30 米。规则要求必须打掉瓶底，也就
是子弹必须从瓶颈穿过去，不能破坏玻璃瓶的侧面，从瓶底穿出，同时把
瓶底击碎。

第一个瓶底一般由波塔波夫自己打掉。然后他把枪递给一位学员，开
始了准度和技巧的比拼。我们有些孩子野心特别强，年纪也特别轻，想要
不惜一切代价取得领先，得到波塔波夫的称赞。我们首先要跪姿射击，右
膝盖顶在地面，臀部坐在脚踵上，然后用缠绕在左胳膊肘下面的枪背带固
定好步枪。这样，射手就要把重量放在左膝盖，握住枪的护木，手部靠近
枪口一端。这些都需要力量、稳定性、良好的平衡感。

哪个没打中，哪个就要在人们的哄笑中退赛。获胜者会得到波塔波夫嘉奖：一根小小的巧克力棒，带着一句隽语。[1] 有一段时间，我还不完全信任自己的能力，而且我也不喜欢炫耀，不爱当人群的焦点。因为我们的恩师灌输的一个基本前提就是："展示自己，会带来危险。只要没人看见狙击手，狙击手就所向无敌。"

终于，有一天，波塔波夫把枪递给了我。我压抑住激动，端起步枪，像往常一样把枪托抵住肩窝，食指扣上扳机，脸颊贴紧腮托，右眼盯住瞄准镜的目镜。PE瞄准镜有着四倍的放大倍率，尽管有所放大，三条黑线之间那个若隐若现的瓶颈，看起来也像一个粗体句点一般微小。余下的完全靠直觉，靠的是狙击手训练出来的"目标感"。

初学者常犯的错误之一是瞄准时间过长，很久之前我就改正了这个错误，于是一切都按指示完成了，也就是八秒以内。屏住呼吸，瞄准，呼气时平稳扣动扳机，步枪的回答，则是击发的巨响和肩膀上的后坐力。瓶子的白色侧面依然在阳光下闪闪发光，可是瓶底却……没有了！

教官说："柳德米拉，干得好！能再来一次吗？"

"行，我试试！"我激动得什么似的，答应了。波塔波夫也看出我的心思，笑了一下。"保持冷静，长辫子美女！"教官有时候这么开玩笑地称呼小组的女生，"你完全有机会取胜的。"

其他人很快在分叉棍子上架好了一个新瓶子，波塔波夫给了我一发"重型"子弹，我打开后膛，把子弹放进膛室。这套机制一定会成功运作，不会出故障的。我扣动扳机，在撞针簧的压力作用下，撞针会突然向前移动。撞针末端类似毒蛇的毒牙，会刺穿子弹基部的底火，里面的装药会爆炸，

---

[1] 俄文专家确认隽语并非教练说的话，可能是印在包装纸上的。——中译者注

而被一个环状结构禁锢在黄铜弹壳里的弹头最终获得了自由。

那一天是个大晴天，子弹顺从我的意志，完美地击发了。我最终的森林竞赛比分是"三个瓶底儿"。让其他学员羡慕的是，教官赠予我的不只有巧克力，还有一本他写的小册子《特等射手指南》，还题了词："给柳德米拉·帕夫利琴科，我的优秀学生留念。A.波塔波夫。"这个措辞，我并不是太喜欢。能力是天生的，但狙击这一行还要加上品性的坚定、勤奋、毅力、节制、持久的学习热情。

我以优异成绩从狙击手学校毕业了。毕业证印在铜版纸上，盖有圆形公章，上面写着科目名称和成绩。黑色[1] 字母排出的一个个单词令我十分满意：实弹射击——优，枪械结构——优，战术训练——优，军事工程训练——良。我们的毕业晚会悠闲、嘈杂、欢乐，我们谈到了未来，许多小伙子打算上军校，姑娘们打算继续在"奥索维亚希姆"项目中磨炼枪法，参加比赛，获得"苏联体育健将"（USSR Master of Sport）的称号。然而，时间已经到了1939年。

9月1日，纳粹德国入侵波兰，第二次世界大战爆发。波兰抵抗了入侵者，可是到了9月8日，德国人就逼近了华沙。围城战持续了20天，波兰政府逃往罗马尼亚，波兰被德军占领。[2]1940年4月，纳粹入侵丹麦和挪威。挪威人在英法援助下坚持了两个月，6月投降。接下来是比利时和法国。5月10日，德军进攻比利时，到28日，大部分比军已经放下武器。英法比联军在敦刻尔克附近被围，最后，1940年6月4日，英军从欧洲大陆撤回

---

[1] 英文版 black 兼有"黑色"与"粗体"两种含义，咨询俄语专家后选用"黑色"。——中译者注

[2] 苏军9月17日未正式宣战而入侵波兰东部，10月6日行动结束，波兰被苏德两国瓜分。1941年苏德战争爆发后，德军击退苏军，占领波兰东部。1944年，苏军重新占领此地。——中译者注

本土，将所有火炮、坦克，6 万多辆汽车，超过 50 万吨军事装备、弹药全部留给了胜利者。大约 4 万名官兵被俘。同年 7 月 22 日，拿破仑·波拿巴英勇战士的后裔（法军）不战而降，把整个巴黎留给了德国鬼子 [1]。这的确是一场 Blitzkrieg，也就是"闪电战"。

看着欧洲的急剧动荡，我们不禁想到，侵略战争迟早会落到我们国家——世界上第一个工农国家的头上。我爸爸因为职业关系，掌握不少机密情报，我家的晚间茶会上，他对将来的困难时期也谈得越来越多。我跟他争辩，坚持说就像内战时的军歌歌词，"从英国沿海到西伯利亚，世界上红军最强大" [2]。我还说我们一定会在外国领土上作战。

最后，各种事实告诉我，爸爸说对了，而我，以及数百万苏联人却大错特错。关于这种盲目的自信，我只能解释为：自己的事业进行得太顺利，于是把这种顺利投射到了国家身上。因为大学科目全部成绩优秀，我得到许可，一边学习一边从事专业相关的工作。1939 年底，我被基辅州立历史图书馆任命为馆藏部主任。就像以前在基辅兵工厂一样，我又开始给家庭的预算做贡献了，还要给我七岁的儿子多花一些钱。[3]

1941 年 1 月，历史系四年级的期末考试，我和同学们都通过了，成绩不是"优"就是"良"。基辅州立历史图书馆的领导让我作为高级研究助理前往敖德萨公共图书馆支援图书馆的研究团队。这次出差时间很长，足有四个月。敖德萨图书馆是乌克兰历史最悠久的图书馆之一，藏品很丰富，

---

[1] 原文 Fritzes，音译"弗里茨"，外国人对德国人的贬称。本书中文版按照语境酌情选用"德寇""德国鬼子"等译文。当时德军对苏军也有类似的贬称"伊万"。——中译者注

[2] 选自歌曲《红军最强大》（俄语：*Красная Армия всехсильней*，英语：*The Red Army is the Strongest*），中文歌词为薛范先生译配。——中译者注

[3] 作者很不愿意提到之前的恋人，因此这里突然说到儿子七岁了，有些突兀。译后记中，译者根据阿拉·伊戈列夫娜·别古诺娃作品《单发》总结了这一段悲剧的大致经过。——中译者注

我也相当熟悉。我想着,在那里我的毕业论文会写得很顺利吧。我写的是波格丹·赫梅利尼茨基(Bogdan Khmelnitsky),1654 年乌克兰并入俄罗斯,以及佩列亚斯拉夫会议(Pereyaslav Council)的相关活动。[1]第二年,我要在基辅州立大学答辩,获得高等教育文凭。

我准备出发,心情好得不得了。不过,幸运的是,之前与爸爸的谈话还是影响了我。于是,我的行李箱里除了护照、学生证和成绩单外,还有狙击手学校的毕业证、恩师的小册子和一两本军事书,尤其是一本回忆录文集《芬兰的战斗》(*Combat in Finland*,1941 年初在莫斯科出版)。

傍晚,从基辅开往敖德萨的火车出发了。全家都来为我送行。爸爸一如既往,严肃而沉默,妈妈最后叮嘱我要怎么补充营养,姐姐瓦莲京娜和她的男朋友鲍里斯(Boris)正在说什么悄悄话。儿子罗斯季斯拉夫拉着我的手不放,请求我带他一块儿去,说一定会帮我干活儿。泪水在他眼眶里打转,我试着安慰他,让他振作起来。当时我怎么也不会想到,我会与他分开将近三年!

---

[1] 波格丹·赫梅利尼茨基(1595?—1657,又译赫梅尔尼茨基)是乌克兰起义军将领,生平事迹存在很大争议。他反对波兰压迫,并与俄罗斯会谈,订立《佩列亚斯拉夫协议》。该条约于1654 年由俄罗斯沙皇国与哥萨克酋长国(17 世纪时乌克兰国家前身的雏形)签订,为抵抗波兰和土耳其的侵犯而规定哥萨克酋长国加入莫斯科公国,向沙皇效忠。之后 300 年间,乌克兰与俄罗斯文化逐渐统一。——中译者注

从普鲁特河到德涅斯特河

1941 年 6 月 22 日，星期日。这一天如今铭刻在每个人的记忆中，而这一天的开始却没有什么不寻常。敖德萨晴空万里，南方的太阳洒下灼热的光辉。海是那样平静，丝滑的蓝色海面伸展到天边，仿佛在远处融入了同样湛蓝的天空。

我的朋友索菲亚·乔帕克（Sofya Chopak）是敖德萨图书馆的馆员，她和她哥哥，还有我，在沙滩上度过了早晨。我们约好，要去普希金大街一家肉饼店吃午饭，还打算晚上在一家剧院观看威尔第（Verdi）的歌剧《茶花女》（*La Traviata*），票都已经买好了。[1]

中午，我们坐在肉饼店的露台上点了单，等着上菜的时候，街上一个大喇叭突然传出一个声音，说人民委员会第一副主席兼外交人民委员莫洛

---

[1] 《茶花女》小说法文原名 *La Dame aux Camélias*，歌剧版标题有改动，作 *La Traviata*，直译"迷途妇人"或"失落的人"。主角名字也改了，由"玛格丽特"（雏菊）改成了"薇奥莉塔"（紫罗兰），表示身份变高贵了。——中译者注

托夫同志即将发表重要讲话。莫洛托夫的讲话非常不可思议：

> 今天，就在凌晨 4 点，在未向苏联提出任何知会，也没有宣战的情况下，德国军队袭击了我们的国家，在许多地方进犯我们的边境……
>
> 全体人民一定要保持前所未有的团结，我们每个人都必须要求自己和他人有纪律、有组织、有自我牺牲精神，成为当之无愧的真正的苏联爱国者，这一切是为了保障红军、红海军和空军的一切需要，为了保证他们能战胜敌人……我们的事业是正义的，敌人终将被击败，胜利终将属于我们！[1]

讲话只有短短几分钟，一开始我们还很难理解发生了什么。我们坐在桌旁，好像被人下了咒，茫然地面面相觑。不过，服务员很快端来了肉饼，还有一瓶白葡萄酒。我们好像从一块魔镜里回到了现实世界，纷纷大声说起话来，说得语无伦次。

与此同时，普希金大街上的人也越来越多，人们都聚集在大喇叭下面，激动地议论纷纷。他们都感到心神不宁，走出家门，上了大街。他们要看到那些同乡，看看他们对这可怕的消息有什么反应，从而判断公众的情绪，感觉到外交人民委员号召的那种团结。人群里面并没有恐慌或者迷惑的感觉。大家都自信地说：我们一定会打败纳粹！

当时，敖德萨没有一个人打算取消看电影、看剧、听音乐会的计划，也没有人想过取消他们周日沿着滨海大道（Marine Boulevard）散步，听

---

[1] 译文选自 B 站用户"vitality-zun 什卡"翻译的视频《莫洛托夫全国动员讲话 1941 年 6 月 22 日》，参照《今日俄罗斯》杂志 2015 年 5 月号登载的译文略作改动。——中译者注

铜管乐队演奏的传统活动。相反，各个演出场所都挤满了人：歌剧院、俄罗斯戏剧剧院、青年剧院，还有城市爱乐乐团。这些地方都在希腊大街（Greek Street）上，彼此相距不远，人们也仍然想去马戏团看驯虎表演。

我们也没有取消看歌剧的计划。7 点过后，我们坐在 16 号包厢里看着《茶花女》第一幕上演。歌剧努力让观众沉入巴黎交际花——薇奥莉塔·瓦蕾莉（Violetta Valery）的豪宅气氛。舞台布景、服装、歌手的声音、乐队的演奏、大厅本身带着镀金饰线的装潢、巨大的水晶烛台，还有法国画家精心绘画的天花板——这一切搭配都十分和谐。然而，却有什么东西不让我欣赏这华丽的场景，仿佛眼前的一切属于一种别样的人生，这人生在飞速地远离我们。第一幕之后的幕间休息，我跟朋友说：咱们还是走吧。

我们去了海边。在海滨大道的夏季舞台上，铜管乐队正在演奏欢乐的军队进行曲。海岸线上回响着管乐和鼓点的激昂声音。广阔的敖德萨湾（Odessa Bay）那平静的海面上，黑海舰队一艘艘战舰的轮廓十分清晰：老巡洋舰"共产国际号"（Komintern），改装成了布雷舰；还有驱逐舰"绍米扬号"（Shaumyan）、"机敏号"（Boykiy）、"无瑕号"（Bezuprechnyy），以及炮艇"红色阿布哈兹号"（Krasnaya Abkhaziya）、"红色格鲁吉亚号"（Krasnaya Gruzhiya）、"红色亚美尼亚号"（Krasnaya Armeniya）。钢制船壳、桅杆、巨大的炮塔、长长的炮管，这一切更加符合我们当下的心情。毕竟，已经宣战了。

第二天，动员令发布了。按照动员令，1905—1918 年出生的，能够服兵役的人要应征入伍。我生于 1916 年，正好符合这个区间。我完全相信自己会被当场录取，兴冲冲地去了敖德萨水运区（Odessa water-transport district）的军需处。对我来说，去征兵办公室可算一个非常隆重的场合，于是我穿上了最好的双绉连衣裙，还有一双漂亮的白色高跟凉鞋。挎包里带上了护照、学生证，还有基辅"奥索维亚希姆"狙击手学校的毕业证。

区征兵办门口挤了不少人，花了差不多两个小时，我才挤了进去。屋里很沉闷，而且到处是烟，不时有哪扇门砰地一声关上。有个登记员，声音沙哑，脸上满是红色、青色的疹子，正在对两个乡下模样的小伙子解释什么。他带着厌恶的表情对我说："卫生兵明天开始招。"

我回答："我不是卫生兵。"他马上转身，不再跟我说话。但我可不打算服从，把狙击手证书摆在桌子上给他看。登记员恼了，说他的列表里没有"狙击手"这一项！然后又讽刺了一句"奥索维亚希姆"，说那些女的只想当兵，都不知道当兵有多辛苦。总之，他逼着我出了门。

从征兵办回来的路上，我反思了一下，结论是：我注册的军籍有问题。我的名字应该列在基辅市佩切尔斯克区（Pechorsk）的征兵办，而且应该列入狙击手的名单。去年我参加了一组城市射击比赛，取得成功，还通过了一门再培训课程。这时候他们应该正在乌克兰首都基辅找我，而我却在黑海的岸边。所以我必须让当地征兵办给基辅打个电话。

第二天，我又去了水运区军需处。这一次登记员跟我打招呼就亲切多了，看来他知道狙击手是干什么的了。他翻了翻我的护照，发现有一个章，表示我和 A. B. 帕夫利琴科（Pavlichenko）结了婚。于是问我，我丈夫是否反对我志愿加入红军？我与阿列克谢·帕夫利琴科已经有三年没见面了，我回答：他没有反对过。登记员留下了我的护照，开始在隔壁屋子起草各类军事文件。

1941 年 6 月 24 日晚，全体新兵在火车站集结之后，有的穿着军装，有的还穿着便服，一头扎进专门的运兵列车。列车慢慢前行，沿着黑海附近草原上的铁路向西而去。不久，看到了德涅斯特河（Dnyestr），河口的广阔水面在右侧闪闪发光。接着经过了沙博站（Shabo）、科列斯诺耶站（Kolyesnoye）、萨拉塔站（Sarata）、阿尔齐兹站（Artsiz）、格拉瓦尼站

（Hlavani）。这些车站上，火车可能会停留很久，我们拿到了分发的食物，但没有人解释什么，也没有告诉我们最后去哪儿。他们只是说，我们要上前线了。我的心不由得狂跳起来："快点到吧，快点到吧！"车上的年轻人也都愤愤不平："我们要赶不上了！来不及上前线，他们就会把纳粹打败了！"对于突然降临到我们繁荣美丽的国家的这场灾难，当时我们就是这么一无所知。

6 月 26 日凌晨 3 点，火车又停在一个小车站。我们奉命下火车，排好队。湿冷的清晨空气中，新兵们微微发着抖，迈着大步沿着土路前行。7点，我们已经来到了一片相当茂密的森林之前。后来知道，我们到了比萨拉比亚地区（Bessarabian）[1]，周围是步兵第 25 "恰巴耶夫"师的后方部队。

就在这里，我拿到了人生的第一套军服，成为步兵第 54 "斯捷潘·拉津"团（Stepan Razin，以俄国 17 世纪农民起义领袖命名）的一名红军战士。军服是全新的，说明师部的军需工作优秀、仓库秩序良好。料子是卡其色棉布，有军帽、翻领军上衣、大腿部位外展的马裤、防水油布靴子（比我的脚大了两号）。还发了一条黄铜扣的皮带，一只放在帆布袋里的防毒面具，一把带套子的小工兵铲，铝制军用水壶（也带着套子），一顶 SSH-40 钢盔（很重）。另外有一个背包，里面东西很多：毛巾、备用汗衫、短裤、备用裹脚布、食品袋、卫生用品袋什么的。我把蕾丝领短纤维连衣裙和舒适的鞋带帆布鞋藏进背包。平民生活，再见啦！

军中第一顿早饭看起来挺不错：热荞麦粥、甜茶、一大块面包。吃这顿饭的环境，已经很接近战斗环境了。远远听见机枪开火，西边什么地方不时响起炮弹的爆炸声。一听到爆炸，我们这些新兵全都吓了一跳。不过，那些久经沙场的第 54 团中士和大士（苏联军衔，相当于军士长）解释说，炮弹已经飞过去了，爆炸了，不会伤人。于是，这一天我们说着话就过去

---

[1] 德涅斯特河、普鲁特河—多瑙河及黑海形成的三角地带，大致相当于今天的摩尔多瓦。

了，我们获准休息，但不得离开森林。

6月28日，我们举行了军人宣誓仪式。第54团政委，上级政工人员 [1] 叶菲姆·安德烈耶维奇·马尔采夫（Yefim Andreyevich Maltsev）来找我们。马尔采夫谈到了步兵第25"恰巴耶夫"师的战斗历程。1919年，步兵师由内战史上的传奇英雄瓦西里·伊万诺维奇·恰巴耶夫（Vasily Ivanovich Chapayev）[2] 指挥。马尔采夫还说到了下辖的各个优秀步兵团：步兵第31"富尔曼诺夫－普加乔夫"团（Furmanov-Pugachov），我们自己的步兵第54"斯捷潘·拉津"团，还有步兵第225"伏龙芝－多马什金"团（Frunze-Domashkin）。[3] 1933年，我们师成为红军中第一个被授予苏联新设立的最高勋章——列宁勋章的师。这是对我们师在内战前线的杰出功绩，以及和平时期在军事训练方面取得的辉煌成就的充分肯定。

然后是命令："立正！"第54团的团旗在集结的士兵面前升起。我们怀着激动的心情，重复着领誓人念诵的《红军战士誓词》："我，作为苏维埃社会主义共和国联盟的公民，加入工农红军的行列。我庄严宣誓，做一名

---

[1] 1941—1943年，苏联红军政工人员分为高级、上级、中级和初级四大类，上级政工人员包括团政委级、一级营政委级和营政委级，分别对应上校、中校和少校。——中译者注

[2] 恰巴耶夫的军旅生涯开始于一战，1919年俄国内战爆发后，他在伏龙芝的指挥下，在东线多次击退高尔察克率领的白军。1919年9月5日，他的队伍在利比时申斯克（Лбищенск，位于今哈萨克斯坦）遭遇白军伏击，恰巴耶夫试图泅渡过乌拉尔河，在河中失踪，遗体没有找到。1923年，恰巴耶夫的政委富尔曼诺夫出版了关于他的小说，1934年拍成电影，反响都很巨大。1936年4月电影曾引进中国，并使用了国人耳熟能详的中译名《夏伯阳》。1936年9月，中共地下党员姜椿芳来到上海，负责翻译了《夏伯阳》电影重映版的中文字幕。可惜的是，本书中译者暂未查到"夏伯阳"这个名字最早的翻译人员。选自维基百科"夏伯阳"条目及中国日报网站文章《姜椿芳与〈列宁在十月〉》。

[3] 综合介绍，德米特里·富尔曼诺夫，又译"富尔马诺夫"，苏俄军旅作家，曾任"恰巴耶夫"师政委，《恰巴耶夫》小说的作者。叶梅利扬·普加乔夫是18世纪俄国农民起义领袖。米哈伊尔·伏龙芝是苏俄军事统帅，军事体系建构者。多马什金暂未查到具体资料。——中译者注

诚实、勇敢、纪律严明和时刻警惕的战士，严守军事和国家机密……"[1] 然后在印有誓言的纸张上签字，从而把生命完全献给祖国。我们被分到第 54 团的各个分队，我去了 1 营 2 连 1 排。

排长是瓦西里·科夫通（Vasily Koftun）少尉，去年从莫吉廖夫军事步兵学院毕业，比我的年纪还小。他问的第一个问题：你为什么志愿参军？他还说，战争根本不是女人的事。我拿出了自己的"魔棒"："奥索维亚希姆"狙击手学校的毕业证。少尉对此十分怀疑，说他会向营长谢尔吉延科大尉[2] 申请，把我调到医疗排，因为女人在前线只能做医疗看护。

我们去了 1 营的指挥所。在指挥所，我们把话又说了一遍：为什么，有何目的，我知不知道打仗多危险，等等。作为回应，我说起了我的父亲，内战期间他曾经在"萨马拉"师，也就是后来的第 25 "恰巴耶夫"师服役过，还认识恰巴耶夫。我还说到了在基辅兵工厂的工作，厂里执行的是苏联国防人民委员会的命令。我说到了我国的军事历史，先前我在基辅大学历史系做过详细研究。

营长伊万·伊万诺维奇·谢尔吉延科（Ivan Ivanovich Sergienko）经验丰富，为人严肃而深思熟虑。他认真听了我的回答，命令科夫通忘掉把狙击手帕夫利琴科调到医疗排的愚蠢想法。我高兴极了："大尉同志，我准备

---

[1] 该誓词实行于 1939—1947 年，誓词的余下部分是："……坚决执行军队所有条令条例，坚决执行指挥员、政委和首长的命令。认真研习军事，誓死忠于人民、苏维埃祖国和工农政府。我将听从工农政府的号令，时刻准备着捍卫我的祖国——苏维埃社会主义共和国联盟。我以一名工农红军战士的尊严、荣誉和生命，英勇、机智地捍卫祖国并消灭敌人。若违背以上庄严的誓言，我将受苏维埃法律严惩、劳动人民痛恨和唾弃。"选自 B 站用户"GRU_DZHIEVICH"的文章《加入苏俄/苏联工农红军、苏联武装力量宣誓誓词》，略有改动。——中译者注

[2] 英文版作 Captain，相当于英美军衔的上尉。但苏联陆军中，对应英语 Captain 的是指大尉军衔，上尉是 Senior Lieutenant，下文也提到谢尔吉延科应该晋升少校，所以此时营长谢尔吉延科的军衔是大尉而不是上尉。——中译者注

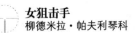
好了，请发给我相应的武器吧!"

营长回答:"可是，柳德米拉，我们没有狙击步枪。"

"那就给我一把标准'三线'吧。"

"也没有'三线'。"

我糊涂了:"那，大尉同志，我该怎么战斗呢?"

"你们新兵目前的主要武器就是铲子。你们负责帮助士兵挖战壕和交通壕，在敌人炮击轰炸之后修复它们。另外，我们还会发给您一枚 RGD-33 手榴弹[1]，以防纳粹分子冲破我军防线。这种手榴弹的用法，您熟悉吗?"

"我熟悉，大尉同志。"

"好极了。"他笑道，"目前不需要您做别的事情了。"

后来，我看过很多描述伟大卫国战争初期的回忆录，作者都是指挥大部队的将军，负责团、连、排的指挥员和政工人员。由于战争是沿着我们整条国境线展开的，参战者的群像也完全不同。例如，布列斯特要塞的守军抵抗了将近一个月。还有一些持续两天[2]的激烈战斗，最后以苏军近乎慌乱撤退告终，成军成师地撤退，丢掉了军事装备，很多分队被包围后投降了。这种事情发生在西北、西部、西南战线。这些地方，纳粹入侵者在三个星期之内在苏联领土上推进了 300～600 千米。但是，我们的第 25 "恰巴耶夫"师位于南方战线最左翼，占据了普鲁特河（Prut）沿岸约 60 千米的防线，已经准备停当。这里的情况有所不同，对我们比较有利。

1941 年 6 月 22 日，纳粹德国的盟友罗马尼亚军队试图过河，但被打了回去。接下来的一周，在小规模战斗和炮兵决斗中度过，"恰巴耶夫"们继续坚守阵地。也有人尝试把战火烧到敌人的领土上，我们团的一个营驻扎

---

[1] 英文版作 PGD-33，可能是笔误，因俄语字母 P 相当于英语字母 R。——中译者注

[2] 英文版为"两周"，可能是笔误，此处从俄文版。——中译者注

在卡古尔（Kagul），他们在罗马尼亚海岸登陆，击溃了两个法西斯连，俘虏了大约 70 名官兵。我军还占领了罗马尼亚的旧基利亚（Chilia Veche，英译 Kilia-Veke），缴获了 8 门牵引式火炮、30 挺机枪。6 月 23 日，罗军再次企图渡过普鲁特河，又再次被利落地击退，这场交火中，约有 500 名敌军投降。从 6 月 22 日到 6 月 30 日，总共 8 天时间，敌人损失了 1500 人，连一寸苏联土地都没有占领。[1]

接着形势又变了。7 月初，我们的普鲁特河防线在更远的北部，也就是雅西 – 伯尔齐（Iasi-Beltsy）和莫吉廖夫 – 波多利斯基（Mogilyov-Podolski）[2] 两个区域被突破。侵略者无论兵力还是装备都明显占优，他们迅速展开推进，南部战线被撕开了很多口子，苏军节节败退。这就出现了一个"比萨拉比亚口袋"，步兵第 25 师、第 95 师、第 51 师、第 176 师被围，急需救援。7 月中旬开始，我们穿越黑海草原进行了艰苦的撤退，后卫部队在坚持抵抗。

7 月 19 日，我们英勇的步兵团位于凯拉克利亚（Cairaclia）- 保加利卡（Bulgariyka）沿线；21 日，位于新巴甫洛夫斯克（Novo-Pavlovsk）- 新阿尔齐兹（Novy Artsiz）沿线；22 日，在阿尔齐兹沿线；23 日，在卡罗利诺 - 布加兹（Karolino-Bugaz）到德涅斯特河口沿线；24 日，我师下辖各团在三条路线上：第一条经由旧哥萨克村（Starokazachye），第二条经过切尔克斯（Cherkasy）和 67 号高地，第三条经过索菲伊夫卡村（德语 Sofiental，乌克兰语 Sofiivka）。

我们分"阶段"交替掩护撤退，甲部队负责掩护，乙部队撤退，丙部

---

[1] 此处及下文统计数据引自 N.M. 赫列勃尼科夫（Khlebnikov）、P.S. 叶夫兰皮耶夫（Yevlampiev）、Y.A. 沃洛季欣（Volodikhin）所著《传奇的"恰巴耶夫"们》（*The Legendary Chapayevs, Легендарная Чапаевская*），莫斯科 1967 年版。

[2] 莫吉廖夫 – 波多利斯基其实在更东北方的德涅斯特河流域，并不在普鲁特河流域。——中译者注

队开辟新的阵地。具体过程是这样：第 31 "普加乔夫"团、第 287 团掩护，第 54 "拉津"团撤退，第 225 "多马什金"团挖战壕。然后各个部队轮换角色："多马什金"团掩护，"普加乔夫"团撤退，"拉津"团挖战壕。

撤退有时在白天进行，有时在夜晚进行，以防德军与罗军空袭。我们会乘汽车，但是团里的汽车很少，只有 18 辆，其中 9 辆是高尔基汽车厂出产的嘎斯 GAZ-AA 卡车，载重 1.5 吨，隶属于一个医护连。[1] 不过，双马车倒是很多，官方数据是 233 辆，到了 7 月中旬，只剩下了 2/3。我们还进行了强行军。

道路两旁展开辽阔的草原，好像一本摊开的书。在温暖的 7 月的夜晚，草原就躺在我们眼前，安静而神秘。而在白天，草原在大炮齐射中隆隆作响，燃着烈火，散发出硝烟的味道。平民也和我们一道撤离了比萨拉比亚。

各种农机——联合收割机、拖拉机、播种机等等，沿着道路往前开。有整队整队的卡车载着大木箱子，一看就知道是工厂设备。集体农庄的农民赶着牛群，还有装着家什的马车。此外还有无数的妇女、儿童、少年、老人，垂头丧气地走在满是尘土的路边，小心翼翼地抬头望天，听到炮声就浑身发抖。

草原道路上空经常会有一种"飞架子"盘旋，这是德国的 Fw 189 双引擎飞机，德国人叫它 Fliegende Auge，意思是"飞行之眼"。不过，我们红军给它起了外号"飞架子"，因为这种飞机的结构：两个机身，中间有一个专门的乘员舱。"飞架子"负责侦察，引导轰炸机空袭撤往德涅斯特河的纵队，也负责为远程火炮提供情报。[2] 它飞得不快但很高。我们涂着红星的"小

[1] "高尔基汽车厂"俄语拉丁转写为 Gór'kovskiy avtomobíl'nyy zavód，缩写 GAZ。——中译者注
[2] 帕夫利琴科此处回忆有误。虽然在 1940 年秋，Fw 189 已经过试飞，且 Fw 189A-o 型也已发给部队，用于训练飞行中队（Staffeln），但德国入侵苏联的所有侦察中队［德文 Aufklärungsstaffeln（H）］只采用常规单引擎亨克尔 126 飞机。直到 1942 年春，第一批 Fw 189A-1 及 Fw 189A-2 才抵达东线战场。

雀鹰"（Yastrebki，我们对战斗机飞行员的称呼）的所有进攻全都无效，当然，进攻本来就没有几次。

纳粹还定期空袭我们，炸弹落在了道路上，还有邻近的村庄。我们看到麦田完全烧毁，民宅、仓库、办公楼、工厂都被炸得稀烂，很多设备也烧毁、废弃了。有时候，Ju 87"斯图卡"轰炸机群就在我们眼前冲出云层，向着道路俯冲下来，朝着毫无还手之力的平民投弹扫射。这一切都不太像普通的战争——那种双方武装实力相当的战争，而更像是对我国人民的有意灭绝。

而我们——人民的捍卫者，要么躲进森林，要么走在同样的路上，向东撤退。老百姓看见军人不帮他们，愤愤地抗议说："你们去死吧！怎么不去打敌人？怎么不挡住他们？"

一幅幅恐怖的画面、巨大的悲伤回响在我们心中，痛苦挥之不去。有些人变得极度抑郁，有些人对胜利丧失了信心，对未来充满恐惧。但我却想到了复仇，这念头不可避免，无法抑制。来自西方的邪恶入侵者已经彻底破坏了我们祖国的和平生活，他们一定要为此付出沉重代价，我也一定可以惩罚他们——只要我的手拿到武器！可是当时的武器供应很不妙。不仅团和师的炮弹不够用，连步枪子弹都不够用。[1]

后来升任海军中将的伊利亚·阿扎罗夫（Ilya Azarov）在1941年夏天曾担任敖德萨防区军事委员会委员。他写了一本回忆录，其中一章的标题很能说明问题："给我们武器！"。阿扎罗夫说到，在纳粹飞速推进期间，他是怎样在一个个军队仓库中寻找步枪、冲锋枪、轻重机枪，然而到处都在拒绝他。只是凭着机缘巧合，他才设法武装了一支新组建的南线部队："我们有 500 支 [2]

---

[1] 1939—1941 年，红军大规模扩编，加上其他原因，导致干部和武器严重不足。——中译者注

[2] 英文版作 50 支。按照常理，50 支步枪对一支"对战局有意义"的部队而言似乎太少了，500 支则更有可能。此处从俄文版。——中译者注

教练步枪……所有枪膛都有钻孔。按照我们的要求，工厂把这些孔封上了，大部分步枪可以用于作战。我们在靶场上进行了测试，结果都合用，我们很高兴。"[1]

7月下半月，我终于拿到一支标准莫辛1891/1930式步枪。此前，我们团在新巴甫洛夫斯克–新阿尔齐兹沿线遭到了猛烈炮击。当时我手中只有一枚手榴弹，被迫在一边观战，令我极为沮丧。但是，要等着站在我身边的同志受伤，把武器交给我，那种痛苦还要可怕一万倍。一枚炮弹碎片把我团一名躲在战壕里的战友打成了重伤，浑身是血的他把自己的"三线"交给了我。

预先炮击之后，罗军准备进攻。我和1排其余士兵们一起，把步枪放在浅战壕的防护矮墙上，将表尺设为3（也就是300米距离），拉动枪栓。然后我把枪栓往前推，将一枚子弹上膛，那是一枚1908式轻型子弹，等着被我击发。[2] 科夫通少尉命令我们开火，连里的几挺轻机枪也吼了起来。我们反击成功，于是决定了这场小规模交火的结局。我们爬出战壕，把纳粹分子往回赶了很远，占领战场后，步兵第54团开始收缴被打死的敌人的武器。战利品当中，有一批捷克产VZ24型7.92毫米毛瑟步枪[3]。这种枪不能用我们的子弹，因此上级指示我们必须从尸体上拿走子弹盒。当然，这只是部分解决了我们的武器短缺问题。

科夫通少尉见我扛着一把"三线"，就朝我走过来，我很担心他会命令我把枪给别的士兵。不过，最近打败了敌人之后，排长心情很好。

他说："战士柳德米拉，您和其他人一起发动进攻了？"

---

[1] 选自阿扎罗夫回忆录《围困中的敖德萨》，莫斯科1966年版，26–32页。

[2] 按语境，柳德米拉这次是以普通步兵而非狙击手的身份作战。——中译者注

[3] VZ为捷克语Vzor"型号"缩写。——中译者注

我报告:"正是,指挥员同志!"

"感觉怎么样?"

"好极了,指挥员同志!"

"有机会开枪吗?"

"有,我把整个弹夹都打光了。"

"好,大士会把这支枪重新登记在您名下。咱们看看您到底是什么样的狙击手。"

我说:"指挥员同志,我很想有一支带瞄准镜的步枪。有了它,我一定打得更好。"

"现在我还不能给您保证。不过,一有机会我就给您申请。"少尉笑了笑。我知道,如今我已经成为他所信任的一员。

与此同时,撤退还在继续。"恰巴耶夫"部队来到了德涅斯特河西岸,渡过河去。7月26日,我们在东岸展开了防御部署,地点是格拉杰尼齐(Gradenitsa)–马亚基村(Mayaki)–弗朗茨菲尔德(Frantzfeld)–卡罗利诺–布加兹沿线。北方是第82号蒂拉斯波尔(Tiraspol)要塞区[1]的防御工事,这些工事早在战前就建好了,装备也不差,有混凝土、钢筋混凝土和石砌的火力点,防空洞和深深的壕沟。这里的坑道和半坑道中,配备了大约100门各种口径的火炮,还有数百挺轻重机枪。UR–82(俄文全称 укрепленного района,转写 ukreplennogo rayona,意为"防御工事")要塞区还挖了地下储存空间,存放各种军事装备。

红军最高统帅部大本营希望在这里挡住敌人的进攻,粉碎德涅斯特河沿岸的罗军和德军步兵师,将他们赶回西部边境。我详细介绍了 UR–82,因为它的军用物资极大地帮助了步兵第25师和第95师。我们第54团终

---

[1] 即下文 UR–82。

于拿到了一批马克沁中型机枪、捷格佳廖夫轻机枪、"三线"莫辛步枪和SVT-40半自动步枪，并彻底补充了弹药。我也终于拿到一支带有PE瞄准镜的全新莫辛步枪，枪上还涂着工厂的润滑油。

不过，苏军将领想要凭借UR-82快速扭转战局，这个愿望并没有实现。罗军与德军人数是苏军的五倍，强势压境。7月26日至8月8日，在蒂拉斯波尔要塞区的边界上激战不断。接着，南方方面军的部队不得不撤到敖德萨郊区。苏军防线如今穿过如下各个居民点：亚历山德罗夫卡（Alexandrovka）- 布亚雷克（Buyalyk）- 布里尼夫卡（Brinivka）- 卡尔波沃（Karpovo）- 别利亚耶夫卡（Belyayevka）- 奥维迪奥波尔（Ovidiopol）-卡罗利诺 - 布加兹村。

1941年8月8日，别利亚耶夫卡。可以说，这就是我作为战时狙击手第一次亮相的时间、地点，那一天我永远不会忘记。别利亚耶夫卡村是个规模很大的古村落，由扎波罗热哥萨克人[1]建立，位于别洛耶湖（Lake Byeloye，又译"白湖"）附近，距离敖德萨约40千米。村落的主要部分是一些芦苇屋顶的土坯小屋，还有一些石头建筑：一座教堂，一所平房学校，以及几座大宅子，在十月革命之前大概是本地富户的住宅。如今，村委会就在其中一座大宅子里办公。经过很长一段战斗，别利亚耶夫卡村西部依然由罗马尼亚国王米哈伊一世（Mihai I）的军队占领，虽然给我军造成了很大伤亡，但他们依然没有任何进展。到了晚上，我团1营已经在村子东部站稳了脚跟。谢尔吉延科大尉把我叫到指挥所，指着村子的另一头让我看。在茂密的树丛中，我看到一座大宅子，有门廊，还有山墙屋顶，被夕阳照得很明亮。两个男人出来走到门廊上，穿着军官制服，戴着头盔，形

---

[1] 15世纪出现的哥萨克集团，居于现今乌克兰的第聂伯河中游一带。一度建立独立的哥萨克首长国，17世纪时从属于波兰立陶宛联邦，18世纪被俄罗斯帝国强制解散。——中译者注

状好像农民装布丁的盆。这是罗马尼亚王国战前从荷兰供应商那里买来装备军队的钢盔。

"这地方好像是参谋部。你能打中吗？"营长问我。

我回答："我尽力，大尉同志。"

"那就开始吧。"他从我身边退开，看我射击。

我们在 UR-82 附近驻扎的一星期，多少有些放松。撤到后方之后，我已经让我的新狙击步枪进入战斗状态。为了做到这一点，我必须彻底拆卸步枪，调整一些组件。例如，我把整个护手槽上的木头都去掉了，这样木头就不会接触枪管了；我锉掉了枪托尖端，让枪管紧密贴合；我还改善了枪管在前托的固定状况，在机匣和弹仓之间插入了衬垫。为了确保枪机的各个部件正常运行，最好能用小针锉细心打磨，步枪的扳机系统必须保持高效、可靠、稳定。

德涅斯特河东岸的草原最近一直晴朗无风，有助于校准步枪。先处理表尺，然后是瞄准镜。第一阶段的校准是在 100 米处射击一个 25×35 厘米的靶标。第二阶段，步枪被固定在支架或者类似的物体上，确保它完全不能移动，目的是利用第一阶段校准好的表尺调整瞄准镜。

步枪架在我肩上，腰带上挂着三个皮袋子，里面分门别类装了三种子弹：第一种是 M1908 式 Ball L 轻型子弹，第二种是黄色尖头的 M1930 式 Ball D 重型子弹，第三种是特殊的 B-32 穿甲燃烧弹，黑色尖头，后面有一条黄带。我双手握住步枪，从瞄准镜里观察，瞄准镜的水平线覆盖了一名军官下台阶的身影，大约到他的腰部。我想起了实用弹道学课上讲过的一个方程，计算结果是目标距离 400 米。我装上一枚轻型子弹，环顾四周，选择合适的射击点。

大尉和我身处一间农舍的中央，农舍先前被炮弹直接命中，屋顶塌了，到处都是石块和烧焦的房梁碎片。看来卧姿射击是不可能了，我决定用枪背带固定，以跪姿从墙后射击。也就是臀部坐在右脚靴子的后跟，左肘撑在弯曲的左膝上，枪背带绕过左肘，支撑步枪的重量。难怪波塔波夫经常提醒我们，狙击手圈子里有一句话："枪管开火，枪托命中！"[1] 结果怎样，很大程度上取决于射手握枪的姿势。

我将一发珍贵的 D 型重弹上了膛。第三枪击中了第一个目标，第四枪击中了第二个目标。[2] 当时我说不上紧张，也说不上犹豫。我们冒着敌人的轰炸和炮击，拼命撤退了三个星期，这时候还有什么可犹豫的？但还是有些东西让我分了神。有人说，狙击手第一次从射击纸板靶标的训练转到射击活人的时候，有时会发生这种情况。

营长用双筒望远镜观察着倒在门廊上一动不动的敌人军官，关切地说："露西娅[3]，你必须节约子弹。消灭两个纳粹用了七发，太多了。"

"对不起，指挥员同志。我会注意的。"

"你努力吧。一旦失败，不管我们是不是看得见他们，他们都会像蟑螂一样爬过来。毕竟除了我们，就没有人能挡住侵略者。"

与此同时，罗军觉得仿佛已经胜利了。

1941 年 8 月 8 日，独裁者扬·安东内斯库 (Ion Antonescu) 宣称，8 月 15 日，他英勇的军队将在击败苏联人之后进入敖德萨，威风凛凛地行进在敖德萨街上。如此疯狂的想法，背后自有其原因。7 月 16 日，德罗联军占领基什尼奥夫（Kishinëv，今摩尔多瓦首都基希讷乌），然后迅速从普鲁特

---

[1] 俄文作：Стреляет ствол, но попадает ложа!——中译者注

[2] 俄文版和英文版均如此，没有交代前两枪。按照语境，应当是没有击中。柳德米拉之后还开了三枪，打的具体目标不详，也没有击中。——中译者注

[3] 俄文 Люся，英文 Lucy，为柳德米拉的爱称。——中译者注

河向德涅斯特河推进。33 天之内，联军占领了大片苏联领土，还起了个名字叫"德涅斯特河沿岸"（Transnistria，又译外涅斯特里亚，1941 年 8 月 19 日至 1944 年 1 月 29 日由罗马尼亚占领的苏联领土），好像自古以来这就属于罗马尼亚王国。[1]如今，他们准备清除这片土地上的俄罗斯人、乌克兰人、犹太人和吉普赛人，也就是送进集中营消灭，把他们的土地和住宅交给罗军官兵，禁止说俄语和乌克兰语，因为这"有损伟大的罗马尼亚民族的尊严"，拆除所有纪念碑，按自己的意愿给所有村镇改名，特别是要把敖德萨改称"安东内斯库市"。

然而，罗马尼亚只是想躺在别人的功劳簿上直接升入天堂。如果不是希特勒统治下的德国拥有强大的工业、先进的军事技术，还有组织得力、经验丰富的武装力量，外加突袭苏联的"巴巴罗萨"行动（Barbarossa），米哈伊一世的臣民们就没有理由幻想"德涅斯特河沿岸"了。早在 1940 年，苏联收复了比萨拉比亚和北布科维纳（northern Bukovina），这些地区是革命和内战的动荡时期被罗马尼亚从俄罗斯手中夺走的。我军收复这些地区时，罗马尼亚王国的军队在我第 5 集团军、第 12 集团军和第 9 集团军推进的部队面前，迅速撤退，避免了冲突，还放弃了他们的武器库。

如今，他们沿着黑海大草原走出的一段胜利之路，让这个半封建的落后国家产生了幻想，以为自己战胜了强大的北方邻国。国王的将军们大概以为红军士气低落，不会再抵抗了吧，这种错觉使得罗军在敖德萨附近付出了沉重代价。

通过光学瞄准镜的目镜，我经常看到他们的相貌：皮肤黝黑，鹰钩鼻，一半吉普赛人，一半东方人。诚然，安东内斯库声称罗马尼亚人是古罗马

---

[1]　苏罗两国领土争端很复杂，此处作者只是站在苏联立场上表述。——中译者注

人的后裔。其实，打从 15 世纪开始，瓦拉几亚公国就被奥斯曼帝国统治了。如果说有人影响了这个国家的人口，那也只能是土耳其人，土耳其人差不多直到 19 世纪 70 年代还在罗马尼亚各大城市驻军，有自己的贸易体制，还强迫罗马尼亚人在奥斯曼军中服役。此外还有很多吉普赛部落，在这个农业国的村镇到处游荡。[1]

罗马尼亚人穿着浅灰色制服，头戴"布丁盆"头盔，或是布制的平顶军帽，帽子上有一个滑稽的双尖冠。1941 年 8 月初，他们显得格外自信，无忧无虑，对战争法则充满了蔑视。他们直着身子绕着阵地走来走去，不好好安排哨兵，不进行充分的侦察，还将后方单位（医疗营、厨房、牲口桩、马车队、作坊等）部署在靠近前线的地方。总之，他们为神枪手创造了极好的工作条件，我的狙杀纪录一天比一天高，也就不足为奇了。

1941 年 8 月 15 日，安东内斯库下达了夺取敖德萨的疯狂命令。不用说，这目标还是没有实现。尽管尼古拉·丘佩尔克（Nikolae Ciupercă）中将指挥的第 4 集团军拥有 30 多万官兵、80 架飞机、60 辆坦克，还有第 72 步兵师的一些部队。而我方只有 35 架飞机，5～7 辆能用的坦克，五六万人。

---

[1] 据外交部网站"罗马尼亚国家概况"网页，罗马尼亚人的祖先为达契亚人，约公元前 1 世纪建立了第一个中央集权国家。公元 106 年，罗马帝国征服达契亚国，两个民族融合形成罗马尼亚民族。14 世纪先后建立瓦拉几亚、摩尔多瓦、特兰西瓦尼亚 3 个公国。1859 年，瓦拉几亚公国与摩尔多瓦公国合并成隶属奥斯曼帝国的罗马尼亚。1877 年独立，1918 年合并特兰西瓦尼亚公国，形成统一的民族国家。——中译者注

交火前线

苏联的军事工程部队、工兵营、市民都在拼命苦干，准备应对长期的围城战。主要防线的最外围，周长 80 千米，纵深 3.5 千米，穿过距离敖德萨最近的各个村落。防线包括 32 个营防区、连和排支撑点，还有火炮及迫击炮射击阵地。到 8 月 10 日，他们建成了 256 个加筋土[1]、砖结构和钢筋混凝土火力点，为各种用途挖了 1500 个土方工程。这些火力点和土方工程通过战壕和曲折的交通壕连成一体。战壕是全尺寸的，深度超过 1.5 米，墙壁用木板加固，还有用 3 层粗原木覆盖的防空洞。辽阔的黑海草原上，一道道 7 米宽、3 米深的反坦克壕沟纵横交错。主阵地前有雷区，还有大片地区立着一排排柱子，上面挂着带有倒刺的铁丝网和光滑铁丝网。第二道防线距离城市 40 千米，第三道防线 25 ~ 30 千米，第四道防线 12 ~ 13 千米。[2]

---

[1] 英文 reinforced-earth，一种建筑用土，加入其他材料，用于提高稳定性。——中译者注

[2] 选自《苏联伟大卫国战争里的工程兵部队》（*Engineering Forces in the Battle for the Soviet Homeland*），莫斯科 1970 年版，114 页。

先前，我们梦想能有这样的防御工事。这个梦想支撑着我们在新巴甫洛夫斯克、新阿尔齐兹，以及旧哥萨克附近拼命赶工，昼夜不停地用工兵小铲子挖壕沟，晚上就着月光，白天冒着敌人的远程炮火。这个梦想支撑着我们在没有食物和饮水的情况下穿越草原，在弹坑中埋葬我们牺牲的同志，支撑我们一边节省子弹，一边击退那些迫近的希特勒匪徒。战争初期，因为敌人突然而狡诈的进攻，我们变得混乱无序，但我们相信混乱终将结束。在何时何地停止，我们不知道。但我们毫不怀疑，在艰难的路上，一处战略要地，一座坚不可摧的堡垒很快就会出现。我们已经受过了战火的洗礼，将会流尽最后一滴血捍卫它，而狂妄的侵略者将感受到苏联军队的真正威力。

8月8日，敖德萨宣布戒严。此时我们步兵第25"恰巴耶夫"师师长是 A. S. 扎哈连科（Zakharenko）上校，各部驻扎在别利亚耶夫卡村－曼格伊姆（Mangeim）[1]－布里尼夫卡一线。我们击退了优势敌军的猛攻，阻止了罗军向南突破。随后苏军开始重组，I. I. 斯维德尼茨基（Svidnitsky）中校指挥的第54"斯捷潘·拉津"团的一部加入了一支联合支队，由 S. F. 莫纳霍夫（Monakhov）旅级指挥员指挥。该支队被派往东部防区，一同协防的还有苏联海军步兵[2]第1团和内卫军[3]第26团。第54团第1营留在原先位置，

---

[1] 该村名称的西里尔字母拼写与德国西部城市"曼海姆"相同，且初步搜索未发现该村有现成的中文名，据乌克兰籍母语顾问解说自行音译。——中译者注

[2] 海军步兵（俄语：морской пехоты，英语：naval infantry）是苏军当时情况下产生的一种特殊现象。苏联海军装备遭到严重打击，陆上战线又告急，因此海军抽调大量人员赴陆地作战，编成一系列独立和非独立的海军步兵旅，归陆军指挥。从1943年9月起，大部分海军步兵旅与陆军的步兵旅一起被改编为步兵师。可见，海军步兵与隶属于苏联海军的海军陆战队是两个不同的兵种。海军步兵作战精神勇猛顽强，但出于各种限制，作战效果并不十分出色。参见《轻兵器》2016年第2期（上）登载的窦超文章《不爱红装爱武装，杀敌有功赠好枪，回到战火纷飞的苏联——评影片〈女狙击手〉》。——中译者注

[3] 内卫军（НКВД，转写 NKVD）就是隶属于内务人民委员部指挥的部队，属于中文简称。——中译者注

作为一支快速打击力量，必要时会从前线的一个区域转移到另一个区域，阻止敌人突破。

1 营的核心是我们的 2 连，连长是德米特里·卢比维（Dmitry Lubivy）中尉。我们接到命令"恢复 N……斯科村[1]附近的秩序"，接着爬上载重 1.5 吨的卡车（不过大多数场合还是徒步），抵达目标，发起进攻，把敌人赶出他们刚刚占领的村子。一般来说，这样的任务都会成功。

如今连队的武器供应已经大大改善。我们在战斗中获得了很多武器：各类步枪，德制"施迈瑟"（Schmeisser）MP 40 冲锋枪，苏联 TT 手枪、各类外国手枪，如毛瑟（Mausers）、贝雷塔（Berettas）、施泰尔（Steyrs）和纳甘（Nagant）转轮手枪，DP 轻机枪，还有大量弹药。之前的边境冲突已经给了我们惨痛的教训，当武器装备不足时，我们就建起了自己的连队储藏室。把武器弹药从一处运送到另一处地方很麻烦，但我们不想把任何东西上交给团部，尽管上面来人几次三番地说。

我们部队的战斗力，很大程度上靠的是人员在年龄、成长、教育方面的相似。年纪一般都在 20～25 岁之间，都是共青团员，主要来自重工业部门，或者像我一样，是来自乌克兰高校的学生志愿兵，受教育程度很高。我们"军队兄弟会"的感情，是在普鲁特河附近的战斗中打出来的。我们学会了相互信任，还理解了苏沃洛夫（Suvorov）元帅[2]的原则："自己可以牺牲，但要救出战友！"[3]这句话是我们不可动摇的信念。

---

[1]　"N……斯科村"俄文 H-ского села，应为这道命令对外公开时略去村子全名的结果，俄语有这种略去专名中间一部分音节的省略方式。英文版作 village X，更加模糊。此处从俄文版，补足音节，提供更多信息。——中译者注

[2]　亚历山大·瓦西里耶维奇·苏沃洛夫（Alexander Vasilyevich Suvorov, 1730—1800，俄国将领，军事理论家，俄罗斯军事历史上的传奇人物。——中译者注

[3]　俄语作：Сам погибай, а товарища выручай!——中译者注

交火的间隙，我们会一起读家信，也一起写家信，甚至写给我们的
未婚妻、未婚夫。每个人都觉得，有义务写出一些让人眼睛一亮，或者
充满睿智的话语。我们中有些人的乐感很好，嗓子也不错，于是经常在
一起拉歌。我们唱的有内战时期的歌，也有著名电影的插曲：《华沙曲》
（"Varchavianka"，又译《华沙工人歌》）、《搭枪卡（机枪马车）之歌》（The
Gun Carriage）、《远在小河对岸》（Over There Across the River），还有弗拉
基米尔·魏因施托克（Vladimir Vainshtok）导演的电影《格兰特船长的儿
女》插曲《快乐的风》（Merry Wind，又译《风之歌》），以及亚历山德罗夫
（Alexandrov）的电影《大马戏团》（*Circus*）主题歌《祖国进行曲》（Broad
Is My Native Land）、科津采夫（Kozintsev）与特劳贝格（Trauberg）的电
影《马克沁青年时代》（*Young Maxim*）插曲《转圈呀兜圈呀青色的球》（The
Blue Balloon Twists and Turns，又译作《兜兜转转的蓝色气球》），还有很
多很多。[1]

唱歌极大地鼓舞了我们的战斗。有时候在激烈交火中，有人用沙哑的
嗓音突然在你耳边唱出一句你最喜欢的歌曲，或者路过时大喊："步兵，坚
持住！"（来自著名诗句）[2] 你的心会立时变得轻松起来。"

进攻之前，感觉肯定不会很好，脑子仿佛一片空白，心境也会低落。
这种感觉十分沉重，令人难受。我们连队就努力对抗这种感觉，大家会讲

---

[1] 以上所有歌曲标题均采用中文译配版标题，大部分为薛范先生翻译。——中译者注

[2] 俄文作"Держись, пехота！"，具体出处不详。俄语专家介绍，1966 年生的苏联音乐家尼古
拉·阿尼西莫夫（Николай Анисимов）创作的歌颂苏 25 攻击机的歌曲《鸦群到来》（*Грачи
прилетели*，又译《飞来的白嘴鸦》）以车臣战争为背景，原文有一段歌词是：Эй, внизу,
держись, пехота/Начинается работа.../Справа 30 - пулеметы!/Мне земля в эфир орет. 参考译文
作："嘿，地上的步兵，坚持住／我们的工作开始啦／右侧 30 度——敌军机枪！／大地嘶吼着向
我冲来。"但这首歌年代不符，录此备考。——中译者注

各种逗趣的故事，回忆成功的战斗细节，不让自己沉迷在焦虑中。接着就会响起卢比维中尉的声音："连队，前进！为了祖国，为了斯大林，乌拉！"我们就会一起冲上前线，忘掉世间的一切，我们对敌人的仇恨压倒了一切人类感情。罗马尼亚人像野兔一般逃跑了，我们2连就是这么棒！

但，不论我们这些"恰巴耶夫"怎么勇敢作战，敖德萨战役的严酷有时还是会压倒我们。敌人的炮火占据优势，最重要的是他们拥有充足的火炮与迫击炮弹药供应，而守城部队却没有。德军和罗军向我们发动三次齐射，我们只能回敬一次。曾经有一回，我们连队被火力直接覆盖——事情发生在1941年8月19日上午，一枚迫击炮弹击中了战壕矮墙。万幸的是，爆炸点不在我正前方，而是在我左侧两米光景。冲击波把我深爱的步枪炸成了碎渣渣，把我向后推到战壕底部，盖了我一身土。我在医院里醒来，团里的战友把我挖了出来，连同1营的伤员和炮弹休克（震荡）症患者送到了敖德萨。

我住在医院的一楼病房里，窗外展开了一幅神奇的画面。那是一处废弃的果园，苹果树、梨树、桃树枝条全都在海风中摇曳，一片片黄叶轻轻摇晃着，熟透的果实落在地上。小小的灰色麻雀，还有黑头椋（liáng）鸟在树枝间穿梭，也许它们在互相吹口哨，但我什么也听不见。不知怎的，秋天降临的这幅寂静场面，让我很安心，也让我深思。听觉慢慢恢复了，可是关节和脊柱还在疼痛，晚上睡不着觉。

住着干净整洁的病房，躺在浆洗过的挺括床单上，喝着早上8点送来的浓浓的甜香早茶，还配了一个小圆面包。这样的我，回想起了炮声隆隆的灼热草原。在这里，在绝对的寂静中，草原似乎是一个遥远、陌生，甚至可怕的梦，与现实毫无关系。然而，我的战友们还在那里，我的位置也在他们中间。

很快，团部转来了亲友们的一堆信。亲爱的妈妈伊莲娜·特罗菲莫芙娜很担心我的身体，建议我行军时不要从河里直接喝生水。爸爸米哈伊尔·伊万诺维奇回忆了第一次世界大战和俄国内战，坚持说，别洛夫一家在战时总是交好运的。姐姐瓦莲京娜换了新单位，跟我讲了她的工作。他们都离我很远，在乌德穆尔特（Udmurtia，苏联的一个共和国，在喀山附近），基辅兵工厂已经从基辅撤到了那里。我拼命打起精神，坐下来给他们写回信，努力用右手写出一个个字母的形状。右手逐渐恢复了原先的力量和准确，字迹还有点拙劣，但至少心意到了：

乌德穆尔特共和国

　　沃特金斯克（Votkinsk，乌德穆尔特的一座工业小镇）中央邮局，存局待取

　　　　　　　　瓦莲京娜·米哈伊洛芙娜·别洛娃收

亲爱的小虫虫！[1]

　　昨天我出了医院，进了城。列娜（Lena）[2]的明信片收到了，从基辅寄到敖德萨花了1个半月。亲爱的列娜给了我你的地址，你怎么没带她一块儿去？我参军已经1个月零10天了。我上过了前线，成功地教训了罗马尼亚人、德国人。那些混蛋给我盖了一层土，现在我还在住院，再过两天我就出院归队。部队里，我的专长是狙击手。我计划，只要不死，就打到柏林，把德国人彻底击败，再回基辅。我定的指标很简单：击毙1000名德国鬼子，就能骄傲

---

[1] 英文作 Val，为 Valentina 简称。此处从俄语称呼，Жучка 为小甲虫之意。——中译者注

[2] 作者母亲伊莲娜的小名。——中译者注

地扬起头。可以说，我已经定了目标，绝不退缩。一句话，我一点也不觉得无聊。这种生活有趣得很！你要是有空，给我写信！地址：敖德萨市巴斯德街 13 号，学术图书馆乔帕克收。他们会转给我的。[1]

1941 年 8 月的倒数第二天，我带着"严重脑震荡完全康复"的证明，出院上了前线。好友索菲亚·乔帕克还在图书馆上班，我决定去看她。去图书馆路上，我被巡逻队拦住两次核查证件。他们怀疑我，大概是因为我穿着的军上衣，之前在医院洗衣房中洗过，烫得很好，而且领章还是礼服式的紫红色（一般是野战服的卡其色）。也可能是因为我这副样子，毕竟当时军队里的女兵还相当少。

开战两个月，敖德萨这座原本祥和美丽的城市，还有乐天的市民都发生了剧变。有些街道上设置了沙袋路障，广场也架设了高射炮，许多商店关门了，其他商店用十字交叉的纸条封住了玻璃窗，预防轰炸。度假村的员工都已经不见了，公园、林荫大道、街道、广场上空无一人，只有些民兵扛着步枪，沿着鹅卵石路面巡逻。工业企业、海港、交通通信设施、水源地都加强了防护。

这座城市很担心内奸的破坏，而且这种担心不无道理。纳粹已经开始定期轰炸敖德萨，好几次，有人从高层建筑的阁楼上给纳粹发信号引导轰炸机。[2] 很多地方因此遭受破坏，海港尤其严重。

还有一次，敖德萨民用机场突然降落了一架没有标识的小型飞机。据

---

[1] 帕夫利琴科致姐姐瓦莲京娜的信，日期为 1941 年 8 月 27 日，现藏俄罗斯联邦武装力量中央博物馆，档案编号 4/18680。

[2] 具体信号种类不详，无线电信号或烟火信号都有可能。——中译者注

说是我们的防空系统疏忽了，让这架飞机溜了进来。17 名德军带着冲锋枪跳下飞机，朝我们开火，他们想要占领机场，为大部队铺平道路。负责驻守机场的是伊里切夫歼击营（Ilyichchev）[1] 的官兵。他们很快就回过神来，包围消灭了敌人，夺取了飞机。德国鬼子运送大部队的企图一直没有得逞。

我和索菲亚在学术图书馆的珍本与手稿库里见了面，她给我讲了这件事，还讲了好多别的事。这个地方一片忙乱，馆员们正在把对开本 [2]，以及装有古代手稿、各种珍稀文献的皮革文件夹放进一个个大木箱，编号登记。敖德萨宣布戒严之后，许多文化机构准备撤到高加索地区，学术图书馆也在其中。索菲亚还没决定自己走不走，我们这次见面甚至可能是最后一次。

这一天余下的时间，我去了希腊大街上的乔帕克家公寓。他们一家人都热情好客，请我吃了一顿朴素的晚餐。8 月 25 日起，敖德萨区委的执委会开始凭票供应新鲜面包、糖、谷物、油这些物资。不过，普里沃兹广场（Privoz Square）上的著名市场还在营业，想要什么都可以买到，只是价钱涨了两三倍。这天晚上安静得很。

8 月 29 日，"塔什干号"驱逐舰（一支小型舰队的旗舰）上的炮手击溃了罗马尼亚炮兵。先前，这支敌军一直从大阿扎雷克河口（Bolshoy Adzhalyk）附近的阵地向我方开炮。炮击持续了 3 天，目标是敖德萨市区、海港及主要航道，阻止黑海舰队为被围困在港口的苏军运送新兵营、武器、弹药、食品和装备。此外，我滨海集团军也击退了罗军的另一波进攻。但

---

[1] 俄文 истребительного батальона，英文 Destruction Battalion，是苏联在苏德战争时建立的准军事组织，主要任务是安全保卫。——中译者注

[2] 原文 folio，属于历史名词，指将原始纸张折叠一次即装订的大型书籍，每页为 13.5×8.5 英寸，约合 343×216 毫米，略大于我国的大 16 开，并非我国现代印刷术语的"整开纸、对开纸"概念。按照现代国内标准，对开纸为 780×540 毫米，国际标准则为 882×597 毫米，明显大于正常书籍。请读者不要混淆。——中译者注

纳粹还是继续逼近敖德萨，在东面防线，占领了丰坦卡镇（Fontanka）。在西面防线，占领了弗里登塔尔镇（Freidental）、"红色定居点"镇（Krasny Pereselyenyets）。

清晨，我坐卡车出了城，前往库亚尔尼克河口（Kuialnyk），以及大阿扎雷克河口。1营的指挥所位于一座小村庄附近，我向谢尔吉延科大尉汇报，说我已经归队，继续服役，汇报的最后一句是"红军战士[1]帕夫利琴科"。

大尉笑了："柳德米拉，您说错了。"

"大尉同志，哪里说错了？"

"您已经不是战士了，您当了下士！祝贺您！"[2]

我激动地回答："为苏联服务！"

其实我想放开嗓子大喊"乌拉！"，但我一定要表现得稳重，有自制力，毕竟这是我军旅生涯的第一次晋升啊！我志愿报名参加红军以来，就一直想成为职业军人，但没想到我作为狙击手的热情与战绩才过了一个半月就得到了赏识。我军的惨重损失造就了军人的快速晋升，当然，是那些幸存下来的军人。

大尉又向我介绍了战况，我得知了住院期间2连的变故。首先，我的排长瓦西里·科夫通少尉阵亡了，与他一同阵亡的还有大约30人。事情就发生在库亚尔尼克河口附近8月24、25、26日的3天血战当中。其次，我

---

[1] 此处的"红军战士"表示军衔，当时苏联红军的士兵军衔只分两级，等级最低的军衔是红军战士，而非列兵，高一级的军衔是上等兵。——中译者注

[2] 理论上她应该晋升上等兵，但结合下文，说营长给了她领章上的一颗三角形标志符号，这表示的是下士军衔，说明她连升了两级。因为上等兵的领章上只有一道横杠，没有三角形标志符号。此处不清楚是柳德米拉记错了，还是写错了。——中译者注

团最近得到了塞瓦斯托波尔志愿水兵的增援，他们迫切希望参战，但他们没有步兵服役的经验。其他志愿者也来了，大概有 100 名敖德萨的市民。

谢尔吉延科说："您回到团里，我很高兴。我特别盼着您回来，还给您准备了一点儿礼物。第一，是一支新的莫辛狙击步枪，换掉您那支坏掉的。"

"谢谢您，大尉同志！"

"第二样礼物就小了，不过您也应该喜欢的。"营长交给我一个小小的灰色纸板箱，里面好像装了不少军备品。

我打开箱子，里面是两颗黄铜三角形，是我新军衔的标志符号，这符号要各自固定在衣领子顶部的两枚领章上。在这片布满枪林弹雨和壕沟的大草原上，营长是怎么找到这小小的金属物件的？营长的关心让我心里很温暖。谢尔吉延科大尉不仅关心我，还关心第 1 营的全体官兵。他是一位经验丰富、积极主动、要求严格的军官，为人也非常公道。当我们第 54 团团长斯维德尼茨基中校负伤离开时，我们都期待着谢尔吉延科担负起团指挥员的职责，并晋升少校军衔。按资历说，谢尔吉延科也应该升少校了。可是上级却另有决定，任命了 N. M. 马图西耶维奇（Matusyevich）少校担任团长。马图西耶维奇有多年的服役经历，在俄国内战中是骑兵第 1 集团军的普通士兵。

我在营部给自己戴上了两颗三角形的军衔符号，就作为一名穿军装的下士出发去了第 2 连阵地。谢尔吉延科送我走时叮嘱了几句话，大致的意思是要我在新兵里挑一些合适的人，训练成狙击手。悲哀的是，进入战壕后，连里能叫出我名字的只有几个人，其他人都好奇地看着我。那些水兵先前一直在海上，对陆军很不适应，甚至都不愿意换上卡其色的陆军军服，也不愿意摘下自己的水兵帽，脱下深蓝色的法兰绒上衣、蓝白相间的背心、宽大的黑色喇叭裤。他们在船上虽然是行家里手，却从来没有摸过步枪，也完全不知道"狙击手"是干什么的。老实说，短期内把海军步兵训练成优秀的神枪手，真不那么容易。我们一开始得先说服他们戴上头盔，穿上军上衣和军靴，不再穿鞋子。[1]

与此同时，敖德萨防区指挥部又给狙击手下达了一组具体目标：占领那些最有利于观察和射击的位置，不断袭扰敌人，不让敌人在离前线最近的道路上自由活动，打击敌人士气。这种措施既不新鲜，也不需要太多创意。然而这场军事行动的舞台却是一望无际的大草原，偶尔有几座小山，几乎一棵树也没有，人口也很稀疏。这样的舞台上根本没有什么地方布置狙击手的隐蔽处，想要伪装也极其困难。

我们只能寻找其他办法对抗入侵者。我们决定把隐蔽处设在距离前线更远的地方，在无人区的更深处，距离前线 400 ~ 600 米，尽可能靠近敌人。这个决定是我们侦察之后做出的。我们仔细研究了本地情况，确定本地适不适合瞄准射击，还制定了作战后离开隐蔽处归队的具体方案。

比如，我们第一次出击的过程是这样的：我们掌握了所有情况之后，当天夜间，我们三个人开始行动。其中一人携带捷格加廖夫轻机枪，我负责狙杀，彼得·科洛科利采夫（Pyotr Kolokoltsev）担任观察员。我们在防毒面具袋里塞满子弹，腰带上挂了手榴弹，每人还带了一把 TT-33 手枪，选定这种枪是我的主意，因为它的威力比较大。设置好隐蔽点之后，我发现一击必杀的目标不一定总能实现，射击的准确度取决于很多因素，而这些因素经常不受我们控制。

隐蔽点是一处很高很密的灌木丛。灌木丛大致呈一个菱形，长 150 米，宽 12 ~ 15 米，菱形的一个尖端扎入罗马尼亚军队防线，终结在敌军第二梯

---

[1] 陆军的靴子主要是防护用的。海军不在陆地上，不需用靴子适应野外环境，所以穿军靴不习惯。——中译者注

队的一道浅沟里。隐蔽点距离第54团的第一道战壕大约600米，当然这段距离很长，但我们已经事先协调了机枪手，他们会密切注意我们。我们只要一发信号（举起一把小工兵铲），他们就会掩护我们撤退。

午夜过后，我们离开防空壕，花了大约一个小时赶到隐蔽点。这天晚上没有云彩，月亮把周围照得通亮，所有的小路、不平坦的地面、炮弹的弹坑都清晰可见，安静、温暖、包容的黑海之夜笼罩了周围的乡间。敌我双方都没有进行通常的骚扰性步枪和机枪射击，周围是多么美好，多么宁静！只是一想到可能在灌木丛中遭遇敌人，就破坏了我们安宁的心。我们一边大步往前，一边仔细看路，时刻准备战斗。然而灌木丛中并没有罗军，至于罗军为什么没有占领灌木丛，也没有设置观察哨，我们也不明白，我想这应该是因为他们那种吉普赛人式的粗心大意吧。德国人向来守时又严谨，他们几次三番想要教会这个盟友怎么打现代战争，可盟友说什么也学不会。

我们花了一整晚时间准备各自所在的位置。我们挖了战壕，在战壕上设置了低矮的护墙，用石头和草皮加固，把步枪放在上面，协调了一切因素，测算了距离，机枪手也架好了机枪。

天快亮了。凌晨5点，敌人的战线有了些活动迹象，士兵们挺直身子大声交谈，彼此呼唤。早上6点，野战炊事车来了，敌人变得更加活跃。军官们也出现了，大声下达命令。一段距离以外有一个卫生所，军医的白大褂十分显眼，我们很容易分辨。

总而言之，我们的目标多得很。我们的兵力分配如下：左翼是我的，右翼是彼得·科洛科利采夫的，机枪手则密切关注敌人的中路。我们一直等到上午10点，研究了敌人离开前线一段距离时的表现，然后开火。

罗马尼亚人大惊失色，有几分钟时间他们都没法确认敌人的方向，于是到处乱跑，还大喊大叫，这使他们更加恐慌。而我们已经测算好了距离，设定了目标，几乎每一颗子弹都能命中。大约20分钟内，彼得和我各打了17发。结果是我毙敌16名，彼得12名。机枪手原本要在敌人直接进攻隐蔽点的时候负责掩护我们，但实际上没有必要掩护，于是他也就没有开火。

罗军终于回过神来，用迫击炮和机枪向灌木丛开火，但他们看不见我们，所以只能漫无目的地射击。我们被迫撤退，安全到达我方阵地，给团长写了一份报告，也收到上级一封表彰信，表扬了我们的勇敢行动。

我们考虑之后，决定还是夜间再去同一个地方埋伏。我们很从容地前进，一点也不紧张，不过到达灌木丛之后吓了一大跳。第一天我们带了瓶装水，但撤退时没有把瓶子带回来，这时我们找到的不是3个瓶子，而是6个瓶子——里面都是甜酒。看到这些瓶子，我们不得不认真考虑"是否应该集体撤退"。此外，我们还在草地上发现了两颗子弹和一条窄沟，这是一挺奥地利施瓦茨洛泽机枪（Schwarzlose）留下的。踪迹指向敌人方向，很显然，白天的时候有罗军的哨兵来过。最后他们终于意识到灌木丛是他们前线一个非常薄弱的地方，但不知怎的，却在夜间离开了。大概是他们没有意识到我们会从相同位置再次设伏。我们又检查了这片地区，确保一切都井然有序，然后决定……留下。

中午12点，我们再次开火。昨天的场景重演了：我击毙10人，其中包括2名军官，彼得击毙8人。这一次罗军很快回过神来，用两挺机枪朝灌木丛还击。包围圈离我们的战壕越来越近，我们停止射击，撤退，悄悄潜行到另一边，从侧翼接近敌人的机枪手。我们在100米距离上用狙击步枪开了5枪，将敌人一个班全部消灭。敌人的机枪还很新，部件都闪闪发光，彼得十分喜欢。长话短说，我们带走了一挺机枪，把另一挺机枪的枪栓掩埋了。后来，团部的侦察兵在我们的指点下找到了枪栓，连枪栓带机枪一块儿当了他们的战利品。附近还散落了很多子弹箱，从此奥地利机枪就为红军服务了。

不过要是第三次还用这里当狙击隐蔽点，就很不明智了。于是我们另找了一处隐蔽点，这是一栋白房子，已经炸毁了一半，被居民废弃了。房子位于同一个无人区中，距离灌木丛大约 400 米。第二天，我们在阁楼上观察到这样一幅画面：早上 7 点 30 分，罗军向灌木丛猛烈发射迫击炮，不停炮击了 30 分钟。敌人白白浪费弹药，对我们并不是什么坏事。

因为我的缘故，26 个罗马尼亚人永远留在了敖德萨草原（26 人是这次伏击战的击杀人数，这场战役中，我的击杀人数一共 65 人），但我并不觉得自己应该因此得到什么奖励。战争最初的几个月里，我们没有期待任何嘉奖，只是想着怎么保护祖国不受疯狂的侵略者伤害。后来到了 1943 年，3 个等级的光荣勋章设立之后，三级和二级勋章分别授予那些消灭了 10 名，以及 50～70 名敌方官兵的特等射手。比如，中央女子狙击手训练学校毕业的 14 位姑娘，就获得了类似的双重奖励。[1] 但是包揽全部三个级别光荣勋章（一级为追授）的女狙击手只有一个人：尼娜·帕夫洛芙娜·彼得罗娃（Nina Pavlovna Petrova）大士，虽然她并不是中央女子狙击手训练学校毕业的。她的击杀纪录是 120[2] 名纳粹。

所以在步兵第 54 "斯捷潘·拉津" 团保卫敖德萨期间，最有名的女英雄不是我，而是机枪手尼娜·安德烈耶夫娜·奥尼洛娃（Nina Andreyevna

---

[1] 英文版此后尚有一句 "一级和二级勋章"，但俄文版并未具体写出勋章等级。军事顾问指出，前面刚刚介绍的是三级和二级，并未介绍一级的获得标准；而且按照常理，首先要拿到三级，才能依次拿到二级和一级。因此，中译者认为英文版所述的 "一级和二级" 是错误的，翻译的时候予以省略。——中译者注

[2] 另有资料显示她的狙杀纪录是 122 人。——中译者注

Onilova）。尼娜在孤儿院长大，后来进了敖德萨的一家工厂工作。1941 年 8 月下半月，21 岁的尼娜和敖德萨其他志愿市民一起参了军。一开始，她在一个医护连，很快申请加入野战部队，因为她在"奥索维亚希姆"学校学过机枪操作。尼娜加入了我们营，在 1 连服役，不用说，我们当然认识。

但我没有亲眼看到她的功绩，所以还是说说那些在战场内外见过她的敖德萨老兵的回忆吧。

阿扎罗夫中将的回忆录写道：

人们第一次说起尼娜，是在吉尔登多夫村（Gildendorf）的战斗之后。关键时刻，尼娜与搭档红军战士扎布罗金（Zabrodin）把带轮子的机枪推到一块空地上，对准了进攻之敌猛射。火力十分精准，纳粹们成片倒下，活着的赶紧爬了回去，敌人的进攻被击退了。[1]

特罗菲姆·科洛米耶茨中将回忆道：

我回到驻地，师政治部主任，一级营政委（中校）N.A.别尔多夫斯基（Berdovsky）进来了，身后还有一个穿着红军军服的矮个子姑娘。别尔多夫斯基看到我疑惑的眼神，就对她做了介绍："这是'拉津'团的机枪手尼娜·奥尼洛娃。在敖德萨保卫战中负了伤，送到后方医院。现在，她说自己已经康复了……"这就是尼娜·奥尼洛娃，外号"恰巴耶夫的安卡（Anka）二号"[2]，已经消灭了几百

---

[1] 选自阿扎罗夫回忆录《围困中的敖德萨》，莫斯科 1966 年版，81 页。

[2] 历史上的恰巴耶夫的女性伙伴。中译者补充：安卡是机枪手，在电影《恰巴耶夫》中进一步浪漫化演绎，两人有恋爱关系。尼娜在看过电影版之后产生了对机枪的兴趣，也非常敬仰安卡的扮演者瓦尔瓦拉·米亚斯尼科娃（Varvara Myasnikova）。

名法西斯分子。乍一看，她只是个普通的小姑娘，有着一张晒得黝黑的圆脸，一双会笑的眼睛，迷人而略带羞怯的笑容……在滨海集团军中，大概人人都听说过她的大名。[1]

我们团的共青团书记雅科夫·瓦斯科夫斯基的回忆录，更详细地记述了尼娜的勇敢行动：

我当时正在 1 营营部，敌人又发动一次进攻，我被困住了。营长伊万·谢尔吉延科通过墙上的裂缝观察战场局势，忽然对着电话听筒怒吼起来："左翼机枪怎么没动静了？马上检查！实在不行，你就自己上去用机枪开火！"这是给连长伊万·格林佐夫（Ivan Grintsov）中尉下的命令。连长沿着战壕跑到左翼，情况十分危急，敌人显然已经注意到我军左翼火力较弱，开始向这一侧移动。而且机枪组是新来的，刚到我们营，连长还没来得及在战斗前认识一下他们。

连长跑到机枪组跟前，发现机枪手弯着腰一动不动，副射手站在后面，好像什么事情也没有似的。机枪手没有回头，不动声色地说："还太远，让他们再靠近一点……"可是，敌人已经推进到只有 70 米了。

连长看不下去，喊道："你干什么呢？他们随时会投弹过来！"说着就要把机枪手推开，自己操纵机枪，就在这时候，机枪怒吼了。敌人此时正聚集在一片狭窄地域内，第一次射击差不多把敌人

[1] 选自战争回忆录合集《在黑海要塞边》，莫斯科 1967 年版，205 页。

放倒了一半，他们离得太近，没地方躲藏。最后几个敌人倒在了距离机枪只有30米的地方，我们的战壕里爆发出一阵"乌拉"。这种机枪射击方式，整个连队好像都没人见过。

连长也惊呼："漂亮！看看那儿躺了多少敌人！给你一枚勋章都太少！"机枪手终于转向连长，连长看到那是一个年轻姑娘，皮肤晒黑了，笑嘻嘻的圆脸，留着短头发，像个小伙子……很快，整个团都知道了机枪手奥尼洛娃，"恰巴耶夫的安卡二号"；接着，整个步兵第25师[1]都知道了。[2]

1941年12月，尼娜·奥尼洛娃很快在塞瓦斯托波尔前线荣获了红旗勋章。根据敖德萨保卫战的资料，在那次战役中我们光荣英勇的团里大约有10名士兵被授予勋章，他们为敖德萨流血牺牲，在与法西斯分子的战斗中损失惨重。

老实说，对于尼娜的战术创新，我们并不是人人都感到欣喜。谢尔吉延科大尉尤其紧张，毕竟，尼娜只占据了一个机枪火力点，但营长要负责整个营的防线。营长召来尼娜，称赞了她的勇气，但又警告说，敌人正面进攻时，在这么近的距离开火太危险了。此外，如果另一组敌人从侧翼突破，就可以朝她投掷手榴弹。团里的机枪是固定式的马克沁，已经很老旧了，是俄国革命之前生产的古董货。这些机枪在长时间射击时经常失灵，万一子弹真的卡住了，尼娜和周围的士兵就死定了。电影《恰巴耶夫》里面，白军从来没有冲进过红军的阵地，可那是电影，尼娜也不是演员。这是真正的战争，战场上的局势变化有很多种可能。

---

[1] 英文版错写成步兵第5师。——中译者注
[2] 《在黑海要塞边》，莫斯科1967年版，135页。

因此，尼娜的新战法很少被上级批准，只好严格按照作战条令射击。不过这已经不重要了，第25师有一份很出名的报纸《红军战士报》，这份报纸首先登了一组引人入胜的文章，报道这位勇敢姑娘的事迹，接着其他部队报纸也登了。政工人员非常关注军中的宣传，他们充分利用了这位优秀机枪手的形象，而尼娜本人也确实受到了俄国内战中有着浪漫色彩的英雄事迹鼓舞，取得了很大的战绩。

然而，当时没有人觉得狙击行动有什么浪漫可言。首先"sniper"这个词本身就是"舶来品"，大部分人不知道什么意思。[1] 其次，枪手的各种操控动作，还有枪本身，看上去比起从隐蔽点开火要有意思得多。"砰砰砰"一轮射击下来，一大片敌人瞬间倒地。而一名神枪手在敌人展开进攻队形时击毙其中的一名军官，从而阻止进攻的方式，没办法表现得像操纵机枪一般具有画面感。第三，狙击手本身也是问题。他们是什么样的人呢？沉默寡言，不善交际，甚至脸色都是阴沉的。他们无法准确详细地描述自己猎杀敌人的方式——顺便说一句，他们签了保密协议之后也不允许这样做。

1941年9月初，应该是3日到5日，我们获悉，我团在仍驻守敖德萨防区东部的同时，将临时加入一个新组建的步兵师，它最早的名字是敖德萨第1师，后来得到了数字番号421。我们加入步兵师，遇见了老熟人：海军步兵第1团 [2]，团长是 Y. I. 奥西波夫（Osipov）上校，这个团现在的番号是第1330团。另外，原内卫军第26团，现在是第1331团，补充了前第82

---

[1] 此处俄文版用了英文词 sniper，俄语中的"狙击手"снайпер 也是英语音译，因此作者这么说。sniper 这个词的起源说法不一，一种常见的说法是，1773年左右驻印度的英军士兵经常猎杀一种叫 snipe 的鸟（译名为沙锥鸟或松鹬），这种鸟很难打中，因此击中的人被叫作 sniper。后来逐渐演变成"优秀射手"及"在隐蔽处打冷枪的人"，中文也曾经用"冷枪手"称呼这一职业。现在的中文名，"狙"在文言中有"窥伺"之意，"狙击"则意为"埋伏偷袭"。——中译者注

[2] 本章开头，8月8日敖德萨戒严的时候，作者提到过与这个团联合行动。——中译者注

要塞区的一个炮兵团、一个工兵营、一个机枪营，还有其他一些部队。第421师的师长是G.M.科切诺夫（Kochenov）上校。师部设在库亚尔尼克医院（Kuyalnik），前进指挥所设在捷尔诺夫卡村（Ternovka）。第421师的任务是守住17千米长的前线，挡住两个满员的罗马尼亚步兵师。9月6日一整天，我方击退了敌人反复进攻。7日，我军发动了反击，罗军在多个地段向北撤退0.5～2千米，在战场上留下了大约700名阵亡和重伤的官兵。我们抓了大概200名俘虏，缴获不少军械、迫击炮、机枪、冲锋枪及大量弹药。

第二天，9月8日，罗军进攻我团第3营，当时第3营据守在库亚尔尼克河口与哈吉别斯基河口（Khadzhybeiskyi）之间的地峡上。我们火速支援第3营，合力击退了敌人。9日到11日，激烈的战斗和猛烈的炮战仍在继续。其间，那支先前的边防军，如今变更为第1331步兵团的人，英勇而军纪严明的官兵率先突破了敌人的防线。他们在博尔加尔卡村（Bolgarka）-阿夫古斯托夫卡村（Avgustovka）-普罗托波波夫卡村（Protopopovka）北部一线站稳了脚跟。

在这样的冲突中，大部队在平原上交战，狙击手要做些什么？答案很简单：与其他士兵一起占领预先设置好的防御工事（这个地区有一些这样的工事），并从战壕中进行有针对性的射击。尤其是敌人正在不计损失地往前推进，我们这样做就更有必要了。

这时，我见到了可以说是二战当中最神奇的场面，罗军上演了一次"攻心战"。一开始和往常一样，隆隆的炮火持续了大约20分钟。苏军官兵在装备完善的深防空壕、战壕中等待着炮击结束，第54团损失不大。然后是一片寂静，士兵们回到各自的位置，开始眺望远方。远方出了一些诡异的情况。

我们听到了激昂的音乐声，看到那些戴着"布丁盆"头盔的步兵，他们并没有在草原上散开，而是相反，互相紧紧挨着，肩并着肩往前走，好像在检阅一般，合着鼓点旋律，把腿高高抬起。在第二或者第三梯队的某个地方，一面旗帜在士兵的头顶上飘扬着。军官们大步走在纵队之间的空隙，保持距离，肩上扛着出鞘的军刀。左翼走着一名身着盛装的神父。[1] 神父的金色长袍在秋日的艳阳下闪闪发光，在单调的军阵映衬下显得十分古怪。后面跟着三面教会的旗子，由罗军士兵举着，后来才知道这位神父是乌克兰人。

我用双筒望远镜观察这支进攻部队时，着实有些吃惊。敌人越来越近，很快就能看出他们明显都喝醉了。队伍并不整齐，脚步也不那么划一。不过话又说回来，哪怕他们确信自己的种族比他们打算消灭的人高贵，可是只要他们还算清醒，又怎么能强迫他们走到一马平川，很容易遭到攻击的平原上呢？估计让他们觉得稳操胜券的因素还有一个：绝对的兵力优势。敌人行进的方向是我们1营，这时候我们的兵力已不足400人，而对方合着军乐队震天响的音乐行进的，却是一个和平时期规模的步兵团——2000把刺刀。

双方距离在无情地缩小，罗军逼近到700米内的时候，我们的迫击炮连率先开火，敌人灰黄色的纵队中间，绽放出一股股泥土的喷泉。一时间敌人的军阵被打乱了，但那些还活着的人抛下同伴的尸体，重新集结，继续前进。军官一声令下，士兵们加快了步伐，端起了步枪，刺刀的刀刃在尘土飞扬的草原上闪闪发光，明亮得有如闪电。

---

[1] 中文语境下，基督宗教的新教把神职人员称为"牧师"，天主教和东正教称"神父"。这里不确定这名神父是什么教派，但罗马尼亚民间最有影响力的是东正教，因此暂且译作神父。——中译者注

我耐心地等待着，直到敌人的第一列纵队逼近一片玉米田边缘的篱笆。我草草画了一张预备射击简图，并标出了距离。篱笆距离我的战壕600米，距枸杞灌木丛500米，距一棵树冠破损的孤树400米。米哈伊一世国王的士兵们不知不觉中走进了直接狙击火力范围。

直接狙击对我们来说实在是分外过瘾的事！这种射击，子弹的整个弹道（从出膛到击中目标）完全不会高于目标本身。例如，在给定的情况下，使用瞄准镜6的刻度（600米）瞄准行进中的敌人脚踝，就可以重复开上好几枪而不需要改变瞄准镜的刻度。敌人首先会腿部中弹，走近了会腹部中弹，更近的300米处会胸部中弹，最后是头部。然后，他们离得更近了，顺序又会反过来：胸部、腹部、腿部。

我当时已经有了自己中意的狙击方式：击中敌人的眉心或太阳穴，但望着踩着鼓点前进的步兵队伍，我又想，单纯对着敌人头部开一枪，是不能允许的奢侈。现在最重要的是不停地射击，挡住这些醉酒士兵的攻心战，不让他们到达我军战壕，这些人根本不知道自己在做什么。毕竟他们有着5倍的兵力优势，很容易把我们这个英勇的营踩在脚下，消灭我的所有战友。

但他们没有做到……

夕阳西下，微弱的斜光照亮了田野上寂静无声的针茅草。罗军带着伤员后撤，把死者留在了田野上——目测差不多有300人。先前，我们的连长卢比维中尉负伤离开了，由安德烈·亚历山德罗维奇·沃罗宁（Andrei Alexandrovich Voronin）中尉接替指挥。我和沃罗宁跨过敌人的尸体，确认我个人的击杀数字，写在了我的狙击手笔记上。我们第2连的机枪手和其他步枪手也战果累累，我方所有子弹制式相同，都是7.62毫米，只要是头部、颈部或左胸部中弹的，我都列为了自己的战果——一共19人，包括7名军官、1名士官。

沃罗宁中尉问我："您是专门瞄准军官的吗？"

"对，手册是这么规定的。"

"柳德米拉，您干得很好！"

"为苏联服务！"

沃罗宁若有所思地说道："他们决定搞这种攻心战……就不顾自己官兵的死活吗？"

"他们光以为我们是一群废物。"

沃罗宁感叹："一小时发动两次进攻，如今滚回去了整整1千米，没了人影，也没了动静。

我打趣："这大概就是罗马尼亚人不知所谓的天性吧。军乐震天响，一窝蜂冲上来，可要是赢不了，又会拼了命逃跑。"

沃罗宁中尉1939年毕业于列宁格勒红旗基洛夫军事学校。战争爆发以前在伏尔加军区服役，最近带着征召的增援部队来到敖德萨，不过他并没有一线作战经验。他对狙击很有兴趣，问了我不少细节问题。中尉想要破格提拔我，作为对我枪法的奖励，他做到了。我当了下士，对这位年轻军官充满了敬意。他是土生土长的列宁格勒人，父亲是历史学家，曾经在冬宫就职，也想让儿子继承他的事业，不过安德烈从小就梦想着当兵。尽管如此，他还是很懂历史，我们有时候会一起讨论那些好战的祖先的事迹。

我尽力把连长的新命令执行好。一次出任务，连长命令我消灭敌人的机枪火力点。那个火力点从吉尔登多夫村（Gildendorf）[1]方向打来，既猛烈又准确，压得我军抬不起头。

9月下旬的10天里，苏军司令部准备以步兵第421师和第157师在东

---

[1] 今敖德萨州，共产国际区（Comintern District）克拉斯诺谢洛夫卡（Krasnoselovka）。

部打击敌人。第 157 师于 9 月 17 日从新西伯利亚（Novosibirsk）抵达敖德萨，包括 1.2 万余名士兵及炮兵部队，共有 24 门 76 毫米口径野战炮，36 门 152 毫米口径榴弹炮，以及 3 个基数[1] 的弹药。[2] 这次增援极为重要，因为第 421 师各团几乎没有加农炮，现有火炮只有 3 门，分布在 1 千米长的战线上，罗军却有 18 门。按照计划，以下部队将配合进攻：空军、第 37 与第 38 海岸炮兵连，还有黑海舰队的舰炮。吉尔登多夫村、博尔加尔卡村（Bolgarka）、亚历山德罗夫卡村（Alexandrovka）和伏罗希洛夫（Voroshilov）集体农庄都位于主攻方向的地段。我们第 54 团的两个营，还有步兵第 157 步兵师的 5 个营，负责突袭吉尔登多夫村。

距离村子最南端 200 米的公墓曾经被敌人占领，先前我们团的部队已经把敌人赶了出去。公墓里有 5 棵高大的枫树，树冠宽阔，烟灰色树干很粗壮，不知道它们是怎么从轰炸和炮击中挺过来的。原先在草原上伪装十分困难，如今这个难题终于没有了。我看过《芬兰的战斗》这本书，知道在卡累利阿森林（Karelian）中外号"布谷鸟"的芬兰狙击手，曾经躲在松树、冷杉和云杉的树枝里对我军实施精确射击。这个经验，我当然也能利用！

中尉批准了我的方案。整个晚上我都在改装自己的新迷彩上衣，上面有绿色兜帽和棕色花纹。大士之前给了我一些伪装网的碎片，还有一件某人的旧外套，我把它们都剪成了布条和小块。破烂的布条用来遮盖步枪枪管很方便，我把余下的材料，加上枫叶、小树枝和一簇簇的草用来伪装衣物。伪装后的衣服失去了原先的清晰轮廓，看着活像什么山精水怪的行头。

天亮前一个半小时，我向着公墓出发了。吉尔登多夫村的村民是德国

---

[1] 基数是弹药等军械物资供应的一种计算单位，例如 7.62 毫米半自动步枪的一个弹药基数量为 200 发枪弹。——中译者注

[2] 《围困中的敖德萨》，莫斯科 1966 年版，141、143 页。

来的移民，他们一点也不穷苦。他们以德国式的彻底精神建起了村子，还在村子不远处建立了有着笔直小径的教堂墓地，以及带有墓碑和雕花格栅的墓穴。绿树掩映下是村子的第一任村长——可敬的威廉·施密特的安息之地，大理石墓碑的铭文显示，他故于1899年。坟墓上方就是一棵大枫树斜伸过来的树冠，我踩着黑色的石板，沿着树干往上爬。

我只带了必需的装备：带PE瞄准镜的莫辛狙击步枪；一根武装带，有两个皮质子弹盒，装满L轻型子弹及黑色尖头的B30穿甲弹（因为我既要消灭机枪手，也要报废他们的魔鬼机器）；一个装在布袋里的水壶；一把芬兰刀。我没带望远镜，也没戴钢盔，因为我的炮弹休克征导致听力下降，戴上钢盔就很难听到细微的声音。

日出前刮起了一阵狂风，枫树叶子飒飒作响，但树干上伸出的粗大树枝却纹丝不动。我踩着大树枝，顺手把步枪搁在另一根大致与我肩膀同高的树枝上。我用瞄准镜观察村子的情况，村子主街两侧排列着一些石头平房、一处磨坊、一座教堂，还有一所学校，我看得很清楚。一所破旧的大房子周围还有一座果园，果园里架着一挺德制MG 34通用机枪，支在三脚架上，旁边放着几箱弹链，机枪上还有一副瞄准镜。原来这就是它的毁灭性杀伤力的秘密！好吧，你们这些恶毒的法西斯狗强盗，我这就给你们上一课！

早上7点钟，敌军哨兵换岗，但我对拿着步枪的士兵不感兴趣，我在等机枪手。后来，机枪手终于出现了。3个罗军身穿浅灰色短上衣，戴着有滑稽突起的平顶帽，突起向着前后延伸，形成两个尖儿。他们先是围着机枪忙活了一阵，接着坐在树下，捡起几个金黄色大梨吃了起来，果园的树下掉了很多这样的梨。

我计划只开3枪就停止，其中一枪一定要打中枪机。我把一发轻型子弹压入枪膛，关闭枪栓，脸颊贴近瞄准镜，目标是高个子士兵的头。他坐在 MG 34 三脚架边上，头部位于瞄准镜的两根黑线之间。距离击发只剩几秒钟，但果园里突然乱了起来，3 名机枪手跳起来排成一列。有人喊了一声"立正"，3 人一动不动，过了 1 分钟，几个戴着尖帽子的军官走了过来。其中一个军官模样很有趣：嘴里叼着雪茄，帽檐上有一圈金色条纹，右肩挂着一条穗带，腰间挎着一个棕色皮包，手里拿着一根长鞭子。总之，他有一种傲慢和权威的派头。

我和他们距离大约 200 米，此时风已经停了，气温接近 25 摄氏度。我没有瞄准士兵，而是瞄准了那个挂着穗带的人，屏住呼吸，默数"22——22"，平稳地扣动了扳机。[1]

罗军听到了枪声，早上一片寂静，有谁会听不见呢？不过他们的脑子应该并没有反应过来附近有个狙击手。那个佩了穗带的副官倒在一边，连惨叫声都没有发出。几个人围着他手忙脚乱，但毫无意义，子弹是从眉心扎进去的。我又成功地给步枪装了两颗子弹，两名机枪手也倒下了。第四发是穿甲弹，击中了 MG 34 的枪机，机枪就此报废。

敌人这才回过神来，用迫击炮和步枪朝墓地猛烈开火，子弹和弹片从我身边呼啸而过。我紧紧贴住枫树的树干，但马上意识到这样并不安全。5 棵枫树的小树林毕竟不是芬兰的卡累利阿原始森林，森林里的巨松提供了很好的掩护，几乎什么也看不出来。炽热的金属碎片就像蜇人的蜂群，击

---

[1] 俄语 "22" 原文 двадцать два，音译类似"德瓦茨德瓦"，开口元音比较多，音乐性比汉语发音"二十二"更强。俄罗斯军事顾问"老尤里"先生专门解说，这种默数是为了使用音节的音乐性调整呼吸、放松，以集中精神。这位顾问是无线电操作员，他在遇到莫尔斯电码表示的俄语字母 A（点＋划）时会理解为音乐性的音节 ай-даааа（音译"艾达——"）、Б（划＋点＋点＋点）则理解为беей-ба-ра-бан（音译"贝——巴拉班"），等等。——中译者注

落树叶，打断小树枝。对危险的惧怕让我的心变冷，却没有一丝慌乱。说到危险，新兵想的是"我不可能遇到这种事"；久经沙场的老兵想的是"我可能遇到这种事，需要更加小心"；亲眼见过很多战友死去的人，则会意识到"我一定会遇到这种事，但只要我离开这儿，就不会遇到了"。

我必须马上离开，尽管这种"离开"只是从树上跳下去，此时我距离地面大约3米。为了不损坏昂贵的瞄准镜，我把步枪挂在下面伸出的一根树枝上，接着翻身就下去了，简直像被击落一样。我下落的姿势很尴尬，而且右胯撞到一块墓碑，顿时一阵剧痛，痛得我爬不起来。沃罗宁派了些人接应我，把我扶起来带回防空壕。

1941年9月21日上午9点，我军开始进攻。进攻之前进行了长时间的炮击，苏军的牵引式火炮和迫击炮一阵阵齐射，震得大地颤抖。我团的战友们正在准备进攻吉尔登多夫村，我却躺在防空壕里，忍着右胯的剧痛，想着《芬兰的战斗》写的固然没错，可是应用别人的经验，还是得用自己的脑子，具体问题具体分析。如今我才发觉，突入公墓，在树上狙击——这两件事委实风险太大了。不过，俗话说得好："结果好就一切都好！"[1]

大约11点，敌人被赶出了吉尔登多夫村，甚至被赶出了伊利切夫卡（Ilyichevka）国营农场。罗军仓促北撤，遗弃了大量死伤者，还有武器弹药。我军开始打扫战场，清查新占领的阵地，在村子的果园里发现一挺被击毁的德制机枪，旁边是2名士兵和1名军官的尸体，都是头部中弹。这就是我对这场胜利做出的贡献，沃罗宁中尉表示，我极大地协助了第2连的进攻。

中尉命令卫生员叶莲娜·帕利（Yelena Paliy）负责我的治疗，叶莲娜

---

[1]　俄文作 все хорошо, что хорошо кончается。——中译者注

是敖德萨医学院的大二学生，8月作为志愿兵参加了红军，她严守纪律，认真执行了命令。叶莲娜给我开了止痛片，在肝脏部位做了冷敷，还专门预备了病号饭——没有油脂的荞麦粥。[1] 不过，除了荞麦粥，对我更有用的是团里的战友们对我无微不至的关心和照顾，因为我击毁了敌人的机枪。他们给我送来各种各样的礼物：果园里水灵灵的金色大梨，从罗军的马车里缴获的香皂和几瓶古龙水。

连长也来看望我。连长说，那个佩了穗带的傲慢家伙竟然是罗马尼亚独裁者安东尼斯库的副官——乔治乌·卡拉扎（Gheorghiu Karaga）少校。在他身上发现了一些重要的参谋文件、信件、照片，还有一本日记。少校在日记中叙述了罗军在敖德萨附近遇到苏军猛烈抵抗，形势十分严峻。这本日记送到了滨海集团军参谋部，又转送到莫斯科，部分内容发表在1941年10月的《真理报》上。

之后，我一直随身带着一份纪念品，纪念在村子公墓那5棵枫树上的经历：一个银制的烟盒，盖子上有精致的花纹雕刻，图案是一位美女，戴着一顶饰有飘带和羽毛的奢华的帽子。这是在那名罗军少校尸体上找到的，沃罗宁中尉来看我的时候送给我当纪念品，我按下按钮，烟盒就弹开了，里面密密麻麻地装着又细又长的褐色香烟。我向中尉敬烟，中尉谢绝了，问道："我不抽烟。柳德米拉，您一直抽烟吗？"

"偶尔来一根，在前线学会的。有时候能让我不那么紧张。"

连长又问："紧张的时候很多吗？"

"一般是在行动结束之后，敌人被歼灭之后。在藏身处等着的时候，我

---

[1] 一般情况下，病号饭需要限制油脂摄入，并使得食物尽量好消化。油脂会相对阻碍消化，这里的描述暗示柳德米拉在下落时肝部受了挫伤，荞麦粥没有油脂也是为了避免增加损伤。——中译者注

什么情绪都没有。只是等着，心里想，一定要让步枪击中目标。"

中尉吃惊了："您想的是自己的武器？"

"当然！狙击手的武器是神圣的存在。"

这时候，叶莲娜·帕利来了，打断了我们的谈话。她送来三大杯热茶，很贴心地加了蜂蜜（当地居民送给英勇红军的礼物）。我们热情地回忆起了战前生活，沃罗宁讲话很风趣，栩栩如生地描述了冬宫的样子。他深爱这座博物馆，也熟悉博物馆的藏品，特别是他父亲研究的那批斯基泰文化的金器。我呢，给他们讲了我大一学年之后，在切尔尼戈夫市（Chernigov）附近的几处遗址参与了考古发掘的实践工作。我见到了一顶10世纪的铁制头盔，是球形和圆锥形的组合体；还发掘出很多箭头、矛头和锁子甲的碎片。

遗憾的是，第2连连长安德烈·沃罗宁的肖像，我无法描述得更清楚了。我们相处的时间没有持续多久。他是革命之后的岁月成长起来的年轻一代的杰出代表，在苏联的高等院校中学习，然后经历了伟大卫国战争的熔炉磨砺。他们是真正的爱国者，高尚、勇敢、坚定，为了祖国的自由和独立，毫不犹豫地献出了生命。安德烈也是这么做的，他担任连长的时间只有一个月多一点，在鞑靼卡村（Tatarka）附近组织部队打反击的时候，他的心脏被子弹穿透，当场牺牲。我们把他埋在村子的墓地里，在他坟上立了一颗胶合板做成的红星。

9月21—22日，在敖德萨防区，我军对罗马尼亚第4集团军各部作战取得了胜利。随后，苏军司令部计划对西部和南部地区的敌人进行同样有力的打击。我军接到命令，把驻地转移到达尔尼克村（Dalnik）－鞑靼卡－博加尔斯基农场（Bogarskie Khutora）沿线。这样，我们最终与步兵第54团另外两个营会师，全团成为第25"恰巴耶夫"师的预备队。我们的行军路线穿过敖德萨市区，看到这座自己正在保卫的美丽的黑海城市，我们非常开心。

　　总体情况不容乐观。我们首先路过了佩列瑟普区（Peresyp，位于敖德萨市北部），那里只有一座发电厂还在运转。其他工厂的车间已经毁掉了，烟囱坍塌，遍地废墟，市区也遭到了轰炸和炮击的严重破坏。我们走在马路上，人行道上挤满了妇女和儿童，她们手里拿着水壶、水罐和水桶，纷纷送我们水喝，给我们烟抽。我还记得两个香烟牌子：基辅牌（Kiev）和利特卡牌（Litka）。她们同我们打招呼，欢迎我们，安慰鼓励我们。后来我们才意识到，她们和我们分享了自己的微薄的配给水——每人每天只有一桶。这些送我们的水，就是从少得可怜的配给里拿出来的。[1]

　　到了新的驻地，我们放了一周的假，用来休整。谢尔吉延科大尉把我叫了去，他说他已经把各连连长的报告看过了，也查了文件，发现我狙杀的法西斯分子已经超过了100人。我证实了这个杀敌数据，营长看我这么谦虚，就开玩笑说我应该早点提醒他这个战绩。我心想："这又能证明什么？我目睹了英雄们举着手榴弹冲向罗军坦克，在战壕里打光最后一颗子弹，在白刃战中用刺刀和枪托打退了蜂拥过来的敌人——这些事迹我见过不下几十次了。哪一次，上级专门就他们的功绩表彰过他们呢？可他们却一点儿也没抱怨，因为我们站在荒芜的大草原上，顶着地狱般的炮火坚守阵地，可不是为了勋章和荣誉。"谢尔吉延科也许猜到了我的心思，他笑了笑，说他很快就会把一切都处理好，然后让我去一趟达尔尼克村的师部。我不太相信他的话，只是回答："是，大尉同志！"接着就把这次对话给忘掉了。

　　当然，师部我还是要去一趟的。当时我对新任师长伊万·叶菲莫维

---

[1]　当时罗军已占领了敖德萨附近的水库，并切断城内水源，使得城内苏军和未转移的居民只能依靠海运来的淡水维持生命。——中译者注

奇·彼得罗夫（Ivan Yefimovich Petrov）少将一无所知，对此我并没有什么遗憾。他是师长，我只是步兵团的一个小分队队长（这还是托了沃罗宁中尉的福才提拔的），我们之间有一条巨大的鸿沟。将军怎么会搭理一个小小的下士呢？

我到了师部，彼得罗夫的副官请我进去。屋里有个约莫 45 岁的男人，身量比一般人高，很瘦，头发带着一点红色，上嘴唇有一撮稀疏的胡子。一张脸庞透露出威严、智慧和果断。他戴着夹鼻眼镜，军装外斜挎着骑兵用的肩带，因为不久前他还在指挥骑兵第 1 师，当时该师还在敖德萨附近作战。乍一看，他就是天生当军人的料，肯定出身军官世家。后来我才了解，他是地道的无产阶级出身。他父亲是特鲁布切夫斯克（Trubchevsk）的鞋匠，但想方设法把儿子送去上学了。他先后毕业于文法学校和卡拉切夫神学院（Karachev Teaching Seminary），1917 年 1 月，他最终进入莫斯科的阿列克谢夫斯基军校（Cadet College of St Alexei in Moscow）学习。

将军很平静地看着我，甚至可以说冷漠。"下士同志，"他嗓音低沉沙哑，"为了表彰您在前线的贡献，司令部决定奖励您一支刻有你名字的狙击步枪。毫不留情地打击敌人吧！"[1]

师长副官交给我一支簇新的 SVT-40 步枪，装备了 PU 瞄准镜[2]，比先前的 PE 瞄准镜更短更轻。金属枪管上用漂亮的字体刻着："100。杀敌 100 名纪念，给 L.M. 帕夫利琴科下士。第 25 师师长 I.Y. 彼得罗夫少将敬赠。"

---

[1] 俄语第二人称代词有"您"和"你"的区别。对不太熟悉的人一般称"您"，不论对方年龄，这一点与中国不同。因此彼得罗夫年纪虽然比柳德米拉大很多，但这时也没有称"你"。——中译者注

[2] 俄语作 прицел（瞄准镜）укороченный（缩短的），简称 ПУ，即拉丁字母 PU。这种瞄准镜放大倍率为 3.5 倍，低于 PE 瞄准镜的 4 倍，因此不适合远程狙击，也并非柳德米拉的主要武器。——中译者注

"为苏联服务!"我庄重地回答,轻吻了一下漆黑的枪管,接着把枪靠在身侧。

将军看到我的举动,有些吃惊。然而这不仅仅是一件武器,而是一份奖励,一件圣物,让我去打一场神圣的战争,向狡诈的敌人复仇。彼得罗夫向前走了一步,认真而感兴趣地注视着我,我也回望着他。

他问:"柳德米拉·米哈伊洛芙娜[1],您参军很久了吗?"

"没有,少将同志。我是 6 月底参军的志愿兵。"

"这以前,您是做什么的?"

"我在基辅大学上学。历史系,大四。"

彼得罗夫夸奖我:"您用步枪简直神了。"

我清楚地回答:"我是以优异成绩从基辅的'奥索维亚希姆'狙击手学校毕业的。"

"您是乌克兰人?"他语调有些奇怪和不悦。[2]

"不是的,少将同志!"我马上回答。这些关于国籍的问题一直让我很不舒服,"我是俄罗斯人。我娘家姓别洛娃,帕夫利琴科是我丈夫的姓氏。"

"柳德米拉,您实在是太棒了。"彼得罗夫在房间里踱着步,"我以前也认识一个人叫别洛夫[3],米哈伊尔·伊万诺维奇·别洛夫。不过那是在俄国内战的时候了,恰巴耶夫的年代他在团里担任政委。他实在是勇气过人,我和他一起进攻了乌法(Ufa)和别列别伊(Belebey),还和他一起获得了

---

[1] 柳德米拉的父称,称呼对方的教名和父称表示尊敬或亲近,下文同。——中译者注

[2] 乌克兰与俄罗斯历史恩怨十分复杂,加入苏联后经历了 1932—1933 年大饥荒,加上乌克兰西部有亲波兰势力,俄乌关系一度不好。彼得罗夫的态度反映这一微妙局势,帕夫利琴科是一个乌克兰姓氏,因此柳德米拉赶紧澄清。——中译者注

[3] 俄罗斯姓氏有一些具有性别之分,词尾有变化。"夫"和"娃"分别代表男人姓氏和女人姓氏,汉语译音不同,但实际是同一个名字。——中译者注

红旗勋章。我们把白军砸得粉碎！"

"少将同志，那就是我的父亲！"

"可真是太巧了！"师长转过头，满脸笑容，"这么说，家族的传统还是一点儿没变。我觉得您不光长得像您爸爸，性格也像您爸爸。"

"少将同志，人人都这么说。"

师长当然还有很多要紧事做，但他觉得还是很有必要请老战友的女儿喝茶，问问我的家庭，问我父亲在和平年代过得怎么样，也问到了我在第54团的服役情况。我回答得干脆利落，很有军人风范。

"别人有没有惹您生气？"彼得罗夫问了最后一个问题。"没有，伊万·叶菲莫维奇！[1] 他们对我非常好，我有什么难处，他们都来帮我。特别是因为我喜欢服兵役。"

"孩子，干得好！"临别时，将军紧紧握着我的手。

我回到第1营的驻地，浑身飘飘然。一回来就向谢尔吉延科大尉报告了司令部给我的嘉奖，还把那支刻有我名字的步枪吹了一番，只是没有提到与彼得罗夫私下里的谈话。在我看来，我和师长的私交并不是那么重要。与其在团里让人知道有上级罩着我，不如老老实实当个狙击手更好。不过，少将可没有忘记我们的见面，3天后，师部下令将我的军衔提升为中士。

---

[1] 彼得罗夫的教名和父称，表示尊敬。——中译者注

鞑靼卡村之战

人们都觉得要出什么大事，也看见了要出大事的各种兆头。我们第 25 师各战斗部队开始补充兵力，各团都得到了从新罗西斯克（Novorossiysk）海运来的补充连的加强。我们侧翼有一条 8 千米长的防线，驻扎在那里的是我们英勇的第 157 师。我们与他们密切协同，并肩参加了最近的一系列战斗：在吉尔登多夫村、伊利切夫卡国营农场，还有丰坦卡村、亚历山德罗夫卡村、博尔加尔卡村。两个新的炮兵团带着榴弹炮和加农炮抵达，我们还看见了坦克，一共 35 辆。其中不光有由拖拉机改装的敖德萨产土制坦克 NI[1]，还有 BT–7 型和 T–26 型坦克。除了坦克兵，我们的骑兵（骑兵第 2 师）也在为进攻做准备，就像战前演习一样。最后我们听说我军还投入了新式的保密武器：装在 ZIS–6 卡车底盘上的 BM–13 火箭炮[2]，于 9

---

[1] 俄语作 На испуг，转写为 Na ispug，意为"恐怖"，中文又称"威慑者"，因材料与加工工艺的限制，造型千奇百怪。——中译者注

[2] 俄语转写 boyevaya mashina 的缩写，意为"战斗机器"或"战斗车辆"。——中译者注

月底从新罗西斯克运到敖德萨，它能在 8 ~ 10 秒内发射 16 枚 42.5 千克火箭。火箭装有液体炸药，一旦落地，会引燃周围的一切：泥土、岩石、金属。

1941 年 10 月 2 日，我们的军事机器开动了。在南部和西部地区，涅博任科（Nebozhenko）大尉指挥的近卫火箭炮营用火箭炮轰击了敌军阵地，当时部队把这种炮称为"喀秋莎"（Katyusha）[1]。

刚开始的一分钟，仿佛一场暴风雨就要来了，即便天空晴朗、万里无云。一阵让人联想到远处雷声的闷响很快变成了震耳欲聋的轰鸣。周围的田野被明亮的闪光照亮，一缕缕烟雾在树冠上方升起，伴随着嘶吼与摩擦声，炽热的火箭一支接一支射向敌人。我们看到巨大的黄色火焰笼罩着鞑靼卡村以西以及西南方的博加尔斯基农场附近的罗军阵地。

上午 10 点，火势消退了。"恰巴耶夫"师各部发起进攻，我们左侧是前进中的骑兵第 2 师。为了支援进攻，苏军海岸炮兵连、两列装甲列车、一个 152 毫米榴弹炮团持续进行炮击。苏军坦克也冲入了突破口，碾平了两个罗军机枪营的战壕，打散了罗军各部，然后迅速向列宁斯塔尔村（Leninstal）前进。列宁斯塔尔村由罗马尼亚王国的边防师驻守，他们都是久经沙场的精锐部队，但在"喀秋莎"的猛轰之下，他们也逃了回去。

我们深一脚浅一脚地穿过被地狱之火炙烤的黑色土地，一个小时以前，这里还是一个罗军机枪营的阵地，遍布着防空壕、蜿蜒的交通壕和火力点，周围的田野中生长着高高的青草、浅褐色灌木丛和野苹果树，现在一切都化成了灰烬。我们看见不少完全碳化的尸体，伴着强烈的焦糊味，还出现了一种奇怪的甜香气息。被摧毁的敌军阵地上，到处都能看到一根根报废

---

[1] "喀秋莎"，即 BM–13 型火箭炮的设计属于国家机密，直到战后才公开。中译者补充：火箭炮发射架上有俄语字母 K，即俄语 Коминтерн（共产国际）缩写，代表"沃罗涅日共产国际工厂"。当时红军士兵看到这个字母，随口用当时的著名军歌《喀秋莎》命名，从而普及。

的机枪枪管：德国的 MG-34、老旧的奥地利施瓦茨洛泽，还有新式的捷克 ZB-53。

战争对数百万人意味着死亡、伤痛和苦难，但只要敌人背信弃义，入侵了祖国边境，我们就必须准备好严厉回击。我们必须完成这样的转变——过去是繁荣城镇与乡村的和平居民，如今是无所畏惧、毫不犹疑的战士，能够自我牺牲并承担长期斗争的重担。战争彰显了所有人的真正本质，懦夫和恶棍会干出最肮脏的勾当，而善良、勇敢、高尚的人则会做出最伟大的壮举。

我的分队共有 10 人，他们穿着防水斗篷，戴着头盔，跟在我后面。彼得罗夫少将送给我那支刻有铭文的狙击步枪之后，团长 N.M. 马图西耶维奇少校命令我，尽快执行一项紧急任务，训练一组弹无虚发的步枪手。我说，三四天之内不可能办到。团长慷慨地给了我一个星期，允许我从全团士兵里挑出最精锐的，还拨了 500 发轻型子弹，让他们练习打靶。

我不得不回想基辅狙击手学校的课是怎么上的。我努力用恩师的眼光看待这一群新人。那些过于自信、过于喜怒无常、缺乏耐心的人，我们都不需要。至于测眼力，很简单：这是步枪，这是 5 发子弹，那是靶子。开火！

不过，我当头儿的体验却有个特殊之处，万万不可省略。这些未来的神枪手（从别的连队招来的）一开始不知道帕夫利琴科中士是女的，于是我第一次出现在小队面前的时候，他们的反应——说句老实话——相当不正规。我用非常严厉的方法管起了这帮新人，但没有用那些不可描述的辱骂语言，而是对那些偷懒、吊儿郎当和脑子不太灵光的人采用了非常苛刻的手段。我有军队的纪律和命令助阵，还算一切顺利。很快我就让下属们清楚，那些中伤污蔑女人的民间谚语在这儿玩不转，比如"打鸡不算打猎，女人不是男人""女人走的路，门口到壁炉""头发长，见识短"[1]等等。我的射击成绩超过他们所有人，我非常了解战争，他们必须无条件服从我的命令。

不用说，一部分士兵虽然学习能力参差不齐，但都可以掌握基本技能。其余的都被我打发回原来的分队了。在那些有潜力成为真正狙击手的人当中，我挑出了两个：来自西伯利亚的年轻猎人费奥多尔·谢德赫（Fyodor Sedykh）[2]，还有哈萨克人阿扎特·巴扎尔巴耶夫（Azat Bazarbayev）。虽然有点奇怪，但阿扎特居然是萨拉托夫市（Saratov）的居民。[3]两人都是天生一副好眼力，而且沉稳冷静的性格也非常适合当狙击手。不幸的是，敌人的迫击炮早早夺去了巴扎尔巴耶夫的生命。费奥多尔·谢德赫则与我一同参与了塞瓦斯托波尔战役。

我们一边穿过烧焦的田野，一边阴郁地打量四周。罗军遭受的损失与破坏并没有让我们高兴。看到"死"用如此可怖的方式战胜了"生"，我们没有一丝愉悦可言，哪怕是万恶的敌人的死。我想着："看到就忘掉吧。"一边跨过被炸塌的战壕，避开那些还在闷烧的防空洞和火力点的残骸，以及焦黑的尸身。

近卫营的火箭炮齐射已经让土地面目全非，而一段时间以后，新的战斗必然在这片土地上重新开始。彼得罗夫少将如今负责指挥滨海集团军，此时少将专门命令我军停止前进。敌军仅仅撤退了 1.5 千米左右，并保持巨

---

[1] 俄文第一句是 Курица – не птица, баба–не человек，第二句是 Бабья дорога–от печи до порога，第三句是 У баб волос–долог, ум–короток。——中译者注

[2] 他的教名与前文兵工厂射击俱乐部教练费奥多尔·库申科相同，请读者注意分辨。——中译者注

[3] 萨拉托夫市是萨拉托夫州的首府，该州与哈萨克斯坦接壤。作者并未说明为什么阿扎特住在这里会奇怪，猜测是作者认为打猎是农村常见的事，城市居民不太可能精通打猎。——中译者注

大的兵力优势：苏军只有4个师，罗军却有18个师。

谢尔吉延科大尉给我看了一张大比例尺地图，比例为每俄寸（1俄寸约合4.4厘米）代表3俄里（1俄里约合1.07千米），相当于每厘米代表0.9千米。地图上有一处76.5高地，标示这里是敌军机枪营的指挥所，名称是"卡巴琴科农庄"（Kabachenko Homestead）。敌人已经放弃了这个指挥所，0.5千米之外就是鞑靼卡村[1]，那里是一处战略要地。村子位于从奥维迪奥波尔镇到敖德萨市的路上，这是一条宽阔的主干道，质量很好，都是硬路面，附近还有铁路。我们第54团负责坚守这座村子，首先我们必须设置好各前沿哨所和观察点。营长把其中一个前沿哨所兼观察点设在卡巴琴科农庄，地图上还有3个深色方块，代表居民点。通过望远镜，可以看见一栋平房，屋顶铺着红瓦，周围有篱笆和一处很大的果园，平房边上有一道缓坡，从房子向西南延伸。谁占领了这栋房子，谁就可以严密监视那条主干道，可以在敌人进攻时给予精确打击。谢尔吉延科下令给我们每人200发子弹，然后他请求我：坚守这栋平房，时间越长越好。鞑靼卡村被人视为敖德萨近郊（距离市区只有10千米多一点），我们必须拼命死守。

我把手举到钢盔边敬礼："是，大尉同志！"

我们靠近农庄，看见一辆几乎烧成骨架的卡车和一辆翻倒的挂斗摩托。庄园附近，狭窄的土路两边到处都是戴"布丁盆"头盔的罗军士兵尸体，土路上遍布炮弹炸出的弹坑。土路直接通向敞开的大门，大门旁边趴着一辆2吨重的马拉克萨（Malaxa）装甲运兵车（罗马尼亚组装的法国雷诺UE装甲车），左侧履带已经断裂了。装甲运兵车还连着一辆履带式挂车，上面装着不少麻袋、木桶、板条箱和一个大帆布包。运兵车与村子里的房子一样，

---

[1]　今乌克兰敖德萨州奥维迪奥波尔市普里利曼西克村（Prilimannoye，另有拼写作Prylymanske）。

几乎没有遭到炮击损害，只是乘员都不见了，两个半圆形的装甲炮塔舱门都开着，汽油发动机还是热的。

我们走到屋子跟前敲门，过了很久，屋里的人都不开门。最后我喊道："我们是红军！"门这才打开了。女主人约莫 50 来岁，包着灰色头巾，只露出两只眼睛。我说明了我们的身份，她看到一个女人指挥士兵，显得很吃惊。不过，从那以后她就比较乐意跟我们说话了。我倾听了她对占领军的痛苦抱怨，罗军在村子里的无耻行径已经持续了两周，她还责备红军各部在 9 月撤得太快，任凭法西斯分子蹂躏当地平民。

这个女人说得没错。我站在她面前，为苏联外交人民委员莫洛托夫同志承担了责任——他出乎意料地与德国签署了互不侵犯条约；也承担了纳粹公然撕毁条约的责任。我为红军最高统帅部大本营承担了责任——他们在边境交战中没能战胜侵略者。我还为红军官兵承担了责任——他们在敌军装甲师和轰炸机的突袭中溃退了。但我告诉她，战争并没有结束，战争才刚刚开始。我们在敖德萨坚守了两个多月，成千上万的侵略者已经死在了黑海大草原上。在离她的村子不远的地方，我们步兵第 54 "斯捷潘·拉津"团的狙击手们将会设下埋伏，再次埋葬两三百名米哈伊国王的"狂妄战士"。

女人在我面前把门大大敞开："我叫塞拉菲玛·尼卡诺罗芙娜（Serafima Nikanorovna）。进来吧。别客气，就当在自己家里一样。"

我就这样同一户普通的农民混熟了，这家人姓卡巴琴科，夫妻俩带着三个孩子：两个儿子相差一岁，上面还有一个姐姐。他们的光景不好不坏，自己打理一个果园、一个菜园，还有一片地，种的是小麦，另外还养了鸡和牲口。敌人入侵以后，这家人担心农庄和田地没人照管，就没有疏散，而这个决定让他们付出了沉重代价。罗军把整座宅子翻了个遍，从阁楼到地窖，到处找金银，找值钱的东西，比如"胜佳"牌（Singer，美国著名缝纫机品牌）缝纫机或者一辆自行车。他们还抓了鸡，宰了猪，把大牛小牛都赶到不知什么地方去了，国王陛下的士兵大概从来没吃过这么好的伙食吧。

他们还犯下另一桩罪行，女主人眼里含着泪对我说了。许多年前，原始部落就有这样的传统，胜利者会虐待战败者的妻女和姐妹，当时人们都把女人作为合法的战利品之一，她们的命运十分可悲。我在一部部编年史中看到过对这些暴行的描述，却没想到"文明开化的欧洲"也会把这种野蛮的习俗带到我们的土地上。17岁的女儿玛莉亚（Maria）目光暗淡，好像被洒了一层灰似的，流露出殉道者的神情。她们满怀希望凝视着我，我不知道她想听我说些什么，我决定把最近那场战斗告诉她。

房子大门外的田野被"喀秋莎"火箭弹烧成了灰烬，那些疯狂的戴着"布丁盆"头盔的罗马尼亚人化成黑色的尘埃留在那里，他们就像火把，被烈火焚烧殆尽，变成一股灰烬落在土地上。没有人埋葬他们，因为毫无必要，也没有人会记得他们的面孔和名字。他们的罪恶之果已经混入尘土，消失在坚硬的土地上，永不会再次繁衍。这就是法西斯分子应当死去的方式，在我们美丽的星球上不留一丝痕迹。

玛莉亚忽然带着哭腔问我："您枪法好吗？"

"很好。我有一把狙击步枪，带着特殊的瞄准镜。"

"杀了他们。您看见多少，就杀多少。"

"我保证一定做到。"

"我们的主耶稣基督无所不知！"姑娘虔诚地画了个十字，望着挂在角落里的圣像，"我会为您时时祷告，主会宽恕您的！"

当然，我们来自共产主义家庭，从小就是无神论者。玛莉亚说她做祷告，就能得到上帝赦免，免去我因为准确射杀敌人而犯下的罪——这些对我一点意义都没有。不过，之后到了和平年代，我听说一种说法：狙击手全是些冷血的前线杀手，专门狩猎那些没有防护的可怜德国佬。这时我就想起了那不幸姑娘的恳求："杀了他们！"或许，玛莉亚，还有成千上万像她一样的战争受害者的平静声音会再次回荡在我们耳边，而且不是为我们的行动做出的解释，而是不容置疑的命令吧。当初的战争年月，我们都发过誓，要履行这一神圣的职责。而我们确实做到了，不惜牺牲自己的性命。

我心情沉重地出了屋子，来到院里，检查手下的人为迎击敌人的进攻准备得怎样了。两个士兵围着那辆装甲运兵车忙活，想要发动起来，可是发动机怎么也不转。谢德赫上等兵报告：履带拖车上发现了一些好东西。除了两桶汽油和一箱零备件外，还有一个帆布包，里面是一挺崭新的德制MG-34机枪，还涂着出厂防护油。机枪配有两根备用枪管，一副石棉手套，用于在战斗中更换枪管。还有一副三脚架，几个装弹链的箱子。实在是太棒了！

怎么利用缴获的武器，我们每个人都早早学会了，机枪大大增强了我指挥的分队的火力。我跟费奥多尔·谢德赫开始评估机枪放在哪里最合适，费奥多尔建议在附近山坡上挖一道深沟，这里适合观察山谷和干道。我同意了。

拖车里除了机枪、汽油、零件，还有3袋东西：谷子、面粉和糖。士兵们用询问的目光瞧着我，看来这些给养是有用的，可是没有锅，拿什么做呢？我决定把这些东西送给房子的女主人，塞拉菲玛一开始还不相信我们这么慷慨。我说，那作为回报，就请你们给士兵们做一顿热饭吧。

我和费奥多尔穿越斜坡，斜坡生满了小树。从这里观察整座山谷，以及横贯山谷的道路，视野极佳。道路左侧是一片小树林，右侧有几座小山，山那边鞑靼卡村房子的屋顶随处可见。

我们小心翼翼地穿过枯萎的秋草，来到第一道战壕。士兵们先前选择的战壕位置非常好，身后是长满了野玫瑰的小山丘。阳光照亮了小山一侧，投下暗沉沉的影子，影子掩盖了战壕，还有坐在里面的士兵。战壕已经有 1 米深，但我命令他们再挖深到 1.5 米，用石头加固护墙，以便立姿和俯卧都能射击。战壕中还分出一条比较浅的交通壕，可以让射手爬到另一个射击位置。这里不可能构筑出真正的防线，就是拥有很多火力点和交通壕的那种正规防线。我们不知道还有多少准备时间，只能尽快挖出一些类似步兵防御工事的东西。

下午女主人又请我们回屋，我们部署了岗哨后接受了邀请。她准备好了晚饭，摆下一桌可以称为节日宴席的饭菜：一瓶浑浊的农家自酿酒和几个雕花玻璃高脚杯，开胃菜——泡菜和腌制的酸黄瓜，还有大盘小盘食物。温暖前线士兵的心的，不光有饭菜，还有开席的方式，以及卡巴琴科一家人的陪伴。战斗和行军的时候，我们常常思念舒适的家乡生活。

罗军没有进攻，这一天就平和、安宁、惬意地结束了。

接下来两天，我们持续在农庄观察那条干道，而且成功打击了敌人：射击敌人 2 辆军用卡车的轮胎，让卡车趴了窝。敌军步兵纷纷跳下车，我们就用那挺缴获的机枪，把敌人赶进了树林。接着，我们又用狙击步枪干掉了 3 辆挂斗摩托。终于，干道上出现了几辆罗军的捷克造 LT vz.35 型坦克。先前，敖德萨守军灵活作战，用大量莫洛托夫燃烧瓶招待了这些坦克，但似乎并没有把它们全部烧毁。坦克用主炮轰击了山坡上我军战壕所在的区域，但不是精确射击，因为我们的狙击手隐蔽得非常好。只是我方没有手榴弹和燃烧瓶，打不了坦克。坦克开了过去，在鞑靼卡村旁边很快被我们团的炮兵收拾了。

稍后，1941 年 10 月 9 日—13 日，村子附近每天都发生激战。胜利的天平时而倾向这边，时而倒向那边。罗军成功给我军造成巨大压力，然后英勇的苏军再次冲锋，把敌人赶出了村子边缘的农舍。我军参战者之一是警惕性极高的共青团干部雅科夫·瓦斯科夫斯基。他的回忆录提道：

10 月 9 日，"拉津"团第 1 营将敌人赶出了边远的鞑靼卡村。敌人进行了抵抗，最后我军通过白刃战解决了问题。逃出鞑靼卡村的敌军各部开始撤往博加尔斯基农场，但退路已经被我们切断了，60 名敌人举手投降。同日，罗军第 33 步兵团在鞑靼卡村和苏霍伊河口（Sukhyi Lyman）之间被围。双方反复拉锯，激战持续了两个小时，敌人死伤 1300 人，投降 200 人，我们缴获了团旗、作战文件、印章及大量武器。还要补充一点，我团同志们在这一地区的成功，很大程度上依靠涅博任科大尉指挥的火箭炮营。罗军无法抵挡火箭炮的轰击，于是撤退了。"[1]

10 月 10 日—13 日，敖德萨防区南部情况变得非常严峻。罗军第 10 师开始对鞑靼卡村发起全面进攻，并试图冲破步兵第 25 "恰巴耶夫"师与骑兵第 2 师的封锁线。敌人在猛烈炮击过后，有 3 个营占领了苏军前沿阵地，突入苏军后方，来到敖德萨 – 奥维迪奥波尔铁路的路堤上。此刻，更多的敌人随时可能被投入突破口。我方作为预备队的以下部队：第 54 团第 1 营、海军步兵第 3 团的一个营、安季平（Antipin）大尉指挥的第 80 独立侦察营，及一个搭乘装甲车的摩托化连，都奉命立刻行动，开赴战场。第 1、第 239 和第 411 炮兵连，以及第 22 号装甲列车"为了祖国号"（*For the*

---

[1] 《在黑海要塞边》，莫斯科 1967 年版，137 页。

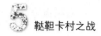

Motherland!）都开始集中火力轰击敌人。

苏军成功守住了战壕，步兵开始占领先前的射击阵地，一时间，战场沉寂了。但罗军正在准备进攻，很快开始了迫击炮轰击。炮弹一开始落在前沿阵地后方，接着又落在前方，终于，一轮齐射命中了苏军阵地，腾起一团团烟尘。我努力用防水斗篷盖住彼得罗夫师长的礼物，那支 SVT–40 狙击步枪。我在突击的时候带着它，因为我们判断敌人将正面进攻我营。如此一来，被官兵们称为"斯维塔"（Sveta）的托卡列夫半自动步枪就很占优势，它射速快，配有 10 发弹匣，可以在战斗中简单快速地更换。

这样的步枪我们营有所装备，但数量不多，虽然按照 1940 年的官方计划，它早就应该代替莫辛步枪了。事实上，我们有 984 支 SVT–40 和 1301 支"三线"步枪。关于"斯维塔"，人们看法不一。有人喜欢它的自动装弹，这功能利用的是子弹沿枪管飞出时伴随的火药燃气，燃气会进入位于枪管上方的导气管，推动带有长杆的活塞，长杆与挺杆相连，挺杆的另一端抵在枪栓上。但有人也批评这种装置过于复杂，在野战条件下很难进行维护保养。他们是有道理的，也许在北方地区或者海上，半自动步枪才能发挥出最大的威力。然而这把枪拥有 143 个小部件，一个比一个精细，在黑海草原上，在干燥、松软、易碎的泥土中挖出的战壕里，它非常容易被泥土侵入。

火药燃气压力一旦变化，步枪就会"卡壳"，比如无法装弹，或者很难抛壳。而且，它还偶尔会受天气和气温影响。这种情况下，射手必须手动调节导气管的孔径，调大或者调小。此外，"斯维塔"如果盖上厚厚的润滑油，或者进了尘土，也会出现故障。我还要提到"斯维塔"一个严重缺陷：射击时枪口有明亮的火光，因为它的枪管比"三线"短了 100 毫米，而且声音极大，会立刻暴露枪手的位置。正面交战的时候，火炮、机枪和迫击炮一齐怒吼，这时"斯维塔"的枪口焰和枪声就无所谓了，它非常适合这样的战场。然而说老实话，声光也会导致单人掩体中的射手（比如在森林中）被敌人发现的概率大大提高。不过在狙击手圈子里，也确实有些人醉心于"斯维塔"。

1942 年夏天，在列宁格勒方面军作战的上尉弗拉基米尔·尼古拉耶维奇·普切林采夫（Vladimir Nikolaevich Pchelintsev）送给我一本他写的小册子《我怎样当上狙击手》（*How I Became a Sniper*）。这本小册子在莫斯科限量发行，并作为教育、宣传手册在前线分发。书中有一张照片，是普切林采夫给新兵展示 SVT–40 的结构。他写道：

> 我最初的成功全靠我的武器。步枪是战士最好的朋友，用心对待它，它永远不会让你失望。保护你的步枪，保持它的清洁，消除最轻微的故障，适当润滑，调整所有部件，正确校准——这就是一个狙击手对待他的武器应有的态度。另外也要知道，步枪虽然有各种标准化的参数，但实际上却没有两支步枪完全相同。俗话说"千人千面"，枪也是如此。这个"面"可能体现在各个弹簧的松紧度、枪栓滑动的难易程度、扣动扳机所需的力度、枪膛的状态、膛线磨损程度等方面。我经常"打猎"归来，冻得要死，饿得发慌。而我要做的第一件事就是清洁武器，把它整理好。对于狙击手来说，这是铁律……

"保护你的步枪，保持它的清洁，消除最轻微的故障"这一句千真万确。我试图用一块防水布盖住我的"斯维塔"，让它免受像乌云一样笼罩了战壕的尘土影响，结果还是失败了。我扣下扳机，没有反应，这个故障必须排除。我弯腰去捣鼓步枪，却被头盔挡住。我骂了一句，摘下钢盔放在战壕底部，抓住步枪的枪栓拉柄，机件似乎开始松动了。

这时又一轮迫击炮弹落下，弹片呼啸着飞向四面八方。有一块弹片划破了我左侧发际线下面的皮肤，额头上顿时流下很多血，糊上了左眼，流到了嘴唇上，我尝到了血的咸味。我从军上衣口袋里掏出一个急救包，好歹用绷带裹住了头。流血的情况缓和了，但疼痛又开始了，伤口的灼痛和刺痛一齐涌上来，似乎在撕扯我整个脑袋的皮肤。

周围的一切都模糊起来。我把出故障的步枪抱在胸前，背靠在战壕壁上，迫击炮弹片和敌军子弹在战壕上方呼啸而过。旁边什么地方，连里的一挺机枪哒哒作响，我们的45毫米反坦克炮连也轰鸣着加入战团。听声音，罗军已经开始进攻，我却无法协助战友击退他们。脑海中萦绕着一些奇怪而压抑的念头："必须等等……必须等等……必须等等……"

"中士同志！你还活着吗？"卫生员列娜（Lena，叶莲娜的小名）·帕利喊道。

"还活着，头部受伤。"

"天哪，我这就来帮你！"

见到我脸上和衣服上全是血，头上还缠着绷带，谢尔吉延科大尉命令列娜赶紧送我去师医疗营，那儿的医生水平更高。此外，师属第47医疗营距离第54团阵地只有5千米。和往常一样，我一直抱着刻有我名字的步枪不放，它忽然帮了我一个大忙。在医疗营的分诊站，列娜指着瞄准镜金属管上的铭文说，第54团第1营第2连中士柳德米拉·帕夫利琴科是滨海集团军司令员彼得罗夫少将的熟人。军医什么也没问，递来一张红票，表示"需要紧急手术"。

过海

大夫把迫击炮弹片递给我。这是一块扁平、发黑的金属片，比火柴棍略长，边缘呈锯齿状，很锋利。它的弹道要是再低一点，我就说不定会怎样了。我可能就像我们团的150名战友一样，脑袋上穿个洞，躺在鞑靼卡村附近墓地潮湿的泥土中，如同我们英勇的连长沃罗宁中尉，以及我排的红军战士巴扎尔巴耶夫——他是个神枪手，也是个好人。1941年10月11日深夜，我们埋葬了他们。当时战斗已经结束了，罗军撤回到了原来的阵地。

手术怎么做的，我完全记不起来了。但我做完手术的形象，却一点也不像军人——头发剃了一半，皮肤上抹了一层浅绿色消毒药水。弹片取出以后，伤口缝合了，脑袋缠了绷带。吗啡药劲儿退了，疼痛又上来了，太阳穴、后脑勺、弹片取出的创口都在痛，而且头晕严重。外科大夫说，让我立刻返回团里是万万不能的，必须得在医疗营待上 10 ~ 12 天。

不过，我还是属于那种"可以行走"的伤员。才过了一天，10月15日，我已经获准出去走走了。我把胳膊伸进大衣袖子，缠着绷带的脑袋上戴着一顶船型帽，走出去看看周围的风景，呼吸新鲜空气。

10月14日，蔚蓝的天空中依然艳阳高照，阳光温暖着敖德萨周围广阔的草原。可到了15日，温暖清澈的黑海之秋忽然结束了，地平线上笼罩着低垂的铅灰色云层，寒冷的北风刮了起来。很快，第一阵雨点儿落在了乡村学校周围朴素的花园[1]和小路上。第47医疗营就设在小学的教学楼里，能有这么一处场地，实在太幸运了。一般情况下，陆军的医疗单位都在野外或者森林中搭建帆布大帐篷，伤员就在这里分诊、动手术、治疗并康复。截肢、烧伤和骨折的重伤号被抬上救护车运往大后方。他们离开学校时，我看到他们的担架被抬上几辆1.5吨卡车，车身两侧漆着红十字。卡车开往敖德萨，敖德萨港口有运输船在等着他们。

战火还没有蔓延到乡村学校，但西方、西南方传来的炮声提醒我们，战场并不遥远。从巨大的轰鸣声判断，开火的是我们的海岸炮台以及黑海舰队军舰上的远程火炮。有时候两列装甲列车的小口径加农炮也会加入"大合唱"，它们在防线后面炮击不远处的法西斯分子。

落叶在我脚下沙沙作响，野玫瑰、山茱萸的灌木丛最近彻底落尽了叶子，细细的黑枝条孤零零地伸向天空。刺柏依然挺立，好像一道青色墙壁，不怕风雨。剑兰、郁金香、玫瑰生长的花坛中，泥土呈现深棕色。尽管有轰炸和炮击，还是有人看护园子，给花坛翻土。这些人拒绝被战争扰乱，他们的决心和勤奋多么值得敬佩啊！我拿起一片卷起的紫色、黄色交织的干叶子，想用手指把它摊平，但叶子依然打着卷儿。哎，它的生命结束了。

---

[1] 英译文"花园"为复数。咨询俄语顾问，得知俄语"花园"为单数，据俄文版改。——中译者注

一辆卡其色将军轿车从敞开的花园大门开进来，驶向学校，是彼得罗夫少将平时坐的那种车。我来到车道边，立正，把手举到帽檐。高尔基汽车厂生产的嘎斯–M1，我们俗称的"爱慕卡"（Emka）在我身边停下了。车上果然是滨海集团军司令员伊万·彼得罗夫，他下了车，对我说道：

"柳德米拉，你在这里做什么？"[1]

"少将同志，我在康复。"

"头部受伤？"他走到我跟前。

"是的，少将同志。"

"伤了很久了吗？"

"没有，是 10 月 13 日，在鞑靼卡村附近的 1 营阵地。我们当时正在击退罗军步兵的进攻，一块迫击炮弹片——"

"姑娘，你怎么不戴头盔？"少将严厉地问。

"伊万·叶菲莫维奇，那是一场意外。"

彼得罗夫又问："你的治疗做得怎么样？"

我回答："棒极了！"

"柳达[2]，你要准备转移了。我们要去塞瓦斯托波尔。走海路。"

"可是，伊万·叶菲莫维奇，那我们亲爱的敖德萨城该怎么办呢？"我非常难过，根本控制不住自己的悲痛，"我们肯定不会把它留给法西斯分子，让他们抢，让他们糟蹋，不是吗？他们会把这里夷为平地！"

"这是红军最高统帅部大本营的命令，柳德米拉。"彼得罗夫显然是想安慰我，像父亲般抚着我的肩，"你要知道，军人的天职就是时刻服从命令……我给你的命令是：不要灰心，相信我们会胜利，勇敢战斗。对了，

---

[1] 据俄文版，将军在这里用了"你"，表示二人关系变得亲近了。——中译者注

[2] Lyuda，柳德米拉的小名。——中译者注

你的狙杀纪录是多少人？"

"187人。"

"真是太棒了！"少将由衷地赞叹，"你打得好啊！"

"这个，他们进攻的队形太密集了，这帮白痴——"我以为彼得罗夫想要我说明情况，"打不中都挺困难的。"

伊万·叶菲莫维奇当上滨海集团军司令员之后一点也没变，他还是那么谦虚、冷静、富于自制力。他想的并不是这个职位给予他的权力，而是给予他的责任。当时他面临着一项艰巨任务：通过海路把所有部队从敖德萨撤到塞瓦斯托波尔，必须在极短时间内安排好所有事项，而且要对敌人保密，防止敌人追击我方撤退的各团。他整天整天坐着轿车在敖德萨防区的各条战线上来回穿梭，检查各部队准备情况。这时他面容疲惫，脸被路上的尘土染成了灰色，但他还是听懂了我的笑话，觉得很有意思。将军的双眼闪过一丝狡黠的光，笑道：

"好吧，柳达，只要有你这样的士兵在，我们就没什么可怕的！我们会到海的那一边，守卫克里米亚。一切都会没事的，你就瞧着吧。"

彼得罗夫匆匆走向学校，我留在园子里消化刚刚听到的消息。老实说，我的脑子转不过来。我们是敖德萨的守护者，一直在坚守阵地，从来没想过撤退。我们也坚信莫斯科的红军最高统帅部大本营肯定不会下这样一道命令，而会像以前一样，不断地送来援军、武器弹药和装备给养。但是1941年8月以来，敖德萨已经处于敌人后方，身陷重围。在德军朝我国首都加速开进的那段艰难时期，敖德萨是对德国和罗马尼亚侵略者坚决抵抗、威武不屈的榜样。

滨海集团军军事委员会委员费奥多尔·尼古拉耶维奇·沃罗宁（Fedor

Nikolaevich Voronin）师级政委[1]后来回忆道："当时我们还没有意识到，短短8天后会收到红军最高统帅部大本营的决定，命令我们放弃敖德萨，把部队撤到克里米亚。而当时法西斯敌军犹如蝗群，已经威胁要占领克里米亚，他们已经到达了彼列科普地峡（Perekop）[2]。"少将又说：

> 或许因为在敖德萨与敌军的紧张战斗，在某种程度上保护了我们不受其他战线上的战况影响，所以这个决定对我们来说出乎意料。他（彼得罗夫）必须组织部队撤出战斗，再将部队转移。当时，集团军作战部的参谋们提出这样的建议：原先设想的一直是分阶段逐步撤离，但能否改变做法，让部队直接撤出防线呢？彼得罗夫同意了这个想法，我在这个问题上支持他。参谋部门奉命重新制定撤离方案，敖德萨防区军事会委员会批准了新计划，让所有部队一次全部撤离。当时，敖德萨实际的守军一共大约有5万人。所有人都必须一夜之间——10月16日凌晨——带着武器乘上车船，离开敖德萨。[3]

这一计划执行得很出色，在伟大卫国战争历史上，作为异常复杂的后撤行动而占有一页。

1941年10月15日，天黑以后，我方3个步兵师（第25师、第95师、第421师）各团及炮兵连，外加一个骑兵师，开始撤出前线，无声无息地排

---

[1] 此处原文写的是少将，根据相关资料，沃罗宁晋升少将要到1942年12月6日，师级政委是当时政工人员的级别（可以理解为军衔），而不是职务。——中译者注
[2] 乌克兰大陆与克里米亚半岛间的狭窄地峡，宽仅8千米。——中译者注
[3] 《在黑海要塞边》，莫斯科1967年版，51–52页。

成纵队，穿过城市前往港口。为了不让他们在黑暗中迷路，转错街角或者路口，事先用石灰粉和粉笔沿路做了标记。后卫营在战壕里又坚守了两个小时，用机枪和迫击炮保持着牵制性火力，随后自己也撤了。后卫营在前线的位置由一队队侦察兵和本地游击队员取代。他们模仿先前步兵的活动：点起营火，偶尔向敌人射击，沿着交通壕移动。罗军与德军没有试图进攻，越过前线。

第 47 医疗营全体上了汽车，紧随前面的工兵营，随"恰巴耶夫"师撤退了。公路受损严重，不可能高速行驶，但我们还是仅用 1 小时穿越了敖德萨郊区。城区里的行进更加缓慢，街道上挤满了被遗弃的军用卡车，还有装着各种军备的辎重车。港口正门也就是海关正门，通向海关广场（Customhouse Square），这里拥堵尤其严重。

第 54 团官兵上次经过敖德萨街道，还是 9 月底的事。我看到形势如今严重恶化了，秋天的暮色笼罩了城市的街道、广场、公园和林荫路，可是敌人空袭造成的毁坏却依然惊人，特别是在市中心。许多建筑已经没了屋顶或者二楼和三楼，原先是窗户的地方只剩下了一个个黑色洞口，悲伤地瞧着敖德萨的守护者远去。

第 25 师的路径穿过中央港口区的各条主要街道：从主显圣容广场（Transfiguration Square）[1]到希腊广场，转入波兰坡道（Polsky Spusk），一直到海关广场。在一个十字路口，我们的纵队又一次被一支炮兵车队挡住了。这时，我看见左面街道那座两层楼的地区征兵办，或者不如说看见了"征兵办被一颗炸弹炸剩下的部分"。不久以前，我作为一名志愿者去过那里，那个疲惫的军队登记员告诉我，军队不是一个适合女性的地方。在那的一个保险箱里，存放着我的护照，上面盖有我同 A.B. 帕夫利琴科结婚的登记

---

[1] 指《新约圣经》记载的耶稣在大博尔山改变容貌并且发光的事迹，广场以此而命名。——中译者注

印章。如今他已经消失在战争的烈火中，而我也能够忘掉年轻时候做下的蠢事了。这里没有保险箱，也没有护照，只有被烟熏黑的墙壁，垮塌的屋梁和铁架楼梯的扭曲残骸。当初我就是登上这架楼梯，来到那间决定我命运的办公室。

我们的救护车停在十字路口，我凝视着征兵办的废墟。毫无疑问，战争对我的人生造成了一种神奇的影响。我本来想要当个中学历史教师，或者在图书馆、档案馆当个研究助理。而现在，我却成了在一线杀敌的狙击手，熟练地猎杀那些穿着罗马尼亚和德国军服的人。这些人为什么来到这里，来到我们祖国的土地上呢？为什么逼迫我放弃和平年代的营生呢？

敖德萨港是这一带沿海最大的海港，拥有 5 千米设施精良的现代化码头，往日港口非常繁荣，每年货物吞吐量超过 1000 万吨。而现在，这个 10 月的深夜，敖德萨港却让人想起了《圣经》记载的巴比伦城，正在度过毁灭之前最后的时光。[1] 成千上万身着军装的人挤在港口，还有军用卡车、拖着重型榴弹炮的牵引车、坦克、装甲车、野战炊事车和马车，外加骑兵第 2 师的战马。

乍一看似乎一片混乱，实际上敖德萨海军基地的人员在部队登船过程中展现了高度的组织纪律性。陆军各纵队沿着事先规划好的路径快速进入港区：来到码头，登上黑海航运公司与黑海舰队的舰船，这些舰船已经接受任务，负责转运特定的军事单位。

比如，我们这些"恰巴耶夫"就在一片拥挤中穿过海关大门，前往新

---

[1] 此处的比喻并不恰当，应该是柳德米拉记错了。《圣经》多次记载巴比伦城，认为它是罪恶的象征，并在《启示录》中预言神要将其摧毁，但并未具体出现毁灭它之前情况的描述，也没有出现毁灭它的情节。出现具体描述的是《创世记》中，神因为所多玛和蛾摩拉两座城的罪恶而用硫磺大火将其毁灭。——中译者注

港的普拉托诺夫码头及新码头（Platonov and New Piers），码头上停靠着货轮"让·饶勒斯号"（*Zhan Zhores*）[1]、"库尔斯克号"（*Kursk*）和"乌克兰号"（*Ukraina*）。开始登船，每隔45分钟，就有1000名士兵顺着船上放下的舷梯登上甲板，每一个半小时就有2000人登船。机枪和50毫米小口径迫击炮也通过舷梯运了上去，加农炮和高炮放在木制货盘上，在码头上等待吊运，只有通过忙个不停的轮船起重机才能把它们装上船。

在此以前，我还从来没有出过海，也没有上过船。我非常想好好看看周围的事物，但是登船的过程非常快，让我无法实现这个愿望。登上"让·饶勒斯号"的有我所在的医疗营，第25师师部以及其他单位，包括炮兵第69团、第99榴弹炮连和第193高炮连。我面前的这艘船就像一道又长又高的黑墙耸立在码头上，高墙上方是白色的上层结构，上面有救生艇和一根粗大的烟囱，烟囱上绘有一道红色条纹，上面有黄色的锤子和镰刀图案（苏联国旗标志）。船长站在舰桥上，身材高大、肩膀宽阔，戴着一顶黑色海军帽，帽徽是金色的。他指挥着所有伤员进入船员餐厅，命令车辆和榴弹炮进入船头的1号和2号货舱。他在上层甲板留了4门高炮，觉得从敖德萨到塞瓦斯托波尔这段航行途中，能用它们来对抗空袭的德军飞机。

我想办法在船员餐厅里找了一个靠近大舷窗的位置，从这里几乎可以看到整个新港（New Harbour）。码头上的混乱逐渐平息，部队正从岸上登上舰船。3艘轮船"让·饶勒斯号""库尔斯克号"和"乌克兰号"，每艘载重量都有五六千吨。按照计划，人员和装备都安置到甲板上及货舱中。

1941年10月15日晚上10点左右，拖船开始将货轮从泊位牵离码头。然后船上的柴油发动机启动了，"让·饶勒斯号"震颤着驶向公海。无边的

---

[1] Zhan Zhores 以法国社会主义者 Jean Jaurès 命名。Zh（Ж）是俄语中发音最接近英文版的字母。

中译者补充：Zhan Zhores 是法语名字的俄语拉丁转写。

黑暗笼罩在周围，敖德萨港渐渐消失在远方，化成一个红黄相间的光点。巨大的港口仓库正在燃烧，显然没有人去扑火，也没有必要扑火。我们把这座城留给了敌人，但我们坚信我们一定会回来。[1]

第二天一早，我吃完早饭来到顶层甲板上。微风拂过，几乎感觉不到船在摇晃，太阳从云层后面探出头来，阳光滑过一个个小浪头，闪着明亮的白光。"让·饶勒斯号"两侧是一望无际的平静海水，敖德萨海岸就像沙漠中的海市蜃楼一样消失了。

我靠在轮船上层结构的金属墙上，用大衣袖口挡住风，从口袋掏出银色烟盒，点着打火机，吸了一口略带苦味的香烟。这个战利品烟盒是安德烈·沃罗宁中尉留给我的唯一纪念，别利亚耶夫卡、吉尔登多夫村、鞑靼卡村——那些难忘的战斗已经结束了。每一次都让我增长了一点从军的经验，教会了我一些新东西：可以说是军人的机智、耐心和坚韧，但还不止这些，我还了解到战争中的人类会是什么样子。我的思绪被头顶上一声气势汹汹的喊话打断了：

"同志！船上不让随便抽烟，只能在指定地点抽！"

"您可以告诉我在哪儿吗？"我抬起头问道。

靠在船长驾驶台栏杆上俯视我的是领航员——三副，年纪30来岁，身穿海军皮夹克，头戴黑色军便帽。一开始，他的脸色很严厉，估计打算把我这个闲散的旱鸭子狠狠教训一顿吧。但这个水手没想到，一个穿着军大衣、头戴军帽、头上缠着绷带的人竟然是个女的。他先是尴尬地顿了一下，然后又笑了，完全换了一种语气，客客气气说："在后甲板上有个地方可以抽烟，就在船舷。"

---

[1] 苏军和部分平民撤退之后不久，罗军占领敖德萨，进行了血腥的报复。1944年4月，苏军收复敖德萨。——中译者注

"不了，我就不去了。"我吸了最后一口，把没抽完的香烟扔到海里。

"您是医院的吗?"水手继续打量我。

"对，我是从医疗营来的。"

"您是在哪里负的伤?"

"鞑靼卡村。"

"从火线背伤员下来的?"他又问。他大概不知道，军队里男兵做的事，女兵一样能做。

"就算吧。"我耸耸肩，不打算告诉他我是狙击手。

"哎，您想不想拿望远镜看看咱们的船队?"领航员显然打算继续同我说话，"顺着舷梯爬上来，从这儿，那些船您全都看得见。"

水手先是热情地告诉我怎么用望远镜，这是一台放大 6 倍的棱镜式双筒望远镜，属于狙击手的必要装备。但我还是仔细聆听了他的解释，并问了几个问题，其实假如我真是医疗兵，就不可能这么熟悉望远镜的结构。

望远镜终于到了我手中，我通过目镜望出去，漆成灰蓝色的双桅巡洋舰"红色乌克兰号"飞速靠近。舰艏装有炮塔，上层建筑很高，有 3 根烟囱和 8 门大口径舰炮。这艘舰艇火力强大，造型优美，是黑海舰队的真正骄傲。当时还没有人知道，它航行的时间不会太久了。[1]

"红色乌克兰号"及另一艘巡洋舰"红色高加索号"(*Krasniy Kavkaz*)在我们前方航行，在蔚蓝的天幕下格外显眼。巡洋舰最高时速可以达到 30 节(55 千米)，但 10 月 16 日早上，它们的速度只有最高时速的 1/3，以适应护航船队中其他船只的航速。驱逐舰"朝气号"(*Bodry*)与"机敏号"(*Smyshlyony*)、3 艘扫雷舰、2 艘炮艇和 1 艘巡逻艇，负责守护像"让·饶

---

[1] 一个月之后，1941 年 11 月 12 日，该船在塞瓦斯托波尔被德军炸沉。参见第 13 章后半部分作者的回顾。——中译者注

勒斯号"这样的大型运输船，还有"乌克兰号""库尔斯克号""加里宁号"（*Kalinin*）、"科托夫斯基号"（*Kotovskoi*）、"瓦西里·恰巴耶夫号"（*Vasily Chapayev*）。

我用双筒望远镜观察船队，领航员在一边简要介绍这些船只的情况：排水量、动力装置和尺寸。他还特别热心地讲到了自己心爱的"让·饶勒斯号"，让我学到了不少有趣的知识：比如，这艘船是 1931 年在列宁格勒的北方造船厂建造的，一起建造的还有另外 3 艘同级轮船。后来，它编入黑海航运公司，在欧洲航线航行。1934 年，"让·饶勒斯号"把著名作家马克西姆·高尔基和家人从热那亚接回了苏联。然后，它还去了纽约，把各种货物运到意大利、法国和高加索地区的巴统（Batumi，格鲁吉亚西南部城市，位于黑海沿岸）。这场在舰桥上进行的聊天内容很丰富，以水手邀请我去餐厅喝茶，以增进彼此进一步了解而结束。他名叫康斯坦丁·波德马（Konstantin Podyma），出生在新罗西斯克市。

但我们没有时间喝茶了。

上午 11 点左右，船队路过坚德拉沙嘴（Tendra Spit），遭到了一队德军轰炸机的空袭。负责掩护我们的是几个伊–153、伊–16 和雅克–1 型战斗机的双机编队。他们勇敢地冲向德国双引擎 Ju 88 轰炸机和单引擎 Ju 87 俯冲轰炸机，我们叫后者"树皮鞋"[1]，因为它的固定式起落架样子蠢笨。一场真正的空海大战展开了，伴着机枪的哒哒声，高炮的齐射，还有德国佬投入海中的炸弹爆炸声。我们的"小雀鹰"冒着被我方火力误伤的危险，阻止了敌人的精准轰炸，还要对抗负责给那些笨重的轰炸机护航的德军 Me 109 战斗机。

---

[1] 俄文作 лаптёжник，一种俄罗斯农民的传统鞋子，将椴树皮浸泡后，剥离出柔韧的内层皮，再切分成长条，编织成鞋，类似于我国的篾制品或蒲草的编织工艺。英文作 Trundlers，大致意为"磨蹭鬼、缓慢移动者"，意义有所改变。此处从俄文版。——中译者注

这场战斗的一个片段，刚好发生在我所在的船边上。一架 Ju 87 被我方"小雀鹰"一次连射打个正着，冒着烟，大角度栽了下去，撞到离船 10 米开外的水面上，但没有马上沉入水中。我似乎看到了飞行员因恐惧而扭曲的脸庞，飞机坠落掀起的波浪强烈撼动了"让·饶勒斯号"的右舷，但这艘船足有 100 多米长，很快恢复了平衡。船员们看到苏军飞行员获胜，齐声大喊："乌拉!"

我看着十几架黄鼻子"树皮鞋"，机翼和机身画着黑十字，有的向船队俯冲，有的飞在两三百米上空。这时候，我想起了自己装在箱子里的步枪，就在"让·饶勒斯号"的餐厅里。当初我们沿着比萨拉比亚的道路凄凉地撤退，看到法西斯分子就在我们眼前肆无忌惮地射杀平民，那以后，用我的步枪打下一架"恶鹰"一直是我的夙愿。然而，那时我手上连一把普通的莫辛步枪都没有。

打移动目标，是狙击手在前线最难的任务。困难不仅在于必须又快又准地计算弹道，还必须精于使用移动步枪。武器瞄准的不是目标，而是目标前方，计算两个移动物体（子弹和目标）相遇的时间和距离。这种方法称为"提前量射击"（又称偏转射击），我们在狙击手学校学过。波塔波夫还告诉我们，1915 年底，他所在的团曾经用步枪击落了一架低空飞行的德国福克（Fokker）飞机。

关键是要知道目标的移动速度。从周围情况判断，我估计 Ju 87 俯冲轰炸机在俯冲投弹期间，时速至少有 400 千米。然而，"让·饶勒斯号"并没有原地静止，它在快速航行，而且在机动规避德寇攻击。甲板上的 4 门高炮几乎一刻不停地开火，敌机的进攻也经常受挫，转身远离目标。我只能佩服船员们的勇敢。

德军的空袭没有取得战果，他们没能击沉任何一艘船，而我们的红星

"小雀鹰"击落了超过 15 架轰炸机。船上的高炮也揍下了另外 3 架敌机，不过我们的飞行员也有伤亡，水手们设法从被击落的战机中救起 3 名飞行员。

下午，另一群敌机出现在船队上方，大约 40 架 Ju 87 和 Ju 88 轰炸机。我方战斗机再次迎战，它们来自克里米亚和坚德拉沙嘴机场，一共 56 架。我们再次看到了生动的空战画面，从头到尾，敌人还是没有得逞。后来到了晚上，德军才终于击沉了老旧的运输舰"布尔什维克号"（Bolshevik），这艘轮船位于船队末尾，它中了一枚鱼雷，沉没了。但在它沉没前所有救生艇都放下了，全体船员都被苏军扫雷艇和鱼雷艇救起。[1]

1941 年 10 月 17 日晚上 7 点，船队抵达塞瓦斯托波尔，在"射手湾"（Strelets Bay）下了锚，人和装备开始下船。康斯坦丁·波德马的轮班结束了，跑来送我上岸。他发现我除了行李之外，肩上还扛着一个很长的箱子，不由得吃了一惊。勇敢的水手提议帮我拿箱子，我说，这是我的私人武器，不能给任何人。

他难以置信地问道："柳达，您怎么会带武器？"

我说了实话："这是一支狙击步枪。"

"那，您不是医护兵，是……步兵？我实在没想到——"

"怎么了，科斯佳？[2]"

"战争可没有女人的份！"他无比肯定地说。

我既没有时间也没有兴趣同这个领航员争论。在这场可怕的战争中，我国人民是为了生死存亡而战。只要自信拥有军事知识和技能，不论性别和民族，我们都必须加入行伍，为消灭德国法西斯侵略者做出力所能及的贡献。只有这样，我们才能战胜敌人。

---

[1] 现代考证显示，船长及 15 名船员遇难，另外 20 名乘客与船员获救。

[2] 原文 Kostya，是康斯坦丁的小名。——中译者注

7

传奇的塞瓦斯托波尔

迎接这些疲惫不堪的滨海集团军战士的是一座美丽的白色城市，还没有被战火波及。这里分外宁静祥和，没有炮击，没有战火纷飞的前线。纳粹飞机只是偶尔出现，但没有给塞瓦斯托波尔造成敖德萨那样的严重破坏。在克里米亚的温暖阳光下，城市阴凉的街道、染上一点秋色的公园和鲜花盛开的公共花园，充满了节日气氛，完全是战前的优雅面貌和明亮色彩，让我们赏心悦目。

城市的范围涵盖了几片海湾的海岸线，主要海湾的入口有两座古老的要塞镇守：康斯坦丁要塞和米哈伊尔要塞，开有射击孔的白色石墙倒映在港湾的水中。在中央山（Central Hill）顶部，圣弗拉基米尔大教堂的蓝色圆顶闪闪发光。这里埋葬着四位海军上将，也是该城被第一次围攻时英雄们的墓穴。历史大道（History Boulevard）曲折的小巷中间，矗立着纪念第四棱堡（Fourth Bastion）、亚泽诺夫多面堡（Yazenov Redoubt）和科斯托马罗夫炮台（Kostomarov Battery）阵亡士兵的纪念碑。还有一座青铜群雕，纪念托特列边（Totleben）将军和手下勇敢的工兵。1854 年，他们成功地与包围塞瓦斯托波尔的英国、法国、土耳其和意大利军队进行了一场地下斗争。[1]

我以前从没来过这里。敖德萨有 60 多万人，是个喧闹、多元化和处处美景的地方，同它一比，塞瓦斯托波尔显得狭小、偏僻。敖德萨的生活节奏是由一个大型商业海港决定的，海港要接纳世界各国的几十艘船只。而塞瓦斯托波尔是黑海舰队的主要基地，外国客轮、货轮、游轮连靠近都不可能，更不用说靠岸了。苏联驱逐舰、扫雷艇和巡逻艇的灰色狭窄舰身，占据了南湾（South Bay）的泊位，或是在"塞尔戈·奥尔忠尼启则"（Sergo Ordzhonikidze）海军工厂的码头等待维修。

英雄的历史，依然以某种难以言说的方式深刻影响着如今塞瓦斯托波尔的面貌，影响着居民的举止和风俗。这引起了我的共鸣，如果把两座城比喻成两个人，敖德萨就像一个走下远洋商船甲板的神气水手，而塞瓦斯托波尔却像一名紧握钢枪、凝视远方的严肃战士。在祖国的南疆，他是一名永久的哨兵，肩负着保护国家的和平与安宁的重任。

塞瓦斯托波尔的人民热情欢迎了敖德萨的守卫者。我们的船队运载了很多伤员，足有 3000 人。他们立刻被安置到市内的各处医院：荷兰湾（Holland Bay）、射手湾、巴拉克拉瓦村（Balaklava），还有市立医院。我和第 47 医疗营的其他伤号一起住进了射手湾的一家小诊所。团里那些需要休息而不是治疗的战友们被送到了市中心的历史大道。滨海集团军的主力位于"船岸"地区（Korabelnaya Storona），大部分位于高炮学院的土地上。

官兵们被带到澡堂洗澡，换了床单和制服，在食堂吃饭，每人发了 500

---

[1] 英文版未提到土耳其，据俄文版补充。——中译者注

克面包。对于两天前刚从战场上下来的人，这是多么宝贵的休整期！"恰巴耶夫"师的官兵希望至少能休息一周，但这样的愿望无法得到满足。1941年10月21日，我们师已经在火车站上了车，被部署到克里米亚半岛北部，阻止德军对伊苏恩防线（Ishun）的进攻。

我因为头部的伤没有好，就留在了城内，伤口每两天换一次绷带，医生承诺很快就能拆线。尽管如此，我还是获得许可，能够去海边散步半个小时。后来拆线了，我又转到了黑海舰队水兵驻地的康复营，可以请假进城了。

给我准假的是N.A.胡别热夫（Khubezhev）少校，他是个开朗健谈的人。当我做自我介绍时，他对我的奖品很感兴趣——那支有铭文的狙击步枪。他主动提出将我从第25师（这时候天知道在什么地方）调到海军步兵，承诺授予海军准尉军衔，还说海军水兵配发的黄铜纽扣的厚呢短上衣，比陆军的卡其色步兵制服更适合我。他把几位军官朋友狠狠夸了一番：海军步兵第16营的利沃夫斯基（Lvovsky）大尉、第17营的乌丘尔（Unchur）上尉、第18营的叶戈罗夫（Yegorov）大尉、第19营的切尔诺乌索夫（Chernousov）大尉。不过，在我看来，海军步兵似乎并没有比常规陆军步兵好多少。一起经历过敖德萨的传奇之后，我已经和"斯捷潘·拉津"步兵团有了很深的感情。战争中什么事情都可能发生，找一个团并非"大海捞针"，它总会在某个地方出现的，与整个滨海集团军一起现身。此刻，滨海集团军顶不住德军的压力，从伊苏恩防线撤了下来，部队正沿着克里米亚山脉南部的土路向黑海舰队的主要基地靠拢。

我走出了军营，进了城，随意漫步，欣赏城市的宁静风景。有轨电车沿着环线行驶，商店、咖啡馆、澡堂、理发店以及各种服务——金属工艺、裁缝店、修鞋铺——都在正常营业。确实，战前人口超过10万人的塞瓦斯托波尔如今看起来空荡荡的，很多居民，特别是带着孩子的家庭，都已经疏散到了高加索和克拉斯诺达尔（Krasnodar）地区。然而到了晚上，辛苦的一天工作结束之后，当地居民还是会打扮一番，出去沿着海军步兵大道或历史大道（Marine or History Boulevards）散步，去卢那察尔斯基（Lunacharsky）城市剧院看演出，这里还在上演各种舞台剧。或者去 3 家电影院看电影，那里放的都是战前最优秀的苏联影片：《恰巴耶夫》《拖拉机手》（*The Tractor Drivers*）、《深入敌后》（*In the Enemy Rear*）、《米宁和波札尔斯基》（*Minin and Pozharsky*）、《凤羽飞马》（*The Little Humpbacked Horse*，又译作《神驼马》）等等。

我先参观了那些依然开放的文化机构：卓越的黑海舰队博物馆，它所在的古建筑入口处摆放着大炮。还有历史大道的全景创作：1855 年 6 月 6 日的《突袭塞瓦斯托波尔》（*The Storming of Sevastopol*）。这是艺术家弗朗兹·鲁博（Frantz Rubaud）的作品，以其逼真的描绘和对观众的冲击力而著称。我看得入迷了，不想离开，因为这幅艺术作品的吸引力是如此之大，它似乎让时光倒流，我真的站在马拉霍夫高地（Malakhov Heights）上，在那些死守高地的士兵们中间。我又自然地想到，我们如今也必须追随先烈的足迹，保护这座城市，流尽最后一滴血。

由俄国女皇叶卡捷琳娜二世下令建造的塞瓦斯托波尔还有着更悠久的历史。我坐电车去了离市区 12 千米的渔村巴拉克拉瓦，参观了热那亚人的琴巴洛（Chembalo）要塞废墟，还有建于公元前 5 世纪的古希腊城市遗址陶里斯半岛（Tauric Chersonesus）。遗迹包括建筑物地基、廊柱会堂（basilica，古希腊和古罗马的长方形会堂，一端呈半圆形，里面有两排廊柱）、古代剧场、要塞塔楼和城墙，形成一个特别区域，类似"瓮城"（barbican，又称外堡，为了保护城门或吊桥而在城外修筑的防御工事），用来对抗突破到城边的敌军步兵。

我之所以能够做到这些，是因为我有 4 个月的军饷。新兵第一年的津贴是每月 10 卢布 50 戈比，上等兵狙击手 30 卢布，中士狙击手和班长 35 卢布。我买了一批"春天"牌（Vesna）巧克力，花了 20 卢布，令我惊讶的是，巧克力竟然在塞瓦斯托波尔军队商店里以战前的价格出售。

与此同时，克里米亚的战况还在发展。1941 年 10 月 26 日，埃里希·冯·曼施泰因（Erich von Manstein）大将指挥的德军第 11 集团军进入了半岛的开阔地带。4 天之后，即 10 月 30 日星期四，敌人在距离黑海舰队主要基地较远的地方展开军事行动。第 54 号海防炮台拥有 4 门火炮，炮兵向一列德军车队开了火。这列车队中有装甲运兵车、运兵卡车、摩托车和 III 号突击炮，正沿着公路向尼古拉耶夫卡村（Nikolayevka）开进。[1] 在我军炮兵的精确火力打击下，德军纵队暂时受阻，这一天被认为是塞瓦斯托波尔保卫战的开始。

1941 年 10 月 30 日，塞瓦斯托波尔海军基地司令员，加夫里尔·瓦西里耶维奇·茹科夫（Gavriil Vasilyevich Zhukov）海军少将发布命令，我们在舰队基地阅兵场操练时听到了命令。开头说：

> （1）敌人已突破我军战线，其先头摩托化部队已经进入叶夫帕托里亚（Yevpatoria）－萨基（Saki）地区，威胁塞瓦斯托波尔……（3）塞瓦斯托波尔城防部队必须同舰艇及海岸炮兵密切协同，不能让敌人进入主要的海军基地，并务必将敌人歼灭在向塞瓦斯托波尔推进的途中……

---

[1] 帕夫利琴科认为这是 III 号突击炮 F 型（Ausf.F），但这一型号的 III 号突击炮直到 1942 年 3 月才出现。——中译者注

命令提到了从卡马拉村（Kamara，今奥博罗尼村，Oboronne）到卡奇（Kach）河口的前线我军各部的部署情况，地面防御由 16 个海军步兵连、民兵，还有当时位于市区的其他部队负责。这道命令与我无关，因为我的军籍还在步兵第 54 团第 1 营的名单上，但谁也不知道这个营在哪里。那天，胡别热夫少校没有给我准假，而且再次提出把我调到海军步兵，我和其他正在康复的士兵一起忙着清理康复营。

我没有时间沮丧。午饭过后，两名年轻的海军图书馆女助理员出现了。她们和往常一样，每周来海军各单位走一遭，把上次借给士兵的图书收回去，再分发新的。她们周围马上聚了一堆人，士兵们有的换书，有的和姑娘们聊起先前看的书，有的问姑娘们找新书。我借了一本旧书，柔软的彩图封面上画的是 1854 年的第四棱堡：小轮马拉炮车上架着一门大炮，边上有几名士兵和一名军官。图画上方是作者列夫·托尔斯泰的名字，书名是《塞瓦斯托波尔故事集》（*Sevastopol Sketches*）。[1] 还有其他作家的书：车尔尼雪夫斯基、契诃夫、阿列克谢·托尔斯泰、肖洛霍夫、马克西姆·高尔基。不过，列夫·托尔斯泰的书明显更受欢迎。

书是学生的忠实伙伴，而我已经很久没有在手上拿一本书了。我穿上军装成为第 25 "恰巴耶夫" 师的一名红军战士后，就不得不忘掉了书本，书已经留在了身后，留在了战前的人生里。如今，书又让我想起了和平、安宁、现代的各种舒适条件。我有些激动地翻开了手中书，《塞瓦斯托波尔故事集》很有名，我当然看过，不过那是很久以前了，大概是小时候吧。一个女馆员和我谈起这本书，热情推荐，说这本书很有意思，与当下的形势

---

[1] 这本书是托尔斯泰反映克里米亚战争的短篇小说集，写于 1855—1856 年。本书中引用的译文采用了 yeyebook.com 网站文本，草婴译文。——中译者注

也很相关。我也这么想，书里的事情过去还不到 100 年，新的征服者却怀着同样的意图，接近了这座传奇的城市。

读书能打发时间。托尔斯泰当时是伯爵，也是年轻的炮兵中尉，参加了第一次守城战。他有过亲身经历，描述军事行动时可谓言之有据。我小时候大概没办法理解这位伟大的作家对心理细节的描写有多么精准，而现在，回想起敖德萨战役，我惊异地发现对第一次在战斗中面临死亡风险时的感受，他竟然能表达得这么敏锐：

> 在您上山的时候听到炮弹或者榴弹在附近呼啸，您会感到浑身不舒服。此刻听到的声音，跟您在城里听到的声音，在感觉上完全不同。您的头脑里会突然闪过一阵宁静愉快的回忆；对个人得失的考虑，会超过您对外界事物的观察；您开始不太注意周围的一切，忽然产生了一种讨厌的犹豫不决的情绪。尽管在面临危险时您内心里会发出这种卑鄙的呼声，您还是能把它压下去（特别是因为您看到一个士兵，挥动两臂，顺着泥泞滑下山去，嘻嘻哈哈地从您旁边经过），而且会情不自禁地挺起胸膛，昂起头……

托尔斯泰生动描绘了他当时的战友，也就是帝俄时期在棱堡里作战的官兵。他把这些人的思想、梦想和行为写得明明白白，仿佛把这些英雄带到了我们身边。我觉得，他是第一个能够令人信服地讲述俄罗斯战士精神源头的人：

> ……那海军军官出于虚荣或者单纯戏谑的心情，很可能开几炮给您瞧瞧。"叫炮手们来发炮！"于是就有十四五个水兵，有的把

烟斗放进口袋里，有的将面包干塞进嘴里，全都生气勃勃、快快活活地踏着打过铁掌的皮靴，跑到大炮旁边，动手装上炮弹。您仔细瞧瞧他们的脸，瞧瞧他们的姿态和行动吧：黑里透红的高颧骨脸上的每条皱纹、每块肌肉，这些宽阔的肩膀，穿着巨大靴子的粗腿，每一个沉着稳重、从容不迫的动作，一切都显示出俄罗斯人力量的主要特征——淳朴而顽强。不过，在每个人的脸上，除了显示出危险、愤怒和战争的痛苦这些主要征象之外，您还可以看到流露着自尊心以及高尚的理想和感情。[1]

我也迷恋托尔斯泰对塞瓦斯托波尔风景和天气的描绘，还有各个地名：北岸（Severnaya Storona，又译北湾）、船岸（Korobelnaya Storona）、马拉霍夫高地、萨蓬山（Sapun-Gora，又译萨崩山、撒彭山）、梅肯齐山（Mekenzievy Gory）、苏哈尔纳亚山梁（Sukharnaya Balka）、马尔特诺夫斯基河谷（Martynov Ovrag）、乔尔纳亚河（Rechka Chyornaya）、巴甫洛夫斯基海角（Pavlovsky Mysuk）、库利科韦沃广场（Kulykove Pole）。[2] 到目前为止，我一直在平坦的草原上行动，视野通常良好，目标距离也很容易确定。不过，在山丘上射击就完全是另一回事了。

1941 年 11 月 4 日上午，胡别热夫少校给我带来一个好消息。滨海集团军司令员彼得罗夫少将昨天到了塞瓦斯托波尔，随行的还有他的司令部参谋，目前驻扎在赫尔松涅斯军营（Chersonese）的海防指挥所。我决定约他见面，但中士想接近一位将军可不容易，还好将军的副官认识我，说上

---

[1] 列夫·尼古拉耶维奇·托尔斯泰：《塞瓦斯托波尔故事集》，莫斯科 1969 年版，20、22 页。

[2] 这些地名有的见于译者查找的《塞瓦斯托波尔故事集》俄文电子版正文，有的见于该书注解，有的并没有出现，怀疑可能是作者有误或版本不同。——中译者注

了话。

我见到了彼得罗夫，将军看上去一如既往，干净利落，精力充沛。克里米亚道路上的尘土染白了他的将军制服，瘦削的身躯系着一副棕色骑兵挽具，包括一条腰带和两条肩带，配发给高级指挥员的科罗温手枪（Korovin）的枪套显然被移到了右侧。同往常一样，他手里还是拿着一根短马鞭，虽然他视察前线各部队、阵地和军事工程的时候坐的是汽车。将军下了嘎斯–M1型汽车，站定。我大步走上前，立正报告："帕夫利琴科中士，少将同志，请求汇报。"

他笑了："你好啊，柳德米拉。感觉怎么样？"

"好极了，少将同志。"

"这么说，我们会在塞瓦斯托波尔击败纳粹吗？"

"一定会，少将同志！"

"我来通知你，你现在是上士了，要指挥一个狙击排。"彼得罗夫摘下夹鼻眼镜，用一条雪白的手绢擦了擦，"援军到达之后，挑一批合适的人，教他们狙击战术。"

"是，少将同志！"我高兴地回答，接着压低声音，有些担心地问道："可是，伊万·叶菲莫维奇，我的团在哪儿呢？"

"'拉津'团应该是在雅尔塔到古尔祖夫（Gurzuf）之间的路上，再过5天就到塞瓦斯托波尔了。你会等他们吗？"

"会的，少将同志！从入伍第一天起，我的心就一直属于谢尔吉延科大尉的第1营，还有我心爱的第2连。"

"你对部队感情这么深，我很佩服。"彼得罗夫又笑了。

根据滨海集团军司令员的命令，参谋部已经为我准备好了所有必要的文件，团部和军需官也给我开了证明。我必须领到全套的冬季制服，包括一顶带护耳的军帽、一件棉袄和保暖内衣。我特别高兴地在制服领章上别好了 3 颗深红色的三角形符号，表示我的新军衔：上士。另外，我还得到了一根带肩带的皮质武装带，一个单针黄铜皮带扣和一个带通条的枪套，用来放手枪。

我一直随身带着在塞瓦斯托波尔发给我的 TT–33 手枪。在狙击手隐蔽点带着它，在城里休假带着它，当然在阅兵时也带着它。撤离之后，它又陪着我到了新罗西斯克，接着是莫斯科。TT–33 手枪成了我的护身符，在克里米亚森林里搜寻德国佬的时候，万一任务失败，我主要依赖的不是那颗一直挂在腰带上的手榴弹，而是这把"托托沙"（Totosha）[1]，我们在部队里就是这么称呼托卡列夫手枪的。毕竟，不论苏联人还是德国人都不会俘虏狙击手，而是当场击毙。对女人还有另外的办法：先奸后杀。[2] 所以，手榴弹是用来滚到敌人脚下的，"托托沙"的 7 发子弹用来招待离我太近的敌人，第八发子弹留给我自己。

老实说，这把手枪不算 8 发弹匣，就已经有 825 克，女人拿着确实有点重了。还有人责备苏联工程师托卡列夫，说他的武器实在太像"手枪之王"约翰·摩西·勃朗宁（John Moses Browning）的发明，尤其是比利时

---

[1] 这是俄罗斯名字"安东"（Anton）的爱称。中译者补充：图拉 – 托卡列夫前两个音节都是 To，sha 则是俄语爱称的末尾音节，参考 PPSh–41 冲锋枪中文译成"波波沙"，这里译成"托托沙"。

[2] 狙击手塔季娅娜·巴拉姆津娜（Tatiana Baramzina）就是这样牺牲的，追授了苏联英雄称号。中译者补充：据维基百科条目，塔季娅娜于 1944 年 4 月开始作为狙击手作战，后来因视力问题转任电话接线员。1944 年 6—8 月，苏军在白俄罗斯发动"巴格拉季昂"行动（Operation Bagration），取得胜利。7 月 5 日，塔季娅娜随苏军步兵第 70 师在佩卡林村（Pekalin）志愿掩护苏军伤员，被德军发现。塔季娅娜用机枪和手榴弹消灭了多个敌人，弹药耗尽后被德军残酷折磨，杀害并分尸，年仅 24 岁。几小时后，苏军重新占领此地。1945 年 3 月 24 日，苏军授予她苏联英雄称号。今天俄罗斯仍有多地在纪念她。

生产的 1903 式[1]。不过，那些理论家的争论离现实太远了，我们这些打仗的人还是不听了。最重要的是，"托托沙"能满足前线的所有要求：威力强大的 7.62 毫米子弹能穿透 100 毫米厚的砖墙；枪管烤蓝，非常耐用；扳机装置可靠；带有棱纹的[2]手柄也非常合手。[3]

我团的战友们于 1941 年 11 月 9 日来到塞瓦斯托波尔附近，并与步兵第 25 师其他部队一起占据了第三防御区 12 千米长的阵地，也就是在梅肯齐山上，在别利别克河（Belbek）与乔尔纳亚河之间，距离市区大约 20～25 千米。这里两种地形交错：森林覆盖的高地和深深的峡谷，当地人把高地叫"巴尔卡"（Balka），意思是"山梁"。比如，卡梅什利峡谷（Kamyshly Gully）旁边是暗色山梁（Tyomnaya Balka），马尔特诺夫峡谷（Martynov Gully）旁边是马尔特诺夫山梁（Martynov Balka）。这里还有几个鞑靼人的村子：卡梅什利、别利别克、比尤克 - 奥塔尔卡（Biyuk-Otarka）、扎利茨克伊（Zalitskoi）、杜万科伊（Duvankoi）。另外还有梅肯齐山铁路枢纽站。梅肯济亚村（Mekenzia）海拔 300 多米，有些地图把它标作 "2 号森林警戒点"（No.2 Forest Cordon）。这个村子在 18 世纪末属于帝俄海军少将托马斯·麦肯齐（Thomas MacKenzie，"麦肯齐"和"梅肯济亚"分别是英语和俄语发音），他原本是苏格兰高地人。

塞瓦斯托波尔守军的各条防线已准备停当：战壕、交通壕、防空洞、炮位、机枪火力点、加筋土火力点。步兵第 54 团、步兵第 287 团以及海军

---

[1] 俄文版作 "1910 式"。——中译者注

[2] "烤蓝"及"带有棱纹的"两处文字，英译文不存，据俄文版补。——中译者注

[3] 这把 TT–33 手枪发放于 1940 年，编号 PA945。它与帕夫利琴科收藏的其余手枪［毛瑟、柯尔特、鲁格 – 帕拉贝鲁姆（Luger–Parabellum）、勃朗宁］一起，现藏俄罗斯联邦武装力量中央博物馆，档案编号 2/3776。

步兵第 3 团与第 7 旅，目前均归属我师指挥，这些部队的官兵奉命在被德军占领的梅肯济亚村以西 1000～2000 米处进行防御。

我来到团的阵地，盼望着全体战友都平安健康，对 10 月底半岛北部的战况，我还一无所知。然而在团部，我看到的不是敖德萨保卫战中无人不知的马图西耶维奇少校，而是瓦西里·伊万诺维奇·彼得拉什（Vasily Ivanovich Petrash）少校。之前在第 31 团指挥一个营，后来调到了我们团。我问起马图西耶维奇，彼得拉什说他负伤了，但也许很快就能回到团里。接着我去了第 1 营营部，但没有见到谢尔吉延科大尉，而是一个陌生的中尉：瘦高个子，大约 35 岁，显然来自预备役部队。我做了自我介绍，把档案递给他。中尉匆匆浏览了一遍，很不满意地瞪了我一眼：

"上士同志，您想当排长？能力够吗？"

"中尉同志，这不是我决定的，是上级的命令。"

"是哪个上级的命令？就说我吧，我就不同意女的在部队里担任战斗岗位。您既然是狙击手，朝纳粹使劲开枪就得了。不过下命令这种事，也得看看谁该下，谁不该下。"他随手将我的文件扔在桌上。

我可不打退堂鼓："那么谁该下命令呢，中尉同志？"

"当然是男的！"

不过，这位名叫格里戈里·费奥多罗维奇·德罗明（Grigory Fyodorovich Dromin）的中尉不得不改变了观点。我清楚地解释说，任命我当排长的决定不是第 25 师师长科洛米耶茨少将做出的，而是滨海集团军司令员彼得罗夫少将做出的。自然，这么一来，我和现任第 1 营营长的关系并没有改善。确实，德罗明不来打扰我了，不过与此同时，他也不打算表扬我，批评我，更别说奖励我。

从第 1 营营部有一条曲折的林中小路通往第 2 连阵地，先前工兵已经在梅肯齐山里挖出了深入地下的优质防空洞。在一个防空洞入口，我正好遇见了上等兵费奥多尔·谢德赫，我高兴极了，按照俄罗斯的传统，我们拥抱，亲吻了3次脸颊。老战友的脸色不太好，瘦了很多，模样憔悴，左手还负了轻伤。我们赶紧用锡水壶烧了点水，拿了点糖和饼干，坐下聊天。

费奥多尔描绘了一副阴郁的画卷：10月24日，纳粹在伊苏恩附近抵达红军战线，与我军交火。我军一度将敌人击退，还发起反攻，但后来敌人的炮兵及空中优势开始发挥了作用。此外，我军防线的准备也不足，苏军几乎完全部署在开阔的草原上，遭到严重打击。谢尔吉延科大尉当时正在一条简易战壕中的营指挥所指挥战斗，指挥所被敌人迫击炮弹直接命中，大尉的一条腿骨被炸碎，身负重伤的他被送往后方。在敌人炮击下，第2连伤亡了将近一半人，不用说狙击排也在其中。和平时期，全团建制内有官兵3000多人，如今只余下六七百人。

"在第95师左翼，第25师的'拉津'团正在前进。"这次战斗的参与者L. N. 巴恰洛夫（Bacharov）回忆道：

"拉津"团开局不错，部队协同良好，呐喊着"乌拉"用刺刀迎敌。团党支部书记谢米亚什金（Semyashkin）派第2连发起进攻。第3连消灭了100多号敌人，第3连连长叶廖缅科（Yeryomenko）上尉受伤，但坚持指挥战斗……滨海集团军部队在克里米亚的战斗，与8天前在敖德萨的战斗一样无私无畏。然而，有人觉得我们最初的成功难以为继：炮兵对步兵的支援很差，几乎没有炮兵连能抵近支援，而且炮弹供应不足。进攻之前，我军炮击仅持续15分钟，我们的战机也没有一架起飞。一切都表明，这次进攻太过仓促，缺乏准备……10月26日中午，德军在大量飞机和坦克的支援下向前推进。之后几天，敌人增兵，而且占据了优势。[1]

我和费奥多尔充满感情地回忆了谢尔吉延科大尉。他指挥第1营的时候，大家都过得很好，至于为什么会这样，我们甚至都懒得去想。大尉经验丰富，能力出众，关心下属的需求，但又严格要求，因此深受部下的尊敬。两位团长——斯维德尼茨基中校和继任的马图西耶维奇少校也注意听取谢尔吉延科的意见。

在我看来，谢尔吉延科大尉就像一位守护天使，特别是在至关重要的个人事务方面。如果说作为一名女性在军队服役有其特殊的挑战，这根本就是公开的秘密。在男兵连队，女兵的举止必须沉稳、严格、无可挑剔，永远不准对任何人有轻佻言行！然而生活自有其轨迹，于是困难就不可避免。这些困难并不是普通士兵造成的，而是我的"军官同志们"造成的。制造困难的方法有二：一是他们的指挥员身份；二是根据军法条令，指挥员的命令，下属必须执行，否则军法从事。我们管这个叫"相中了"。所以我平时宁愿待在前线，即使冒着敌人的炮火。在前线，最不容易遇上那些领章上有三四个方块或者三四个长方形（表示尉官和校官级指挥员）的人的爱慕眼神。倘若万一遇上了，营长谢尔吉延科就会直接问那个追求者："你想让她做什么？"[2]出于某种原因，没有一个人敢照实回答。这么一来，那些套近乎、尴尬的聊天和不合时宜的表白一般就到此为止了。不幸的是，关于这位高贵的勇士后来的命运，我一无所知。

我们第54团担任师预备队的时候，我同谢德赫上等兵完成了各种组织

---

[1] 《在黑海要塞边》，莫斯科1967年版，182–183页。

[2] 此处俄文版用"你"。根据俄语专家综合介绍，"你"在这个场合是军人正常交流的用语，表示一种不热情也不冷淡的从容态度。——中译者注

工作。我们必须接收援兵、接收并检查新的步枪（带有 PE 瞄准镜的"三线"），研究第 2 连负责的防区。我们发现战壕挖得太浅，连半米都不到，有些地方完全没有交通壕。士兵们必须做点什么，这一回用的不是狙击步枪，而是工兵铲。11 月 10 日上午，我们有幸见到了师长科洛米耶茨少将，他过来视察各处阵地，在战线上到处转了转，严厉批评了防御工事的质量问题。

根据苏联国防人民委员会 1941 年 4 月 5 日确立的编制，步兵排是一支很大的队伍，共有 51 人。排长是一名中尉，配一支手枪；副排长是上士，配 PPD-40 冲锋枪；还有一名通信员，负责与上级联络，配莫辛步枪。步兵排辖 4 个步兵班，班长为中士，均装备 SVT-40 步枪。这个排还配 1 个迫击炮班，4 名士兵和 1 名中士，外加 1 门 50 毫米迫击炮。

我写得这么详细，是为了强调我手下完全没有这样的队伍。现在中尉军衔的人经常担任的是连长和营长，而不是排长，这种情况自从敖德萨保卫战就开始了，因为各分队的红军指挥员一般参战两三个星期就会缺编（阵亡或者重伤）。回忆起 50 人的排甚至很奇怪，塞瓦斯托波尔保卫战各个阶段的步兵排一般是 20～25 人，从来没有超过这个人数。捷格佳廖夫设计的 PPD-40 冲锋枪，以及后来什帕金设计的 PPSh-41 冲锋枪（圆形弹鼓可容纳 71 发手枪子弹）是一致公认的有效近战武器。然而在战争的头几个月却出现了严重短缺，在步兵单位中造成了灾难后果。我们团的两个侦察排，总共只有 25～30 支 PPD-40，那门 50 毫米迫击炮一般叫"连属迫击炮"。档案显示全团装备了 27 门，不过，这个数字也只是"档案显示"而已……

11 月 10 日到 11 日两天之内，我们团得到了援军。援军大部分来自 10 月底在塞瓦斯托波尔仓促组建的海军步兵营。现在他们必须加入我们这些经历战争淬炼的"拉津"团的队伍，而且要尽快习惯地面作战。他们准备好同德国法西斯侵略者战斗到流尽最后一滴血，可是，即将到来的战斗是什么样子，他们却一无所知。

那些来到我的排的水兵尤其吃惊，我刚见到他们的时候，还出现了一些滑稽场面。这一天，4个愣头青戴着有护耳的黑帽子，穿着海军厚呢制服，还有俗话说"像黑海那么宽"的裤子，一阵风似的闯进了防空洞，说他们被分到了帕夫利琴科上士的分队。当时我正在翻看了不起的波塔波夫老师的书，研究他的山区射击窍门。谢德赫与另外3名士兵正在检查新步枪的后膛，招呼这4个人坐下。他们把行囊放在泥土地上，慢悠悠坐在墙边的长凳上，开始打量四周。他们注意到了我，互相瞥了一眼，4个人一块儿笑了。其中一个问道："小妞，您也在这儿干活儿？"[1]

我说："是的。"

"太棒了！"他冲同伴们眨了眨眼，"我们可是来对地方了，遇见这么厉害的卫生员！老实说，真是个大美人儿！看得眼珠子都不转了。咱们认识认识呗？我叫列昂尼德，您是——？"

"柳德米拉。"

"好吧，柳达，别皱眉。给咱们水兵一个好脸儿，不会有坏处的。"

"按照条令，现在你们必须在我面前立正，成一列横队，向指挥员报到。"

"那，指挥员在哪儿呢？"

"我就是指挥员。"

"柳达，你就别逗了，这么逗闷子就没意思了。"

我不得不向这些小伙子严肃说明这里谁是指挥员。他们完全傻了，但

---

[1] 此处"您"从俄文版。俄语中在不冷淡的情况下，对陌生人一般称"您"，因此这个水兵虽然态度很轻佻，但没有称"你"，表示还保留了一点客气。下文称"你"，表示态度完全放开了。——中译者注

还是按照要求成横队立正，做了自我介绍，听我作为指挥员发布的第一道命令。自始至终他们都是一脸吃惊的表情，这些海军步兵似乎认为，这种恼人的误会可以随时解除，而在场的人会与他们一块儿大笑，笑话这种在他们看来很荒唐的场面。毕竟，让女人来当狙击排的排长——我们军队里怎么可能有这样的事？

然而，这个列昂尼德·布罗夫（Leonid Burov）和他的 3 个朋友在之后的战斗中表现优异，发挥了全部能力。当然，一周的训练还不能让他们成为真正的神枪手，但他们掌握了狙击步枪的基本操作，而且在我指导之下战绩很好（我负责测算目标距离，给他们展示如何调整瞄准镜上的手轮），特别是在敌人正面进攻的时候。他们非常勇敢，可惜的是布罗夫早早牺牲了。[1]

梅肯济亚村，又称 2 号森林警戒点，坐落在海拔 310 米的平坦山顶上。周围森林环绕，茂密的灌木丛中生长着克里米亚常见的植物：杜松、鹅耳枥、花环刺、山茱萸和野玫瑰。护林员的宅子有几栋平房，旁边是菜园、果园。不远处的老庄园残破不堪，几乎全被树木挡住。村子位于塞瓦斯托波尔第三防御区的我军与德军阵地之间，成了一处要地，刚好有一条通往卡拉科巴山谷（Kara–Koba）的战略要道通过村子。如果敌人占领该村，就能突入城东守军的后方。此外，德军若将我们的部队驱逐至离村子有一定距离的地方，就能强行突入梅肯齐山火车站，再从那里到达塞瓦斯托波尔最大、最长的海湾北岸，从而决定这座城市的命运。

11 月初，纳粹占领了梅肯济亚村，暂时没有继续推进。敌人在积蓄力量，准备新的进攻。苏军司令部认为有必要将敌人赶出村子，因而围绕该村爆发了两周激战，几乎一直打到 11 月底。就在这里，步兵第 54 "斯捷

---

[1] 布罗夫牺牲于 1941 年 12 月 11 日，距离认识柳德米拉仅仅一个月。参见第 8 章末尾。——中译者注

潘·拉津"团的官兵第一次为塞瓦斯托波尔流血。战斗始于 11 月 12 日黎明，我们营正在村北的战线上作战，师长科洛米耶茨少将抵达团指挥所观战。他评估了局势，给"拉津"团设定了一项作战目标：11 月 14 日，对德寇发起攻击，将其包围在村内，再予以歼灭。

光荣的"恰巴耶夫"师师长特罗菲姆·科洛米耶茨后来写道：

就这样，我们在塞瓦斯托波尔附近展开了第一次正式反击。第三防御区的所有步兵全部开火，打击敌人前线及其在切尔克兹 – 克尔门村（Cherkez-Kermen，今克里普克，Kripke）最近的后方单位。我提前赶到了第 2 营指挥所，在那里观战。一开始进攻很顺利，各连迅速突进到德军第一道战壕，在几分钟内击溃了敌人。第 2 连和第 3 连追击在森林中逃跑的敌人，第 1 连切断从切尔克兹 – 克尔门村到梅肯济亚村的道路，我军开始包围村子。

村里的敌人猛烈抵抗，火力太猛，我们的部队不得不卧倒隐蔽。我们师的炮兵主任格罗斯曼（Grossman）指挥炮兵开炮支援，但当炮兵粉碎了梅肯济亚村的德军抵抗时，德军步兵又从切尔克兹 – 克尔门村一侧出现了。"拉津"团坚守阵地，敌人的进攻没有得逞。接着，切尔克兹 – 克尔门村方向再次出现新的敌军部队，一切又重新开始。我军投入了 2 个排的预备队，但显然远远不够。马图西耶维奇少校决定从靠近村子的地方调走一个连，用它来反击敌人的预备队，战斗持续了 3 个多小时。此战，"拉津"团无法完成全部任务，不过德军也遭受重创，整整 5 天都没有再次进攻我们师。[1]

---

[1] 《在黑海要塞边》，莫斯科 1967 年版，203 页。

林中小路

事实证明，梅肯济亚村是一块硬骨头。12 月 22 日上午，苏军最后一次进攻该村。"拉津"团与海军步兵第 2 "彼列科普"团并肩作战。敌人的抵抗十分顽强，海军步兵占领了从梅肯济亚村到切尔克兹－克尔门村的道路，但无法继续推进。战至中午，双方都停止了战斗。梅肯济亚村依然被德寇占领，"恰巴耶夫"师占领了 319.6、278.4 和 175.8 高地，它们位于这个不幸村庄以西 1 千米处。

敌人对塞瓦斯托波尔第一次进攻持续了 25 天，至此结束。侵略者基本没有实现任何企图，在塞瓦斯托波尔第 1 防区，敌人设法将守军击退了 3～4 千米，守军退至巴拉克拉瓦渔村以东。在第 3 防区，敌人也推进了 1～2 千米，进抵杜万科伊（Duwankoi）、切尔克兹－克尔门和梅肯济亚村。[1]

一段相对平静的日子随之而来，目前苏军防线沿着克里米亚森林覆

---

[1] 根据语境和军事顾问意见，德军之前占领了梅肯济亚村，但可能属于孤军深入，其余部队并没有来到村子附近。——中译者注

盖的丘陵与山谷绵延超过 46 千米，从巴拉克拉瓦村附近的海岸一直到别利别克河，这条河不深，但水流湍急。无人区的长度与防线相似，两侧都有深深的战壕、蜿蜒的交通壕、机枪火力点、反坦克壕、雷区和附有铁丝网的防御工事（铁丝网一般直接缠在森林里的树干上），无人区的宽度在 100 ~ 200 米之间。还有一些过境通道，我们狙击手，还有团里和师里的侦察兵可以利用它们神不知鬼不觉地穿越无人区，特别是在夜间的梅肯齐山上，沿着卡梅什利峡谷的山脊（这段山脊长达几千米，一头离杜万科伊村不远[1]，朝着西北方的梅肯济亚村方向延伸），穿过挨着河谷的暗色山梁的斜坡，河谷底部长满了芦苇。

德军侦察队也找到并使用这些过境通道。偶尔会有数十名冲锋枪手穿过森林向我们摸过来，他们都装备了 MP 40 冲锋枪，这种武器对于我们来说更广为人知的名字是"施迈瑟"，其实这是误导，著名的德国工程师胡戈·施迈瑟（Hugo Schmeisser）与这种冲锋枪并没有关系，这种枪最初是由爱尔福特机械制造厂（Erfurter Maschinenfabrik，简称 Erma）制造的。敌人撞上我们的巡逻队后，匆忙逃走了。我们没有接到追击他们的命令，但为了训练，我们可以瞄准射击，直到纳粹躲到树后。

还有一次，战斗刚结束，硝烟还在山间中缭绕，最后几枪的回声还在山谷和这一片地方回荡。这时候，第 2 连战壕旁边的灌木丛里出来一个人，头发花白，穿着灰色平民上衣，肩上背着个背包。[2]他身材瘦削，佝偻着身子，胡须蓬乱，几乎长到眼睛旁边，模样很像个森林妖精。狙击排的士兵们吓了一跳，差点开枪。他举起双手大叫："自己人！"手里举着一本打开

---

[1] 现在叫萨多沃耶村（Verkhnesadovoye），位于塞瓦斯托波尔的纳希莫夫区（Nakhimov）。

[2] 这件事显然发生在 1941 年 11 月。中译者补充：因为前面已经提到了 12 月的事，这时候相当于倒叙，所以特别注明在 12 月之前发生。

的苏联护照和一份棕色外皮的证件，上面盖着紫色印章。

我放下步枪，问他是什么人，到第 54 团战线来做什么，以及怎么躲过敌人哨兵的。老人的回答似乎说这并不困难。德军没有深入林子，也不敢深入，而他是当地的护林员，顺着只有自己知道的一些小路绕过了德军。这时候，老人哭了起来，泪水沿着白胡子流下来，落到了上衣上，他的上衣系着一条空的猎枪弹带。不得不说，一开始我确实糊涂了几分钟，我觉得这件事非常怪异。但不知怎的，谢德赫马上相信了老人的话，他说服我让老人走过来，听老人怎么说。

很快，大士把热腾腾的早饭送到了这道警戒壕。我们一边吃饭一边说起了这位老护林员阿纳斯塔斯·瓦尔塔诺夫（Anastas Vartanov）的故事，这是一个非常悲惨的故事，就像这场地狱般的战争中发生的很多其他事情一样。一群纳粹侦察兵走在常规部队前面，来到 2 号森林警戒点。出于某种原因，他们很不喜欢瓦尔塔诺夫的儿子、孙子以及护林员全家。没过多久，纳粹就在房子边上把他们全体枪杀了。可以说幸运也可以说不幸的是，瓦尔塔诺夫本人那天早上去市政机关报销一些额外的费用，采购冬天消耗的燕麦和干草，躲过了一劫。

老人说，梅肯济亚村里现在设了一个德军参谋部之类的地方。他家附近的树下，停着几辆履带式装甲运兵车，车上架着天线和机枪。还停着几门履带式牵引车牵引的火炮、轿车和挎斗摩托。来这里的不光有灰绿色制服的德国兵，还有些人穿着黑色短夹克，戴着"贝雷"帽（也就是装甲兵）。这群德军的指挥官身材高大，约莫 40 岁，长着一双蓝眼睛。护林员看到他的军官制服肩章下还挂着银色穗带，制服领子下面有一个黑白相间的十字架。他就住在被枪杀的小瓦尔塔诺夫的房间里，每天早上都在压水器旁边打水，用冷水冲澡，用红色毛巾擦身，精力充沛地做运动。

老人说："他们想干啥就干啥，别提多舒服了。"[1]一边用勺子舀起锅底余下的一点大麦粥，"可他们一定怕得要命哩。"

我问："怕谁？"

老人回答："怕俄罗斯人。有人说，你们有一种步枪，带着专门的瞄准镜。"

"是的。"

"你们一定要用上这枪。我给你们带路。那村子特别显眼，一看就看见了，其实就离这儿不远。穿过林子，抄近路也就几里地。趁着晚上去，可容易了。"

"您也跟我们一块儿来吗？"

"肯定的。我要是不亲眼看着，就没道理活在这世上。"

老猎人因为一家人惨死而要惩罚敌人，这愿望我非常清楚，我觉得这愿望不仅自然，而且合理。侵略者的暴行和对无辜平民的无情杀戮，是不可原谅的，大地应该在他们脚下燃烧。我们走遍天下也要找到他们，用尽一切手段消灭他们。老人来找我们狙击手求助，只要他汇报的情报被塞瓦斯托波尔防区参谋部证实，我们就要满足他的愿望。

两天后，回信来了，老人说的没错。

发请求的不是我，而是团里负责侦察工作的副参谋长米哈伊尔·别兹罗德内（Mikhail Bezrodny）大尉。从1941年6月开始，他就在第54团指挥2个侦察排：一个是骑兵排，另一个是步兵排。由于马匹都丢在了敖德萨，骑兵排的编制也就不存在了，原有46人的步兵排已减员至25人。敖德萨保卫战期间，我曾有机会同侦察兵打交道，例如他们穿越前线抓"舌

---

[1] 此处老人说话的风格酌情强调了乡土气息。——中译者注

头"（用来审问的敌兵）的时候，我就为他们提供掩护。可是我团各营经常在前线不同地区独立作战，我基本遇不上团参谋部的军官。现在"拉津"团各部归建[1]，而且都部署在一起，与参谋军官（至少与别兹罗德内大尉）会面就更加频繁，而且非常有用。

大尉批准了我突袭梅肯济亚村的计划，条件是必须让护林员阿纳斯塔斯·瓦尔塔诺夫担任向导。不过，首先得弄清楚具体路线，2号森林警戒点附近的情况，还有狙击团队一旦出击，可能遇到什么情况。我和护林员穿过梅肯齐山[2]上的森林，先进行一番侦察。

这么做还有另外一个目的：德军第一次进攻时，我们必须考虑如何依托各处工事击退他们，考虑怎样全体协同作战（而不能只考虑狙击任务）。等到前线稳定下来，狙击手单独"狩猎"的机会就来了。可是，倘若不了解地形，不习惯在密林覆盖的山丘上射击，狩猎又怎么能开始呢？这片森林茂密得像一堵绿色的墙，在猛烈的海风吹拂下沙沙作响，它里面究竟是什么样子呢？

第一道曙光透入森林，突然间一阵狂风袭来，树冠摇曳，光秃秃的树枝互相碰撞。在逐渐消散的暮色中，人们可以想象这是一群复活的森林生物，短暂的碰撞声就是它们的密语。我倾听着，抬起了头。一株枫树的棕灰色树干奇怪地弯曲着斜靠在路边，几片手掌般大小的橙色叶子还挂在长长的茎叶上，悬挂在我上方。突然，一片叶子掉了下来，盘旋着落在我脚边的小径上。老人指着叶子说："捡起来吧，是个好兆头。"

这片美丽的枫叶，同狙击手的秋装（一件带有棕色斑纹的脏兮兮的黄

---

[1] 俄文作 собрались все вмест，英译文作 all gathered together，"归建"指配属其他单位的部队或派出执行任务的部队回到原建制单位。——中译者注

[2] "梅肯齐山"和"梅肯济亚村"是汉语音译不同，实为同源词。——中译者注

色迷彩上衣）完全不搭。我把枫叶揣进口袋，口袋里装着一个单兵急救包和一块用锡纸小心包好的精制方糖，还有一小撮干茶叶。糖和干茶叶一起咀嚼，可以在几个小时的埋伏过程中保持体力。

我并不知道要经历什么样的埋伏，我只是跟着护林员沿着一条几乎看不出来的猎人小路向前，一边仔细观察着森林。同荒芜辽阔的敖德萨草原一比，我觉得这片森林非常适合伪装，但很不适合狙击。子弹会飞到哪里呢？子弹不是兔子，不可能绕着这些树的树干跑。遍地的灌木丛把一条条沟壑全都遮掩了，要如何正确测距呢？

老人轻声说："从歪脖子树到那口井很近。别忘了，孩子，迟早会派得上用场。"

瓦尔塔诺夫猜透了我的心思。也许在黎明时分，在森林微妙的寂静中，在精神上彼此亲近的健谈者之间，思想可以非常轻松地交流。一周以前，我还完全不知道瓦尔塔诺夫老人的存在。19世纪，老人出生在克里米亚一个俄罗斯化的亚美尼亚家庭，这个家庭已经忠心地服侍了罗曼诺夫王朝100年，罗曼诺夫家族在克里米亚半岛拥有大片狩猎场。瓦尔塔诺夫和家人们一生都在梅肯济亚村2号警戒点度过，他们有一整套家产：一栋有四个房间的宅子、一个夏季厨房、一个浴室，以及木棚、谷仓和马厩，还有毗邻厨房菜园的温室。由于森林需要经常照料，所以护林员要从早忙到晚，但他觉得自己很幸运，也很幸福。家里热热闹闹，妻子勤劳善良，几个儿子也都照顾得很好，大儿子已经在帮他一起干活了，能吃饱穿暖。在11月的那一天，万恶的德国鬼子就不喜欢看人过这样的日子，这帮被诅咒的恶棍！

过了这棵弯曲的枫树，小路分岔了。要不是老人，我根本注意不到往右的那条路。高达2米的灌木丛在这里蔓延，像面纱一样遮住了树下的矮树丛。老人指着这种高灌木，管它叫"荆棘花环"，也叫"基督荆棘"。据说，耶稣基督戴的荆棘冠冕就是用它编成的。它主要生长在地中海及北非，但在克里米亚也扎了根。

到 11 月，荆棘花环的叶子开始脱落，它的主要武器——荆棘就完全展现出来。一棵灰色的树干上长着许多弯弯曲曲的枝条，长短不一，朝四面伸展，上面都是刺。有的刺是笔直的，像缝衣针；有的刺弯而尖，像鱼钩。

我笨拙地转过身，一根恶毒的"鱼钩"立刻咬住了我迷彩服的袖子。尖端扎进衣服里面很深，我不得不折断整个小树枝，"啪"的一声，在清晨的寂静中就像拉响了警报。一群山雀从旁边的金合欢树上飞了起来，老人转过身对我说道："小心点，指挥员同志！"

我们很快就找到了老旧的供水系统：一根 20 厘米粗的生锈水管，通往一口废弃的水井，水井上的压水机吊臂朝天，指出了井的位置。树林更加茂密了，树木在生命之水的源头旁挤作一团。忽然，那个方向传来一声沙哑的叹息，老人瞬间像雕塑一样僵住了，我紧跟着他，收不住脚，撞了他一下。

那口井就是地上的一个黑洞，被人用较大的石块粗粗围了起来，井口有一半盖了木板。井里有一头野猪崽子，浅棕色的毛，獠牙还没长出来。它努力过，却无法自己爬出这个陷阱，这头森林居民一看见我们，就拼命挣扎了一下，可还是爬不出来。野猪转过头，用忧伤的深褐色眼睛看着护林员，可怜地哼了一声。

老人问："开枪吗？新鲜的猪肉丸子，哪个当兵的不喜欢？"

"不。"我好奇地瞧着这个小家伙，"我喜欢它。它还小，放它走吧。"

老人看起来很高兴，他在井边不远处捡了一根长木头，伸到野猪肚子底下，把它抬到平地上又放下。得救的动物并没有马上回过神来，它打了几个滚儿，尖叫一声，似乎不相信自己已经自由了。然后跳起来抖了抖，全速逃离这该死的地方，撞断了几根小树枝。只见它快活地扭动着短尾巴在灌木丛中闪来闪去，我忍不住笑了起来。

不论当时还是现在，我都不赞成打猎。在我看来，森林居民在手拿快枪的人类面前几乎无法自卫，似乎不幸得很，也无奈得很。古时候有一位王子凭一根长矛独自去打熊，这是另外一回事，我觉得这才是光明正大的公平对决。[1]

别兹罗德内大尉给过我一张地图，根据地图，无人区在井的那边就到头了，再走就是敌占区。我们坐下来休息，野猪刚在井里泡了个澡，这井水喝不得。不过，我也有一水壶的开水，连队厨房发的干粮是一块燕麦面包，两条红润的猪背膘肉，洒了盐和黑胡椒。我们就对付着吃了这些，瓦尔塔诺夫也拿到了一样的干粮，他同我说起克里米亚森林的情况。

他深爱着这片森林，对它了如指掌，相关知识来自他父亲的传承。老人说，我放野猪放对了，林子会给我回报。因为森林就好比寺庙，是个神圣的所在，老辈人的规矩坏不得，为了取乐而随便杀生害命，是万万不行的。我问老人：在森林中想要找路，不迷路，是否容易？

他说："这容易得很。树嘛，跟人一样，也是千树千面，种类、树龄、花期和结果都不一样。一棵树有一棵树的脸和身架，差别大着哩。你只要想看见，就能看见哩。"

这些想法，实在很难当真，就仿佛童话和传说一般，但我没有打断老人，让他继续说下去，让他教我在森林里如何生活。但我还是听不明白，

---

[1] 中译者同俄语顾问暂未查到这个故事本身，也没有查到这个人的身份。但猎熊是古代俄罗斯的传统，使用一种专门的熊矛（рогáтина）。"王子"俄文作князь，也可理解为"大公"或"亲王"。英文作prince，同样对应汉语中的好几种说法。这里根据俄语专家意见，暂译为"王子"。——中译者注

就用困惑的眼神打量井边的榆树和枫树粗壮的树干。阴冷的早晨给树干投下一抹忧郁色彩，我并不怎么相信自己能够适应森林的生活，也不相信我能够解读森林里神秘的象征符号。

太阳升高的时候，我们从西北方接近了梅肯济亚村，只有爬到树上才能好好观察这个地方。我用双筒望远镜看了很久，观察德军第11集团军后方的生活规律。梅肯济亚村和扎林科伊村（Zalinkoi，有可能是今扎利兹尼奇内，Zaliznychne）之间的路上经常有德军车辆、穿着鼠灰色外套和大衣的人员往来穿梭。给德国人当狗腿子的克里米亚鞑靼人的手臂上缠着白色袖圈，神气活现，他们属于亲纳粹的俄奸警察组织，负责守卫哨卡的路障，向路过的德国佬立正致意。[1]

中午时分，一辆野战炊事车出现了，诱人的土豆肉汤香气扑鼻而来。大约50名士兵拿着饭盒，聚在炊事车周围，打完饭之后并没有立即散开，而是扎堆聊天、抽烟，等着咖啡。德军基层士兵只能喝代用咖啡，那不是真咖啡，香味并不怡人。

饭后，那个戴着银色穗带肩章的蓝眼睛军官从屋里走了出来。我对敌人的制服已经很熟悉了，那是一名炮兵少校，获得了骑士铁十字勋章和银质突击章。他出来的房门离我所在的树大约100米，而且刚好在树的对面，也就是德军后方的同一侧。[2] 我在扁平的军用挎包上摊开一张纸，现场画了射击地图，并在地图上标注了这一条。那位德军少校点了一根雪茄，和手

拿文件夹的勤务兵一起上了一辆欧宝"船长"轿车（Opel-Kapitän）。汽车在颠簸中沿着公路开走了，不过不是开往扎林科伊村，而是去了切尔克兹－克尔门村。根据我军的侦察报告，第11集团军指挥部就设在那里，其指挥官冯·曼施泰因大将也住在那里。少校很可能是急着去见上峰。

我在纸上大略描绘了护林员的家和周边的情况：方块代表宅子，三角代表牲口场和谷仓，粗波浪线代表道路，道路上的两条短线代表路障。我目测了一下这些地点的间距，构图中心有一个显眼的地标：一块白色叠层石，上面有不少凹坑和裂缝。这就是石灰岩在地表的样子。这种现象多见于克里米亚丘陵和山区的斜坡及峰顶，这些地方的地质构造称为喀斯特地貌。

山上的风几乎就没有停过。我注意到村子周围的树上，细长的树枝在摇曳，叶子剧烈摇摆，白色的尘土在路上打着圈圈。这意味着风速中等，每秒4~6米。难怪狙击手有句俗话："枪打子弹，风送子弹。"[1]假如选定这个位置，那就会有与子弹方向成90度角的横风吹过来。在这种情况下，距目标100米的地方，狙击手可以进行简单的计算：水平横向修正3个密位。确实，还有一种情况：高海拔地区，随着空气变稀薄，大气压会下降。这样一来，子弹的飞行距离和飞行能力就会增加。但是波塔波夫在小册子《特等射手指南》里写道：海拔低于500米的山上（此地不超过310米），纵风可以忽略，但必须考虑横风，因为横风会导致子弹显著横向偏离目标。

我从树上下来，给老人看了我刚刚的手绘地图。老人很惊讶。我没必要给他解释一切，但他还是帮我更精确地测算了距离：农庄大门到石灰岩距离标作43米。我问起风的情况，他说，11—12月这里有很厉害的北风和

---

[1]　俄语作：Ружье стреляет, ветер пули носит.——中译者注

东北风，带来阴雨天气。

我们决定马上备战，因为情报可能会过时。我向别兹罗德内大尉进行了汇报，大尉警告我说，突袭梅肯济亚村期间，我（柳德米拉）无法确保行动小组的火力都精确有效，因为排里有不少新兵。他们还没有背下各种弹道表，也没有看过波塔波夫的"宝书"，更不了解山地精确射击的所有细节。此外，攻击必须突然而迅速，每颗子弹都必须击中目标，这才能确保整个行动圆满成功。

突袭小组的人选马上定了，费奥多尔·谢德赫当然在内，我最近推荐他晋升下士。费奥多尔很勇敢，经历了多次战斗考验，而且多少了解一些弹道表，他的体力和耐力也无可挑剔。商议之后，我们从新兵中选了列昂尼德·布罗夫。这名前海军步兵对陆军和学习都有很大兴趣，他似乎想抹去我们第一次见面时留下的尴尬印象。我必须说，他在这方面做得很成功，他有特等射手的能力。第三名狙击手是费奥多尔的同乡，西伯利亚人伊万·佩列古多夫（Ivan Peregudov），当初在敖德萨应征入伍的时候加入我们团。

别兹罗德内大尉还从步兵侦察排调了两个人给我，他们熟练掌握各种轻武器，有徒手搏斗的技能，而且多次深入敌后。我不熟悉这两个人，不过大尉向我保证，两人都是他手下的精英。在团级侦察兵里面，最优秀的人往往太过桀骜不驯。我托大尉向他们解释，在这项任务中我绝不允许他们胡说八道、指手画脚，我的命令必须无条件服从。大尉以他一贯的讽刺挖苦道："小伙子们，我警告你们啊！上士柳德米拉·帕夫利琴科这人严肃得很，不喜欢有人调皮。稍微出点差错，一把芬兰刀[1]就会扎到你腿上！"

---

[1] 英文版作 a knife，没有说出具体种类。此处据俄文版 финкой，一种刀刃短而厚的刀，在二战苏联军队和苏联犯罪团伙中很流行。——中译者注

根据别兹罗德内大尉的命令，侦察兵们配发了两支全新的 PPSh-41 冲锋枪和 1 挺 DP 轻机枪，带 3 个备用弹盘。我带着自己的奖品"斯维塔"，狙击手们用的是带 PE 瞄准镜版的莫辛步枪。至于应该给老人用什么武器，我们想了很久，老人只会用老式的伯丹 -2 型（Berdan-2）单发栓动步枪。[1] 这属于老古董了，我们的武器库里当然没有，所以就给了他一把普通"三线"。除了武器，我们还拿上了工兵铲、芬兰刀（也叫战斗刀）、几壶水、干粮，每人 200 发子弹，5 枚手榴弹。我一如既往地在腰带上带了那把 TT-33 手枪，两个弹匣共 16 发子弹。不过，这种突袭任务要是不得不用手枪，那就说明形势很糟糕了。

还好，手枪最后没用上。（第二天）黎明时分，我们接近了村子，按照预定计划，我们在德国人的后方各就各位。我和护林员在房子对面，密切观察房门。3 个狙击手在左边 15 步远的地方，2 个侦察员在右边 15 步，其目标为空地的中央以及野战炊事车停放的石灰岩。过了片刻，起风了，阵风增强到每秒 8～9 米。我们确定了风向，与我们的位置成直角。我算好了瞄准镜手轮上的必要修正值，给手下们看了，让他们也同样调整步枪上的瞄准镜。

德军纪律严明，集合的时间、地点、人数都一点不差。炊事车在上午 11 点 37 分出现，11 点 50 分开始分发伙食。

我用双筒望远镜观察德国人，一直等到他们在炊事车周围聚拢得更紧密了。我的瞄准镜盯着一个瘦高个子的候补军官，他的肩章上有两条竖着

---

[1] 由美国枪械专家和发明家海勒姆·伯丹（Hiram Berdan）1868 年发明，1870—1891 年装备俄军，后来被莫辛步枪取代，但在民间长期用于狩猎。到苏德战争的时候，这种枪已经退役 50 年了。选自 B 站作者 HMS Inflexble 文章。——中译者注

的边饰条 [1]，表明了他的身份。他站在众人中间，大声对士兵们说着什么，普通士兵都在听着。最后，他走到正在舀汤的炊事兵跟前，戴着布制军帽的脑袋刚好处在我瞄准镜的 3 条线之间。可以说，是时候了。

指挥员总是开第一枪，这是给其他人的信号，他们已经等不及了，迅速执行以这种不同寻常的方式下达的命令。我们从 3 个地点猛烈开火，子弹飞进灰绿色的人群中，把他们撕成碎片，将敌人打倒在地。德军没有携带武器，无法立刻还击。总之，没几分钟，很多德国鬼子就已经死了。候补军官和炊事兵的脑袋各自收到了一份火热的礼物，来自我的"斯维塔"。

炮兵少校听见枪声和惨叫，冲出了宅子，子弹正中他的眉心。我花了这么多时间研究这个射击位置，自然是有道理的。老猎人也出手了，而且相当准，打死了一个勤务兵。我们穿过布满纳粹尸体的空地，冲向那所宅子。我从少校的上衣口袋里掏出他的证件，用芬兰刀割下一边的肩章和骑士铁十字勋章，并从腰上的黑色皮枪套里取出了瓦尔特（Walther）军官手枪。与此同时，侦察兵们冲进屋子，用冲锋枪猛射。他们要的是参谋文件。

里面有人用德语大叫一声："Partisanen（游击队）!"

无线电报务员是个德军下士，胸口中了一枪，再不能给上峰传递情报了。摆在他面前桌子上的所有东西——地图、命令、报告、密码本——都落到了步兵第 54 "斯捷潘·拉津"团的勇敢战士手里。撤退的时候，他们还顺手拿走了一个挂在墙上的鼓鼓囊囊的背包，从躺在门口的哨兵胸前拿

---

[1] 德军士官中的能力突出者，会被授予候补军官（Fahnenjunker）的资格，一般在原有士官的军衔不变的情况下直接在肩章上多加两道竖的边饰条。这里"竖"指与肩章的长边方向垂直并覆盖在肩章上方，两道边饰条彼此平行。此外还有一种军官申请者（Unteroffizieranwarter），也就是军校生，或者申请参加军官教导课程培训的士兵，他们的军衔是在士兵的肩章上多加一条竖的边饰条。此处俄文作 поперечными（横向的、横断的），也意为与肩章长边方向垂直，但英文版写的是 two crossed stripes，理解成了两道条纹本身交叉，应该属于错译。——中译者注

了支 MP 40 冲锋枪。

小队来得快，去得也快。我们在林子里跑了将近 1.5 千米，沿着瓦尔塔诺夫熟悉的猎人小路往东南方走去。他带我们走向无人区，但白天无法穿过。护林员想到了一个挺远的地方：一处泉水近旁有一个半埋式木屋[1]，周围都是高大的树木，树下长满了茂密的野玫瑰和多刺的杜松。我们实在累坏了，一进木屋就躺倒在地。老人没有进屋，而是在空地上观察我们的行动，他很侠义地表示愿意给我们放哨，其余的人都躺在野玫瑰下棕黄色的柔软松针上沉沉睡着了。

过了 3 个小时，好像有个闹钟响起来似的，我突然睁开了眼睛。森林有些不一样了，风停了，天气变得更冷了。气温降至摄氏 5 度以下，一团厚厚的乳白色浓云慢慢落在山坡上。树木似乎在等着沉入云彩，一棵棵向上挺着身子，一动不动。老人先前说得没错：他们害怕秋天的浓雾。[2]

老人和费奥多尔在泉水边打理营地，两人在地上挖了一个洞，生了一小堆火。烟和湿润的雾气混在一起，不会有暴露我们位置的风险。火堆上方吊着一口大锅，不是我们的，是木屋里找来的。水烧开了，士兵们摆开杯子、水壶、厚片面包和浓缩的豌豆泥块，预备煮汤。

费奥多尔笑着给我看了那个德国背包，就是侦察兵趁乱从墙上顺走的那个。事实证明，这个战利品来得太及时了，因为里面装的好东西都是塞瓦斯托波尔的普通军人完全无法获得的食物。我批准马上吃掉，我估计里

---

[1]　此地的主人不详，可能是猎人用的。——中译者注

[2]　俄语作 они боятся осеннего тумана，比较晦涩。中译者不清楚树的形态如何展现出害怕与不害怕的区别，只能勉强猜测，无风时树枝不动相当于害怕，有风时树枝晃动相当于不怕。俄语顾问介绍，"秋雾"在俄罗斯文学里大多表示"沉重、阴郁、湿冷、对未知的恐惧"等意思。"他们"似指树，但实际指代也不清。作者下文见丘吉尔时也提到"雾天是很好的伪装"，令译者认为这里的"他们"可能指代德寇。这里直译。——中译者注

面应该是少校的口粮：几听油浸沙丁鱼罐头、几块巧克力、几包饼干、一根用锡纸包裹的烟熏腊肠和一瓶 1.5 升的白兰地。侦察兵们兴高采烈地摩拳擦掌，期待着大快朵颐。他们意识到对敌人的这个指挥部的突袭十分成功，在他们看来，我与这次胜利直接相关，士兵们都对我肃然起敬。

他们准备大餐，我则忙着摆弄自己的战利品。首先，我仔细检查了这支瓦尔特手枪，这还是我第一次得到这种武器。从罗马尼亚军官那边，我经常能遇到的手枪是笨重的奥地利施泰尔（Steyr）M1912，轻便的意大利贝雷塔 M1934，大威力的德国鲁格 P08，还有纳甘 M1895 气封式左轮手枪——比利时设计，但通常是苏联造——我不喜欢那种手枪，因为给转轮式弹巢一颗一颗上子弹太费时间。瓦尔特手枪肯定是二战期间德国军工最优良的产品之一，结构紧凑、使用和维护都很简便，适用于各种任务。该手枪的突出特点是保险非常可靠，除此之外，轻轻扣动扳机就能触发，触发机制既可单动，又可双动上膛。后来我发现，别兹罗德内大尉对瓦尔特手枪的评价也很高。

我们从纳粹军官的文件中发现了一些东西，比如他的姓名、出生日期和参战地点。他引以为傲的军事生涯中，他曾途经捷克斯洛伐克、法国、波兰。一张照片上，有个漂亮的金发女人搂着两个十几岁的男孩，微笑着直视镜头。照片背面用黑色墨水工整地写着德语：Mein Hertz! Mit Liebe, Anna（我的心，我的爱，安娜）……还有一封安娜写来的长信。我看不懂，只看到少校还给妻子写了一封回信，只是没来得及发出去。我想："不错，亲爱的克莱门特·卡尔·路德维希·冯·施泰因格尔男爵（Klement Karl Ludwig von Steingel），这里可不是法国。苏联人不会不战而降，把大城市让给敌人。所以你带着大炮和坦克跑到这儿来没有意义……"然后，我把敌人的文件收进我的军用挎包。[1]

老人与费奥多尔用平坦的石头当了一张蛮不错的桌子，开了沙丁鱼罐头，切了香肠，把汤倒进找到的几个铝碗，把白兰地倒进士兵的杯子，按兄弟般的方式平分成7份。列昂尼德·布罗夫小心翼翼递给我一个杯子，士兵们都不说话，等着我发言。我说："小伙子们，都是好样的！祝咱们一直有这样的好运！"

白兰地让喉咙火辣辣，肚子里暖烘烘。别人的美食让味道更浓，行军路上，篝火上熬煮的浓汤对这一群刚刚经历过生死的人来说似乎再开胃不过。这次聚餐有着惊人的团结感，让我格外珍惜，难怪祖先们打败了敌人，会在战场上大快朵颐。一大杯葡萄酒或自酿啤酒在弟兄们中间传来传去，大家都用胜利的甜酒润湿了嘴唇。

我们说起谁是怎么开枪的，谁跑到了什么地方，在短短几分钟的战斗过程中看见了什么好玩的东西。瓦尔塔诺夫沉默了整整一个小时，突然开口说话了。老猎人郑重请求加入狙击排，学狙击，这样他就能像我们在他家附近的这片区域，在他亲人的坟墓旁边那样，消灭敌人。他说，从现在起，他的心总算可以安生了。因为感激，他还会教我们这些勇猛善战的年轻军人如何在克里米亚森林中生活和狩猎。

当我把一份报告和我们的战利品（德军参谋文件、军官尸体上找到的资料，还有他的勋章和少校肩章）交给别兹罗德内大尉时，我从他那里听到了大致相同的评价。大尉了解了我们获得的情报后，丝毫不掩饰他有多高兴。趁大尉心情好，我说起了护林员的事，还建议接受老人长期服役，尽管他早就超龄了。为了成功，我还给大尉送了份大礼：施泰因格尔男爵的

---

[1] 冯·施泰因格尔的身份考证参见约翰·沃尔特（John Walter）著作《狙击手百科全书》（*The Sniper Encyclopedia*），伦敦，2018 年。

配枪。大礼见效了，大尉把手枪放进书桌抽屉，答应与团长马图西耶维奇少校商量此事。

最后，红军志愿兵阿纳斯塔斯·阿尔塔舍索维奇·瓦尔塔诺夫（Anastas Artashesovich Vartanov）被接纳为我们排的一员。后来，第54团下令嘉奖我们突袭敌后展现出的勇气和机智。全体狙击手，包括我在内，都记上了狙杀7名纳粹的成绩。那些被我们打死的，穿灰绿色制服的士兵和士官，依旧躺在野战炊事车周围，谁又数得清呢？我估计，击毙、重伤（腹部）和轻伤的加起来至少有60人。

1941年12月初，塞瓦斯托波尔防区的天气阴沉恶劣，夜间还有轻微霜冻。城市的保卫者不顾天气，拼命修复第一次攻击中损坏的野战防御工事。炮位掩体修复了，还装上了电话，战壕与交通壕也挖深了。就连各级司令部也关注我们师在一线的布防工作，彼得罗夫少将、黑海舰队司令员菲利普·谢尔盖耶维奇·奥克佳布里斯基（Filipp Sergeyevich Oktyabrsky）海军中将、多名滨海集团军军事委员会委员和黑海舰队军事委员会委员等人经常来视察。

师长特罗菲姆·科洛米耶茨后来回忆说：

我们在茂密的灌木丛中走进一条交通壕，我领着首长们来到第一道防线的战壕。这条蜿蜒的路径，从高处几乎完全看不见。它位于伸展枝叶的灌木丛下方，只有少数地方才需要用圆木覆盖，用石头遮挡。战壕不远处有个岔路口，战壕壁龛里放着一部电话。有块标志牌，指示最近的急救站怎么走……这就是战壕的样子，有一人多深，走路不必弯腰。站岗的士兵报告说，在他的观察区域内，敌人很安静。从战壕分出一条路通往无人区，这条路用绑在木桩上的常绿杜松树枝精心伪装了起来。

我介绍说："那边是一道双壕沟，它们往前又延伸了五六米。敌人炮击时，这样的壕沟能减少伤亡。敌人会命中壕沟一线，但我们的人在这条线之前，而且那里也更方便观察。"

"……壕沟里有两名士兵，他们头上支着一个小雨棚，手榴弹和备用机枪弹盘摊开在木板上。墙上一个销钉，挂着一壶水……"[1]

在距离一线400~500米处，有些连队挖掘的掩体很宽敞，那里装了两三个球形炉，墙边还用木板加固了一些长凳，形成了一种俱乐部的氛围。晚上，不值班的士兵就聚在这里。共青团会议、党员会议、人员政治通气会和军官会议都在这里举行。

北部建起了一处澡堂和洗衣房，大大改善了前线生活。军需官发现了这座建筑，并在当地居民的帮助下进行了修缮，现在前线士兵可以定期洗澡了，卧具也可以更换了。于是，在塞瓦斯托波尔保卫战期间，战壕生涯的祸害——虱子，始终没有大规模滋生。

随着攻防战的暂时平息和战斗形态转换为阵地战，形势变化要求狙击手改变战术策略，他们在抗击德寇的过程中要发挥更大作用。我们现在面临的任务是：持续观察无人区，侦察，以及猎杀前线的敌人官兵。首先，必须充分研究我们第1营负责的前沿防线，防线前面的空间（包括无人区），以及德军第132步兵师建立的各处阵地。

我们当时位于卡梅什利峡谷北坡，278.4高地西侧约1.5千米处。这条

---

[1] 《在黑海要塞边》，莫斯科1967年版，219-220页。

长长的缓坡表面很奇特，布满小洼地、小丘和石灰岩。森林覆盖情况参差不齐，既有宽阔的林间空地，也有密不透风的灌木丛，还有一堆堆被炮火炸倒的树木。这里生长着克里米亚地区的主要树种：无梗花栎、光叶榆、枫树、森林苹果、白皮金合欢、黑接骨木（相当高大，能长到 6 米），还有野生杜松（既是乔木又是灌木）。这些知识全都来自瓦尔塔诺夫，他陪同我和狙击手观察员费奥多尔穿越了无人区及附近的一些敌占区。我们在寻找各种合适的狙击手隐蔽点：开放的、封闭的、主要隐蔽点、预备隐蔽点、诱饵隐蔽点，有利于快速出击和迅速撤退的隐蔽点。

苏联工兵和普通步兵在半岛的石质土壤中开凿了深深的网状交通壕，可以从这里直接观察无人区，即使在白天，它们也能帮助我们神不知鬼不觉地进入无人区，虽然特等射手最佳的作战时间是午夜过后一个半小时。我们随身带着小型工兵铲，有时还有镐头、斧头和大号刀具。为了布置封闭式隐蔽点，我们用了折叠式金属框架、装甲护盾 [1] 以及就地取材制成的假树桩，特别是覆盖树皮的车胎碎片。在假隐蔽点，还可以放置一个假人——戴头盔穿大衣的人体模型，还有一面镜子，插在开叉的木桩上。

有些地方，我个人相当喜欢。比如杜松丛中的一条深沟，泥土上洒满了一层层蓝绿色的松针，不光又暖和又软，还散发着怡人的香味，而这气味正是各种森林寄生虫无法忍受的。于是，狙击手没有了蚊子、蚂蚁、吃树皮的甲虫、黄蜂、苍蝇等等冤家来干扰，可以连续几个小时集中精神，

---

[1] 俄语原为 броневые щитки，英语原为 armoured shield。规范术语的俄语应为 Стальной нагрудник，转写为 Stalnoi Nagrudnik，缩写 SN，英语应为 steel bib 或 steel breastplate。这是苏联在二战期间开发的钢制胸甲型防弹衣，也能作为狙击手在隐蔽点的护具，能够防枪弹和炮弹破片。评价褒贬不一，但无疑可以提高狙击手的存活率。波兰、德国、日本也曾开发这样的护具。本书曾多次提到这种盾牌，具体型号有可能是 SNSCH39 盾牌或者 SN40 盾牌。——中译者注

一动不动。

一块灰白色的板状石灰岩后面藏着隐蔽点，左边横着一棵无梗花栎，粗大的树干被风吹倒，天长日久已经腐烂了一半，给了隐蔽点最佳的掩护。常春藤以一种奇怪的方式缠绕在老栎树的粗树枝上，树枝朝四面八方伸展，步枪的漆黑枪管插在参差不齐的树枝中间，没有经验的人一眼看去只会认为那肯定也是树枝。树枝间可以很方便地架起步枪，如果森林地面潮湿，狙击手也能躺在树上休息。

我开始喜欢一种带刺的花环玫瑰，一种神奇而美妙的植物。低矮的灌木丛很漂亮，总是成群生长，好似给榆树、枫树和洋槐的树根围了一道蕾丝帷幕，让所有容易分辨的轮廓都消失了。射击产生的烟雾也很快在这些植物中间消散。

那支刻有我名字的SVT-40并不适合丛林战。在彻底清洗整支枪，用苏打水灌洗枪管，涂上枪油之后，我把这份彼得罗夫少将的礼物用麻布包好，装进枪套，挂在掩体的墙上。"斯维塔"可以歇一歇，暂时当我的礼宾枪了。这时候我的实战武器就成了永远可靠的"三线"，枪声更小，精度更高，而且PE瞄准镜有4倍的放大倍率。

我肩上扛着莫辛，腰带上挂着子弹袋，一把TT-33手枪，一把金属刀鞘的芬兰刀，一个水壶，一个装在套子里的小型工兵铲和两颗手榴弹。我和费奥多尔在午夜之后出发，到达无人区一处我们设置好的散兵坑[1]（我们这么称呼固定的狙击手阵地或隐蔽点）。我们凭着先前在树干上留下的切口或特殊标记寻找道路，即便如此，我们还是必须牢牢记住地形，就好像上学的时候必须背熟普希金的诗篇一样。

---

[1] 俄文 лисьих нор，英文 fox hole，字面意义均为"狐狸洞"，非军人可能不好理解，因此需要作者专门解释。中文翻译成规范军语"散兵坑"，明确化处理。——中译者注

我们通常会在隐蔽点待上几个小时，用双筒望远镜观察德军阵地。前线的所有变化——单个士兵或军官的出现，建设或加固新的机枪火力点，机械设备的转移，换岗，野战炊事车到来的时间，勤务兵进入参谋部掩体，不同地区之间铺设电话线，工兵布设新的雷区等等所有的事情——我们都会写下来，标在地图上，报告给营长德罗明。

值得一提的是，1941 年 12 月初，德军在前线表现得相当漫不经心。他们完全直着身子，在各自的阵地间走来走去，大概是觉得苏联人没有狙击手，子弹不可能逾越 150～200 米的无人区还打那么准吧？这个局面马上就被我们终结了。两天之内，我们消灭了 12 名敌人：10 名士兵和 2 名军官。德军的反击手段是迫击炮的猛烈轰击，纳粹每个步兵排都配了 50 毫米 LeGrW.36 迫击炮，就用它向我们炮击了一两个小时。[1] 我们赶紧转移到另一个位于林子深处的散兵坑，然后观察到重达 910 克的炮弹在树丛中我们先前的掩体旁边爆炸，闪烁着小股橙色火焰，向四周迸射出几十枚小小的弹片。当时，我把敌人这样的炮击称为"德国古典音乐会"。

有时候我会一个人进入敌后，这只有在一块很小的无人区才能这么做，那里的森林特别茂密，完全挡住了视线。老护林员给我指了一条几乎看不出来的小路，被一丛丛高高的野玫瑰与鹅耳枥遮得严严实实。我必须穿过这些灌木丛，一会儿匍匐前进，一会儿弯腰，一会儿用刀割断横在身前的枝条。这条小径通往一条土路，土路离德国前线最近只有大约 500 米。我发现德军第 132 步兵师的士兵非常喜欢走这条路，后来从敌人尸体上发现的文件表明，这条路连接了第 132 师两个团（第 436 团和第 438 团）的指挥部。

我把射击阵地选在一个小路转弯处，两侧都长满了野玫瑰。我在灌木

---

[1] LeGrW 为德语 leichter Granatenwerfer 缩写，"轻型迫击炮"之意。——中译者注

丛下面挖了一条浅沟，用石头堆成护墙，盖上了草皮。这里的土壤很容易碎裂，因此构筑工事很容易，也没花多少时间。而且我用了一种办法，早在狙击手学校学习的时候就会了：埋下半壶水，把一根橡胶管子的一端插在壶颈处，另一端对着耳朵。这样，脚步声、机械运动和土方工程的声音都能轻易探测到。为了识别这些声音（或者更确切地说，只有声音的痕迹），射手必须"全神贯注地倾听"，也就是忘掉周围的一切，最大限度集中注意力，这需要消耗很大精力。作为防护的森林，同样需要射手忘掉自己的存在，你必须融入其中，彻底沉默而静止，好像自己也成了一棵树。护林员可以用皮肤感觉到森林，和着它的韵律呼吸，充分理解它的一切征兆和现象。对从小在城里长大的人来说，要达到这种境界很困难，需要极大的意志力。

我通过管子听到了一辆摩托车发动机的声音，过了一会，那个骑手才出现在路上。我从夹袄内袋取出一枚尖端黄色的 D 型重弹，压入枪膛。一个身穿黑色皮夹克的士兵停留在一丛野蔷薇边上，欣赏着暗红色的蔷薇果，蔷薇果一般在深秋采下来晒干，泡茶喝。德国鬼子大概不知道吧，他看入了迷，把这些打了霜的果子放在掌心里，想要尝尝。

枪声震响在清冷的冬日早晨。不过，道路上空无一人，我不会有什么危险。我迅速从死人口袋里掏出证件，取下了他肩上挎着的军用挎包，里面鼓鼓囊囊都是文件。MP 40 冲锋枪和两个备用弹夹自然不能放过，骑手身上除了一包香烟和一个打火机外，身上没再找到任何其他东西。摩托车是轻型单缸 DKW RT125 型[1]，还立在道旁。敌人的车辆，必须不惜代价破坏。

---

[1] DKW 为一家德国公司，全称有多种说法，一般认为是 Dampf-Kraft-Wagen "蒸汽动力车"。后与另外三家公司合并为今天的奥迪公司。RT 则是 Reichstyp 缩写，"国家型号"之意。——中译者注

我只能开枪打坏发动机，没敢打油箱，是因为一旦着火会吸引敌人注意到这条小路，而我还没有安全撤退。

单人行动的狙击手，击中目标只算任务完成一半，另一半同样重要——平安返回部队。1941 年 8 月，我给姐姐写信说，打算把成绩提升到1000 名纳粹。[1]可是，干掉第 1000 个刽子手之前，你必须在准确命中每一个敌人以后存活 999 次，而每一个敌人都希望不惜一切代价干掉你。

我当然很希望遵守自己定的规矩：每天至少消灭一个敌人。然而很遗憾，现实不总能心想事成。首先，德国鬼子比以前小心多了，他们开始像我们一样，也藏到地下深处。其次，敌人加强了对无人区的监控。夜间常常发射照明弹，白天用机枪和迫击炮进行火力封锁。德军侦察兵也在这片区域活动，只要一发现隐蔽点就会将其摧毁或者布雷。[2]12 月 11 日，我们一对狙击手就被一棵倒下的橡树旁的反步兵地雷炸死。列昂尼德·布罗夫

---

[1] 这封信参见第 4 章前半。——中译者注

[2] 德军也和苏军一样采用了很多伪装法。此处补充一条以柳德米拉口气的叙述："我们的主要猎物就是敌人的侦察兵。敌侦察兵和敌狙击手用了很多花招迷惑我们，或是让我们暴露自己。（他们的一种办法是）给我们看一顶德国锡制头盔，露出一点儿，我们就会想"我要干掉那个德国鬼子！"接着，锡制头盔就会像玩具大象的脑袋一样摇晃起来，消失了。我们很快就识破了这个花招。我在狩猎的一个侦察兵试过这种花招以后，又把一只猫放了出来，要么是为了让我分心，要么是想骗我相信，只要在猫能够这么若无其事地大摇大摆走路的地方，附近就不会有人（这一招也失败了）。最后，他们还会在我眼前举起一个德军的人偶摇晃。人偶穿着全套军服，甚至用正常军姿拿着一支步枪。然后我就知道，我要找的人就在那里。我瞄准了敌人的所在地，但暂时没有开火。操纵人偶的人这时候觉得安全了，把野战望远镜举到头上。我朝着镜头的反光开了枪，那人就朝着苏联土地看了最后一眼。"引自 marxists.org 网站转引的《今日苏联》杂志 1942 年 10 月第 11 卷第 6 号英文文章《柳德米拉·帕夫利琴科少尉致美国人民》（Lieutenant Liudmila Pavlichenko to the American People）一文。但该文有不准确之处，如将柳德米拉说成乌克兰人等，录此备考。——中译者注

和我排的另一名士兵就这样牺牲了，两人都是从海军步兵加入第54团的。[1]

不过，1941年12月上半月，塞瓦斯托波尔前线的日子，还是相对平静地过去了。遇到好天气，德国空军和我们的空军都会发动空袭。黑海舰队的舰艇：巡洋舰"红色克里米亚号"（*Krasnya Krim*）、"红色高加索号"、驱逐领舰"哈尔科夫号"、驱逐舰"热列兹尼亚科夫号"（*Zhelyeznyakov*）、"才能号"（*Sposobny*）、"贫农号"（*Nezamozhnik*，又译"涅萨兹尼克号"），定期用射程很大的舰炮打击敌人后方。军舰发射的180毫米和102毫米炮弹呼啸着飞过头顶，我们就非常快意。有时，苏军派出多达一两个连的部队在前线某些区域进行战斗侦察，德军也会这么做。例如，12月8日，在我们营阵地以西很远，在前不久被炸毁的卡梅什利铁路桥的后面又传来了猛烈的炮声。这是我海军步兵第8旅的行动，他们在强大的炮火支援下，将敌人从阵地上赶了出去。但是第二天，德国鬼子的攻击机和坦克赶到，第8旅又撤退了。

---

[1] 布罗夫加入柳德米拉部下的经过，参见第7章后半。原文未说出另一位阵亡士兵的名字。——中译者注

第二次突击

我们计划在 1941 年 12 月 6 日举办一场仪式。卡梅什利村旁边是卡梅什利峡谷,第 54 团团部就驻扎在此。在团部,师长科洛米耶茨少将准备向在敖德萨保卫战期间表现出色的我团 10 位同志授勋。那天,我从森林里执行完狙击任务回来时已经很晚了,准备立即去睡。但是德罗明中尉命令我代表第 2 连去团部参加仪式,除了我,出席的还有其他分队代表,一共大约 40 人。

科洛米耶茨少将第一个发言,他说我们的祖国总是会铭记红军将士的功绩,并鼓励他们在塞瓦斯托波尔的城墙边也像在敖德萨那样英勇战斗。下一个发言的是团长马图西耶维奇少校,他向将军保证,"拉津"团一定会当得起这份荣誉。第三个发言的自然是团军事委员(相当于团政委),营政委级[1]的马尔采夫,他说到了党员和团员在战斗中勇当表率的榜样作用,展

---

[1] 此处的营政委级(少校)是马尔采夫的政工人员军衔,并不是职务,不能混淆。原文中并没有明确马尔采夫的军衔到底是一级营政委级(中校)还是营政委级(少校)。——中译者注

示了勇气和毅力。然后开始授勋，我看到英勇的机枪手尼娜·奥尼洛娃中士获颁红旗勋章。轮到我上台，我也发表了致辞祝贺她，发言虽然简短，但内容也算应景。

这一天，天气晴朗，阳光明媚，有轻微的霜冻。冬天的白昼很快要结束了，回到第2连阵地，我坐在一棵倒下的树上，点着了烟斗。[1]这是我们突袭梅肯济亚村之后，瓦尔塔诺夫老人送给我的。德寇毁了他的家，这是他剩下的唯一值钱的东西。这支古老的土耳其烟斗是用梨树根削成的，带有琥珀烟嘴，模样很不寻常。这也是一份奖品，只是来自普通人。我很快就学会了怎么用：装烟草，不紧不慢地吸烟，让干燥的烟丝在光滑锃亮的深棕色木头烟锅里闷烧。烟锅放在手心，暖暖的很舒服，烟嘴似乎缓和了烟的呛人，延长了抽烟者的愉悦感，让人不自主地回想过去。

那天，指挥员同志们正在追忆敖德萨之战，我的思绪也飘到了最近发生的那些事情。我们都在充满艰险的战争大学里上过了第一课，从中受益良多。我们成熟了，更聪明了，性格变得更坚毅了，学会了坦然正视死神的眼睛，巧妙地欺骗死神。没有这样的习惯，就谈不上做一名真正的军人。

尼娜和我能否比较一下歼敌数量呢？第25步兵师的参谋部统计，尼娜把500名法西斯分子送往另一个世界。到1941年12月中旬，我的猎杀成绩只是200人多一点。然而最重要的是，这些被杀死的法西斯分子不再能战斗，不再能践踏我们的土地，杀害我们的同胞。也许他们突然的死，会让其他侵略者醒悟过来，不再指望轻而易举地征服这片土地和人民……

"姑娘拿烟斗，我还是第一次见！"身后响起一个悦耳的男中音。

我回过头，一名少尉正向我坐的树干走来。这个人，我以前在哪儿见

---

[1] 帕夫利琴科的烟斗、烟叶袋、两个银质烟盒，现藏于俄罗斯联邦武装力量中央博物馆，档案编号2/3776。

过，他不在第 54 团，很可能在第 287 团或者第 31 团，这两个团也在我们师，都在敖德萨战斗过。他身材高大挺拔，肩膀宽阔，蓝眼睛，深棕色头发，约莫 35 岁。他在我身边坐下，从大衣口袋掏出烟盒打开，里面装着卡兹别克牌香烟，那是军官的配给品。他把烟递给我，我犹豫了一下，接过来一根。他也拿了一根，用打火机点着，我们就抽了起来。

军官问："您用的什么烟丝？"

"马合烟。"[1]

"这烟草有点冲（chòng）吧？"

"挺冲的。习惯了。"

"有意思。"他接着说，"好看的姑娘一般不抽烟斗。"

"就是说，我又难看又不一般了？"

"整个第 54 团都知道您不一般，柳德米拉·米哈伊洛芙娜。"他看着我，充满敬意地说道，"不过，姑娘的长相问题相当复杂。我们的偏好，取决于时代、时尚和风俗。比如说，我就觉得您长得挺好看……"

我们的第一次谈话，他表现得很有分寸，讲礼貌，又很敏锐。他马上做了自我介绍：阿列克谢·阿尔卡季耶维奇·基岑科（Alexei Arkadyevich Kitzenko），来自顿涅茨克市（Donyetsk）[2]，1941 年 6 月应征入伍，在第 287团作战，接受过中等技术教育（电工），当过中士、上士，11 月 30 日从滨海集团军参谋部中层军官速成班毕业，成为一名军官。他想要认识我的原

---

[1] 俄文 Махоркой，转写 Makhorka，又译莫合烟、黄花烟，是贫民吸的一种劣质烟草。——中译者注

[2] 乌克兰东部大城市，矿业中心。19 世纪到 20 世纪初期，乌克兰本地人称之为尤济夫卡（Yuzivka），1924 年改名斯大林诺（Stalino），1961 年 11 月更名为顿涅茨克，不知作者为何没有采用二战时期的名字。译者猜测是因为本书写于 60 年代末 70 年代初，采用当代名字是为了便于理解。——中译者注

因很简单，基岑科被任命为我们第 2 连连长，正在到处巡视各战斗分队，了解情况、熟悉人员，研究他负责防御的各处工事。

阿列克谢·阿尔卡季耶维奇说话条理清晰，没有语病[1]，甚至相当诙谐。说到最后，他讲了一个军官速成班期末考试的故事，很好玩。他的朋友在组装 TT–33 手枪时，由于太紧张，弄丢了一个零件。最后手枪装好了，可是再也拆不开了，也不能击发。委员会花了很长时间进行磋商，最后判定他考试通过了：他显然熟悉自己的武器，没理由不让他通过。而余下的事情，委员会就管不着了。

总之，阿列克谢给我的印象很好，但愿这好印象，在接下来我们一起共事的过程中不会消失。我还可以说一句，像他这样的男人——身材魁梧、高大匀称、金发蓝眼——通常对我很有吸引力。我私下里管这类人叫"维京人"，遥远的北方海域的勇敢战士。

我们怎么会知道，在这个宁静的夜晚，侵略者正在完成对第二次进攻塞瓦斯托波尔的准备工作，最后一批 645 门野战炮和 252 门反坦克炮正在就位呢？此外，敌人已经在无人区后方部署了 378 门大小口径的迫击炮，德军现在每千米有 27 门炮，而我方只有 9 门。200 多架轰炸机和战斗机即将攻击苏军阵地，而我们只有 90 架飞机。

在覆盖着茂密森林的梅肯齐山山头以外，3 个德军步兵师——第 22 师、第 24 师和第 132 师正在排成战斗队形，准备突袭苏军第 3 和第 4 防区交界处，即梅肯济亚村—阿齐兹—奥巴高地（Aziz–Oba）之间的狭窄地带，以便突破至黑海舰队主要基地中最大海湾的北侧。德军如能抵达海岸，则要塞的陆上一侧将被完全包围，我们无法抵抗。目前，海路是仅存的补给通

---

[1] 俄语语法相对比较复杂，文化水平不高的人经常出现语法错误。——中译者注

道，海岸一旦被占领，这条通道也将被切断，增援部队、军需、武器和给养都无法再送进来。

1941年12月17日清晨6点10分，德军开始用野战炮和迫击炮猛烈炮击守军阵地。大地震动，各种炮弹的轰鸣、嚎叫和呼啸声震耳欲聋，似乎根本无法忍受。我们躲在深深的掩体中，等着这样的喧闹结束。敌人的弹药总是有限的，哪怕像德国人这样精于算计，也不可能无穷无尽。炮击持续了大约20分钟，然后敌人步兵在整条战线上向前推进。双引擎的容克轰炸机和亨克尔轰炸机出现在天空，不仅轰炸了城市，也轰炸了苏军阵地。

战后，我写道：

敌人现在企图打击另一处防区，从杜万科伊地区穿过别利别克河谷及卡梅什利村，一直到北湾（Northern Bay）东北端。侵略者想要分割苏军防线，包围我第4防区各部，逼近塞瓦斯托波尔。纳粹将第11集团军主力部队调到梅肯齐山以北的阿齐兹—奥巴高地。此外，为了确保成功，德军还在这里集结了预备队，打算在12月21日之前的4天内完成此次行动。

德军冲锋枪手利用这里的自然条件，设法在某些地区渗透到我军防线后方，企图包围我军。纳粹的伎俩没有得逞，我军主要由党员和共青团员组成的歼击小队分割了敌人，压缩其行动范围，最后这些德军冲锋枪手被包围并被全歼。

第二次进攻第一天，德军的行动并不成功。我军空军和高射炮击落了9架德军飞机，德军坦克与士兵都损失惨重。我军步兵和海军步兵分队加强了抵抗，双方展开了激烈的拉锯战。

我滨海集团军各部中，波格丹诺夫（Bogdanov）中校指挥的炮兵团在战斗中表现尤为突出，先前他们曾为敖德萨英勇奋战。波格丹诺夫团的炮手总是在最靠近前线的地方就位，有时还必须反复击退敌步兵的进攻。在敌人大规模进攻的关键时刻，波格丹诺夫还亲自来到无人区担任本团校射员。无畏和勇敢是炮手的信条。

战斗不仅发生在陆地上，也发生在海上。在这些日子里，巡洋舰"红色克里米亚号"全体官兵在舰长祖布科夫（Zubkov）海军中校指挥下奋勇作战。船员们——炮手、机械师、电工、鱼雷手——奋不顾身地击退了纳粹轰炸机的多次空袭。这座浮动堡垒掩护了进入塞瓦斯托波尔湾的苏联舰船，不停地向敌人步兵和车辆开火。船上的炮手不知道什么叫"累"，不仅消灭了敌人，而且用突然袭击震慑了敌人。

有一次，在激烈的战斗中，一枚敌军炮弹在米哈伊连科（Mikhailenko）海军准尉指挥的舰炮旁边爆炸，指挥员和部分炮组成员受伤，但射击并没有停止，一名水手换下了准尉。虽然有了伤亡，但舰上的炮兵依然一刻不停地作战。

塞瓦斯托波尔保卫战中的许多英雄在这座城市都很有名，其中一个广为人知的名字是扫雷艇艇长德米特里·安德烈耶维奇·格卢霍夫（Dmitry Andreyevich Glukhov）海军大尉（牺牲时是海军少校）。他的扫雷艇第一个出动，去清扫音响水雷，这东西非常难对付。之所以叫音响水雷，是因为它们遇到很轻微的声音震荡就能爆炸……格卢霍夫的扫雷艇以大无畏精神执行了这项任务，勇敢的艇员们只花几个小时，就为进入海湾的船队完全扫清了各条水道。

我还记得这支队伍另一项壮举，一支满载物资的苏军运输船队开往塞瓦斯托波尔，负责护航的是格卢霍夫指挥的一队小型舰艇。纳粹侦察机发现了船队，引导轰炸机进行轰炸。炸弹呼啸而下，掀起巨大的水柱，敌人多次试图攻击船队，都被我护航舰艇上的炮火赶走了。运输船平安到达了目的地。[1]

先前苏军在莫斯科城下取得的胜利，鼓舞了光荣的塞瓦斯托波尔保卫者。

为了淡化我军胜利的意义，并以某种方式恢复其'不可战胜'的神话，德军最高统帅部为进攻塞瓦斯托波尔的德军设定了目标：不惜一切代价拿下这座城市。

12月21日是德军定好的入城日子，他们想在苏德战争爆发半周年之际占领这座城市。敌人在推进，塞瓦斯托波尔面临空前的困难，这座城市的保卫战命运就要决定了。12月20日，一份电文发往红军最高统帅部大本营，报告了这座要塞所面临的严峻形势。4个小时后，回电来了：黑海舰队司令员已奉命派遣部分海军步兵、一些增援部队和炮弹前往塞瓦斯托波尔。[2]

12月17日，敌人进攻的第一天上午，第25"恰巴耶夫"师各处阵地中，步兵第287团的官兵处境尤其困难。他们的阵地位于耶拉－巴什山（Yaila-Bash）以及卡梅什利峡谷最南端，敌人投入了数个步兵营和10辆坦克发动

---

[1] 关于为什么这次苏联空军没有护航，军事顾问解释，战斗机留空时间较短，主要执行两种任务：一是在地面情报引导下拦截特定来袭飞机，二是在较小空域内巡逻。运输舰队航行时间一般在24小时以上，除非重要物资，否则一般不会持续让战斗机护航，只有护航舰队才能持续保护。本书第6章末尾，敖德萨撤退期间，苏军护航飞机出动的情况，或者是预见到某个时间段敌机出现概率很大而预先巡逻，或者是机场距离不远，因此得到情报后起飞拦截。护航舰队主要作用是干扰敌方投弹而非击落敌机。——中译者注

[2] 节选自1958年帕夫利琴科所著《英雄的故事：塞瓦斯托波尔保卫战》，苏联国家政治书籍出版社委托撰写，23–25页。

进攻，很快第287团第2营第5连的战壕里就爆发了白刃战。这一战让中尉政治指导员戈卢布尼奇（Golubnichy）出了名，他用刺刀消灭了6个敌人，挂了彩也不下火线，继续战斗。

不过，到了中午，第287团被迫撤退到卡梅什利村。下午5点，他们已经退到村子以东800米处，第9连被完全包围，拼死击退数次纳粹冲锋枪手的进攻。当天夜里，第287团撤得更远，退到卡梅什利峡谷东北坡。

配属我师的海军步兵第2团——"彼列科普"团也经受了沉重打击。他们用刺刀阻止了德国鬼子的进攻，但也逐渐被迫撤退，只能设法在264.1高地西坡站稳脚跟。第69团的炮兵掩护他们撤退，用76毫米炮直射[1]，摧毁了10辆德军坦克。

这些激战发生在第54团左翼阵地约1千米处。"拉津"团也同纳粹交火，但遭遇了空前的压力。确实，德军步兵各分队多次突入无人区，无人区的乔木和灌木先前都被清除了。但他们遭遇我军密集的机枪和步枪火力，我军迫击炮也配合步兵打击德国人，让敌人死的死，逃的逃。

整整两天，梅肯齐山上的炮声没有停过。纳粹没能突破我方战线，也没能取得对守军的决定性优势。苏军发起反击，把德军刚刚占领的前沿阵地夺了回来。

12月19日上午，第1营阵地一片寂静。忽然间，敌人开始用加农炮和大口径迫击炮猛烈射击，这种情况司空见惯，我们躲在三层梁木防护下的掩体中，毫发无伤。接着，前沿观察哨报告德军车辆逼近。随着履带式车辆行进时叮当作响的声音，一辆短身管的Ⅲ号突击炮在一辆Sd.Kfz.250/1装

---

[1] 军事顾问解说，直射即直瞄射击（direct fire），意为从瞄准镜直接看到目标的射击，弹道平直。与此相对的是间接瞄准射击（indirect fire），如榴弹炮，弹道是曲线，炮手无法直接看到目标，只能通过第三方（如观察站）发现目标，计算弹道，瞄准射击。——中译者注

甲运兵车的伴随下，慢慢爬进了空旷地带。[1] 装甲运兵车用安在驾驶室顶部装甲板后面的机枪持续开火，紧跟在两辆车后的是大约两个营的步枪手和冲锋枪手。我军反坦克炮瞄准了那门突击炮，那辆履带式装甲运兵车就由步兵负责料理。

按照营长德罗明计划，一旦德军向第 1 营阵地推进，狙击排就应当在机枪手旁边，按照军官指挥，共同击退敌人。我本人则获准占据一处先前预备好的隐蔽坑道，在敌进攻部队侧翼开火，消灭敌人机枪火力点及迫击炮组成员。

此刻，移动的机枪火力点（那辆装甲车）正以每小时 25 千米的速度向我驶来。这台 Sd.Kfz.250/1 浅褐色装甲车，车身低矮，尺寸并不很大，重量接近 6 吨，涂有棕色和绿色斑点。它正在向左侧转弯，不断向我第 1 营战壕之前的区域倾泻子弹。车体一侧有明显的黑白相间十字标记，还有车号 323，意思是第 3 连第 2 排 3 号装甲运兵车。距离越来越近，装甲车开到一个熟悉的地标：一棵在树干下方折断的小榆树，横着的树干很长。我通过"三线"的 PE 瞄准镜目镜观察。

有个弹道学问题，必须在一分钟内解决。

首先，装甲运兵车的侧面很高，因此 MG 34 机枪手的头部位置离地超过 2 米。我的战壕则结结实实地深入地下，有 20 厘米高的护墙，步枪就放在上面。瞄准线和武器所在水平线有 35 度夹角，叫作目标夹角，在这种情况下属于仰角射击。所以瞄准镜必须采用较低的刻度。

其次，装甲运兵车在移动，这就需要采用提前量射击，也就是枪管必须追随目标以相应速度移动，并保持在目标之前。计算 200 米距离上的提

---

[1] Sd.Kfz. 全称 Sonderkraftfahrzeug，为德语"特种机动车辆"之意。——中译者注

前量很容易，"三线"子弹击中目标耗时只需 0.25 秒，这点时间内德军装甲运兵车会行驶 4 米。我用密位的概念，把瞄准镜金属管上的手轮转了几个单位，然后食指轻轻扣动扳机。枪托像往常一样一顶我的肩膀，枪口瞬间出现一道闪光。

装甲运兵车顶上的机枪马上哑掉了，德军士兵都掉进了运兵车车厢里，头盔没能保住他们的命，苏军子弹从下方射来，穿过了他们的眼窝。指挥装甲运兵车乘员的那名低级军官做了一个白痴动作，他惊讶地从驾驶室里探出身子，想看看机枪为什么哑火了。毕竟，敌人只是从正面开火，而车身正面有 1.5 厘米厚的装甲板保护。他根本没时间考虑可能有狙击手——我的子弹穿过了他的太阳穴。

然而，从德军侦察营指挥部观察这次进攻的人们自然想到了。刚好一分钟后，德军 Gr.W.34 型 80 毫米迫击炮的炮弹就击中了我所在的小树林。我旁边就有一个更深的备用隐蔽点，配备也很齐全，我朝左滚动了 3 次，几乎已经到了隐蔽点。但有什么东西忽然撕裂了空气，那不是迫击炮弹，而是口径更大的火炮炮弹。泥土、树枝、树木碎片和落叶一齐被掀到空中，我的一侧肩膀好像被巨兽燃烧的爪子压住，剧痛穿过右肩胛骨，紧接着黑暗降临。

我是被冻醒的。右肩、后背的大衣和迷彩服已经撕成了破布。我的头盔躺在一边，带子被扯断了，步枪的木质枪托断裂，枪管弯了，望远镜和瞄准镜都不知道飞哪里去了。最糟糕的是，一棵金合欢树的树干被炮弹炸断，正好把我压在底下，我根本爬不起来。疼痛集中在我的脊椎和右肩胛骨之间，但我够不着伤口，没法自己包扎。我能感觉到自己在失血，汗衫和军上衣后背都被血浸透了。

太阳要落山了，森林里安静得很，远处的炮声四处回荡，可是这里的战斗应该已经结束了。怎么结束的？我团的战友们呢？德寇推进了多少？战友们会来找我吗？疼痛、大量失血和严寒让我的脑子一片模糊。词语融化成了音节，没了意义，消失了……取而代之的是幻觉，起初是模糊暗淡的，接着新的幻觉有了轮廓、人影和脸。我在准备迎接死亡，想着我应该见到这几个月中牺牲的战友吧？然而，是我的妈妈伊莲娜·特罗菲莫芙娜——家里人都管她叫"莲努夏"（Lenusya），她是我的良师益友——在遥远的乌德穆尔特向我打招呼，爸爸严厉的脸也出现了。"咱们别洛夫家的人，没有一个会退缩！"他这句话并不是响起来，而是烙印在我脑海中。还有儿子罗斯季斯拉夫，我亲爱的"小海象"（Morzhik），半年不见，他长大了不少，现在已经是个棱角分明的少年。他向我伸出一只手："妈妈！"那只手真暖，我感受到那只手的触摸，挣扎着睁开眼。

被炮火摧残得光秃秃的树枝，在灰蒙蒙的冬日天空中显得黑黝黝的。夕阳的最后一缕余晖穿过凄凉缠绕的树枝，落在一个"维京人"闪亮的盔甲上，明亮的斑点在他的头盔上闪闪发光。其实这只是意识模糊的最后表现，然后就清醒了。少尉阿列克谢·基岑科身穿大衣，头盔略微偏向脑后，肩上挎着冲锋枪，俯身下来说着什么，我听懂了："露西娅，别死啊！露西娅，我求你了！挺住！……"

第2连连长怎么在这片森林里找到我的，我实在无法想象。他身后跟着几个兵，破拆了金合欢树的残骸。阿列克谢双臂兜住我，把我抱出灌木丛，抱进了战壕。战壕里，我们的卫生员叶莲娜·帕利赶忙剪开我的大衣和军上衣，紧紧包扎了伤口止血。阿列克谢跟团长要了他的座车，过了20分钟，他们把我从卡梅什利峡谷的斜坡送到了因克尔曼（Inkerman，塞瓦斯托波尔以东5千米的城市），师属第47医疗营就设在地道里，还有第316、第76和第356野战医院。

在德军发动第二次进攻的 3 天里，住院治疗的滨海集团军官兵有将近
3000 人。不过，这座地下医疗中心规模巨大，当初设计就是为了容纳这么
多人。这里有两个设备精良的手术室，还有包扎室、隔离室、各种治疗室
（理疗、口腔科等等），还有病房。

伤员在分诊台被迅速分流，我进了手术室，4 张手术台同时在给胸腹
部伤员动手术。我很幸运，我们师医疗营的外科医生弗拉基米尔·费奥多
罗维奇·皮舍尔－加耶克（Vladimir Fyodorovich Pishel–Gayek）是一位出
色的外科医生，也是个了不起的人。他从我的背部取出弹片，给伤口缝了
3 针。由于失血过多，我的总体状况很糟糕，他决定送我去大后方。"契诃
夫号"运输船定于 12 月 19 日晚间从南湾（Southern Bay）的卡缅纳亚码头
（Kamennaya）出发，船上载有 400 多名做完手术的负伤官兵。

我要是真的坐船走了，我和阿列克谢·基岑科就再也不能相见了。那
样，我的军事生涯很可能有所不同。不过，第 2 连连长等到手术完成，把
我送进病房，才与大夫谈了话。连长恳求大夫不要把帕夫利琴科上士从塞
瓦斯托波尔撤走，并承诺不止第 2 连，而是整个第 54 团的官兵都会为我献
血，而且不只为我一个人献血。少尉首先提议，大夫可以采他本人的血。

这个有关全连、全团士兵的提议，听起来实在不可思议。纳粹还在进
攻的时候，没人愿意把士兵从前线撤到后方[1]。但阿列克谢明显有着说服他
人的天赋，竟然让大夫相信了。我不知道这场对话中阿列克谢到底说了什

---

[1] 经过军事顾问解释和讨论，中译者认为，"没人愿意把士兵从前线撤到后方"这句话的"后方"
指塞瓦斯托波尔本地后方，并非前文柳德米拉预计要去的"大后方"（离开塞瓦斯托波尔）。当
时伤员再回原部队可能性很小，除非部队建制完整，能撤到后方休整。"士兵"指第 2 连和第
54 团的士兵，献血也就意味着暂时不上前线。基岑科这么请求只是一种姿态，表达对柳德米
拉的强烈不舍。实际上他虽然是连长，但无权让部队撤下前线。现实中，他提到的部队也并没
有撤下来。——中译者注

么，也许是被爱驱使的言语，大夫也明白了这一点，改变了主意。我在医院住了两周半，期间少尉来看过我几次。

我们见面时间很短，但极为亲切。连长给我带了各种礼物：一块比利时巧克力，是从被打死的德国军官包里找到的战利品。一小瓶"红色莫斯科"香水（保卫战期间，有些商店依然开业），还有五六块镶有花边的细棉布手帕，来自了不起的塞瓦斯托波尔女性市民。连长详细讲了我们第54团的前线生活，讲得绘声绘色。

比如，12月20日，一大群德军冲锋枪手在坦克掩护下，在54团与海军步兵第3团和第2团（"彼列科普"团）结合部突破到苏军后方。但海军步兵第7旅及时赶到，配合其他各部将敌人全歼。德军并没有就此罢休，12月22日夜，德寇一个营再次突破"拉津"团与海军步兵第3团结合部，师长科洛米耶茨少将派出师预备队支援我们堵住了缺口。援兵是"彼列科普"团一个连的水兵，戴着水兵帽，冒着零度以下的严寒来了，而且还随身带着……褥子。[1] 但他们把褥子扔到战壕里，立刻投入战斗。德军猛烈开火，但水兵们还是继续前进，终于打败了敌人。

纳粹扔下大约300具尸体和武器：11挺中型机枪、7挺轻机枪、2门迫击炮和300支步枪。"拉津"团也参加了这次光荣的战斗，发起了多次白刃冲锋。滨海集团军司令员还派了3辆小型坦克支援他们，然而坦克被森林中倒下的树木困住，完全没有派上用场，只能在事后用别的车辆拖出来。

另一方面，12月22日，炮兵第265团的官兵在战斗中表现出色。在没有步兵掩护的情况下，他们在300～400米距离处用加农炮和榴弹炮对着大

---

[1] 俄文作 матрасы，也能理解为床垫。军事顾问介绍，当时苏联陆军配发的行李是军大衣和毯子。海军具体行李不详，但平时因为睡吊床，可能需要褥子或床垫，应当是用包袱卷的形式背来的。这一装备可能与陆军不同，因此柳德米拉专门写出。——中译者注

群德国兵直瞄射击，打退了敌人。[1]

12月24日，纳粹重新向第54团阵地发起进攻，形势空前严峻，但我军守住了阵地。与此同时，集团军参谋部下令收集双方在战场上的遗留武器。12月29日晚，德军两个营突袭梅肯济亚村东北处的我军阵地，我军在团属炮兵配合下再次击退敌人。

德军第11集团军指挥官冯·曼施泰因大将本来计划1942年在塞瓦斯托波尔过新年，结果没能如愿。遗憾的是，我没有为这座城市的保卫者贡献出我的一份力量，让几十个"欧洲文明"的捍卫者永远留在克里米亚的土地上。

基岑科对我讲了那么多趣事，我却没办法告诉他哪怕一件趣事。他知道我对装甲运兵车的准确射击，也知道德国炮兵之后的炮击，不然他不会专门到森林去里找我。一个重伤的狙击手见到的奇怪幻象对他不可能有什么价值。[2] 这些幻象，我永远不会对他说起，而且直到今天，幻象和现实的巧合依然让我感到惊讶。他的话语"露西娅，别死啊"仍在我耳边回响，让我热泪盈眶，尽管我并不是一个多愁善感的人。

一切好像发生得很自然。出院以后，阿列克谢领我回了第1营阵地，直奔他的连长掩体。掩体里已经装饰好了：用刚刚刨平的木板钉了一张桌子，铺了帆布做的桌布。桌上放了一枚45毫米炮弹壳，盛着一束冬天的花：杜松绿芽和枫树小枝，还有红黄相间的枫叶，真不知道这些东西怎么奇迹般地保存下来。这个地窖般的房间里亮着一盏昏暗的电池灯，两个灯泡好像两束火炬一样闪闪发光。竟然还有一顿晚宴：锡盘里是切成薄片的黑面

---

[1] 军事顾问介绍，炮兵的近战火力很弱，300～400米的交战距离，对炮兵已经极度危险，相当于步兵的拼刺刀了。——中译者注

[2] 这是柳德米拉的个人看法。——中译者注

包和香肠，一罐打开的炖肉，饭盒里装了炖土豆，还有一瓶伏特加。

"露西娅，今天这个日子很特别。"阿列克谢庄重说道，探身向前，从炮弹花瓶里摘了一片手掌形叶子递给我，"这份小纪念品，给你，我的唯一。我的这只手，这颗心，属于你了。"

我回答：我愿意。事情走得确实有点太快，我没必要隐瞒。不过，战争年月，谁也不会考虑太久。今天我们活着，明天——明天怎么样，谁也不知道。我只有一个请求，一开始让基岑科吃了一惊。我说，我第一任丈夫也叫阿列克谢，这个人我不想记住。我想给少尉换一个名字，叫他"廖尼亚"（Lyonya）。他笑了，拥抱了我，批准了："亲爱的，你想叫什么就叫什么吧！"

我们认认真真给上级打了报告，请求按规矩确立我们的正式关系。报告有营长德罗明和团长马图西耶维奇少校的签字，团部给报告盖了章，第25"恰巴耶夫"师师部也批准了。团里的战友们暗示了几次要办婚礼的事，不过不是那么认真，更像是闹着玩。塞瓦斯托波尔军民击退了德军的第二次进攻，但损失惨重：2.3万人阵亡、负伤或失踪。我团一些连队只剩下六七十名战士。例如，海军步兵第8旅的处境就很困难，他们一直在我们附近的第4防区作战，就在阿齐兹－奥巴高地和阿兰奇村（Aranchi）旁边。第二次进攻开始的时候，整个旅有3500人左右，到了12月31日，只余下500多人。与其说办婚宴，还不如说是办一场守灵仪式来得恰当。

我的丈夫阿列克谢·阿尔卡季耶维奇·基岑科比我大11岁。他的家庭生活同我一样，一直不算很幸福。他妈妈很霸道，逼着他早早结婚，娶了一个妈妈选定的女人。然后就闹离婚，弄得影响很坏，充满了各种让人不舒服的细节。然而到了36岁，他那善良温和的性格已经确立，再也没有什么能阻止少尉选择自己的路。作为军官，他在下属当中有无可置疑的权威。

作为丈夫，他总是尽可能照顾我，在前线可能的范围内保护我。与他在一起，我第一次感受到什么是爱，那是一种有求必应、全心全意的爱。在那段日子里，我幸福快乐极了。

毫无疑问，土墙和用三层原木搭建的低矮天花板的掩体实在不像个舒适小窝，但我们住在这里，尽了一个前线军官和他的妻子能做到的一切，要多幸福有多幸福。我就从这里出发，进林子，杀敌人，再回来。自始至终我都很清楚，无论白天还是黑夜，等着我的永远有圆炉子上的一壶热水，一杯甜茶，一件新内衣，一张铺着法兰绒毯子的架子床。第2连连长的勤务兵会从厨房把我们的午饭或晚饭送来。

蜜月极大地帮助了我的狙击生涯。枪打得极准，而且子弹只沿着计算好的弹道飞，就好像长了眼睛，会自己找到目标。在我看来，有时候这片有魔力的森林像是赞同我们结婚，在帮助我催着自信满满的德国鬼子，要么走进铺着白雪的空地（检查布雷情况），要么走到路上（连接断掉的军用电话线），要么爬到最高的树上（当炮兵观察员）。是爱，把我从一月寒风凛冽的树林中带了回来。伴随我穿越无人区的，常有敌人用迫击炮弹演奏的"德国古典音乐会"。我会向我方机枪手请求支援，直接朝他们喊话，或是将一把工兵铲举到灌木丛上方。机枪手会立刻与敌人交火，我就会活着撤出林子。

狙击排的士兵们对我个人的成功，采取了很正确的态度：努力以我为榜样，更快地掌握各种伪装技巧，提高使用武器的熟练程度。现在，费奥多尔·谢德赫负责对从新罗西斯克送来的新兵连士兵进行初期训练，先前他已经由于在敌人第二次进攻期间的勇气和杰出表现而晋升中士。他还得到了阿纳斯塔斯·瓦尔塔诺夫的协助，老猎人一直在研究狙击步枪，并创造性地运用自己的狩猎技巧对付入侵者。那些表现出精确射击天分的新人，有些会被我带入森林担任实训的观察员。说到底，要想熟练地掌握战斗技能，还是得与高手并肩作战才行。

至于士兵们怎么议论我，我都知道。第一，他们认为我被施了魔法，说我在敖德萨附近的村子里从罗马尼亚人手里救下一个女巫，女巫给我施了个咒，让我怎么也死不了。第二，他们坚持说，只要我进了林子，就没人能找到我。因为森林之王——树精一直跟着我，树精什么也不怕。它用像树一样的巨大身体保护我，用带着木结的大手把射向我的子弹和弹片全挡住了。第三个传说，说的是我的本事，依我看这些全都是老护林员编出来的：说我凭着树精敏锐的听觉了解方圆1千米发生的一切，晚上看东西好像白天一样清楚，在林间小路上行走时无声无息，还会躲到谁也去不了的地方。于是我在团里得了个古怪的外号——"山猫"。

10

对决

1942 年 1 月的头几天，前线相对平静。苏军与德军的炮战仍在继续，我方参战的火炮有配备了装甲炮塔的第 30 和第 35 海岸炮兵连的 305 毫米远程火炮；驻扎在我们第 3 防区的炮兵第 134 和第 265 团的 152 毫米榴弹炮及 122 毫米加农炮；还有巡洋舰和驱逐舰上的舰炮，这些舰只一直为塞瓦斯托波尔提供援军、弹药、给养和装备。天气好的时候，我军空军也很活跃，他们轰炸敌人后方，进行空中侦察，为海岸炮台提供校射，保卫主海军基地免遭纳粹空袭，甚至在德军和罗军战壕上空抛洒传单。

地面部队也会在多个地区进行火力侦察，以此研究敌人阵地位置、火力部署以及各支援中心和据点的情况。这些战斗持续时间不长，也不激烈，但能让我们了解德国鬼子在战线后方做什么，怎么做。

也有一些悲伤的故事。1942 年 [1] 1 月 8 日星期四，滨海集团军参谋长，

---

[1]　此处俄文及英文版均作 1941 年，应该是作者笔误。——中译者注

尼古拉·伊万诺维奇·克雷洛夫（Nikolai Ivanovich Krylov）少将乘车前往第3防区，视察各战斗分队的部署，陪同视察的是集团军司令员的副官科哈罗夫（Kokharov）上尉。他们先视察了第79旅参谋部，然后沿着土路向我们25师驶来。将军忽然停下车，想要从一座小山上眺望卡梅什利峡谷中一处风景优美的露头岩层[1]，那里从12月底开始一直是拉锯战的战场。过了一分钟，一枚迫击炮弹在他身后爆炸，紧接着侧面落下第二枚，第三枚炮弹在正面爆炸。科哈罗夫上尉当场阵亡，克雷洛夫少将被弹片击中3处，汽车赶紧把他送往医院，在那里接受了几次手术。幸运的是，少将活了下来，重返岗位。

卡梅什利峡谷底部有一道蜿蜒的溪流，有些地方长满芦苇，有些地方被苹果园遮住。峡谷现在属于无人区。峡谷的两个斜坡中北坡比较平缓，森林覆盖的南坡较为陡峭，中间形成一条深深的河谷。南坡山顶有处高地海拔超过300米。"恰巴耶夫"师占据了高地，我所在的第54团在梅肯济亚村以北2千米；我团以北1.5千米是海军步兵第2"彼列科普"团；它背后是步兵第287团，紧邻198.4高地。北坡驻有德军第50"勃兰登堡"（Brandenburg）步兵师各部，他们能用迫击炮和机枪密集打击峡谷底部、南坡和我方位于高地的各处阵地。我们自然实施了反击，因为德国鬼子对滨海集团军参谋长的无耻袭击，他们也收到了我们不少火热的"礼物"。

让将军如此迷恋的美丽山景，还包括一处壮观的景点：卡梅什利桥，连接着山谷两侧的高地。这座桥早在沙皇时期就建成了，当时从莫斯科到塞瓦斯托波尔修了一条铁路，既通货车，也通客车。塞瓦斯托波尔保卫战期间，苏军和德军都用不上这座桥，于是桥就被炸毁了。现在，灰色的混

---

[1]　原文 outcrop，指暴露在地表的岩床，没有被泥土、植物等覆盖。——中译者注

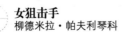
凝土桥墩上，是一堆杂乱的金属结构，扭曲、残破、碎裂。这座桥原先很长，但爆破之后中间部分垮塌了，两边只剩下各两三跨（两三个桥孔）。一座宏伟的工程化成废墟，见证了战争力量的无情和愚昧。

我时不时会用望远镜看一看。很明显，从军事角度看，炸毁的桥占据了一处有利位置。桥是这一带的制高点，从桥的一侧（我称为北侧）可以清楚看到 800 ~ 900 米处我军前线及后方阵地，从南侧能看到德军阵地。从山谷上方的铁桥残骸中，很有可能找到一处适合当狙击手隐蔽点。我考虑了一下，我对克里米亚森林的感情很深，让我没法很快做出决定。我现在已经习惯了森林环境，对于扭曲的金属堆，我必须专门研究，并考虑它的重要性。另外，这座桥位于第 79 旅的防区，该旅位于我团西北约 4000 米处。

这种情况下，不同的业内人士思考和评估各种情况的方式大致相同，就很有趣。

同一天[1]上午，费奥多尔和我正在排里忙着处理发下来的一批 SVT-40 步枪。去年 12 月底，上头给塞瓦斯托波尔运来 3000 支，我们排分到了 8 支，还有 8 只带有镜架（又称夹具）的 PU 瞄准镜。托卡列夫自动步枪结构很复杂，这已经不是秘密了，即使部分拆卸也需要很高的技巧、全面而细心的态度，我觉得还要外加一个小心。

我们安排了一门课，由我给士兵们讲解这种步枪的部件，费奥多尔在一边慢慢演示如何分解武器。不用说，我们从拆卸 10 发子弹的弹匣开始，下一步是拆卸机匣盖。费奥多尔松开卡扣，把步枪放在桌上，准星向上。然后，他用左手把机匣盖尽可能向前推，右手大拇指往下按住复进簧导杆，使导杆脱离机匣盖中的固定凹槽。他用双手将复进簧的两个部件压在一起，

---

[1] 前文最近的一个日期是 1 月 8 日，推测是这一天。——中译者注

然后让复进簧及簧杆在不接触机匣盖的情况下分离，抬起机匣盖前端，使其与机匣分离。桌子上拆下的部件有的大，有的小，有的很小，数目逐渐增长，同样增长的还有士兵们的不安。他们还不知道，完全分解 SVT-40 步枪需要至少 14 步操作，最后一步是从枪栓上拆下撞针。他们只是模糊感到，这活儿容易不了。

我一点也不想分心，但掩体里还是进来一个勤务兵，带来马图西耶维奇少校的口信：排长立即到团部报到。团部除了少校，还有一名军官，中等个子，体格健壮，约莫 38 岁，身穿黑色海军制服，袖子上有四道金色条纹。少校向军官介绍我：柳德米拉·米哈伊洛芙娜·帕夫利琴科上士，第 1 营第 2 连狙击排排长。他又向我介绍军官：阿列克谢·斯捷潘诺维奇·波塔波夫（Alexei Stepanovich Potapov）海军上校 [1]，海军步兵第 79 旅旅长。上校仔细打量着我：

"柳德米拉，他们说您是'恰巴耶夫'师的头号狙击手。我在师部光荣榜上看过您的照片。"

"上校同志，那是最近才刚放上去的。"

"我有个严重的情况需要告诉您。我们防区好像来了一个德军的王牌射手，在过去两天里，打死我们 5 个人，其中军官 2 人，包括 2 营营长。全都是头部中弹。"

"发现他的隐蔽点了吗？"

"我们推测他是从铁路桥残骸射击的。"

---

[1] 从前文描述波塔波夫的"袖子上有四道金色条纹"来看，这是红海军的海军中校袖章，因此他此时的军衔很可能还是海军中校而非上校，作者有可能记错了。这里保留原文。波塔波夫退役前的最终军衔是海军上校。此外，这位军官与上文提到的柳德米拉的射击教练同姓，请读者注意分辨。——中译者注

"铁路桥？！"我不禁喊了一声。

"这么说您知道这个地方？"波塔波夫上校惊讶地问道。

"上校同志，我不敢说知道，但是我一直在想这个地方。"

"您想的是什么？"上校示意我来到桌子跟前，桌上放着一张大比例尺地图，上面标明了当地地域和第 3 防区军力部署情况。上校用一支铅笔指向卡梅什利峡谷，在峡谷最窄的西北方向划出一条黑色的细线。

我说："这个位置非常有利，特别是如果您在残存下来的横梁上找到一个地方，藏在金属残骸中间，就有可能在 600～800 米距离上击中目标。这里也能清楚地看到德国鬼子的第 50 步兵师一线阵地，以及后方靠近前线的地域。从敌人角度，也能轻易看到我们旅的前沿阵地，所以他可以随意射击。"

"您可以让这些偷袭停止吗？"

"可以！"我坚定地说，"只要少校同意让我去！"

"没问题。"马图西耶维奇少校一直在听我们说话，这时候高兴地回答，"海军步兵希望我们做什么，我们就做什么。"

"另外，我还需要一名观察员。最好的人选就是费奥多尔·谢德赫中士，他平时就是我的搭档，很有经验。"

"明白，同意。"马图西耶维奇少校点头，"团部今天会下令，让帕夫利琴科上士与费奥多尔·谢德赫中士听从 79 旅旅长指挥。"

吃晚饭的时候，我和丈夫一如既往讨论了最近部队里的新闻。阿列克谢·基岑科认为，德国狙击手出现是形势正常发展的结果。第 3 防区的连营级军官最近开了个会，基岑科也参加了，讨论了德军采用的新战术。第一次进攻时，敌人指望一口气击溃城防部队。1941 年 11 月，敌人被击退了，但始终没有放弃速胜的希望，而且一直在增强各突击单位的力量，准备第二次围城战。12 月第二次进攻的失败显然给侵略者的热情泼了盆冷水，迫使他们更加认真地评估局势。半岛上的德军指挥官冯·曼施泰因向元首汇报说："我们发现塞瓦斯托波尔是一流的防御要塞。"

想对抗要塞，敌人必须用适当的方式包围它。狙击手行动的最好条件是阵地战，而在1942年1月，德国狙击手开始大量出动了。在前线其他地区，苏军已经遭遇到他们的攻击，并且成功消灭了一部分德军狙击手。从德军士兵身上搜到的证件证明，德军最高统帅部已经把驻波兰和法国的一些师的狙击手调到克里米亚，还有一些新手在德军第11集团军后方完成了短训。

我们懒得猜测我的对手究竟是谁。我丈夫恳求我，一定要千万小心，千万警惕。我的观察员人选——费奥多尔，丈夫也同意了。丈夫认为，在这场对决中，我的狙击排里唯有费奥多尔·谢德赫最适合当我的助手，而这场对决既不会很直接，也不会很容易，更不会一蹴而就。我们只知道德国狙击手一个可能的隐蔽处，而且还不是很具体，更不知道他到底准备了多少个隐蔽处。

第二天早上，波塔波夫上校派了车来接我们。我和费奥多尔收拾好了狙击手的装备，背好了背囊，扛上莫辛步枪，穿着大衣，戴着护耳帽，坐上嘎斯–M1小轿车后座，去了海军步兵第79旅驻地。第二次进攻之后，德军给我城防部队施加了很大压力。目前，我海军步兵占领着卡梅什利峡谷南坡顶端的195.2高地，以及更远处的145.4高地东坡、124.0高地东坡及北坡，还有更靠近铁轨的别利别克河与鞑靼人居住的别利别克村。当地的地形我们相当熟悉：裸露的岩层、丘陵、深谷和陡峭的斜坡，上面长满了茂密的灌木丛，以及散布其间的森林。山谷之间有葡萄园、果园，还有小规模定居点。第79旅的防区就贯穿其中，4千米长，2.5千米宽。

第79旅官兵前不久才刚来到塞瓦斯托波尔。去年12月21日，黑海舰队的一支分遣队把他们从新罗西斯克运来。全旅一共4000人，全副武装，上岸后立即奉命开赴梅肯齐山区——前线最困难的地区。海军步兵一下船就直接投入战斗，12月22日发起大胆进攻，将纳粹赶出192.0和104.5高地，有力协助了陆军打退敌人第二次进攻。但第79旅也损失惨重：到12月31日，兵力只余下不到1/3。

现在，第79旅正接受增援，恢复先前被激战摧毁的阵地。我们看到了最前沿的第一条战壕，第79旅成战斗编队的3个步兵营，配有50毫米和82毫米迫击炮，以及轻重机枪；还有浅战壕，装备精良的火力点和开好射击口的预制钢筋混凝土永备工事，2米深的交通壕绵延数千米。

海军步兵第79旅的指挥所位于梅肯齐山1号森林警戒点以南1千米处，距离前线相当远，那是公路旁边的一栋小白房子。我们先到了指挥所，向旅长波塔波夫上校和旅政委斯利耶萨列夫（Slyesarev）（军衔是一级海军政委）[1]报到。然后我们在第3营的两名军官陪同下，前往124.0高地，那里距离卡梅什利桥最近。

我一看就知道，这座桥南端炸毁得很彻底，不可能设立狙击手隐蔽点。这里只有一跨残存，而且也有损坏。在敌人一侧，也就是北端，情况就完全不同。那里剩下三跨，相当稳固，虽然到处是弯折的金属梁、扭曲的钢筋、从桥面上翘起的栏杆，还有烧焦和碎裂的枕木。想要躲进这一堆杂乱无章的金属和木头里，相当容易。我坚信，德国鬼子一定是从这里开枪的，但他已经在这儿两次猎杀成功，还会再回来吗？

我带着一份详细报告去见波塔波夫上校，临近结束时提出了这个问题。

---

[1] 此处英文写得比较乱，"the brigade's commander, Regimental Commissar Slyesarev"，直译就成了"旅长兼团政委斯利耶萨列夫"，显然这是错误的，因为旅长是波塔波夫上校。正确的译法应该是"旅政委斯利耶萨列夫团级政委"，旅政委是职务，团级政委是军衔，但中译看起来似重复了。由于这支部队是海军步兵旅，团级政委是陆军军衔，红海军的对应军衔应该是一级海军政委。——中译者注

上校仔细听了。他想了半天，问道："换了您，您会选这个地方吗？"

"很可能会。这个地点非常好，绝对是狙击手的梦想。"

"这样的话，您要怎么战胜敌人呢？"

我回答："用俄罗斯的老办法——狡猾、坚持和耐心。"

第 79 旅有一个 100 多人的工兵连，工兵们帮我和费奥多尔设立了隐蔽点。夜间，在无人区的杜松和榛子树丛之间，他们按照我的图纸，在第 3 营第一道防线前方迅速挖了一条战壕，深 80 厘米，长 10 米，这条战壕通向另一条更深的大型战壕。在这条小战壕上面，我们安了一个折叠式金属框，盖上雪和小树枝，战壕本身也用同样的办法伪装，从上面看起来就像一条普通水沟。此外，我们还做了一个假人，用服装模特儿支在棍子上，穿大衣，戴头盔，背上绑了一支步枪，这样看起来更真实。

整整两天，我一直在用望远镜研究这座被炸毁的桥，残桥上只有两个地方适合容纳携带步枪的士兵。黎明前数小时，我和费奥多尔轮流观察这两个地方，阴险的德国人一直没有出现。我开始担心他可能去森林里寻找新的猎物，被我军干掉了。费奥多尔则认为，纳粹特别精于算计，绝对不可能无视这座桥，因为它实在太适合观察我军前线和第 79 旅浅近纵深的后方部队了。枪手一定会出现，我们必须及时发现他。

我蹲在战壕里，肩膀依着壕沟壁打着瞌睡。我穿的是冬装：保暖内衣、军上衣、绗过的无袖棉背心、长裤、大衣和白色迷彩服。穿这一身肯定冻不死，但保暖性也不怎么样。忽然，中士用一根手指碰了碰我的肩膀，又指了指桥的方向，我赶紧从挂在胸前的盒子里拿出望远镜举到眼前。一月的夜色渐渐褪去，桥的轮廓在黎明的薄雾中慢慢显现出来，一个黑影小心翼翼地在扭曲铁梁中穿行，在逐渐泛白的天空衬托下，瞬间消失。

我和费奥多尔对视一眼，他竖起大拇指，我点了点头，同意观察员的信号：猎物已到达战区，现在德国人有机会看看四周，架好步枪，上膛，在这片区域里找到一些他提前就安置好的熟悉标志物，这样他就像回到自己家一样自如。德国鬼子基本上不可能发现我们的隐蔽点，我们为此做了大量准备，完全按照基辅的"奥索维亚希姆"狙击手学校的伪装规矩行事。

我们在进入战壕之前，已经协调好了下一步应该怎么做。中士会沿着战壕移动一段距离，接近我方前线，拿着假人，等我发出射击准备完毕的信号。准备工作很简单，熟悉已久，这是自下而上的射击，要修正目标所在位置的角度。

半个小时过去了。

1942年1月23日星期五，开始得极其平静。塞瓦斯托波尔的陆地防线上，双方都没有发动攻防战斗。大炮、迫击炮和机枪都保持着沉默，轰炸机、俯冲轰炸机和战斗机也没有升空，战争似乎从人们的视野中消失了。那几分钟和数小时里（现在这种情况很少见），好像杀戮已经结束，和平的日子又回来了，我们的技巧派不上用场了。不幸的是，这么想是很危险的。

我聆听着不寻常的寂静，举起两根手指吹了声口哨，费奥多尔也用同样短促的哨声回答。我一直盯着桥，知道藏在战壕里的费奥多尔已经把假人拖到了无人区。远远看去就像一名苏军哨兵离开了战壕，正在观察前方的情况。这是一战时期用过的老把戏，德国人会中招吗？

从桥上传来的枪声听起来很沉闷，像是有人拿金属棍敲击木板一样。一道闪光在我预计好的方位出现，说实话，换了我也会选这个角落。他左侧有一根金属梁，是很好的防护，步枪舒适地架在一根弯曲的树枝上，射手本人坐在右腿的脚后跟，右膝垫着一块碎枕木，左肘放在左膝上。终于逮到你这个纳粹混蛋了，我们在寒风中坐了那么久！我通过目镜看到了他的脑袋，德国鬼子拉动枪栓，拿起弹壳揣进口袋，从隐蔽点向外张望。当初我那位睿智的老师曾谆谆教导："千万别以为你开的是最后一枪，也千万别过分好奇！"

我屏住呼吸，平顺地扣动了扳机。

德国人从 5 米高处跌落到卡梅什利峡谷谷底，这里长满茂密的芦苇，因为流过的溪水而比周围暖和一些。他的步枪也跟着他掉了下去，我很吃惊，他竟然没有用德制毛瑟 Zf.Kar.98k（Zf 为德语 Zielfernrohr"瞄准镜"缩写，Kar 则为 Karabiner"卡宾枪"缩写）狙击步枪，而是用了带 PE 瞄准镜的莫辛系统步枪，显然是缴获的苏军战利品。战争头几个月，我们许多经过根本性改进的优质武器（红军"拉津"团拿不到的）都到了侵略者手中。

敌人眉心中弹。我向敌人冲过去，费奥多尔拿起 PPSh-41 冲锋枪，在壕沟里掩护我。我花了一刻钟，连跑带滑，终于穿过芦苇丛，来到尸体旁边。我不愿意看死去敌人的脸，更不愿意记住他们。

时间一分一秒过去。我迅速搜查了尸体，这人穿着保温军上衣，外面是迷彩外套。他的士兵证、绣着银边的肩章，以及军上衣第二个扣眼里，中间红色，两侧黑白色的二级铁十字勋章绶带、左胸口的一级铁十字勋章，都被我用剃刀般锋利的芬兰刀割了下来。别兹罗德内大尉一定很高兴，他非常重视这些纪念品，说它们是他的敌情侦察报告的绝佳补充。

另外，老实说一句，对女人而言，绷带和脱脂棉有多少都不嫌多。这些东西德国鬼子多得很，狙击手的大衣右侧内兜里有一大包，军上衣右侧胸兜也有一小包（装了 5 米长的绷带）。还有一份礼物送给我心爱的丈夫：一个装了白兰地的扁酒壶和一个烟盒，里面有些香烟。德军的制式防毒面具桶里有狙击手携带的干粮，够他吃一天：4 包普通饼干，2 块锡箔纸包的巧克力和 1 罐油浸沙丁鱼，盖子上焊了一个开罐器。

那把带瞄准镜的"三线"，纳粹已经用不着了，我就把它扛在肩上回了自己的战壕。费奥多尔正在焦急等待，他帮我翻过护墙进入战壕，笑着问我："上士同志，这一回你干掉的是谁啊？"

"是个大人物！看看他身上都挂了什么！"我掏出德国佬零零碎碎的东西给他看。

费奥多尔回答："啊，最重要的是，咱们的水兵小伙子们总算可以清净一下了。"

我说："你看，周围一片寂静，说明他太自信了，一个人就出来了。"我拿出德军士兵的笔记本，大声念道："赫尔穆特·博梅尔（Helmut Bommel），第50"勃兰登堡"步兵师第121步兵团，军士长。行了，趁他们还没来找人，咱们赶紧撤。"

费奥多尔拿上我的步枪和缴获的枪，一共两支，我们迅速沿着战壕爬到了第79旅第3营阵地。哨所的士兵们出来迎接，机枪手也冲我们挥手致意，他的任务是，万一我们这些"客座狙击手"被敌人发现，就给我们提供掩护。我们刚刚进入挖得很深的交通壕，迫击炮弹就在卡梅什利桥上呼啸起来，机枪也哒哒作响。德国人终于意识到发生了什么，正在向无人区猛烈开火，我方火力做出了回应。1月23日开始得平静祥和，但战争却自有办法，占据了这一天的结尾。

波塔波夫上校坐在桌旁，花了很长时间研究赫尔穆特·博梅尔的笔记本。笔记本附上了俄语翻译，还有铁十字勋章。我和费奥多尔在上校跟前立正。

"你们哪一个把狙击手干掉了？"上校问道。不知怎的，他看着费奥多尔中士，中士是个大块头，一脸和善的样子。

"是我，上校同志。"我响亮而清晰地回答。

"怎么做到的？"

"老办法，上校同志。"我回答。

"我读到这儿……"旅长不紧不慢地说，"这个博梅尔是刚调来的。他以前在波兰、比利时和法国作战，在柏林当狙击手教官，他的击杀名单，军官和士兵都算上，一共215人。柳德米拉·米哈伊洛芙娜，您干掉了多少敌人？"

"227人。"

"所以，这算是棋逢对手了？"

"是的，上校同志。"

"他有两枚勋章。可是您呢，上士同志，您有政府嘉奖吗？"

"没有，上校同志。"

屋里十分安静，波塔波夫若有所思地看着我，仿佛是第一次见到我。这种和上级的讨论，我一直是能不说话就不说话。在部队里待了半年，我的经验是，同高级指挥员长时间谈话，对基层指挥员一点好处也没有。于是我没有看上校，而是看着他头顶的一张彩色宣传画，画了一个表情严厉的年轻女人，裹着红头巾，说的是："嘘！敌人在偷听！"[1]

"准备好，两位军士同志！"上校忽然打破了沉默，"我们这就前往滨海集团军参谋部，要汇报你的战绩！"

波塔波夫上校在滨海集团军指挥部很受尊敬。他在克里米亚步兵第3师开始服役，后来当上军官，1939年毕业于红旗伏斯特洛指挥员和战术高级训练班，在乌克兰共青团海军海防军校任教。伟大卫国战争彰显了他的军事领导才能，他指挥的海军步兵第79旅在塞瓦斯托波尔防御战中获得了

---

[1] 俄文作 T-c! Враг подслушивает! 可能是版本问题，译者根据俄文查到的，图案相符的海报上的文字有出入。俄语专家解说，大字作 Не болтай!（别说话），小字作 Будь на чеку, в такие дни подслушивают стены. Недалеко от болтовни и сплетни до измены.（别胡说八道！保持警惕，这些日子隔墙有耳，闲话和谣言都离叛国不远。）——中译者注

不朽的荣誉，全旅官兵也成为了集体英雄主义的典范。波塔波夫以严厉而公正出名，上校会定期推荐一些下属授勋，他相信能在塞瓦斯托波尔打退德军第11集团军的勇士（敌军兵力是我军的两倍）完全有资格获得勋章、奖章和优先晋升。

不用说，波塔波夫上校和彼得罗夫少将的谈话，我和费奥多尔没有听到。这场十分热情的谈话结束之后，滨海集团军司令员的副官请我们进屋去。彼得罗夫像老熟人一般对我微笑，问起我父亲的情况，同我握手："姑娘，听说你骗过了德国鬼子，是吗？"

"是的，少将同志。"

"也就是说，他们的把戏，你全都知道了？"

"伊万叔叔，没什么难懂的。"

"干得好！我为你的战绩骄傲，祝贺你。柳德米拉，我应该是欠你一个道歉啊。不过没关系，我很快就会处理好……"

他还与费奥多尔中士握手，称赞他与德国王牌狙击手对决的勇气。司令员还表示，希望步兵第54"斯捷潘·拉津"团的战士们不要躺在荣誉簿上睡觉，要继续消灭入侵社会主义祖国的敌人，直到取得完全胜利。他说，这次宝贵的经验应该在塞瓦斯托波尔防御区的所有部队中传播，我和费奥多尔要专门拍照，登在前线宣传单上，还要写一篇苏军士兵和纳粹杀手在卡梅什利桥边对决的详细报道。

这些话，我们当时并没有怎么重视。在寒冷的战壕里待了两天之后，我们只想快点回到团里 [1]，在有圆炉子供暖的掩体里躺下，喝一杯放糖的热茶（现在我们有巧克力了），还有一大片在塞瓦斯托波尔坑道里烤好的黑麦

---

[1] 俄文版作"连里"。按照语境，作者去了海军步兵第79旅，显然在自己的团外面。军事顾问介绍，这种情况下军人只会说"回团"，不会说"回连"，因此译者从英文版。——中译者注

面包。高级指挥员们让我们回去，还特意用车把我们送到了我们团第1营指挥所。我和费奥多尔从指挥所出发，背上步枪，握着步枪的帆布带子，踏上了林中小路。

然而第二天早上，我和丈夫正在吃饭，忽然来了一名陌生的上级政工干部。他自我介绍说，他是《为了祖国报》（*For the Motherland*，这是滨海集团军里很有名的报纸）的编辑尼古拉·库罗奇金（Nikolai Kurochkin），热切地请我讲一讲，我与德国侵略者作战的经过。奉彼得罗夫少将指示，他要在下一期报纸上写一篇有趣的文章，我说得越详细，文章就能写得越好。除此之外，还要来一名摄影记者，专门给我拍照，好给文章配图。果然，一个相当活泼的小伙子（名字我忘了）拿着莱卡相机跨过我们前线住处的门槛，一进来就夸我真上镜。

我有一种强烈的冲动，想立刻把这两个放肆的年轻人赶出去。他们怎么不去采访第1连机枪手"安卡"奥尼洛娃呢？怎么不给她拍照呢？狙击手最不应该引起别人注意，成功的首要条件是不让人知道。可是《为了祖国报》发行几千份，根本不知道最后会落到谁的手里。而且，按照苏联国防人民委员会的命令，有关特等射手教学纲要、狙击步枪种类、光学器件、伪装技术和各种对敌方法等一概保密，只有专业人士才能接触！我当时还真有可能对两名记者直接这么说。可是掩体里又来了两个新客人：第54团政委马尔采夫，还有第1营教导员 [1] 诺维科夫（Novikov）。我和廖尼亚从来没有获得过这样的荣誉，我这才知道，我在卡梅什利桥完成的任务产生了一些特殊结果。至于是好是坏，就让时间来证明吧。

---

[1] 俄语为 военным комиссаром，英语为 Military Commissar，直译均为"军事委员／专员"。原文中并未写明诺维科夫的军衔，理论上营级政工人员的军衔有可能是营政委级，也有可能是大尉政治指导员，此处营级政工人员的称呼，按照中文军语称为"教导员"。——中译者注

1942 年 1 月 24 日上午，我当着两名政委的面，简要回答了库罗奇金的一些问题，然后用我的礼宾枪 SVT-40 摆了几个姿势：正面、侧面、立姿，在最近处的灌木丛里的卧姿，"斯维塔"顶在肩上，用的是拿机枪的姿势，也就是左手握住枪托。

然后又来了一些记者，塞瓦斯托波尔城里的报纸《公社灯塔报》(*Mayak Kommuny*)、黑海舰队报纸《红色黑海水兵报》(*Krasny Chernomorets*)、克里米亚地区党委报纸《红色克里米亚报》(*Krasny Krym*) 的记者先后采访了我。战地电影摄影师弗拉季斯拉夫·米科沙（Vladislav Mikosha）在我们 2 连阵地上待了半天，拍摄了各种各样的题材。我觉得米科沙特别烦人，因为他一直在找他说的"合适的角度"，最后还逼我拿着 SVT-40 爬到树上，假装从树上瞄准敌人。我告诉他，在塞瓦斯托波尔我从不在树上射击，这会误导读者。结果一点用也没有。这扛摄影机的家伙很固执，非要坚持这么做，为了打发他，我不得不带着步枪爬上一棵老苹果树。距离一线阵地大约 50 米的地方是那个"俱乐部"风格的掩体，这棵苹果树就在掩体旁边。

这帮记者全都一通乱写，让事情变得更加令人困惑。记者们对赫尔穆特·博梅尔的描写实在是太夸张了：胖得像蛤蟆，眼神呆滞，黄头发，厚下巴。这些当然不是我告诉他们的，因为我从来不去注意我射杀的那些人的长相，他们对我来说并不存在，他们只是目标而已。团里的战友曾经谈论起对侵略者的冰冷仇恨，但即使这些，我也觉得过于强烈，只适合印在传单上。这些问题，特等射手不会考虑，他们在射击位置就位时心无旁骛，内心深处坚信自己是正确的。否则，他们就可能失手，在与残酷而愤怒的敌人对决中丧命。

记者们对德军狙击手的战绩也是随意发挥：这个把战绩说成 300 人，那个就说成 400 人、500 人，丝毫不顾在 1942 年初这完全是一个不切实际的数字。他们从来没想过，德国与欧洲各国的战争都进行得很快，完全没有任何阵地战，而狙击手只有在阵地战时才有机会显著提升战绩。苏德战争只打了半年，而且总体来说，德军是在进攻中向前推进，起主要作用的是坦克与飞机，德国鬼子并不特别需要狙击手，而且我们除了狙击步枪外还有更多的事情要考虑。狙击手真正发挥作用，需要对城市长期的包围与封锁，敖德萨、塞瓦斯托波尔、列宁格勒（以及后来的斯大林格勒）就是如此。

让我吃惊的是，不知怎么回事，铁路桥残骸上的决斗并没有让记者们多么激动。我们或许应该把他们带到卡梅什利峡谷，给他们看看这个地方有多不寻常，并解释说博梅尔选这个地方是很聪明的，然而他出于德国人骨子里的那种自信，根本没想到我们的反应那么迅速。不过，何必把时间浪费在那些坚信自己是正确的，不知情的人身上呢？就算说了，他们也照样想怎么写就怎么写。比如下面这段话：

> "他们就这么一动不动，趴了一天一夜，始终没有动静。第二天早上，天光见亮，柳姑娘看见，哎哟！有个狙击手，躲在一个假树根后头，一窜一窜往前挪，动作快得眼睛都看不见。狙击手就这么离她越来越近，柳姑娘也往前挪，把步枪端在身子跟前，目不转睛瞧着瞄准镜。只用一秒钟，就能看见新的风景，这风景简直是无边无际啊。突然！柳姑娘在瞄准镜里头瞧见了！呆滞的眼神、黄头发、厚下巴。敌方狙击手也在瞄着她，刹那间，俩人四目对视！那张绷紧的脸扭曲了！敌人发现对手竟然是个女的！这一刹那就决定了人生！柳姑娘扣动扳机——就凭这幸运的一秒钟，她就战胜了敌人！姑娘静静等着机会，德军冲锋枪手鸦雀无声，她这才朝着

狙击手爬过去。狙击手保持着那个瞄准她的姿势，僵在原地。姑娘搜出纳粹狙击手的笔记本，翻开一看，写着"敦刻尔克"，下边是一个数字，再往下还有数字，400 多名法军和英军士兵死在他的手上……"[1]

到头来，我认真考虑之后认为：记者采访我之后写的这一篇胡言乱语，毕竟还是在塞瓦斯托波尔防区起到了一些狙击手事业的宣传作用。特等射手在战争期间的行动，它的基本原则说对了：巧妙伪装，耐心等待对手出错，然后马上充分利用这个失误，向目标准确射击。没有操作特定武器和瞄准镜的资料，也没有一个字说到在不同地理和气象条件下如何计算弹道，或者关于弹道学的基本定律，或者其他专业的军事知识，能把一个普通人培养成狙击手。苏军有些师部开设了针对普通步兵的两三周特等射手培训班，谁要是对狙击感兴趣，报班学习一段时间，细节就都学到了。

记者这一通发明，只是政治宣传的一部分。毕竟需要一个活生生的英雄，事情才更有说服力。大概，团级政委 L. P. 博恰罗夫（Bocharov）主管的滨海集团军政治部选了我当这个英雄吧，至少我接到命令的时候是这么想的。这是团部下达的命令，送到了我和阿列克谢住的防空洞。命令如下：上士排长 L. M. 帕夫利琴科应于 1942 年 2 月 2 日离开城防前线，参加"教师之家"举办的塞瓦斯托波尔保卫战女性积极分子大会。我要在会上发表一篇长达 15 分钟的演说，讲狙击手的工作。

这命令看得我一愣一愣的。我们在森林中的隐蔽点确实磨炼了我的视力、听力，但也教会了我保持安静，观察外界的沉默。和排里的下属打交

---

[1] 《为了祖国报》登载的这段报道，后来在《基辅战斗之星》（*Боевые звезды киевлян*）一书中重印，标题为《恰巴耶夫狙击手》（*Снайпер Чапаевской*），363 页。

道，也不需要什么演说技巧。如今我要……演说整整 15 分钟？15 分钟该是多少字？还要面对一大群观众，在嘈杂的大厅里，让灯光狠狠照着？

我丈夫真是一块宝，很有智慧和创造力。他努力安慰我，让我平静下来，还鼓励我。廖尼亚说，我正应该参观一下后方，去看看美丽的塞瓦斯托波尔，放放松，展现一下自己，再看看其他人。这样做通常会极大地鼓舞前线士兵的斗志，尤其是演讲之前还有 3 天时间，足够准备一打报告了。

"可是，上哪儿去买军礼服呢？"我问。

"买什么买！我这就给司务长打电话，让他看看团里的仓库。"我丈夫——第 2 连连长回答。

平时那套适合女兵的卡其布面料，带翻领、皮带和暗兜的行头，我做梦都没想过要穿它。结果，司务长也只弄来一条裙子和新的军上衣，有深红色的礼仪肩章，一双半新的靴子，涂了半罐子黑鞋油。我一直在背囊里装着两双肉色长筒袜，这是一份不可思议的战前宝物，终于派上了用场。

2 月 2 日上午，我们坐团长的车进城，车上除了我，还有第 1 连机枪手尼娜·奥尼洛娃上士。尼娜看见我也上车显得很吃惊，她知道自己是有名的女英雄，但并不知道我有什么功绩，为什么我也奉命参加会议。不过她很单纯善良，才 10 分钟，她就同我聊得很开心了。这类活动，尼娜并不是第一回参加，所以她一路上有声有色跟我讲了怎么在讲台上保持正确的姿态，怎么念稿子，听众要是提问该怎么回答。她根本不让我集中注意力，真的就像内战时期《两位马克沁》（*Two Maxims*）那首歌里唱的："打，打，打！机枪手一声呐喊，'哒哒哒'，重机枪来响应……"[1]

---

[1] Maxims 是俄罗斯男子常用的名字，一般译为马克西姆，最早出现的重机枪根据发明者的名字被称为"马克沁"（又译作"马克辛"）。中文歌词和注解选自薛范先生官网，英文版第二句歌词不存，据俄文版补。按照薛范官网转引《俄苏名歌经典》（上），这首歌本身并非内战歌

我觉得自己不算演说家，于是在丈夫建议下把演说要点记了下来——最好别把事情搞混，说话语气要笃定，而且要尽量明了地展现这份平民不了解的事业……

参会的人可真不少，妇女来自各处工厂、学校和医院。五颜六色的连衣裙和女士衬衫中，有些女兵的军上衣显得格外素净，她们是报务员、医疗后勤兵、医疗营和野战医院大夫。尼娜胸前佩着红旗勋章，一堆人围着她，向她打招呼，问到前线各种事情，说说笑笑。谁也不认识我，我就很谦虚地坐在窗户边上，又把我的笔记看了一遍。

滨海集团军司令员彼得罗夫少将做了报告，概述了前线发生的重大事件。妇女们长时间鼓掌欢迎，她们非常喜欢伊万叔叔，感谢他对保卫海军主基地做出的巨大贡献。做完报告之后，又有其他人演讲，有的生动活泼，有的内容丰富，有的则平淡无奇。妇女们说起了自己的工作，以及对家乡的想法和感受，在我听来都很有意思。我实在没法想象，一个人怎么能白天在防空洞里的学校教孩子，又在车床边一站 12 个小时冲压手榴弹；白天在缝纫车间给士兵准备纱布包，晚上又去地下医院照顾伤员。

塞瓦斯托波尔的男工走出工厂，上了前线，妇女就接了班，各行各业做得一点不比男人差。我怎么能忘记跟我一般大的阿纳斯塔西娅·乔斯（Anastasia Chaus）！她在"1 号特种工业联合工厂"工作，她在一次空袭中身负重伤，失去了左臂，但留在市区继续上班，凭一条胳膊掌握了压模技

曲，而是苏联音乐家希·卡茨（С Каца）在 1941 年苏德战争爆发之后创作的。但马克沁这一人物则是苏联于 1935—1939 年拍摄的内战题材电影三部曲《革命摇篮维堡区》《马克沁青年时代》《马克沁归来》的主角，《两位马克沁》歌曲灵感来自这三部电影，歌曲第一次播出也是由电影中饰演马克沁的演员契尔柯夫演唱的，因此柳德米拉记错了这首歌的背景。——中译者注

术，还把产量提升了一倍。[1]

塞瓦斯托波尔的生活艰难得很，居民有定量的面包配给证：国防企业的熟练工每天 800 克，国营企业员工和退休人员 600 克，家属 300 克。渔民为市民提供了大力协助，他们冒着炮火出海，穿过雷区，捕了成吨的鱼，主要是凤尾鱼和比目鱼，送到食堂和商店。

与会者也提到了困难，但只是一带而过，就好像那些困难全都留在了"教师之家"的外头。这些妇女年岁不一，来自各行各业，聚在一起并不是为了讨论各自的困难。她们要互相传递的是别的东西，也许是战胜纳粹的神圣信念，也许是她们坚强的精神意志，也许是让深爱的家园能够迅速变样的希望。有时候大致可以这么形容："我作为后方的一分子，在做着我力所能及的一切，还想多做一些。我把 4 个儿子都送去打敌人了，我绝不会让自己懈怠，哪里我都愿意去……"这些话引自亚历山德拉·谢尔盖耶夫娜·费多林奇克（Alexandra Sergeyevna Fedorinchik），她是第 14 中学的教师。

在如此热情洋溢的演讲之后，我这份干巴巴的消灭纳粹人数的报告听起来简直荒唐可笑。我把那张预备好的纸放在一边，说起了我的心里话，说出了我灵魂深处的感动。

---

[1] 据 STUDLIVE.BY 网站安东·穆拉什科文章及 ForPost 网站塔蒂亚娜·桑杜洛娃文章，乔斯在塞瓦斯托波尔战役的最后几天还在坚持工作。她乘坐"塔什干号"驱逐舰撤离，战后住到白俄罗斯的姆斯季斯拉夫尔市的姐姐家。战时及战后虽然获得了很多荣誉，但并未获得退伍军人的应得待遇。2006 年 11 月 28 日，90 岁高龄的乔斯去世。——中译者注

第 54 "斯捷潘·拉津"团狙击手
柳德米拉·帕夫利琴科

柳德米拉·帕夫利琴科上士，塞
瓦斯托波尔，1942 年 3 月。携带
莫辛－纳甘 M.1891/30 式步枪，
带 PEM 瞄准镜

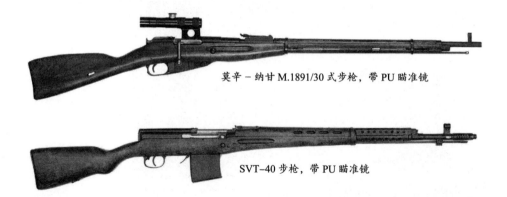

莫辛－纳甘 M.1891/30 式步枪，带 PU 瞄准镜

SVT-40 步枪，带 PU 瞄准镜

发给柳德米拉的狙击手证书，塞瓦斯托波尔，1942 年 4 月 6 日，保存在俄罗斯联邦武装力量中央博物馆

遭到空袭的建筑和公
共交通设施,塞瓦斯
托波尔,1942 年

遭空袭的建筑,塞瓦
斯托波尔,1942 年

少尉阿列克谢·基
岑科与上士柳德米
拉·帕夫利琴科,
塞瓦斯托波尔,
1942 年 1 月

Смерть немецким оккупантам!

Доблестный снайпер Людмила Михайловна Павличенко

Верная дочь Ленинско-Сталинского комсомола, она вступила в ряды Красной Армии добровольцем в первые дни великой Отечественной войны.

Огнем своей винтовки Людмила Павличенко уничтожила под Одессой и Севастополем 309 немцев.

«Это самое верное и правильное отношение к немцам. Если их сразу не убьешь, то беды потом не оберешься», — писала она однажды своей матери.

Высокое воинское мастерство и отвага Людмилы Павличенко вдохновляют на подвиги тысячи снайперов Красной Армии — стахановцев фронта.

Воины Красной Армии! Истребляйте врагов так же беспощадно, как истребляет их Людмила Павличенко!

БЕЙ ВРАГА БЕЗ ПРОМАХА!

Когда я проходила по улицам Севастополя, меня всегда останавливали ребятишки и деловито спрашивали:

— Сколько вчера убила?

Я обстоятельно докладывала им о своей работе снайпера. Однажды мне пришлось им честно сказать, что я уже несколько дней не стреляла по врагам.

— Плохо, — в один голос сказали ребятишки. А один, самый маленький, сурово добавил:

— Очень плохо. Фашистов надо убивать каждый день.

Он верно сказал, этот маленький суровый севастополец. С того памятного дня, когда фашистские разбойники ворвались в мою страну, каждый прожитый мною день был наполнен одной лишь мыслью, одним желанием — убить врага.

Когда я пошла воевать, у меня была только злость на немцев за то, что они нарушили нашу мирную жизнь, за то, что

1942 年 1—2 月，几 张 报
纸照片，柳德米拉和她的
SVT-40 步枪

Прославленный снайпер, Герой Советского Союза
Людмила Павличенко на огневой позиции.

柳德米拉，1942 年夏，应摄
于 7 月 16 日升为少尉并荣获
列宁勋章后

报纸照片，或摄于 1942 年夏

佩戴勋章和奖章的滨海集团军官兵合影，摄于 1942 年 4 月，塞瓦斯托波尔，前排中间的是步兵第 25 师师长特罗菲姆·科洛米耶茨少将，第 54 团的柳德米拉·帕夫利琴科上士和滨海集团军司令员伊万·彼得罗夫中将

狙击排排长柳德米拉·帕夫利琴科少尉及下属士兵（近卫空降兵第 32 师），莫斯科军区，1942 年 8 月

柳德米拉在最高统帅肖
像前，即将访美

柳德米拉，在访美期间

该照片摄于同一时期，可见柳德米拉获得的各项荣誉（左起）：优秀狙击手证章、近卫军证章、列宁勋章和战功奖章

参加1942年国际学生大会的苏联代表团成员：尼古拉·克拉萨夫琴科（左一）、弗拉基米尔·普切林采夫（后）、柳德米拉·帕夫利琴科

共青团代表团在华盛顿苏联大使馆外

柳德米拉与埃莉诺·罗斯福及美国最高法院大法官罗伯特·霍沃特·杰克逊（Robert Houghwout Jackson）合影

从左至右：柳德米拉、茶叶工厂主唐纳德·布朗（Donald Brown，此人也是慈善机构——俄罗斯战争救济会活动家）、弗拉基米尔·普切林采夫在美国巴尔的摩，1942年10月

柳德米拉会见美国前任驻莫斯科大使约瑟夫·戴维斯（Joseph Davis）

埃莉诺·罗斯福寄给柳德米拉的照片,上面的题词是"埃莉诺·罗斯福向柳德米拉·帕夫利琴科少尉致以诚挚的祝福"

柳德米拉少见的便装照,摄于访美期间

伯明翰市长沃尔特·刘易斯(Walter Lewis)与柳德米拉、普切林采夫合影,苏联访客正在检查一支美制 1917 恩菲尔德步枪。这些枪根据《租借法案》被提供给英国国民自卫军使用,这些枪的前端和枪托上都有宽红色条纹,以提醒射击者它们使用的是美制 .30–06(7.62×63 毫米)子弹,而不是英制 .303(7.7×56 毫米 R)子弹

柳德米拉与一名英国皇家空军军官参观艾尔角（Ayre）的英国皇家空军希思菲尔德基地（Heathfield）的盟军飞机，1942 年 11 月

柳德米拉与曼彻斯特纺织工人们合影，1942 年 11 月

柳德米拉与苏联驻英国大使夫人阿格尼娅·迈斯卡娅（Agnia Maiskaya）在庆祝十月革命25周年的招待会上

苏联海军少校柳德米拉·帕夫利琴科，1964年。她身上佩戴着金星奖章（苏联英雄）、保卫敖德萨奖章、保卫塞瓦斯托波尔奖章和战胜德国奖章

第二次塞瓦斯托波尔保卫战老兵参加城市解放20周年庆典，1964年5月

11 在无名高地上

塞瓦斯托波尔的冬天常常变脸。两天以前，天上还布满低垂的乌云，大雪纷飞，地上的霜冻噼啪作响，气温零下 15 摄氏度。今天就完全两样：积雪化了，阳光普照，气温回升到了零上。在克里米亚的一处处高地缓坡上，又可以看见枯黄的野草了。杜松灌木、挺拔的柏树和低矮的雪松都是亮绿色的，在灰暗的背景上很是显眼。

我在"上乔尔贡村"（Verkhny Chorgun）不远处一个机枪火力点的射击口，用望远镜眺望巴拉克拉瓦河谷的全景。远处可见一条灰色带子，那是塞瓦斯托波尔—雅尔塔公路，近处是窄窄的乔尔纳亚河，蜿蜒在山丘之间，田野里葡萄藤成行成列，美丽的加斯福特山（Gasfort）的山坡上到处都是橡树林，还有意大利公墓周围的白墙，已经被炮弹炸得粉碎，公墓小教堂的屋顶围着低矮笔直的女墙，好像儿童的玩具积木。

第二次进攻期间，第 2 防区防线从这里经过，苏军构筑了战壕、加筋土火力点、迫击炮阵地和加深的交通壕。海军步兵第 7 旅，以及步兵第 31

团、第 514 团的官兵英勇击退了敌人多次进攻。加斯福特山和旁边的高地曾经多次易手，最后德军还是将苏军挤了出去，站稳了脚跟。

一群纳粹狙击手占据了地图上标为"无名"（俄文 Безымянной，英文 No-Name）的一处高地，他们在 500 米距离处瞄准了卡马拉村到舒利村（Shuli）的小路，这条路通过第 2 防区后方，是供应我军给养和武器弹药的交通要道。

他们最后一次凶残的行动，杀害、重伤了 45 毫米反坦克炮连的一多半人员，还有拖曳反坦克炮的 24 匹驮马。我军多次试图用大炮和迫击炮消灭敌人，都没有成功，德军狙击手会在高地上更换位置，重新开火。

我远离自己的"恰巴耶夫"师来到这里，绝非偶然。我们进入无人区和敌人后方的数次作战行动都取得了成功，滨海集团军司令员据此认为，第 54 团第 1 营组建了一支勇敢而训练有素的狙击手队伍，不仅能用于第 3 防区，还能用于塞瓦斯托波尔前线的其他地区。我们开始在整个防区前线"巡游"，执行各种特别复杂的任务。这一次，我们奉命对加斯福特山，还有意大利公墓地区所在的无名高地采取行动。

出发前，我在集团军司令部见到了第 2 防区的指挥员，步兵第 386 师师长尼古拉·菲利波维奇·斯库特尔尼克（Nikolai Filippovich Skutelnik）上校（该师负责驻守这片防区）和师参谋长多布罗夫（Dobrov）中校。接着我去了上乔尔贡村察看地形，制订了率领狙击小组占领高地，消灭纳粹分子的具体行动计划。

加斯福特山的名字来自 V. G. 加斯福特上校，他是塞瓦斯托波尔第一次围城战的英雄，"喀山"（Kazan）步兵团团长，1854—1855 年在这里与英法意土联军作战。这座山距离塞瓦斯托波尔—雅尔塔公路大约有 15 千米，地势不太高，只有海拔 217.2 米。但它周围是一些更低的高地，高地之间是洼地与平地。意大利公墓占据了山的一部分，战争期间，意大利撒丁岛军团（Sardinian corps）有 2000 余官兵在这里战死，或因霍乱疫情死去。1882 年，经俄国政府批准，把意军官兵的遗骸重新葬在这里。

这里地形崎岖而破碎，我军有望突袭成功。不过，这次行动有必要全面侦察敌人的兵力与防御体系，我对斯库特尔尼克上校说起了这一点。上校同意我的意见，保证说第 2 防区各部队将为狙击手提供必要的协助。

我回到第 2 连阵地，命令我排各班长在我和廖尼亚住的掩体集合。我们必须想出什么办法来，因为大白天里根本无法攀登无名高地。我们在下，德军在上，很容易发现我们，可以像打兔子一般射杀我们。尽管第 386 师一直在观察，但始终找不到德军狙击手的隐蔽点，德国鬼子很可能为特等射手安排了几十个有伪装的巢穴。

当时，1 班班长依然是费奥多尔·谢德赫中士，2 班班长是弗拉基米尔·沃尔奇科夫（Vladimir Volchkov）下士，他是奉德罗明中尉的命令从第 3 连调到我们排的。第二次进攻期间，准确地说是 1941 年 12 月 22 日，一个德国营突破到我军后方，被我军歼灭。沃尔奇科夫作为步枪兵，在战斗中打出了优异成绩。我排还有一个名义上的 3 班，连同阿纳斯塔斯·瓦尔塔诺夫上等兵在内一共 5 人。我们都在等待从新罗西斯克来的增援部队，我请老猎人第一个发言，因为他的军衔最低。阿纳斯塔斯说，可惜他对巴拉克拉瓦河谷不像梅肯齐山的 2 号警戒点那么熟悉，不然他就能通过猎人小路把我们带过去了。

我们面前的桌子上放了一张第 2 防区的大比例尺地图，是 386 师参谋部发给我的，我走访上乔尔贡村之后在地图上做了一组额外标记。我在任务简报中努力提供一些无名高地的现有情报，但我无法接近要突袭的目标，所以很多情况（特别是距离）依然不明。高地前方的区域都暴露在敌人火力下。

我们花了很长时间查看这张地图。有个中士忽然提到一个情况，具体是谁，我现在已经忘了。他说，西坡上长满了杜松、犬蔷薇、接骨木，还有花环玫瑰，地势很不平坦。利用灌木丛当伪装，就可以接近山脚，然后在灌木丛上砍下一些树枝，搬到更高的地方"种"下去。这里有很多地方，有大块石灰岩突出地面，我们可以藏在石灰岩后面。如果德国鬼子发现空旷的山坡上一夜之间长出了新的灌木，他们会怎么做呢？当然会朝灌木开火，我们就能看见他们有多少人，是从哪里开的火。

"可为什么要从山上砍树呢？"费奥多尔问，"咱们提前在别处砍，然后带上去。这样更安全，看着也更自然。"

我就把准备灌木的事委托给老猎人。他对克里米亚各种植物非常熟悉，很快制作了 6 个伪装灌木丛，有 40 厘米长的杜松枝条，深绿色的带刺叶子，圆圆的蓝灰色杜松果。有些装饰品必须用铁丝固定，不过总的来说还是挺逼真的，而且被牢牢固定在尖头木桩上，我们用这些木桩把它们"种"在山坡上。

小组中除了我还有 7 个人，连长阿列克谢·基岑科检查了每一个人。他希望，只要有一线可能，我们就要胜利归来，而不是在一场不对等的战斗中丧命。以往的经验教给我们一定要谨慎，战斗中要互相帮助，严格执行命令。我对战士素质的判断通常与少尉不谋而合，于是我们两人立即一致选定了费奥多尔·谢德赫（他对此非常高兴）、沃尔奇科夫（我不太了解他，但阿列克谢向我保证这名下士完全可靠）和老猎人（我们怀疑的不是他的勇气，而是他的体力和耐力，毕竟他最近刚满 50 岁）。[1] 其余的成员

---

[1] 据知乎作者"骁骑营都尉"转引人民出版社的《苏联史》，1938—1939 年苏联男性平均寿命仅为 44 岁，因此作者很自然地把 50 岁的人称为老人。——中译者注

在狙击排服役了大约 3 个月（考虑到塞瓦斯托波尔战役的规模和惨重伤亡，这是一段很长的时间，也是个吉兆），射击水平很高。

关于小组的装备，还要专门说几句。我们放弃了军大衣和护耳帽，改穿棉质短上衣、长裤、头盔和军便帽。穿上这一身之后，在外面套上带有芥末色风帽和深棕色花纹的秋季迷彩外套，以及同色长裤，裤子非常宽松，裤脚可以塞进靴子里。我们的腰带上挂着 4 个皮制弹药盒，3 枚手榴弹和 1 支装在枪套里的 TT–33 手枪，还有 1 把金属刀鞘的芬兰刀，1 把套起来的小工兵铲和同样塞在套子里的水壶。我们的肩上背着防水补给袋，装了 3 天干粮（黑面包、背膘肉和一听炖肉罐头）。此外，还要携带望远镜、干电池手电筒和信号枪。我们很快选定了武器：4 支 PE 瞄准具的莫辛步枪；4 支 PU 瞄准具的 SVT–40，每支枪 200 发子弹；3 支 PPSh–41 冲锋枪，每支枪带 2 个备用弹鼓。我们虽然很喜欢捷格加廖夫轻机枪，但决定这次先不带了，我们要带上的是一大袋伪装灌木，用绳子小心绑好。

我不喜欢花很长时间道别，漫长的告别让人心痛，特别是战争年月。廖尼亚在掩体里紧紧拥抱我，吻我。跨出门槛一步，我们就不再是夫妻，而是同团的战友。我和其他人一道前往营部，一辆 1.5 吨卡车在等着大家，因为要走很长一段路，到塞瓦斯托波尔防区的另一端。最后，连长同狙击手们握手，表达了良好的祝愿，最后看了众人一眼，说了句："平安回来！"

第一天用来初步研究这片地区。有利因素，我们一个也没发现。灌木丛距离无名高地太远，无法藏身。德军控制了整片地区，定期用机枪和迫击炮向山谷开火。

我军进行了还击，可是弹药不足，必须节省。在我的请求之下，海军步兵第 7 旅机枪手保证于当天深夜 3 点对高地进行扫射，并持续 20 ~ 30 分钟，掩护我们靠近山坡。倘若能够请求有个漆黑的夜晚，有不大的微风，还有不低于 5 摄氏度的气温，那就更好了。然而，要向谁请求呢？

夜幕降临，果然没有月亮，没有风，还暖和。

我们在凌晨 3 时开始登山，伴随着苏军阵地上传来的哒哒机枪声，我们几乎一直爬到了山顶，却仍没有被德军发现。在距离他们战壕 70 米远的地方，我们将伪装灌木插在地上，接着后撤了 30 米左右，来到灰白色的石灰岩附近，岩石后面长满了野蔷薇。

在黎明的第一缕曙光中，德军果然用机枪朝着老猎人瓦尔塔诺夫的杰作猛烈射击，把伪装灌木打得粉碎，变成了细小的木屑、树皮和叶子。子弹还把周围方圆两三米的地面打得千疮百孔，直到尘土飞扬才停下。安静下来之后，敌人从战壕里悄悄爬出来，用望远镜观察高地的斜坡，显然是想看看这么快就被他们歼灭的苏联狙击手的尸体。[1]

他们射击的时候，各个火力点被我们轻易发现了。现在要做的就是瞄准，不让一发子弹落空。距离不超过 100 米，目标位置远高于我方武器的水平线，所以目标仰角接近 50 度。根据弹道学，这种情况下弹道的上升弧线会变直，地球引力使得子弹在水平方向的移动变少，而且在稀薄的山区大气中，子弹受到的空气阻力更小。

这些我都同下属用专门的表格计算过，他们不是狙击手学校毕业的，原先不可能知道，所以指挥员才必须有个肩负重任的头脑。临出发的时候，我就命令他们降低瞄准镜的瞄准刻度，为 L 型的 7.62 × 54R[2] 口径的轻型子弹做出修正，减去半个单位。

按照惯例，我第一个开枪，接着砰砰响了 7 枪。在我们给"三线"装弹的 10 秒间隔内，又是 8 声枪响，但枪声几乎完全被炮声掩盖了，敌人

---

[1] 此处是老猎人在本书最后一次出现，本书没有交代他之后的下落。——中译者注

[2] 俄文版误作 53R，此处从英文版。——中译者注

的远程火炮正在对市中心开火。我军炮兵开始反击，以压制敌人的炮兵。天上响起了发动机的轰鸣，机翼上漆着红星的飞机出现了，向阿卢什塔（Alushta）[1]方向飞去。海上传来多次舰炮齐射的炮声，似乎是驱逐领舰"哈尔科夫号"发射的，它在卸货之后停泊在南岸。

这种嘈杂的背景成功掩盖了真实的战斗。德国鬼子不断倒下，有的倒在战壕底部，有的倒在护墙上，有的甚至滚下了山坡。我方无一伤亡，15名纳粹分子全部被歼，敌人的这个前哨站被端了。

"小伙子们，冲啊！"我指着无名高地山顶喊道。

我们气喘吁吁爬上 100 米的陡坡，跳进了敌人战壕。我们占领了一处装备精良的阵地，有用木板和横梁加固的很深的交通壕、机枪火力点和通往机枪火力点的战壕，还有 4 个挖到地下 2.5 米的掩体。周围散落着很多武器：步枪（包括狙击步枪）、冲锋枪、放在战壕壁架上的手榴弹，还有 3 挺 MG 34 机枪，装好了弹链。从高地俯瞰，周围的景色简直美得令人窒息，难怪德国鬼子为占领这儿拼了老命，驻扎下来就不走了。

我们发射了一枚红色信号弹，告诉我军：已占领无名高地！他们用绿色信号弹回答：祝贺你们，干得漂亮！很快，从卡马拉村到舒利村的乡间小路上人来人往，第 2 防区参谋部进行了部队重组，开始运送弹药和给养。

我们必须到处看看。先前，狙击手对德军发动突袭之后必须马上离开，而现在我们必须留在占领的敌人阵地上，直到接到进一步命令为止。这处阵地让我们能够成功防御，但我们必须研究一切和了解一切——这处阵地的优势有哪些，弱点有哪些——用自己的脚步丈量交通壕的长度，适应这些在克里米亚坚硬土地上挖出的外国战壕，看看机枪指着什么方向，机枪

---

[1] 克里米亚南部沿海城市，位于塞瓦斯托波尔东北部数十千米远。——中译者注

射程怎样，等等等等。

我们很快抵达了掩体，难免又要打上几枪。在最远处的掩体出口，一名德军下士拿着瓦尔特手枪朝我们冲来，我们不得不开枪把他击毙。接着往前走，有个下级军官躲在门后，沃尔奇科夫擅长使用的芬兰刀派上了用场（消灭了敌人）。我们发现来到了一处地下空间，面积不大，但结构颇为完善，类似军官宿舍或者参谋部。桌上立着一部电台，尺寸很大，将近半米高，型号是 Torn.Fu.b，代表德语全称 Tornister Funkgerät（背包式无线电台）b 型。这是一种便携式电台，带有收发器和电池仓，杆状天线伸出掩体顶部，露出地面。桌上放着耳机，还有一本写满字的厚厚的笔记本。电台左侧面板上用红色写着 Feind hoert mit，意思是"敌人正在监听"。就是说，这不光是一处狙击阵地，还是观察员和德军侦察兵使用的观察哨。

能用的无线电台是相当有价值的战利品，但我们自己没法用，小组当中没有无线电报务员，而且没有人哪怕了解一点通信知识。我们只能把电池从电台上拆下来，做好运输准备，电台必须带回去，尽管重量十分可观——足有 40 千克。

我们搜查了尸体。最后，我手中拿到一大堆文件：士兵记录簿、家信和照片。它们属于第 170 步兵师的 12 名普通士兵、1 名下士、1 名下级军官和 1 名上士。上士的军装扣眼上还有一枚二级铁十字勋章的绶带。这些都要交给别兹罗德内大尉，然后交给翻译。至于家信，就永远到不了德国城镇的收件人手中了。

庆功宴是一顿早饭，有德国香肠和俄罗斯黑面包，此外，我们还发现了谢德赫中士最爱吃的油浸沙丁鱼罐头。最后，在军官待的掩体中，我们从一个木箱里找到了 12 瓶半升装的朗姆酒。德国鬼子把箱子藏在一张桌子底下，我们把它弄了出来，我开始寻思要怎么利用这些酒。其中一瓶就着早饭喝了，余下的，我们决定倒进德军的铝制水壶里带回去给团里的战友。确实，缴获的朗姆酒的味道很像俄罗斯乡村的土制伏特加[1]。

过了一个不眠之夜，狙击手们需要休息。我布置了两处岗哨，然后去军官掩体找地方睡觉。太累了，我连棉袄也没脱，躺在一条长凳上立刻睡着了。临近傍晚的时候，一个哨兵把我叫起来，他负责监视无名高地东坡，那里正对着敌人的前线。

"上士同志，来客人了！"

远处冒出一群德国冲锋枪手，约莫20人。他们沿着一条穿过榛树丛的狭窄小径往上爬，通过望远镜可以清楚地看到他们走得很自在，没有四处张望，抽着烟，聊着天，武器也没有端在手里，而是背在肩上。一切都表明，敌人并没有意识到观察哨已经被我军端掉了，这些冲锋枪手来无名高地不是为了作战，而是为了检查。

我们现在必须在同样距离处从上往下射击，和从下往上打一样，往下射击也是非常复杂的操作，需要调整瞄准镜。从上往下射击时，空气密度增加，同时子弹速度也增加，重力会把子弹往下拽。目标的弹着点会升高，而且升高显著，因此必须调低瞄准镜，不然就需要降低瞄准点。

我做了计算，然后下达了命令，一直等到冲锋枪手走到100米内才开火。我们这个分队先前往上射击有多精确，现在往下射击也有多精确。很快，我们把所有德军冲锋枪手送到了另一个世界，这样8名特等射手在一天之内就消灭了大约35人，总之战绩还不错。接下来的4天里，我们以娴熟的防御技巧依托无名高地上的阵地打退了敌人多次进攻。有一次，德国

---

[1] 综合介绍：酒类专家解说，朗姆酒是甘蔗糖蜜制成的蒸馏酒。"土制伏特加"英文 moonshine，即"月光酒"，玉米粉酿造的蒸馏酒，经常加入糖浆。俄文 сивуху，转写 sivuha，做法与月光酒相似但更加粗糙。英文进行了本地化，此处从俄文版。——中译者注

鬼子动用了炮兵，我们就在掩体里等着炮击结束，元首的勇敢士兵们把掩体建得真结实啊。

至于他们有多少人头部中弹，躺在高地的斜坡上，我很难统计出来。有些人留在了茂密的杜松和蔷薇灌木中间，有些人滚入了山间洼地，还有些人被同伴成功抬走了。不过，人数肯定超过100。

上级派来一个步兵连，与狙击手分队换防。红军士兵在我们的掩护下爬上了高地，我们把阵地完好无损地移交给了他们，祝他们成功，然后我们坐原先那辆卡车返回了第25师。

没有人为我们组织凯旋仪式，在塞瓦斯托波尔防区的各条战线上，苏军各部队官兵每天都在立下了不起的功勋。在敌人时常发动的空袭和炮击之下，哪怕是执行最普通的任务也是一项功勋，那些在深藏于因克尔曼隧道里的工厂工作的工人同样如此。

我写了一份突袭无名高地的报告，连同德军文件、无线电台和其他有趣的东西（例如一壶朗姆酒）一起交给了别兹罗德内大尉，材料数量之多，令负责侦察工作的团副参谋长大吃一惊。我们还谈到了突袭的经过，我问他，参加此次突袭行动的战士表现出了非凡的勇气、决心和超强的纪律性，能不能推荐他们获得政府嘉奖？别兹罗德内大尉神秘地笑了笑，答道："这个情况，司令部已经掌握了。"

大尉是认真的。3月初，我荣获了滨海集团军军事委员会颁发的"狙击手杀手"证书，证明"帕夫卢琴科"上士（Pavluchenko，他们把我的名字写错了）消灭了257名法西斯分子。证书上有集团军司令员彼得罗夫少将、伊万·菲利波维奇·丘赫诺夫（Ivan Filippovich Chukhnov）师级政委和米哈伊尔·格奥尔基耶维奇·库兹涅佐夫（Mikhail Georgievich Kuznetsov）旅级政委的签名，两名政工人员都是集团军军事委员会委员。这是我微不足道的战绩第一次得到官方正式认可。此外，4月，费奥多尔·谢德赫、弗拉基米尔·沃尔奇科夫和我，都荣获了战功奖章。

关于这次远征，我和丈夫讨论了很久，但更多的是从每个狙击手表现如何的角度。我下属的军事行为无可指责，而且我相信我们彻底完成了任务，因为没有一人减员。对我来说，作为指挥员，这是成功的最重要标志。在战争中失去战友是极为痛苦的经历，特别是那些久经战火考验的战友。无论是当时还是现在，我都认为战争虽然极其残酷，但它却是了解一个人的最佳途径。在我身边和我一起保卫塞瓦斯托波尔的人都非常了不起，只是后来，他们的命运才变得各自不同。

12

1942 年春天

最后，我们还因为攻占无名高地得到了奖励：批准我们休假进城。

同志们推荐我和廖尼亚去参观 2 月 23 日在伏龙芝街（Frunze Street）画廊开馆的博物馆，我们在展厅里漫步，观看各种展品。这是一次真正的历史之旅：从 1854—1855 年第一次保卫战，到十月革命和内战时期，再到今天第二次保卫战的重大事件和英雄。在各种照片和文件中，我找到了"恰巴耶夫"师的介绍、机枪手尼娜·奥尼洛娃的介绍，甚至还有我自己的介绍。组织者在一个专门展厅里展示了塞瓦斯托波尔各家工厂为滨海集团军制造的武器弹药，还挂了先进工作者的肖像。同时展出的还有战利品：德国武器，在城市上空被击落的飞机残骸，侵略者的家信和日记，战斗中缴获的法西斯军旗，纳粹对当地居民下达的命令，其中出现最多的词是"枪决"。

尽管在打仗，塞瓦斯托波尔居民还是一直在修复被破坏的经济。城市看上去也并不肮脏，完全没有被忽略和遗弃。商店、综合诊所、澡堂、理发店和各种商业服务机构都已开门营业，有轨电车也在运行。如今开了一个新的博物馆，大家都愿意参观：本地居民，刚从大后方来到这里的人，还有休假的军人都来了。

平民对前线下来的军人非常热情，有个擦鞋匠免费给我们擦鞋。在乌达尔尼克（Udarnik）电影院附近的公社广场上，我们遇到的几名妇女主动提出给我们免费[1]洗熨衣服，然而市区的供水是严格配给定量的。我们毫不留恋地告别了冬天，这个冬天充满了战斗和焦虑，但也使捍卫者更加坚信他们有能力顶住纳粹的猛攻，估计在春天形势会缓和下来。梅肯齐山上的森林会变绿，树叶能掩盖我军的掩体、战壕、交通壕和火力点，从而减少我们的伤亡。海上吹来温暖的南风，夜间站岗就不会那么冷了。会下雨，雨量不会很大，但山间的溪流还是会有些涨水。太阳会更经常地从云层中露出来，我们会把它想象成胜利的阳光。

1942年3月3日上午，天气晴朗而温暖，我们在防空掩体里根本待不住。我和阿列克谢决定去露天吃早饭，听着塞瓦斯托波尔的麻雀喳喳叫，谁也管不住这些到处乱窜的麻雀。我坐在一棵倒下的树上，丈夫搂着我的肩，说起他童年的趣事。就在这时，敌人突然开始用远程火炮炮击第54团阵地，第一次齐射炮弹在后方很远处爆炸，第二次齐射也打偏了，第三次……

"你没事吧？"基岑科刚问出这么一句，第三次射击的炮弹就在我们身后爆炸了。几十块弹片在空中呼啸而过，我的少尉为我挡住了弹片，他却没有逃过。在最初的一分钟里，我还没觉得他伤得多重，阿列克谢紧捂右肩呻吟着，随后鲜血顺着上衣袖子一个劲儿往下流，他的胳膊无力地耷拉着，脸色变白了。

"廖尼亚！坚持住！廖尼亚，我这就给你包扎！"我撕开急救包，赶紧

---

[1]　"免费"二字据俄文版增加。——中译者注

给他肩膀缠绷带。白色绷带裹了一层、两层、三层，但伤口太深，血从绷带里渗了出来。

费奥多尔跑来帮忙，我们把连长放在毯子上，慌忙把他抬到急救站。幸运的是，连队卫生员叶莲娜·帕利和一辆马车刚好在急救站待命。我们把连长安置在座位上，迅速前往因克尔曼的师医疗营，去找外科大夫皮舍尔 – 加耶克。医生马上给廖尼亚安排了手术，我留下来等结果。

我心里还是期盼能出现奇迹。我等了一个半小时，回忆了很多很多，想起了初次见面，想起了黄昏的森林，少尉在炸碎的树底下发现我，他对爱情的表白，以及我们幸福的夫妻生活。对我来说，天底下没有人比阿列克谢·阿尔卡季耶维奇更亲近、更可爱，让我更依恋了。在艰难的环境中，他始终保持乐观，失败了不绝望，成功了不骄傲。最重要的是，他总是能为当下的场合找到合适的话语，而我信任他更胜过信任自己。

我们了不起的医生弗拉基米尔·费奥多罗维奇·皮舍尔 – 加耶克从手术室出来，脸色阴沉，紧紧握着我的手，小声[1]说："柳德米拉，挺住。恢复的可能性不大了。我只能给他右臂截肢，只剩下一根肌腱连着。更糟糕的是他后背的 7 块弹片，我取出了 3 块，别的……"

之后我就不记得了。我是在某间屋里的一张狭窄的病床上醒过来的，不知身在何处。有个穿着白大褂、围着头巾的年轻护士递给我一杯什么液体，散发着浓烈的缬草味 [2]，让我喝光。我一饮而尽，但还处于一种昏昏欲睡的奇怪状态，我下意识地把手放在装着 TT–33 手枪的枪套上，一摸，枪没了。女孩惊恐地看了我一眼，赶紧解释：他们说，手枪肯定会还给您，

---

[1]　"小声"据俄文版增加。——中译者注

[2]　缬草根可做镇静剂。下文"溴化物溶液"是因为溴离子也可抑制中枢神经，所以溴化钾、溴化钠、溴化铵等也都常做镇静剂。——中译者注

现在还不行。

"我的枪！赶紧给我！"我一惊，从床上猛地坐起来。

"柳达！柳达！冷静！"原来皮舍尔－加耶克就站在不远处，"你要干什么？你先跟我说，拿枪干嘛？"

"这是我的配枪，我应该一直带着它！"

"你先冷静，别激动！"

"你以为我想自杀？"我声音肯定太大了，"不！绝对不可能！那帮混蛋别想活着看见我自杀！他死了，德国鬼子一定会付出代价！我要血债血偿！"

长话短说，乱了一阵子，"托托沙"还是回到我手中。我轻轻抚摸着枪柄上的棱纹，将这把沉重的手枪塞回枪套，扣好了扣子。营长德罗明批准我留在医院，陪伴我重伤的丈夫。夜间，阿列克谢时而神志不清，时而昏迷，时而又清醒过来。清醒的时候他还挣扎着露出笑容，努力说些鼓励我的话。3月4日中午，一切都结束了。他在我怀中死去了。

葬礼是第二天在兄弟会公墓举行的，第54团所有不值勤的军官都参加了，团长马图西耶维奇少校、政委马尔采夫，第2连的许多官兵以及我的狙击排全体战友都来了。马图西耶维奇的讲话不长，但很有力，充满感情。然后，基岑科少尉的全体部下向他道别。棺材入土时，步枪手和冲锋枪手对天数次鸣枪，军官们也鸣手枪告别，但我却没办法掏出自己的手枪。马尔采夫问我为什么不开枪告别，老实说，我军的政工人员有时候真是迟钝得惊人，我都没办法认真回答。我说的话听起来可能很傲慢吧："我不是朝天开枪的人。我的告别鸣枪是给纳粹分子的，我发誓，一定要打死他们至少100个人，兴许还不止100人……"

当然，这不是心里话。我只是不想接受我深爱的丈夫已经离去，他依然留在我身边，我感觉到了他的存在。廖尼亚破碎的身体躺在塞瓦斯托

波尔的泥土中，可他善良敏感的灵魂还没有找到安息之地。我和他对这把
TT–33 手枪有着同样的感情，用这把枪为他送行并不合适。一直以来，这
把枪对我都是神圣的存在，国家和军队给我这把枪是为了防御，为了进攻，
为了我在必须最后选择"光荣"或"偷生"的时刻，相信自己的力量。

阿列克谢·基岑科下葬以后，我的人生变了。我回到我们的掩体小家，
连续 3 个晚上没有睡着。接着，我想拿起一把狙击步枪，却发现手抖得厉
害，根本握不住。我不得不去医疗营看神经科大夫。大夫诊断是创伤后神
经官能症（post–traumatic neurosis），并建议我留院观察两周，定期服用缬
草根酊剂，还有一种含有溴化物溶液的药。因克尔曼隧道里的医疗中心，
安静，冷清……非常无聊。费奥多尔·谢德赫和弗拉基米尔·沃尔奇科夫
来看我，谢德赫已经晋升了上士，沃尔奇科夫也升了中士。我们连长去世
后的第 9 天，我们决定去公墓给他上坟。

公墓位于第 4 防区，从我们第 3 防区有 3 条路通往公墓，其中一条
铺了柏油路面。德军多次轰炸这条重要的运输公路，我军工兵一次又一次
修好，因为墓地也是亚历山大·格里戈里耶维奇·卡皮托欣（Alexander
Grigoryevich Kapitokhin）上校的参谋部驻地，他是第 4 防区指挥员兼步兵
第 95 师师长。经常有军车开到那里去，搭顺风车很容易。

兄弟会公墓周围是很高的克里米亚石灰岩围墙，安了铸铁大门，两边
有金字塔形门楼，远远看去就像一座堡垒。19 世纪第一次保卫战期间，数
千名保卫者长眠在这里，包括 30 名陆军和海军将领。保卫者们不光有战争
期间下葬的，也有按照沙皇敕令和自己的遗嘱在战后很长一段时间里下葬
的，最晚下葬的人要到 1912 年才被葬在这里。这座宏伟的军人纪念地还有
一座重要的教堂，纪念显灵迹者圣尼古拉（St Nicholas the Wonderworker）[1]。

---

[1]　约 270—343 年，东正教圣人，一生慷慨助人，被认为是圣诞老人的原型。——中译者注

教堂也是金字塔形，内部镶嵌着精美的马赛克壁画。如今，教堂的十字架没了，屋顶也塌了。早先我军在教堂设立了炮兵观察哨，纳粹发现后直接用炮击摧毁了这座古老的教堂。

苏军官兵墓地位于公墓东北的墙边，在一座小山后面。我们从南门进了公墓，沿中间小路慢慢爬上小山，来到山上的金字塔形教堂。8天以前，我没有力气也没有时间去看小径两边的豪华墓碑，都是用黑白大理石、花岗岩和闪长岩砌成的。现在不着急了，我们在小径的起点停了下来。路边有一根漂亮的白色大理石柱，刻着精美凹槽，柱顶上是一尊男人的半身像，穿着大衣，大衣下露出军服。半身像下方是一只大理石雕刻的双头鹰，爪子抓着一面圆盾，盾上刻着铭文"俄罗斯致赫鲁廖夫（Khrulev）"。赫鲁廖夫将军是第一次围城战的英雄，亲自率领"跨巴尔干"团（Trans-Balkan）、"谢夫斯基"团（Syevsk）和"苏兹达尔"团（Suzdal），在保卫马拉霍夫高地的战斗中发起进攻。俄军士兵凭着刺刀，多次打得英军和法军落荒而逃。

这个宁静的3月天，赫鲁廖夫的大理石雕像在石柱顶端悲哀地俯瞰着扫墓的人们。纪念碑后面是合葬墓，躺着成千上万的城市保卫者，他们的名字无人知晓。但是纪念碑的设计者用这段铭文向他们致敬："团结起来，无与伦比的勇士们，在你们家族的墓地中，兄弟般地团结在塞瓦斯托波尔战役的英雄周围！"[1]

我们沿着小路继续前行，这里的墓碑肯定是由最优秀的雕塑家、建筑师和艺术家创作的。他们用大理石、花岗岩和带有古朴装饰的金属铸件制作墓碑，尽管时间的破坏力很大，但这些金属依然保存了第一次围城战时期英雄们的姓名、军衔、职务和生卒年月。

---

[1] 俄语作：Сомкните теснее ряды свои, храбрецы беспримерные, и героя Севастопольской битвы окружите дружески в вашей семейной могиле! ——中译者注

圣尼古拉教堂后面的地方还没有这样的东西，这里是为第二次围城战的牺牲者专门保留的。一个个仔细安放的土堆沿着灰色的墙壁延伸，土堆上有着用胶合板制作的五星。不过，步兵第 54 团阿列克谢·阿尔卡季耶维奇·基岑科少尉的墓却与众不同，五星和下面的基座涂上了厚厚的红色油漆，墓碑上的铭文也更长："生于 1905 年 8 月 10 日，因负伤卒于 1942 年 3 月 4 日。"墓边上有一根树桩，我们坐在树桩上，望着整排悲伤的墓。有些地方的泥土已经干透，塌了下来，土堆失去了原先的轮廓，但其他地方依然是葬礼的黑色。

我把一束绿色的杜松小枝放在坟上，从装防毒面具的帆布袋里拿出一块面包，在五星柱子旁边弄碎，这样就有更多鸟儿飞过来。费奥多尔拿出一壶兑水的烈酒，倒进一个大口杯，也放在五星旁边。接着我们每个人也喝了一口这种普通的前线饮料，沉思良久。

"安息吧！"兄弟会墓园的古老墓碑上经常有这句话，如今我可以重复这句话了。我极不情愿地告别了心爱的人。我们必须回到前线，以冷静、耐心和钢铁般的毅力继续履行军人的职责。

回到团里，有几封信正等着我，寄信人是姐姐瓦莲京娜、母亲、父亲和儿子。我坐下来给他们写回信：

最亲爱的莲努夏：

这是 9 个月来第一次收到你[1]的信（两封，来自瓦利娅[2]、你、"小海象"和爸爸）。今天我给你们大伙儿写信。莲努夏，（收到信）

---

[1] 俄语中称呼至亲，在亲密场合下一般用"你"，不论对方年龄，因此柳德米拉信中称呼母亲不用"您"。——中译者注

[2] 瓦利娅（Valya）是作者姐姐瓦莲京娜的小名。——中译者注

我的欣慰难以言表！你们的日子肯定很困难，但最亲爱的你们都在远离前线的大后方，这才是最重要的。

莲努夏，你根本没法想象现代战争是什么样子。亲爱的，我是多么担心你啊！这一两天我就给你发一份文件证明我在参军，这样能改善一点你们的物质生活。现在容我说一下自己的情况吧，我是一名上士，一名狙击手，杀敌纪录是 257 人。前几天我收到了集团军军事委员会颁发的证书和文件，上级已经提名授予我列宁勋章。就这些。真的，我是集团军荣誉榜的第一名！莲努夏，就这样吧。再有什么惊人的事和具体细节，等打完仗再写吧，现在不是写回忆录的时候。这段时间，从 8 月 6 日到现在，我一直都在前线战斗。我现在当了狙击手教官，寄给你一份剪报和我的配给卡，在我看来这些就够了。亲爱的，你的柳达本来就很傻，如今因为高兴变得更傻了，因为知道了亲爱的你远在大后方，很安全。

莲努夏，我什么也用不着，这儿什么都有，是人民在养活我们。亲爱的，我失去了一个极重要的人。廖尼亚 3 月 5 日下葬了，他不再陪着我了，但没关系，莲努夏，我会自己战斗下去。这个事实很难接受，但我为他骄傲，他是好样的，像他一样的人，全世界也没几个。妈妈，他救过我 3 次，打仗的时候救人，就真是救人的命啊。

莲努夏，这件事我再也不说了，不写了。还是太难受了……[1]

儿子寄来的信非常感人。他说了学校的事情，俄语听写得了个"优"，

---

[1] 帕夫利琴科给母亲 E.T. 别洛娃的信，日期为 1942 年 3 月 15 日，现藏俄罗斯联邦武装力量中央博物馆，档案编号 4/18681。

心算考试"良"。不过他最喜欢的还是《语文》[1]课本，尤其是军队统帅亚历山大·瓦西里耶维奇·苏沃洛夫的故事。

自古以来一直如此：俄罗斯人总是能打败入侵祖国的敌人。"小海象"写下的短句子我读了好几遍，看着横线信纸上满满的工整笔迹，我陷入沉思。我必须告诉这个 10 岁男孩，他的祖国正在打仗，这是一场史无前例的战争，战争的发动者想要彻底消灭我们的人民，残酷程度前所未有。只要我没有把这个小家伙吓着，或是在他心里灌满恐惧，让他未来当不了兵。

塞瓦斯托波尔各条战线上依然保持相对平静，但狙击手依然满负荷工作。为了表彰他们在抗击侵略者的战斗中做出的巨大贡献，塞瓦斯托波尔防区司令部决定召开一次大会，让狙击手们交流经验。1942 年 3 月 16 日星期一，大会召开。

主席台上方挂着一条红色平布横幅，上面用白色字母写着："向我们的狙击手——前线的斯达汉诺夫工作者（Stakhanovite）致敬！"[2]横幅下面，主席台桌子后面坐着一众大人物：黑海舰队司令员奥克佳布里斯基海军中将，滨海集团军司令员彼得罗夫少将，舰队军事委员会委员阿扎罗夫师级政委，还有集团军军事委员会委员库兹涅佐夫旅级政委。他们听了滨海集团军副参谋长瓦西里·弗罗洛维奇·沃罗比约夫（Vasilii Frolovich Vorobyov）少将的讲话，讲的是塞瓦斯托波尔防区狙击作战的发展情况。

讲话很实在，客观叙述了当时的形势。沃罗比约夫的开场白还有些诗意，将军说，春天来了，很遗憾，黑夜越来越短。这对城市守军是坏事，

---

[1] 俄语 Родная речь，直译《母语》，按中文习惯译为《语文》。——中译者注

[2] 斯达汉诺夫工作者即非常勤奋、产出极高的工人。中译者补充：以采煤工人阿列克塞·斯达汉诺夫（Alexey Stakhanov，1906—1977）命名，其事迹多有争议。这一横幅的俄文作 Привет снайперам – стахановцам фронта!

因为给养主要由黑海班轮和黑海舰队运送，船舶在夜间到达塞瓦斯托波尔，在南湾码头卸货，避免被敌人侦察机发现。如今这样的机会少了，而且纳粹空军占了优势，我们的弹药、武器、给养和增援部队的运送很可能会出现新的困难。

敌人准备第三次进攻海军主基地。根据侦察情报，德军第 11 集团军的兵力增至约 20 万人，两倍于保卫城市的苏军官兵，德寇不停向前线运送新的大炮和迫击炮。

这类武器数量可能达到 2000 门，实在是个惊人的数字，而我们只有 600 门炮。由著名的王牌飞行员冯·里希特霍芬（von Richthofen）大将指挥的德军第 8 航空军正调往克里米亚，德军可用的飞机将增至 700 架，而我军只有 90 架。

沃罗比约夫少将转向我们——塞瓦斯托波尔步兵当中约 150 名最优秀的射手，每个人至少射杀了 40 名德军官兵。少将坦率地说：

> "如今，德国鬼子来得更多了。就是说，我们必须增加歼敌数量，这样才能拉平攻守双方的机会。我们的统计显示，普通军人消灭一个敌人需要 8~10 发子弹，而狙击手只需要 1~2 发子弹。亲爱的同志们，一定要记住，今后弹药会越来越少，因此需要更节省、更有效地使用。塞瓦斯托波尔防区司令部要求你们，不光自己在火力点上要当突击手，当斯达汉诺夫工作者，还要把枪法传给其他战士。你们每人都要选出 10~15 名学员，对他们进行短训。我们承诺给他们提供步枪和瞄准镜。"

我代表与会狙击手第一个发言，因为我杀敌数目最多——257 人。我说：我们荣获了"前线斯达汉诺夫工作者"称号，必须以优秀的射击成绩来证明，要履行新的义务。我自己承诺，把杀敌数目增加到 300 人。

这是一场心照不宣的竞赛，歼敌数位列第二的是海军步兵第 7 旅冲锋枪排排长诺伊·阿达米亚（Noi Adamia）海军准尉，战绩是 165 人。诺伊是格鲁吉亚人，战前毕业于敖德萨海军学院，在黑海舰队服役。诺伊的发言很紧张，不光有浓重的格鲁吉亚口音，而且情绪激动。他对在场的人报告说，他已经给大约 80 名士兵做了特等射手基础培训，还打算接着做下去。最后他把杀敌数量增到了 200 人。1942 年 7 月，诺伊在赫尔松涅斯灯塔（Chersones）附近的战斗中失踪。之后，他被追授苏联英雄称号。

伊万·列夫金（Ivan Levkin）曾是边防军的士兵，现任内卫军第 456 团的下士，这个团现在隶属步兵第 109 师。列夫金说他消灭了 88 名敌人，列夫金的同团战友，另一名狙击手伊万·博加特尔（Ivan Bogatyr）下士的猎杀纪录是 75 人。博加特尔后来在敌人的最后一次进攻中出了大名，在巴拉克拉瓦村附近的阵地上，他忍着伤痛坚持了 5 个小时，用机枪多次打退敌人的攻击，这一壮举让他荣获了苏联英雄称号。

狙击手是不善言辞的孤独战士，他们不知道怎么演讲，其他与会者的讲话听着有些单调。他们提到了自己的战绩，承担了更多义务，讲了一些原地伪装的方法，与德军特等射手的对抗，还有在克里米亚的冬季和春季条件下如何保养武器。狙击手们在向上级做报告时似乎很怕越过某种底线。彼得罗夫少将比奥克佳布里斯基海军中将更了解陆上防线的情况，他决定把交流转向更具体的话题：

　　"狙击手同志们！作为真正的爱国者，你们随时随地准备打击侵略者。但你们有什么要求和愿望？塞瓦斯托波尔防区司令部要怎么帮助你们完成你们在前线的重要工作？请开诚布公地畅所欲言，不要难为情。我们召开这次大会就是为了这个目的，不光讨论成功，还要讨论困难。"

这番话在礼堂中引起一阵骚动，狙击手们听了高高兴兴出去吃饭了。军需处也不负众望，请他们吃了蔬菜沙拉、刚捕到的鲻鱼鱼汤、炖牛肉和烩水果。当然，菜单上还有经典的"前线100克"伏特加。[1]

随后，讲话就变得更实在了，狙击手们说起了战壕里的生活，有什么说什么。例如，伪装材料没有及时发下来，让他们很不高兴。这就导致他们在10月必须穿褐色迷彩服的时候只能穿着绿色迷彩服，而且那些能帮助他们增强阵地防护的装甲护盾经常被闲置在仓库里……应该为狙击手提供最简明的弹道表，这样新手就不会被复杂的表格吓退，而且出发执行任务的人应该配备干粮，包括比白开水更解渴的酸果汁[2]……狙击手还特别希望统一指挥[3]，因为狙击手分属不同的单位，只要上级愿意，就能随意调他们去干别的活，而他们只能服从命令。结果就导致一些受过复杂训练的人员要负责挖掩体和战壕、站岗、开车甚至做饭，因为这是他们档案里记载的第一个岗位……冲锋的时候，也可能派狙击手和普通连队的士兵一起进攻，这一丁点儿意义都没有，因为狙击步枪没有刺刀……最好让狙击手占据预先选定的某个隐蔽点，在那里向敌人的机枪火力点开火……而且狙击手比

---

[1] 苏芬战争期间，斯大林曾指示给前线将士每人每天配发100克伏特加，50克油脂。苏德战争爆发后，这一制度进一步确立，1943年逐渐减少，1945年德国投降之后，苏军取消这一制度。——中译者注

[2] 译者对此表示怀疑。咨询了执业医师和生物专家后，初步认为解渴的感觉来自酸性物质刺激的唾液分泌，是一种主观感受，并非生理现实，也就是体内的水分并没有增加。——中译者注

[3] 指组织的各级机构及个人必须服从一个单独上级的命令和指挥。——中译者注

普通步兵更需要休息，这一点怎么会有人不明白？一周放假一天，让这些出色的家伙去后方补个觉吧……

彼得罗夫少将不紧不慢地把这些建议全都写在了笔记本上，他随后做了总结陈词，回答了很多问题，说落实这些要求和愿望需要各种层面的工作。发干粮和准假都很简单，可是编辑和重印弹道表需要的时间肯定超过一个星期。至于"让个别指挥员明白，狙击手是一种特殊的专业人员"，这不是一蹴而就的事情，不过可以努力去做。顺便说一句，彼得罗夫少将在这一天举行的狙击手大会，刚好是在整个滨海集团军将士心目中提升狙击手威望的方式之一。

大会以一种不同寻常甚至是欢快的气氛结束，全苏巡回音乐协会前线大队为狙击手们献上了一台音乐演出，有弦乐器演奏的古典乐、手风琴二重奏的民间音乐、流行歌曲、苏联诗人的诗朗诵、幽默故事，最后是魔术师 S. 博布罗夫斯基（Bobrovsky）的魔术表演，震惊全场。

1942 年 3 月到 5 月期间，我军和敌军的战线都在原地，没有什么重大变化。狙击手们看到了塞瓦斯托波尔防区司令部的照顾和关注，行动热情高涨。我们阵地会定期收到《红色黑海水兵报》（俄文：*Красный Черноморец*），报上有一个专栏《去塞瓦斯托波尔的路上》（俄文：На подступах к Севастополю，英文：On the Approaches to Sevastopol），每天都会报道狙击手的战绩，还有高炮手、近卫歼击航空兵第 6 团的飞行员击落的敌机数量。

这是我在那一段时间的笔记：3 月 31 日，红军狙击手消灭了德军官兵 32 人；4 月 3 日，18 人；4 月 4 日，26 人；4 月 6 日，25 人；4 月 7 日，26 人；4 月 8 日，66 人；4 月 9 日，56 人；4 月 10 日，108 人；4 月 11 日，53 人；4 月 14 日，55 人；4 月 15 日，50 人；4 月 18 日，83 人；4 月 19 日，65 人。

4月的30天内，狙击手们总共将1492名纳粹分子送到另一个世界；5月上旬的10天里，又击毙了1019人。

塞瓦斯托波尔的居民也没有消沉，对未来充满希望。到庆祝五一节的时候，居民们已经恢复了这座被围困6个月之久、满目疮痍的城市的秩序。在城防委员会的号召下，他们组织了一系列"星期六义务劳动日"[1]：清理了院子，焚烧了整个冬天在街道上堆积的垃圾，用土石填平了炮弹坑和炸弹坑，运走了成堆的瓦砾，用木板和胶合板遮盖建筑物底层被震碎的窗户，粉刷了公共花园和公园里的围栏及长椅，给树干刷了白灰，修补了街道和人行道。

按照彼得罗夫少将的命令，狙击手目前一周可以休假一天，我经常进城，看到那里的人民正在以极大的热情恢复城市的面貌。在清洁和整齐方面，它已经开始像战前那个美妙的南方城市，凭借其特殊的"海军风格"从苏联众多城市中脱颖而出。我最喜欢散步的地方是滨海大道，一眼望去，海湾的美景尽收眼底，再往远眺，便是辽阔的大海。林荫道上的小径原先到处是被炸弹摧毁的树木碎片，如今都清理干净了，洒了新鲜的海沙，花坛里也种上了雏菊、勿忘我和紫罗兰等花卉。木制长椅和凉亭也修葺一新，石桥上的龙形构件和离混凝土码头不远的著名沉船纪念碑一样，看起来令人惊叹。[2]

前线将士进了城，还有机会去澡堂洗澡，去饭馆吃饭，去理发店理发，去钟表店修表，去照相馆拍照，去邮电总局给亲友发电报。电影院也开着，白天放3场电影，放的是战前的苏联故事片和新闻片。

---

[1] 俄文 Субботник，也叫"星期六义务劳动日"，苏俄在1919年开始实施的活动。——中译者注

[2] 19世纪克里米亚战争期间，俄国黑海舰队为了阻挡英、法、土、意联军而将15艘舰船自沉在这里。——中译者注

这一切都让人非常安心。尽管经常有敌人轰炸和炮击（奇怪的是，我们竟然习惯了），但我们团里有传言说，苏军很快会从刻赤半岛（Kerch peninsula）向塞瓦斯托波尔进发。滨海集团军也会发动进攻，让德寇陷入两面夹击，从而解除围困。

应该说，这种假设是有根据的。早在 1942 年 1 月，我军 6 个步兵师、2 个旅、2 个团共计 4.2 万人曾在克里米亚半岛东部登陆，将德军击退了 100 千米，解放了刻赤、费奥多西亚（Feodosiya）[1]，还组建了克里米亚方面军。与其对峙的是德军第 11 集团军的部队，共计 2.5 万人。

可是，后续发展却与塞瓦斯托波尔英勇保卫者们的预期大相径庭。1942 年 5 月 8 日凌晨，纳粹开始进攻刻赤半岛。敌人在兵力上并不占优势，但他们把兵力集中在战线上的一处相当狭窄的地段，成功实现了突破。这在很大程度上，是克里米亚方面军司令员德米特里·季莫费耶维奇·科兹洛夫（Dmitri Timofeyevich Kozlov）中将和总参谋部代表列夫·扎哈洛维奇·梅赫利斯（Lev Zakharovich Mekhlis）一级集团军级政委的重大失误，他们未能及时预料到德军的计划，没有进行适当的侦察，随后还失去了对部队的实际控制。[2] 第 51 集团军和第 47 集团军各部开始无序地向东撤退到刻赤海峡，到 5 月中旬，纳粹占领刻赤市，随即占领整个刻赤半岛。我军损失惨重，数万人阵亡、负伤或被俘。德军获得很多战利品：300 多辆坦克，400 多架飞机和近 3500 门火炮、迫击炮。

---

[1] 又称卡法（Kaffa），位于黑海北岸克里米亚半岛的城市，今旅游景点。——中译者注

[2] 梅赫利斯态度简单粗暴，政治挂帅，因此与同事多次产生矛盾。5 月 8 日当天，曼施泰因发动进攻之前，梅赫利斯还在给斯大林打电报埋怨科兹洛夫，斯大林回电痛斥。刻赤战役失败后，梅赫利斯和科兹洛夫均被撤职降级。参考吴伟等人的著作《横扫千军：苏联卫国战争著名战役纪实》，世界知识出版社，1995。——中译者注

克里米亚方面军的溃败，意味着德军必然第三次进攻塞瓦斯托波尔，我们很快就亲身体验到了。自5月20日起，敌机开始大规模轰炸黑海舰队的主要海军基地。每天都有数百架"容克"与"梅塞施密特"升空，向城市投下了数以千计的炸弹。机翼上涂着黑色十字的飞机不断在城市上空出现，一批轰炸机回去，马上又飞来另一批。苏联空军只有大约100架飞机，根本无法抵抗，飞行员已经尽了最大努力，每天要出动六七架次。他们在赫尔松涅斯灯塔附近的机场遭到德军远程炮火打击，大口径炮弹爆炸后引燃了几架飞机，杀伤了一些人员。

整座城化作一根火炬，成了烟与火的海洋。祸不单行，又正值极端高温，高达摄氏40度，再加上供水管道被德军破坏后极度缺水，加剧了火势。德军连续几天轰炸了先前幸存的所有大型建筑，各街区（尤其是市中心及海湾沿岸）变成一片废墟。有的建筑物倒塌了，有的被严重烧毁，犹如碳化的板条箱一般矗立着，没有屋顶和窗子。

我们第3防区的战线上，战况也很激烈。敌人杀伤力最强的武器应该是重型迫击炮，根据最新的侦察情报，德寇在前线布置的密度达到了每千米20门。而且，火炮密度还在增加，达到了每千米37门。从1942年6月2日到6月6日，我军前线一直遭到这样的猛烈打击。不过，第25"恰巴耶夫"师并没有重大减员，因为官兵都隐蔽在很深的掩体里，还有为狙击手提供的专门掩体——我们称为"狐狸洞"的散兵坑。

德军第11集团军参谋部可能认为，这样的炮火准备之后，苏联人即使没有被全歼，至少也会士气低落，对德军的进攻不会展开有力抵抗。德国鬼子一如既往地把算盘打错了。

1942年6月7日凌晨4时，第三次进攻开始。飓风般的炮击和大规模轰炸持续了大约60分钟。您要是在场，可能会以为塞瓦斯托波尔内外经历了一场火山喷发。烟柱、焦糊的气息、爆炸掀起的泥土，所有这一切在我军阵地上形成了巨大的黑云，透过黑云，几乎看不见灿烂的夏日阳光。伴随着敌人凶猛的火力准备，还有敌机引擎的轰鸣和隆隆的爆炸，听起来就像不可思议的、疯狂的刺耳音乐。

凌晨 5 点左右，德军步兵在坦克和突击炮的支援下向城防部队的阵地推进。自从敖德萨保卫战以后，我已经有很长时间没见过这样的场面了。炎热的 6 月白昼才刚刚开始，一阵微风吹散了一缕缕黑烟，泥土和尘埃逐渐落定。在地狱般咆哮之后的寂静中，坦克发动机轰轰作响，在别利别克河谷中前进。坦克后面是密密麻麻的步兵队列，德军士兵赤裸上身，昂首阔步。

一群群德国兵有的端着毛瑟步枪，有的举着 MP 40 冲锋枪。德寇与奉指挥员的命令守在战壕中的我们"拉津"团之间的距离逐渐缩小，如今不超过 600 米了。

"这是攻心战吗？"费奥多尔·谢德赫问我。他站在我旁边，我们都躲在一条狙击手战壕里，战壕用一根断成几截的橡树树干做了伪装。

"这些耗子，还变得贼大胆了！"我用双筒望远镜观察敌人队伍。透过镜头看到了一张张狰狞扭曲的灰色面孔，结实的躯体并没有被太阳晒黑。这是一帮衣食无忧、训练有素的真正的"帝国军人"，还没有被长期的围城所累，最近刚从顿涅茨盆地（Donyets Basin）[1] 调到塞瓦斯托波尔，原先隶属于德军第 17 集团军。以上情报来自我们的侦察员，侦察员一直在穿越前线，抓"舌头"审问。阿道夫·希特勒的精锐士兵现在就在我们面前，他们大步往前，被石头绊得跌跌撞撞，聊着天，用肩膀互相推搡，偶尔还把

---

[1] 乌克兰东部地区，又称顿涅茨煤田，简称顿巴斯，与克里米亚半岛隔着亚速海相望。——中译者注

步枪甩到背上，或是从背上甩到身前。我发现这些人的行为有些反常，很快就意识到德国鬼子喝醉了，一点也不清醒。

前一天晚上，我考虑了敌人一旦正面进攻我防区，我方应该如何部署，然后决定应该让狙击手携带 SVT-40 狙击步枪进入一线阵地。此时我的狙击排里有 12 支 SVT-40 狙击步枪，我检查了这些步枪，接着又把我那支带铭文的托卡列夫自动步枪擦拭了一遍。该听到它响亮的枪声了，当然这声音会淹没在一轮轮机枪连射声，还有迫击炮、45 毫米和 76 毫米团属火炮的齐射声中。

我们的战壕在右翼，在主阵地前方，紧挨着机枪手。狙击排有一部分人在左翼，还有几个人和步兵一起待在战壕里。狙击手的任务是快速狙杀敌纵队里的军官和士官，然后专门打击敌人的机枪火力点和迫击炮组。

纳粹正在朝我们走来，我们拿起了靠在矮墙上的步枪。我在"斯维塔"上装了一个弹匣，取下目镜上的皮制盖子，通过瞄准镜来确定距离。我教新兵狙击基础课已经很长时间了，要求他们把基本规则像时间表一样记牢：如果十字瞄准线的水平线的宽阔部分覆盖了移动目标的膝盖，则距离为 250 米。如果到腰部则为 400 米，到肩膀是 600 米，整个人都可见则为 750 米。当然，还有其他更加精确的办法，可以根据 PE 和 PU 瞄准镜确定射手和目标之间的距离，但这需要用方程计算，而很多红军士兵的数学水平根本达不到要求。无所谓了，今天用基本的办法也足够了，因为最重要的是服从指挥。

如今，这个排的排长是费奥多尔·谢德赫上士，因为 1942 年 5 月开始，我当上了第 54 团参谋部下属的狙击手教官。任务和先前一样：训练红军新兵的枪法，检查他们的武器状况，接收新武器，校准，为各分队指挥员提供狙击战术咨询，每两周召集狙击手交流经验，进行指导，准备组织特等射手出击无人区和敌后。前线稳定的时候，这样的出击行动对我们很有利。只是眼下看来，从今天开始，突击的事情，我们不得不忘掉了。侵略者已经发起进攻，而且从目前的别利别克河谷形势来看，敌人的意图很明显。

我的瞄准镜里出现了一个走在德军队伍右翼的军官，手里拿着一把手枪，这是狙击手在前线最适合的目标。距离变了，接近 500 米，让他再靠近一些。他的头部已经到了我十字准星里面。我的右手自然放在枪托上，食指放在扳机上，稍一用力，一声枪响，步枪后坐顶到了我的肩膀，拿手枪的军官倒地身亡。

这一枪如同信号一般，我军炮兵开火了，炮兵第 69 团和炮兵第 99 团，以及炮兵第 905 营、第 52 营、第 134 营的榴弹炮群进行齐射。立刻有几辆德军坦克被击毁，接着炮弹在敌人的步兵队伍里开了花，与此同时，海岸炮台的大口径火炮也开始猛烈打击敌人。黑烟再次冲天而起，但这一次的炮击是苏军发起的，敌进攻纵队被彻底歼灭。德军的第一次尝试失败，他们原指望塞瓦斯托波尔的保卫者会因为德军的空袭和炮击丧失战斗意志，现在如意算盘落空了。

4 辆敌方坦克在战场上燃烧，其余的爬回了出发阵地，死去的半裸士兵在枯萎的褐色草丛和炮击烧成的片片黑色土地映衬下，显得格外惨白。但寂静没有持续多久，一些 Ju 87 "树皮鞋"轰炸机出现了，向我军阵地投下几十枚炸弹，然后俯冲下来，用机翼上的机枪朝"拉津"团扫射，我军士兵都躲进了散兵坑。大约一小时后，德军第 50 师、第 132 师撤下去的部队重整了秩序，还补充了新的分队，随后德军步兵再次穿过卡梅什利峡谷较为平缓的北坡向前推进。我和费奥多尔回到战壕里，拿起了自动步枪。

我向费奥多尔建议，尝试换一种打法：不再瞄准第一排，而是第二排，同时瞄准腹部。[1] 击中敌人腹部会造成致命伤，但不会立刻死亡，我们打了几发子弹之后，看到了效果。德国鬼子倒在地上痛苦地扭动着，有的大叫，有的呻吟，拼命求助。第一排的士兵开始四处张望，步履蹒跚，有的还停了下来，第三排也产生了混乱。德寇兴高采烈开始的攻击，最终被挡住了。当然，我方机枪手和迫击炮手也立下了大功，他们还进行了直瞄射击。[2] 到晚上，德军已经撤出了我们防区的战场，我们数了数尸体中那些被子弹击穿腹部铝制皮带扣的德国人 [3]，足有 20 多个。

然而，纳粹的主攻方向是第 54 团左侧 2 千米处，那里是海军步兵第 79 旅及邻近的步兵第 172 师的防区，战况对苏军很不利。一个德国坦克群沿着别利别克河谷推进，突破了两支红军部队的结合部，另一群德军冲出卡梅什利峡谷，进攻我第 79 旅官兵占领的各处高地。敌人取得了一些战果，到 6 月 7 日傍晚，德军在主攻方向已攻破我军防线，深入 1～2 千米。

第二天凌晨，敌人炮兵与迫击炮就开始炮击，随后德军飞机也进行了空袭，爆炸声响了整整 5 个小时。上午 10 点，德军对塞瓦斯托波尔防区发动了全面进攻，兵力主要集中在第 3 和第 4 防区的交界处，主攻我第 79 旅和第 172 师。只是现在德寇步兵不再以密集队形前进，而是在坦克、突击炮和装甲运兵车掩护下，分散成群组小心翼翼进发。

在激烈的战斗中，我军损失惨重，无论是第 79 旅还是第 172 师，只

---

[1] 这是作者的亲密战友费奥多尔·谢德赫在本书内最后一次出现。译者及俄语顾问在网上初步查找，均没有找到他的下落，也没有找到他乘潜艇撤离的记载。推测他很可能不幸阵亡或被俘后被德军杀害。——中译者注

[2] 重机枪在少数情况下会进行间接瞄准射击。选自 B 站作者"彩云的机械整备间"文章《重机枪标准用法是曲射吗？你又被地摊段子骗了》。——中译者注

[3] 柳德米拉和费奥多尔瞄准德军皮带的铝制带扣射击，那是一个非常显眼的腹部目标。——中译者注

有少数部队还能维持建制，被迫撤退。塞瓦斯托波尔的守军十分顽强，创造了英雄主义的奇迹，但他们由于弹药严重短缺而苦不堪言。5 月中旬以来，由于德军掌握了制空权，我方从新罗西斯克、波蒂（Poti）和图阿普谢（Tuapse）等城市[1]通过海路运送物资一直非常困难。6 月期间，弹药、武器、粮食和援军主要靠潜艇运送，但潜艇运力有限，无法满足守军的所有需要。

6 月 9 日黎明，敌坦克及步兵纵队就出现在我们"恰巴耶夫"师阵地前方通往梅肯齐山火车站的公路沿线。第 3 防区各炮兵部队收到了代号"狮子"的信号，所有炮兵团及炮兵营都向预先瞄准的敌军战线开火。敌人坦克有相当一部分炸毁，步兵转身逃走了。

尽管如此，德寇依然像大老鼠一样，缓慢而执着地啃噬着苏军防线。敌人的目标是突破到主海湾北侧，从而直捣我们这座英雄城市的核心，进而占领城市。

在一次共青团会议上，我最后一次见到了我们第 1 营的小伙子们，会议是 1942 年 6 月 16 日，在马尔特诺夫峡谷的一处悬崖下举行的。当时，敌人已经占领了整个卡梅什利峡谷，还有卡梅什利村、梅肯齐山火车站、319.6 高地、278.4 高地、175.8 高地、第 30 号海岸炮台、上乔尔贡和下乔尔贡村，以及城郊的一些居民点。兄弟会墓园一带，激烈的战斗正在进行。

团部的共青团书记雅科夫·瓦斯科夫斯基简要介绍了前线的形势。他说：第三次进攻开始的 9 天之内，第 1 营全营登记在册的共青团员已经阵亡了 2/3。没有增援，而且弹药、食物和水的供应越来越差。没什么可隐瞒的：塞瓦斯托波尔的命运已经注定了，但这并不意味着侵略者会高高兴兴，踩着乐队的鼓点沿着街道欢快行进。"拉津"团会牺牲自己，履行使命，直

---

[1]　都是黑海东岸高加索地区的港口城市。——中译者注

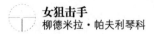

到最后。

我们静静地听他讲，年轻战士们的脸上是死一样的疲倦，他们汗渍斑斑的军上衣被难以忍受的烈日炙烤着，伤口的绷带也被火药熏黑了。他们带着武器从阵地上直接来到这里。书记转向我，我是在场的唯一一名上士，他想让我对他的讲话做出回应。我不想讨论什么，只回答了一句：

"我们发誓战斗到最后一滴血！"

"我们发誓！"其他人在我之后，齐声重复。

13

集团军司令员
的话

敌人的大口径火炮对我军阵地的打击越来越精确。当然，这是通过德军炮兵观察员实现的，他们可以引导炮火，因为德寇已经占据了一些本地的关键高地。我干掉了 12 名德军炮兵观察员，他们有的藏在树上，有的躲在小山上或建筑物顶层，可是现在一切都无济于事了。守军要面对的德军火力实在太猛了，废墟城市的街道上和通往前线道路上的单个行人及汽车，都成了德军飞行员开始追杀的目标。

敌人突然开始炮击我团团部，炮弹密集落下，在第三次齐射中，一枚炮弹击中了有数人藏身的掩体。现场顿时硝烟弥漫，碰撞声和弹片的呼啸声此起彼伏，别兹罗德内大尉头部受伤，当场阵亡。我还算幸运：只是右脸被一块弹片深深划了一道，我的右耳垂被撕裂，我的耳膜也因为冲击波和炮弹震荡而受损。我被送到师第 47 医疗营，杰出的医生皮舍尔－加耶克

"第无数次"给我缝合了面部伤口。第二天，医疗营接到命令，准备把一批伤员撤离到新罗西斯克，医生认为以我现在的伤情，应该跟他们一起撤。

1942年6月19日星期五，从新罗西斯克一下子来了5艘潜艇，给被困的城市运送了165吨弹药、10吨航空燃油和10吨补给品。潜艇也不会空返新罗西斯克，而是将伤员运到了后方医院。根据舰队特别委员会的计算，最大的那艘L-4潜艇可以至少容纳100人，L是"列宁主义者"（Leninyets）的简称。这艘潜艇建于1933年，是一艘水雷布雷艇，长约80米，宽约7米。1942年，这艘潜艇由波利亚科夫（Polyakov）海军少校指挥。

L-4夜间在卡梅什利湾卸货，船舱里为"恰巴耶夫"师的士兵分配了地方。于是，6月19日深夜，我来到了海岸的缓坡上，这里位于大草原的边缘，四周风声呼啸。整个白天，潜艇都躺在海底，躲避无处不在的德军轰炸，潜艇还没有上浮，伤员就已经在岸边聚集了不少。这艘潜艇从海底深处终于出现时，人们欢呼雀跃。在6月的暮色中，我们首先看到了潜艇高高的指挥塔，然后是指挥塔前方的100毫米舰炮，接着是整个潜艇，狭长的艇身像一根巨型雪茄，海水从潜艇圆润的侧面瀑布般倾泻而下。

最后，两个舱口都打开了，水兵们来到了金属甲板上。潜艇位于海湾的中央，人们先把伤员抬上停泊在木制码头的汽艇，再用汽艇把伤员运上潜艇。海军准尉是个肩膀宽阔的矮个子男人，他从口袋里掏出一份名单，用手电筒照着读。伤员排成一列，有的自己走路，有的需要卫生员和护士搀着走。

汽艇可以容纳15个人左右，必须往返多次，才能把所有伤员从码头运走卡梅什利湾的海面一直很平静，我们很快就从汽艇转移到了潜艇上。水兵们搭了把手，护送我们来到指挥塔后面的舱口，接着我们就必须通过一道非常窄的楼梯下到潜艇的第6个船尾隔舱，那里是食堂，地上已经铺了些软木床垫。这些床垫可以坐，可以躺，但最好别在上面走。我把行李袋放在一块金属隔板旁边，环顾四周，这片区域的天花板很低，只有两盏灯照明，光线很暗。

在我们脚底下，柴油发动机发出低沉的嗡嗡声。夜间 L-4 浮在水面上，白天下潜到最大深度，潜艇航行了 3 天后，被德国人发现了。敌方鱼雷艇投下了深水炸弹，飞机也投了弹，炸弹爆炸声在水下震耳欲聋，听起来就像艇壳受到了一下下重击。潜艇猛烈震动，我们舱里的两盏灯不停闪烁，忽明忽暗。气温升到 45 度，空气十分闷热，很多伤员陷入昏迷，水兵给他们分发了氧气筒。有了氧气筒，伤员们撑到了第二天晚上，潜艇上浮后打开了舱门，新鲜的海风吹进了狭窄的洞穴式走廊和船舱。

1942 年 6 月 22 日黄昏，水面航行状态的 L-4 驶入采梅斯湾（Tsemes Bay，新罗西斯克港所在海湾）。新罗西斯克市在海边绵延 25 千米，这座城市热情接待了我们，伤员被安置在 3 辆 1.5 吨救护车上送往医院。我凝视着海平面，夕阳的绯红色光芒照亮了大海，我想起了远离此地的塞瓦斯托波尔前线正在发生的一切。我团的战友们，勇敢的"恰巴耶夫"们还留在那里战斗。当时我还不知道，对我来说，这就是战争的最后一天。

塞瓦斯托波尔燃烧着被纳粹夷为平地，但它的保卫者依然在对抗侵略者。[1] 几百名伤员从这里被撤到了新罗西斯克。执行撤离任务的军舰有：驱逐领舰"塔什干号"（Tashkent）、驱逐舰"无瑕号"和"警惕号"（Bditelny），巡逻艇"暴风雪号"（Shkval），港口扫雷艇"爆发号"（Vzryv）和"捍卫者号"

---

[1] 1942 年 7 月 4 日，德军在付出惨重代价后占领塞瓦斯托波尔，对居民和苏军俘虏进行了残忍的报复，杀害、掳掠大量平民。苏联地下组织进行了艰难的抵抗。1944 年 5 月 9 日，在克里米亚攻势中，苏军收复塞瓦斯托波尔，当时全城居民仅剩下 3000 人。据《今日俄罗斯》杂志 2015 年 5 月号《伟大的功勋——第二次塞瓦斯托波尔保卫战》一文所述。——中译者注

（*Zashchitnik*），以及24艘潜艇。听了那些撤到高加索的士兵的讲述，我们毫不怀疑塞瓦斯托波尔防区将会很快沦陷。我还有些事情要打听，问了步兵第25师，问了第54团，但没人能回答我的问题。只有一次，有个右手到右肩都缠着绷带的中尉说，他看到我们师师长科洛米耶茨少将率领士兵在乔尔纳亚河左岸的因克尔曼，准备击退敌人的进攻。但我很难相信他的话，因为流入海湾的乔尔纳亚河河口还远在我师防线后方。[1]

周六，新报纸一如既往送到了医院病房。《真理报》头版有一篇苏联新闻局的报道：

> 根据红军最高统帅部大本营7月3日的命令，苏军已放弃塞瓦斯托波尔。250天来，英勇的苏联人民以无与伦比的勇气和毅力击退了德军多次进攻。在过去的250天里，敌人从陆地及海上不断猛烈进攻这座城市。塞瓦斯托波尔与后方陆路交通中断，弹药及粮食运送困难，没有可用的机场，因此也没有足够的空中掩护。苏联步兵、水兵、指挥员及政工人员在塞瓦斯托波尔保卫战中创造了英勇无畏的各种奇迹。6月，德军投入了多达30万官兵、400多辆坦克和900架飞机，向勇敢的塞瓦斯托波尔守军发起进攻。守军的主要目标是在塞瓦斯托波尔前线尽可能多地牵制纳粹德国军队，并尽可能多地歼灭敌人的兵力和技术装备……

对于像我这样在第三次进攻时负伤，目前在新罗西斯克治疗的人来说，

---

[1] 1942年7月1日，科洛米耶茨乘飞机撤离，1943年升任中将，担任步兵第54军军长，1944年参加了解放塞瓦斯托波尔的战斗。1971年去世，葬于斯大林格勒（今伏尔加格勒）。——中译者注

"苏军已放弃塞瓦斯托波尔"这句话听起来很怪异。守军除了海军步兵的 3 个旅和 2 个团外，还有 7 个步兵师，如果成千上万的官兵已经离开了塞瓦斯托波尔，那他们又去哪里了呢？师部、后方部队、医疗营、车队和炮兵去哪里了？各战斗团营呢？黑海北部地区和克里米亚半岛都已经被德军占领，这意味着我们的人一定在新罗西斯克、波蒂和图阿普谢。可是，谁也没看到过他们。

当时，官方报道没有提到这么一件事：1942 年 7 月初，大约 8 万名守军留在赫尔松涅斯灯塔附近的战场，当了纳粹俘虏。伟大卫国战争的这场悲剧被掩盖了很久。当我们彼此交谈时，我们这些参加过保卫战的普通士兵试图分析其中的原因，为红军最高统帅部大本营、为塞瓦斯托波尔防区司令员奥克佳布里斯基海军中将（他同另外几名将军及高级军官一起坐飞机离开了燃烧的城市）[1]、为滨海集团军司令员彼得罗夫少将（他和参谋人员一起乘潜艇在夜间离开塞瓦斯托波尔，并于 7 月 4 日抵达新罗西斯克）的行动找到一个解释（或者理由）。

在这些惨剧发生之前，舰队参谋部是否制订了计划，把塞瓦斯托波尔防区的各支部队从克里米亚撤到高加索海岸？这个计划，在敌人完全占据空中优势的情况下能够执行吗？

我还清清楚楚记得，1941 年 10 月，数以千计的滨海集团军官兵从敖德萨转移到克里米亚，那次行动出色地完成了。可是那以后，黑海地区的力

---

[1] 据 flibusta.site 网站尤里·鲁布佐夫（Юрий Рубцов）、德米特里·菲利波夫（Дмитрий Филипповых）著作《克里米亚战场的英雄们》（Герои битвы за Крым）一书，奥克佳布里斯基中将虽然安排数万名苏军官兵在第 35 海岸炮台集结，准备撤退，但始终没有派任何交通工具接应，自己又坐飞机离开，导致部队陷入混乱，蒙受惨重损失。而且中将本人始终表现得漠不关心，因此柳德米拉非常愤怒。下文也提到，苏军完全丧失制空权，舰艇又严重不足，是撤退失败的客观原因。——中译者注

量对比发生了很大变化。德军已经击沉了我们很多舰艇：1 艘巡洋舰、4 艘驱逐舰、4 艘大型运输船和 2 艘潜艇。例如，1941 年 11 月 12 日，黑海舰队的美和骄傲——巡洋舰"红色乌克兰号"，在塞瓦斯托波尔南湾被德军轰炸机炸沉。1942 年 1 月 16 日，我熟悉的"让·饶勒斯号"在费奥多西亚一带被磁性水雷炸毁。1941 年 11 月 7 日，"亚美尼亚号"轮船载着 5000 多伤员和撤离人员，在距离雅尔塔不远的地方被 He 111 轰炸机投下的鱼雷击中，船体断裂，几分钟内带着所有乘员沉入海底。[1]

不错，我们还在私下议论这么一件事：第 35 海岸炮台的地下掩体是那些高级军官的最后避难所，在前往后方之前，他们的行为表现也各自不同。海军中将奥克佳布里斯基一点也没有良心不安。但是彼得罗夫少将知道自己的部队遇到了什么样的灾难之后，试图拔枪自尽，滨海集团军军事委员会委员丘赫诺夫师级政委阻止了他的自杀行为。我相信这是真的。[2]

1941 年秋天，我在敖德萨附近的达尔尼克村和彼得罗夫第一次见面，之后对他的印象一直好得不行。一些红军指挥员很傲慢、爱摆架子，而彼得罗夫似乎完全没有这种毛病，他非常民主，对士兵的关切也不只是说说，是实实在在做出来的，他把我们都当自己孩子一样看待。记得在塞瓦斯托波尔，很多普通红军士兵在击退德军第二次进攻时表现出广泛的英雄主义

---

[1] 这是有史以来最严重的海难之一，与"兰开斯特里亚号"（*Lancastria*）遇难同一级别。"亚美尼亚号"船难死亡人数至今不明，可能远远超过 5000 人，但也有 8 名幸存者。中译者补充：1940 年 6 月 17 日，邮轮改装的军事运输船"兰开斯特里亚号"在法国敦刻尔克大撤退期间，遭到德军轰炸而沉没，至少 3500 名英国士兵和平民遇难。

[2] 塞瓦斯托波尔战役之后，奥克佳布里斯基被撤职，1943 年 6 月到 1944 年 3 月担任阿穆尔区舰队司令。1944 年 3 月重新指挥黑海舰队参加了解放克里米亚的行动，1951 年病退，1969 年去世，葬于塞瓦斯托波尔。彼得罗夫则继续指挥一系列战役，职务有数次升降。1945 年参与组织柏林战役，荣获"苏联英雄"称号。1958 年去世，葬于莫斯科新圣女公墓。——中译者注

气概，为了表彰他们，彼得罗夫下令印制1万份荣誉证书，每张都亲笔签名，然后赠给了各连、各营的士兵。

《红星报》记者，著名军旅作家和诗人康斯坦丁·西蒙诺夫（Konstantin Simonov）在第25"恰巴耶夫"师的师部采访了这位少将，西蒙诺夫也许最能理解彼得罗夫的性格：

> 彼得罗夫在很多方面都是一个杰出的人。他有丰富的军事经验和专业知识，又有高水平的综合文化素养、广博的阅读量和对艺术尤其是绘画的执着热爱。他的密友中有一些杰出的画家，在那个时代并没有得到官方重视。彼得罗夫用一种内敛的自嘲态度来对待自己业余水平的绘画尝试，但他对绘画却有着独特而坚定的品味。

> 他生性果断，在关键时刻懂得强硬。然而，他尽管拥有绝对的"军人气质"（如果可以这么说的话），却明白这样一个事实：严格的军事服从存在着对人类尊严的某种辖制，而他也并不青睐那些因为兵役工作的这一服从，而分外激动的人……他的勇气表现得沉稳从容，这是列夫·托尔斯泰尤其看重的人的品质。总体而言，彼得罗夫的言行具有一种19世纪俄国文学作品中那种高加索老军官的影子。

我从没想到命运能让我同司令员再次相遇，而且这次相遇还意义非凡，更有甚者，这次相遇完全出于偶然。在新罗西斯克司令部办公室，我带着医院的康复证明走了进去。

竟然是将军亲自对我打招呼。我转过身，乍一见彼得罗夫的样子，心里感觉很难受。他面无表情，显得格外疲惫，但还是握了握我的手，笑了笑，开始问我，"恰巴耶夫"师的官兵还有谁来了这里？彼得罗夫告诉我，"恰巴耶夫"师已经不存在了，整个师在塞瓦斯托波尔没了，参谋文件烧了，印章埋到卡梅什利湾的海岸上，师旗也扔进了大海。听到这消息，我热泪盈眶。将军仔细打量着我："你团里的战友，你还记得吗？"

"伊万叔叔，我怎么可能忘了他们？"我一边用手绢擦眼睛，一边回答道，"我们一块儿打仗都多少天了？"

"你负伤是在一段时间以前吗？"

"不是，我是新负的伤，6月中旬。炮弹震伤，弹片把脸划了，半个耳朵炸没了。"

"以后你打算怎么办？"他仔细看了看我脸上的疤痕，那道疤痕看起来还十分显眼。

"当然是回前线，少将同志！跟大家一样！"

"柳德米拉，你有什么特别的梦想吗？"将军忽然问我，完全不是军人的语气，沉静而亲切，"告诉我，不必难为情。"

"我当然有梦想。"我叹了口气，"可现在要怎么实现呢？我的团已经打散了，军官都死了，文件也烧了……"

"那么，上士同志，你的梦想是什么？"

"最普通的。我想当一名军官。"

"也就是授予少尉军衔？"他跟我确认。

"是的，在我看来，我当之无愧！"不知怎的，这一刻我决定有什么说什么，"我想在部队里待下去。我热爱部队，而且枪法很好。过去的这一年很艰难，我学会了带兵，在战斗中为他们着想，对他们负责。另外，我还没有为我死去的战友们，为死去的无辜的和平居民向纳粹报仇雪恨。纳粹必须为他们在我们国土上犯下的一切罪行受到惩罚！"

"这个梦想非常好。"彼得罗夫沉思着说,"我喜欢。不过,你要是觉得没法实现,那你就错了。再过三天,我就从新罗西斯克动身去一趟克拉斯诺达尔,去北高加索方面军司令部。司令员谢苗·米哈伊洛维奇·布琼尼（Semyon Mikhailovich Budyonny）元帅托我推荐一些塞瓦斯托波尔保卫战里的共青团英雄,你就跟我一起去吧。所有必备手续和文件,由滨海集团军参谋长希舍宁（Shishenin）少将[1]负责准备,他平时就在这里办公。我肯定,元帅一定愿意签署命令,把少尉军衔授予柳德米拉·帕夫利琴科上士,以表彰她保卫城市,抗击纳粹侵略者的功绩。"

第二天,一个塞瓦斯托波尔共青团小组成立了。我们收到了文件和新制服,同司令员一起坐飞机前往克拉斯诺达尔,被安置在克拉斯诺达尔边疆区党委宾馆。我们紧张地等待着与内战的传奇英雄布琼尼会面,猜测会面是什么样子,寻思着司令员会问什么问题,我们应该怎么回答。

北高加索方面军司令部为我们举行了招待会,招待会办得非常亲切友好,也不拘礼节。我们了解了第1骑兵集团军司令员（布琼尼）与白卫军作战时的一些光辉战绩,我们以为自己肯定会看到一位俄罗斯民间传说中的英雄。可是迎接我们的却是一个60左右的男人,中等身材,体格健壮,性格开朗,和蔼可亲,好脾气的微笑藏在大胡子底下。

彼得罗夫逐一介绍了参加保卫战的年轻人:机枪手2人,炮兵3人,迫击炮手1人,步兵4人,包括我。布琼尼也挨个儿询问了我们每个人的情况,然后与我们握手,说了几句鼓励我们的话,主要是感谢我们在战斗

---

[1] 此处作者记错了,加夫里尔·丹尼洛维奇·希舍宁（Gavrill Danilovich Shishenin）少将担任滨海集团军参谋长的日子很短暂,是1941年7月17日—8月22日,重要的是他已经在1941年11月24日牺牲了。继任参谋长的是尼古拉·伊万诺维奇·克雷洛夫（Nikolai Ivanovich Krylov）少将,日后的苏联元帅。——中译者注

中的英勇顽强，并给我们颁发了勋章。

老骑兵紧紧握住我的手，带着愉快的笑容问我："上士，您到现在，杀敌人数一共是多少？"

"元帅同志，309 名法西斯分子。"

"好样的，柳德米拉！您真是个神枪手，您为保卫城市做出了重大贡献。"

"为苏联服务！"我回答道。

"确实，少尉军衔的领章戴在这么美的姑娘身上，会非常好看的。"布琼尼略微探身向前说道，"列宁勋章也一样。"

"谢谢您，元帅同志！"

我得到了一个猩红色[1]天鹅绒的小盒子，里面是勋章和薄薄的配套证书。

很难用语言来形容那一刻的感受——欣喜若狂、兴奋不已、激动万分。列宁勋章设立于 1930 年 4 月 6 日[2]，是苏联的最高奖项之一，只授予做出特别杰出贡献的个人和集体。司令部用这种方式表彰了我的小小功绩，我既骄傲，又汗颜。我想起了那些牺牲的战友，他们同我在敖德萨和塞瓦斯托波尔前线并肩作战，却没有活着看到这光荣的一天。

我的勋章上有列宁肖像，由铂金制成，编号 7606。勋章可以用别针和一个特制螺钉佩戴在军上衣左侧。从 1943 年 6 月起，勋章才开始挂在一个五边形悬缀绶带下面，绶带是有两道黄边的红色丝绸云纹。

配套证书上印着北高加索方面军于 1942 年 7 月 16 日颁发的第 0137 号命令，文字如下：

---

[1] "猩红色"据俄文版补充。——中译者注
[2] 俄文版作 1933 年，查找发现英文版正确。——中译者注

我们谨代表苏联最高苏维埃主席团，表彰在前线抗击德国侵略者的过程中，出色执行作战命令，并在战斗中表现出英勇无畏精神的步兵第 25 师步兵第 54 团狙击手，柳德米拉·米哈伊洛芙娜·帕夫利琴科上士，授予列宁勋章。

苏联北高加索方面军司令员 S. 布琼尼元帅；北高加索方面军参谋长扎哈罗夫（Zakharov）少将；北高加索方面军军事委员会委员伊萨科夫（Isakov）海军上将；北高加索方面军人事部部长兼军事委员会委员科西科夫（Kosikov）一级营政委，签名。本证书一式四份。[1]

授予我少尉军衔的命令也是在 1942 年 7 月 16 日签发的，不过正式的晋升仪式是在为军人提供物资津贴的军队仓库里举行的。这场仪式让我高兴极了。新发的军上衣不再是普通士兵的棉质衣服，而是半羊毛华达呢做的，衣领上有玫红色的领章，领章边上有精致的金色刺绣，领章中间有一个红色珐琅质方块，角上是步兵兵种符号——两支交叉的步枪。我换下了被灼人的克里米亚阳光晒得褪色的船形帽，换上了军官制式的大盖帽，牙线是玫红色的，帽檐是黑色的，涂了清漆。大衣是毛料的，而不是厚厚的未熨烫的布料。靴子当然也不是人造革，而是换成了真皮。一套皮带，有肩带和手枪皮套，军官的黄铜带扣有五角星的形状。

问题来了：我接下来要去哪里服役呢？我恪守传统的军中格言："不要求，不拒绝。"[2] 无论送我到哪里去，对我来说都一样。正如另一句军中谚语

---

[1] 这份证书现藏俄罗斯联邦武装力量中央博物馆，档案编号 33，Op 682524，项目 613。

[2] 俄文作：На службу не напрашивайся, от службы не отказывайся。——中译者注

所说："带的兵不比一个排少，去的地方不比前线更远。"[1] 德军已经展开新的攻势，目标已经确定——斯大林格勒。但是，北高加索方面军人事部对我的军官生涯持不同的看法。我被分到了近卫空降兵第 32 师，担任狙击排排长。老实说我吓得不轻，赶紧解释说我从小就恐高，一爬高就头晕目眩，而且也不会跳伞。

"您不必担心，柳德米拉·米哈伊洛芙娜。"一个公子哥模样的年轻大尉坐在书桌后面对我说，桌上满是文件，"一两天前才接到命令，空降部队要组建近卫空降兵第 32 师。您不需要飞到任何地方，现在运输机根本不够。而且目前情况下，空降部队只是我们最精锐，或者说最优秀的步兵。"

"没有飞机？"

"绝对没有。"

"那这个空降师在什么地方呢？"

"您要去莫斯科军区。8 月要在莫斯科军区组建 8 个新的空降团，为了保密，沿用之前的部队标识。您听明白了吗？"

"是，大尉同志。"

"去隔壁报到吧。您会收到近卫军证章，因为您现在是近卫军部队一个排的新排长。还有一枚狙击手证章，今年 5 月设立的，表彰那些有着特别杰出贡献的特等射手。"

接着出了一件巧事。彼得罗夫少将也要飞往莫斯科，向斯大林汇报。在北高加索方面军参谋部举行的招待会上，彼得罗夫把这个消息告诉了我。招待会结束时，获得勋章和命令的共青团战士都得到了一份小点心。就在那时，我感谢伊万·叶菲莫维奇为我所做的一切。一句话，在正确的时间、

---

[1] 俄文作：Меньше взвода не дадут, дальше фронта не пошлют。——中译者注

正确的地点说出来，就可以格外有分量。少将只是笑了笑，夹鼻眼镜后面的那双灰色眼睛，不像我们上次在新罗西斯克会面时那么疲倦和悲伤了。失去深爱的人所带来的痛苦正在慢慢消退，变得不那么刻骨铭心了。敌人还在像以前一样践踏俄罗斯的土地，我们必须考虑接下来的新战斗。但有没有机会再一次并肩作战，我们却不知道，这可能并不重要。塞瓦斯托波尔的传奇，用某种无形却牢不可破的纽带把所有参与者联系在了一起。

14 莫斯科之星

　　我在乌克兰首都基辅生活了将近 10 年，想象中的苏联首都莫斯科应该同基辅很像。然而我真正到了莫斯科，第一眼就发现它完全不一样：巨大、雄伟、庄严。市中心的街道和广场规模大得惊人，建筑物也特别高大，建筑风格独特而扎眼，同样令人赞叹。大国的力量和威严，在莫斯科得到了完美体现。

　　就在不久前，才半年之前，莫斯科城下爆发了一场大规模战役。1941年 9 月 30 日至 12 月 5 日，红军在这里进行了防御战，之后整个冬天都在反攻，直到来年 4 月。纳粹打算一口气占领我国首都，结果第一次进攻失败了。接着，他们又搞了一个代号"台风"的计划，打算用强大的坦克群从 3 个方向瓦解苏军的防御力量，将之包围歼灭。这个计划也没有得逞，尽管敌人有兵力优势，有很多坦克、大炮和飞机。1941 年 11 月底至 12 月初，敌人付出巨大代价，在亚赫罗马镇（Yakhroma）一带渡过莫斯科运河；在纳罗 - 福明斯克（Naro-Fominsk）附近渡过了纳拉河（Nara）；还有一股德军接近了卡希拉（Kashira），但我军部队随后给德寇造成了毁灭性打击。早在 12 月，我军就解放了几个居民点：罗加乔夫（Rogachov）、伊斯特拉（Istra）、索尔涅奇诺戈尔斯克（Solnechnogorsk）、克林（Klin）、加里宁（Kalinin）和沃洛科拉姆斯克（Volokolamsk）。

我还记得，我们在塞瓦斯托波尔是如何心急如焚地等待来自莫斯科前线的消息的。德军在首都城下溃败的消息传来，我们兴高采烈，而且坚信德国的战争机器可以被击败。而 1941 年 12 月 17 日上午，纳粹开始突袭黑海舰队主基地，城市保卫者击退了敌人的多次猛攻。塞瓦斯托波尔的军民提醒自己，必须以莫斯科人为榜样，他们的功绩也激励着我们。

这时候敌人已经从莫斯科城下撤退，但这里依然属于前线。我看到公共花园和十字路口都有高炮，路上还遇见了一支防空气球部队。士兵们拉着长长的绳子，绳子上系了一个巨大的气球，活像一头史前巨兽。商店和住宅的窗子都用宽宽的白纸条粘成米字形糊起来，防止冲击波震碎玻璃。有些建筑，比如莫斯科大剧院涂上了迷彩涂料，从而扭曲了它们的外表，使其与城市背景融为一体。

我要去的地方是在马罗塞卡街上的苏联列宁共产主义青年团中央委员会。宽敞的大厅中，有几样东西在办公楼里显得分外不协调：沙箱、铲子、尖嘴镐，还有火钳，都是用来对付燃烧弹的。这些是消防员的装备，他们夜间[1] 在屋顶上执勤。哨兵让我出示证件，我从上衣胸袋里掏出了共青团员证。

整个四楼都是中央书记处，第一书记接待室里已经来了一群要参加座谈会的人，他们像我一样是参加过塞瓦斯托波尔保卫战的年轻人，参加

---

[1]　"夜间"据俄文版补。——中译者注

过授勋仪式，奉北高加索方面军参谋部的命令，从克拉斯诺达尔来到莫斯科。共青团中央第一书记尼古拉·亚历山德罗维奇·米哈伊洛夫（Nikolai Alexandrovich Mikhailov）接待了我们，书记大概 35 岁，棕色眼睛，黑色头发，待人热情，很有亲和力。书记祝贺我们安全抵达首都，然后在他宽敞的办公室里的一张长桌旁坐下，开始与我们交谈。

第一书记娴熟地主持了座谈会，塞瓦斯托波尔老兵们很快放松下来，说起克里米亚半岛最近的种种情况。书记听得很认真，有时候问几个问题，偶尔开个玩笑，并讲述了他在共青团经历中的一些奇特故事。总的来说，会议的气氛轻松友好。轮到我发言了，我不打算回忆自己的功劳，但我确实想对团里在与德国侵略者战斗过程中牺牲的战友致敬：安德烈·沃罗宁中尉，他率领第 2 连进攻鞑靼卡村；第 1 营营长伊万·谢尔吉延科大尉[1]，他在伊苏恩的多次激战中表现出众；阿列克谢·基岑科（我管他叫狙击手）少尉；还有勇猛的机枪手，红旗勋章获得者尼娜·奥尼洛娃上士，她于 1942 年 3 月 8 日在塞瓦斯托波尔医院因伤势过重去世。[2]

米哈伊洛夫似乎非常喜欢我的发言，顺便说一句，他还是经验丰富的党的工作者和宣传员。米哈伊洛夫 16 岁当了工人，后来调到莫斯科"锤子和镰刀"工厂，担任卷板机操作员。之后加入联共（布）[3]，开始为发行量很大的厂报写文章。从 1931 年起，他先后在《共青团真理报》和《真理报》担任记者。1938 年，他被提名为共青团中央委员会第一书记，据说这次升

---

[1]　第 7 章中作者说不知道谢尔吉延科大尉后来的下落，这里可能是默认他牺牲了。——中译者注

[2]　据英文维基百科 Nina Onilova 条目，1942 年 3 月 1 日，德军进攻梅肯济亚村，尼娜在机枪组成员全体阵亡后独自对抗德军，身负重伤。她在医院给电影《恰巴耶夫》中安卡的扮演者瓦尔瓦拉·米亚斯尼科娃写信，但没有写完就去世了，年仅 20 岁。她虽然在战争期间和战后出了名，但直到 1965 年才被追授苏联英雄称号和列宁勋章。——中译者注

[3]　俄文 ВКП(б)，全称"全联盟共产党（布尔什维克）"，苏联共产党前身。——中译者注

迁是斯大林亲自批准的，斯大林高度赞赏他的组织才能，以及在单独一个
国家建设社会主义事业的献身精神。

座谈会以相当传统的方式结束——赠送贵重礼物。不过，米哈伊洛夫
对我提出了一个请求。他说我的演讲十分流畅，文学性很强，声音洪亮，
对材料充分了解（就是围城战的事情），所以建议我后天去"压缩机厂"开
会，给青年工人们做一次差不多的演讲，要简短、真实和生动，说一说塞
瓦斯托波尔战役的发展过程。

我回答："我开会从来没在会议上演讲过，也不知道怎么讲。"

"柳德米拉，您就别谦虚了。我觉得您的讲话特别有意思。"

"啊，那是在这儿，在您的办公室。"

"没什么，您习惯了就好。您有当演说家的底子，人们需要了解这场可
怕的战争，只不过必须从乐观的角度说。"

米哈伊洛夫的提议，我没法说"正合我意"，然而，就像很多经历过前
线战斗又活下来的人一样，我也对团里在地狱之火中消逝的战友抱着一种
内疚。一遍遍地重复他们的名字，似乎就能把他们从遗忘的国度里救回来，
有我们的回忆才能让他们活下去。

我在军中的工作也很顺利。我去了一趟卫戍司令部办公室，拿到了粮
食配给证，还住到斯特罗明卡街（Stromynka）的国防人民委员会宿舍的居
住证，分配给我一间16平米的房间。然后我去找近卫空降师的新师部报到，
我分到了训练中心，担任狙击手教官。我手下有30名士兵，都是根据学员
小组中的成绩从师下属各部队选出来的。我用一个月的时间向他们传授基
本的特等射手技巧，开设弹道学和伪装的短训课程，另外每周在中心驻地
的射击场上进行3次实弹射击。

尽管如此，在莫斯科这座大城市里，我完全是孤身一人。没有亲戚，

没有朋友，也没有熟人。只是定期去见米哈伊洛夫，我不得不同他一起乘坐他的司机驾驶的汽车去参加各种公共活动。米哈伊洛夫已经不再掩饰他对我的爱慕之情，只是我完全不为此感到开心。我活在对已故丈夫的回忆中，在我心里没有人能代替我亲爱的、永远难忘的廖尼亚，他安息的兄弟会墓园所在的城市已经被侵略者占领了。

我试着委婉地向米哈伊洛夫解释：一名少尉回应将军——共青团中央委员会第一书记——的求爱，是不合适的。我们还是做朋友的好，如果他真想保持这种友谊的话。斯大林同志的爱将听了这话感到非常惊讶，不过后来的事情表明，他对我的友好态度延续了下来，而且起到了关键作用。

服役期间，我一直严格要求自己独来独往，不与任何人打情骂俏，平时的军官聚会也不参加，而是匆匆回宿舍。在住处，我沉浸在悲伤的回忆中，反复阅读自己最喜欢的小说《战争与和平》，给在乌德穆尔特的家人写信。我跟妈妈抱怨说，自己太想家了，请她来莫斯科住一阵，哪怕一个月也好。我问姐姐瓦莲京娜，亲爱的"小海象"怎么样？他在学校好不好？

不过，米哈伊洛夫很快就给我的生活带来了新的变化。在他的提议下，我在第一书记办公室里认识了苏联著名作家鲍里斯·安德烈耶维奇·拉夫列尼约夫（Boris Andreyevich Lavrenyov，又译拉甫列涅夫），他著有长篇、中篇、短篇小说，戏剧和电影剧本，有些作品在战前还上了我国的银幕。拉夫列尼约夫告诉我，红军总政治部（确切说是总政治部下属的新闻与信息部）奉命发行一本小册子，专门写狙击手柳德米拉·帕夫利琴科，作为著名的"红海军前线图书馆"丛书之一。拉夫列尼约夫接了这个任务，想跟我谈谈。

我当然听说过他，也看过他的中篇小说《第四十一》（*The Forty-*

First）[1]，还看过小说改编的电影，是导演雅科夫·普罗塔扎诺夫（Yakov Protazanov）1927 年拍摄的。电影的两个主角，一个是野性的工厂女工马柳特卡（Maryutka），红军独立支队的女兵。另一个是女兵的俘虏，沙皇近卫军中尉戈沃鲁哈·奥特罗克（Govorukha-Otrok），是个文雅的知识分子，读书人。不过这两个主角，还有两人的整个冲突，在我看来总有些不自然。如何对付想要逃跑的敌人？真正的步枪手回答这个问题用不了半分钟，只要食指按下扳机，就可以简单地解决。

　　站在我面前的男人 50 来岁，身材高大，戴着一副铁框的圆眼镜，身穿灰色粗花呢西装，有一头漂亮的灰色头发。拉夫列尼约夫仔细打量我一会儿，随口说他在我身上看见的正是他的中篇小说《第四十一》的女主角马柳特卡，所以很了解我的性格。要是我现在能回答他几个问题，作品将在一周内完成并交付印刷。小册子要在 1942 年 11 月出版，这样大家就都知道我了，多好的一件事！

　　他这么一说，可是捅了马蜂窝。首先，我不是傻气的工厂女工，而是基辅州立大学的学生，同时还是一名红军军官。其次，我俩的情况根本不一样。那个傻姑娘爱上了自己的中尉俘虏，而且从故事情节看还成了他的情人；而对我来说，德国鬼子始终只是目标，根本不会引发个人情感。再次，我的名字和人生让成千上万我不熟悉的人知道，这种事让我一点也不高兴。最后，我先前就跟作家和记者打过交道，印象并不好。大作家鲍里斯·安德烈耶维奇还是放过我，去写别人吧！眼下就有很多英雄在英勇无畏地保卫祖国呢！

---

[1]　本书对《第四十一》的介绍参考了曹靖华译本。1927 年版电影为默片，1956 年又重拍了一版。但无论是原作还是 1927 年电影版中，马柳特卡都是渔民的女儿，译者暂未找到她是工厂女工的情节。——中译者注

大作家没料到会遭到拒绝，顿时不镇定了。也许是内战中那些浪漫主义的画面让他无法客观地看待现实。1920—1921 年，鲍里斯·谢尔盖耶夫（Boris Sergeyev）炮兵中尉（拉夫列尼约夫是他的笔名）从白军志愿军投到了红军一边，在里海外侧的草原上与穆斯林叛军"巴斯马奇人"（Basmachi）[1] 作战，甚至还指挥过装甲列车。后来，他与康斯坦丁·特列尼奥夫（Konstantin Trenyov）、弗谢沃洛德·伊万诺夫（Vsyovolod Ivanov）一道，创立了一种文学流派：英雄浪漫主义革命戏剧。可是，在当前我国人民与众多欧洲盟友一起抗击德国法西斯主义的事件中，并没有什么革命浪漫主义色彩。

我以为我和拉夫列尼约夫的相识就到此为止了，但他表现得很执着。他向红军总政治部抱怨，说我的行为不能接受。总政治部答应采取措施，也果真采取了措施：总政治部主任谢尔巴科夫（Shcherbakov）[2] 发了不止一道严令，拉夫列尼约夫还拿到了国防人民委员会宿舍的电话号码。作家打来电话，我同意再见一面。

拉夫列尼约夫终于认真撰写了小册子《柳德米拉·帕夫利琴科》，1942 年底由苏联红海军人民委员部海军出版社出版。此前在 8 月的时候，他也把稿子送到了《消息报》（Izvestiya），报纸在 1942 年 9 月 5 日第 209（7895）号以相同的标题刊发了全文。我引一段开头：

……一个温暖而美丽的 7 月早晨。公社广场（Commune Square）

---

[1] 巴斯马奇运动（Basmachestvo）是 1916—1934 年以突厥人为主的穆斯林在中亚地区反对俄罗斯帝国和苏联的运动。——中译者注

[2] 此人应为亚历山大·谢尔盖耶维奇·谢尔巴科夫（Aleksandr Sergeevich Shcherbakov, 1901—1945）。——中译者注

林荫大道老树上方的天空，如同整个克里米亚的天空一样湛蓝清澈。我们穿过一条小路，在一张长椅上坐下。她摘下步兵便帽。风吹乱了她蓬松的短发，那头发仿佛孩子般柔软，有一绺丝滑的发丝荡漾在少女干净、隆起的额头上。精致而紧张的脸庞，一呼一吸之间透出一种不可抑制的表情，一种性格中深沉的激情，用莱蒙托夫的诗句形容，再恰当不过：

只有一个念头主宰我，

一种激情，烈焰般的激情。[1]

她的脸庞彰显着崇高的人格，一种只会直接行动，不愿妥协，不愿讨价还价的性格。细长的眉毛下，一双深棕色眼睛闪烁着金色光芒。一开始，眼睛似乎很阴沉，可是过了一会儿，这眼睛又焕发出一种生活的乐趣，带着孩子气的透明感，照亮了周围的一切："好吧，只要我记得，都会告诉你。"

整篇稿子里最真实的内容就是这些。

余下部分，作者把我生平中一些零散事实，混合了自己的虚构，外加从《苏联大百科全书》里抄来的乌克兰历史。比如，他没有提到我是什么时候，怎么加入红军的。另外，这本小册子还生动地描述了基辅遭受的轰炸，可是1941年6月我不在基辅而是在敖德萨，根本不可能目睹。[2] 还说我和

---

[1] 选自叙事诗《童僧》，1839年发表，顾蕴璞译文。讲述一个男孩子成了敌人的俘房，被收留在异国的寺院中。他虽然避免了磨难，但依然强烈渴望自由和家乡，引文表现了他这一心态。后来他终于逃出寺院，度过了三个幸福的昼夜，最后极度衰弱，被抬了回去，郁郁而终。——中译者注

[2] 基辅在6月22日战争爆发当天上午即遭遇空袭，6月29日，基辅各机构和平民开始疏散。7月初，基辅战役打响，9月26日基辅陷落，苏军遭遇惨败，很多人被俘。拉夫列尼约夫写道，

妈妈谈话，这次谈话怎么怎么感人，但我妈妈当时已经坐火车疏散到乌德穆尔特去了。他还特别关注我在白采尔科维第三中学与老师们的冲突（从来没有这回事），还说这是因为我的性格有流氓倾向。除此之外，我进入基辅兵工厂、基辅大学和两年制狙击手培训班的日期，拉夫列尼约夫一个也没写对。[1]然后又编了一套词儿，说什么我从狙击手学校毕业之后，把文凭收起来然后就忘了，因为……我不喜欢当兵，而且毕生的梦想就是研究祖国乌克兰的历史。[2]

这本幻想文学发行 5 万册，迅速传遍了全国。接下来，拉夫列尼约夫的同事、中央和地方报刊的工作人员，后来在撰写关于我的文章时，又把小册子当成可靠的资料。我把这一整套传奇故事比作安徒生童话《白雪女王》(*The Snow Queen*) 中那面魔鬼镜子，镜子被打碎之后，它的碎片扭曲了现实，最后飞进了很多城镇和村庄。

然而，红军总政治部也没有单纯依靠著名作家和他们的那些异域幻想，上边派了两名普通的宣传人员来见我。他们说，除了小册子外，上边还决定印 10 万份传单，印上我的画像，还有一句给全体红军战士的号召：'打敌人，别失手！'[3]跟我谈了大约 30 分钟后，他们就写出了传单的文稿。文

柳德米拉 6 月在基辅目睹轰炸（有误），找妈妈表示自己要当兵，在征兵办和官员吵了一架（实际上虽然有几句话不愉快，但没有那么严重），一周以后就到了敖德萨前线加入了"恰巴耶夫"师，把参军具体过程模糊了，没有提到本书 3 章记录的 6 月 28 日的森林宣誓仪式。——中译者注

[1] 中译者在俄语顾问帮助下检查了网上找到的俄语原文，名为 НЕУКРОТИМОЕ СЕРДЦЕ（"不屈不挠的心"或"不羁的心"），莫斯科青年近卫军出版社，1942 年。译者暂未找到这些具体日期或年份，怀疑是版本不同。——中译者注

[2] 柳德米拉是俄罗斯人，因为婚后改姓而有了乌克兰姓氏，因此经常被当成乌克兰人。本书中她曾经被误会过一次，这里又看到拉夫列尼约夫这么乱写，感到荒唐和不满。——中译者注

[3] 俄文作：Бей врага без промаха!——中译者注

稿内容简洁明了，通俗易懂，总体上准确传达了我的想法和感受：

消灭德国侵略者！

勇敢的狙击手柳德米拉·米哈伊洛芙娜·帕夫利琴科。

她是列宁斯大林共青团的忠实女儿。伟大卫国战争一开始，她就志愿加入了红军。帕夫利琴科用一支步枪，在敖德萨和塞瓦斯托波尔消灭了 309 名德寇。她在给妈妈的信中写道："这才是对德国人最真实、最正确的态度，只要不马上杀了他们，就会后患无穷！"

柳德米拉·帕夫利琴科的勇气和高超的军事技能，激励了成千上万的红军狙击手——前线的斯达汉诺夫工作者们——再创佳绩。红军战士们！像柳德米拉·帕夫利琴科一样无情地毁灭敌人！

打敌人，别失手！

我走在塞瓦斯托波尔的街道上，总有孩子拦住我，热情地问："昨天你打死多少个？"[1]

我就给他们仔细介绍作为狙击手执行了什么什么任务。有一次我不得不照实说，我已经好几天没冲敌人开枪了。

"真糟糕！"孩子们异口同声地说。

有一个最小的孩子严厉地补了一句："这太糟糕了！每天都应该打死纳粹！"

这位严肃的塞瓦斯托波尔小公民说得没错。自从纳粹强盗闯入我国的那个永远难忘的日子起，我人生的每一天都满是一个念

---

[1] 这里孩子对柳德米拉用了"你"称呼，表示关系亲近。——中译者注

头，一个愿望：杀死敌人。

当我第一次参战时，我只对德国人的攻击扰乱了我的平静生活感到愤怒。但后来我看到的一切，却让我充满了无法消除的仇恨，除了用子弹射穿纳粹的心脏，这种仇恨难以用其他方式表达。

有一次，我们夺回了敌人占领的村庄。我在村里看见了一具13岁女孩子的尸体，纳粹把她残忍地杀害了，这些畜生就是这么显示自己用刺刀的本事的！我在一栋房子的墙上看到了溅上去的脑浆，旁边是一具3岁孩子的尸体。这屋子德国人先前住过，孩子一直在哭闹，打扰了这帮畜生休息。他们甚至不让孩子妈埋葬她的孩子，可怜的女人疯了……

仇恨能教会人很多东西，它教会我如何杀敌。我是一名狙击手，在敖德萨和塞瓦斯托波尔，我用狙击步枪消灭了309名纳粹。仇恨磨砺了我的眼力和听力，使我变得机智灵巧。仇恨教会了我伪装自己、欺骗敌人，预测敌人的狡猾，识破敌人的诡计。仇恨教会了我一连数日耐心地猎杀敌人的狙击手。

我复仇的欲望是无法抑制的。只要我们的土地上还有一个侵略者，我就只会想着一件事：消灭敌人！对我那些还在作战的战友和我的同胞，我也只会说一句话：消灭法西斯！

少尉狙击手柳德米拉·帕夫利琴科。红军总政治部出版，1942。[1]

我在莫斯科的生活一切如常。1942年8月3日，我在喀山车站见到了

---

[1] 该档案由塞瓦斯托波尔英勇保卫和解放国家博物馆提供。

母亲伊莲娜。她来首都需要特别通行证，我为此给师部打了申请报告，通行证发了下来，我把它寄到了乌德穆尔特自治共和国瓦沃日村（Vavozh）。久别重逢，莲努夏含着眼泪在月台上抱住我，说我变了很多，长大了。我提前跟指挥员要了一辆车，从车站开到斯特罗明卡街的宿舍，速度算是相当快了。莲努夏很喜欢我的房间，尽管厕所和浴室都在走廊尽头。可是在瓦沃日村，他们住的是一个破旧冰冷的棚屋，只在院里有一口井。改善生活，他们连想都不敢想。宿舍的厨房里却有冷热自来水，妈妈把这个文明的成果视为伟大的奇迹，打心眼里高兴。

现在我才知道，那天发生了一件事，突然改变了我的军旅生涯。1942年8月3日，美国驻苏联大使埃夫里尔·哈里曼（Averell Harriman）先生向最高统帅斯大林同志转交了富兰克林·德拉诺·罗斯福总统的电报。电报中说，从9月2日至5日，华盛顿要举行一场国际学生大会，由美国、苏联、英国和中国的四个盟国代表团为首。美国总统表示，他希望有一个两三人的苏联学生代表团出席这次大会，最好是那些曾经与德国法西斯战斗过的人。

最后，许多要求立即做出决定的文件都摆到了苏联国防委员会主席、苏联武装力量最高统帅和国防人民委员的办公室桌上。全国一切机构都听从他的号令，附有俄语译文的罗斯福电报在等待回电。直到晚上，斯大林才又把电报读了一遍，考虑了美国总统的建议。

两个大国经常交换情报。例如，两周以前，克里姆林宫收到盟国来信，信中拒绝今年在西欧开辟针对德国的第二战场。[1] 这个消息非常糟糕，1942

---

[1] 据秦永立《斯大林年谱》（中央编译出版社，1996）记载，苏德战争爆发之后，斯大林曾多次与丘吉尔、罗斯福联系，商议开辟第二战场。1942年7月18日，丘吉尔致信斯大林，表示英国必须推迟开辟第二战场。23日，斯大林回信表示不满。31日，斯大林给丘吉尔密电，邀请

年夏天，红军前线的形势更加严峻。7月初，塞瓦斯托波尔沦陷，德军占领克里米亚全境。纳粹打算把腾出来的军队投入高加索地区，夺取油田。此外，他们还打算占领顿河、库班河（Kuban）与伏尔加河下游的肥沃地区。保卢斯（Paulus）上将指挥的德军第6集团军已经在向斯大林格勒挺进。

如今，盟国想要在北美开一场国际学生大会，而这场大会的目的，我们的最高统帅依然不清楚。盟国似乎并没有别的大事可做了，在这么严酷、这么焦虑的日子里，青年们（尤其是苏联青年）还能谈什么呢？只有反法西斯的斗争，只有全人类团结一致，反击在欧洲战场上发动血腥屠杀的侵略者。在这种情况下，将会有可能（而且有必要）提出开辟第二战场的问题。如果要在学生大会上提出这个议题，那么，无论如何……

斯大林要求美国详细介绍这次活动的议程。华盛顿发来回信：是的，大会将发表一份宣言，号召学生作为青年人中最进步的力量，公开反对法西斯主义。接着，双方谈好了苏联代表团在美国逗留的条件，并讨论了行程。因为只有乘飞机绕道伊朗、埃及，穿过大西洋才能抵达北美，外交人民委员会的工作人员为此付出了艰辛的努力。

与此同时，红军总政治部正在匆忙审查数百名应征入伍的学生档案。他们认为，想要在一个星期之内从遥远的前线各部队找到什么人，而且发通知让他们回莫斯科，是完全不可能的。于是他们决定把搜索范围定在莫斯科军区，共青团中央委员会第一书记尼古拉·米哈伊洛夫也专门发了话。他有一些候选人，书记坚持认为，既然代表团在大会上必须要明确联共（布）的路线，那么不能只派军人参加大会，还要派共青团工作人员。

最终确定了代表团的人选：第一位是尼古拉·克拉萨夫琴科（Nikolai

丘吉尔来莫斯科会谈。8月12—15日，丘吉尔访苏，为无法开辟欧洲第二战场辩解，并提出开辟北非战场的"火炬"行动。——中译者注

Krasavchenko），代表团团长，共青团莫斯科市委宣传部长。他是联共（布）
党员，26 岁，参加过游击队，在斯摩棱斯克（Smolensk）附近差点被德军
俘虏，但设法穿过前线逃脱了。第二位是弗拉基米尔·普切林采夫，上尉，
苏联英雄，共青团员，23 岁，曾是列宁格勒矿业学院三年级学生，现任莫
斯科附近韦什尼亚基镇（Veshnyaki）[1] 中央狙击手教官学校教员。第三位是
柳德米拉·帕夫利琴科，少尉，列宁勋章获得者，共青团员，26 岁，曾是
基辅大学四年级学生，现任空降兵第 32 师狙击排排长。

后来米哈伊洛夫告诉我，让一名女性加入代表团的提议引起了最热烈
的讨论。共青团中央委员会的一次会议上，正反双方都发表了意见。反对
者认为女人很难管。支持者认为，如果这个女人长得漂亮，就是对苏联最
好的形象宣传。是尼古拉·亚历山德罗维奇把我列入了名单，他非常坚定
地捍卫自己的决定。不过，最后当然还是斯大林说了算。

米哈伊洛夫前往克里姆林宫汇报情况，递交了代表团成员的详细表格、
照片和服役详情。最高统帅慢悠悠地翻阅了 3 份档案，把我的档案拿在手
里，问共青团第一书记对这个选择是否有信心？米哈伊洛夫表示他完全有
信心。

这些事情，我当时什么都不知道，那天我刚值完 24 小时的班，赶紧去
睡觉了。那天值班的时候一直忙得要命，晚上 11 点左右，4 辆卡车运来了
弹药和比较新的武器：捷格加廖夫 – 什帕金 12.7 毫米大口径机枪[2]，需要组
织卸货，填表，并将押运人员安置到营房里。

敲门声响起来的时候，我一时没听见，结果那人不停地敲，声音还越
来越大，越来越急促："少尉同志，您的电话！"

---

[1]　今莫斯科市韦什尼亚基区。普切林采夫登场参见第 5 章末尾。——中译者注

[2]　俄文缩写 DShK，中文简称"德什卡"。

"等一下!"

我实在不想起床,套上军上衣,走到走廊尽头的电话机跟前,半梦半醒地接了电话。可是,任务就是任务,在莫斯科的驻军中尤其如此,毕竟最高统帅部大本营近在咫尺。

"柳德米拉,您好吗?"听筒里传来尼古拉·米哈伊洛夫的男低音,"赶紧收拾好了,来马罗塞卡街中央委员会找我!"

"干什么,尼古拉·亚历山德罗维奇?"

"有任务了!"

"等明天不行吗?"

"少尉,你胡说什么?这是斯大林同志的命令!每个小时都很重要!懂吗?"

在第一书记办公室,我见到两个小伙子。米哈伊洛夫先给我介绍了一个大块头,黑色头发,棕色眼睛,身穿便服。他就是尼古拉·克拉萨夫琴科,是前往华盛顿参加国际学生大会的苏联代表团团长。第二个人又高又瘦,好像一根豆芽菜,穿着军装,红色领章上有3个方块,上尉军衔。这个人我认得,弗拉基米尔·普切林采夫,之前我到韦什尼亚基镇的中央狙击手教官学校办事,就见过他。

我俩互相看了几眼,眼神不算友好。普切林采夫在列宁格勒方面军击毙了100个德国鬼子,1942年2月成为苏联第一个荣获"苏联英雄"称号的狙击手。我呢,因为1941年秋天在敖德萨周围打死了100个罗马尼亚人,拿到了一支刻有铭文的SVT-40步枪。他服役12个月,升了3次:少尉、中尉和上尉,如今杀敌人数是154人。我呢,去年6月入伍以来,杀敌人数309人,却只能让好心的伊万·叶菲莫维奇·彼得罗夫给一个少尉军衔。

与上级搞好关系就是这么重要,不论是在前线还是后方。是啊,我早就应该想到这一点，而不该直言不讳地同营长德罗明、第 54 团团长马图西耶维奇和营教导员马尔采夫据理力争！我也不该直接对科洛米耶茨少将和其他高级将领咄咄逼人，解释狙击任务怎么特殊，为我的部下辩护，给排里要更好的武器、弹药和装备！最关键的，我生来就应该是个男的，而不是女的！这么一来，那个年轻气盛的上尉——穿着一个褶子都没有的崭新军装，佩着苏联英雄金星奖章——也就没法这么傲慢地瞧着我啦！[1]

但，米哈伊洛夫说的话让我们暂时忘掉了一切。原来我们 3 人要组成苏联代表团，去美国参加定于今年 9 月 2 日到 5 日在华盛顿举行的国际学生大会。所以 8 月 14 日一早，也就是后天，我们要搭乘里 –2 运输机从伏努科沃（Vnukovo）机场 [2] 起飞，途经伊朗 [3] 和埃及前往美国。

说实话，在最初几分钟里我并不相信自己的耳朵，认定这是个很没品的笑话，因为尼古拉·亚历山德罗维奇是乐天派，喜欢开玩笑。我们周围都是千万无辜平民遭受的战火、破坏、死亡和流血，而英国人和美国人不光不帮助我们的国家，还发明了什么让人分心的奇怪乐子？

不过，接下来一系列事件让我相信了确实要组一个代表团，这个代表团真的要飞越大洋。我们很快从米哈伊洛夫的办公室来到了联共（布）中央宣传部长亚历山德罗夫（Alexandrov）的办公室，他布置了一次相当具有挑战性的党史和团史测验，并询问了我们的履历和服役情况、参加战斗的各

---

[1] 柳德米拉与德罗明的言语冲突主要是因为德罗明有重男轻女的旧思想，参见第 7 章中部。与马图西耶维奇在训练安排上略有争执，未写出具体言语，参见第 5 章前半。与马尔采夫的争执在 1942 年 1 月 24 日早上，当时报纸编辑来采访，柳德米拉不愿意，马尔采夫随后赶到，说明情况。参见第 10 章后半部分。与科洛米耶茨少将等人的争执暂未在书中见到明显叙述，但显然，柳德米拉非常不满上级在各方面的不理解，因此得罪了一些人。——中译者注

[2] 位于莫斯科市中心西南方向 28 千米处。——中译者注

[3] 俄文版误作"伊拉克"，此处从英文版。——中译者注

种细节，还有对目前政策的看法。看样子，部长同志对我们的回答很满意。

下午的活动也富有成效。共产国际（负责团结海外工人及共产党的国际组织）执行委员会总书记格奥尔基·米哈伊洛维奇·季米特洛夫（Gheorghy Mikhailovich Dimitrov）接待了我们。这位杰出的保加利亚革命家是德国1933年"国会纵火案"审判的英雄。当时德国国会大楼发生火灾，季米特洛夫被加上了莫须有的罪名，他用流利的德语成功控诉了德国法西斯主义。苏联人都知道，季米特洛夫是一位为了解放工人阶级的事业而献身的斗士，是坚定的共产主义者。[1]

我们同季米特洛夫谈了3个多小时。他说到了资本主义国家的青年组织情况、阶级斗争的情况，以及我们在国际学生大会上应该怎么做。晚上我们又奉命去了外交人民委员会，最后来到了地下室，这地方很像一个大型百货公司，只是没有顾客。商店橱窗和玻璃柜台里面摆放着男女服饰，都是很久没有在莫斯科市场上出现的东西。

陪同我的是一位年轻的男工作人员，当着他的面挑选我需要的东西，我感到有点不自在。不过，他给的建议非常中肯，丝毫没有让我感到尴尬，我在地下室拿到的两个大行李箱很快都塞满了。连衣裙、衬衫、裙子、夹克、内衣、长筒袜、普通袜、手绢、帽子、手套和各种颜色及款式的围巾，还有鞋。所有东西都是发的，包装整齐，我在一份长长的清单上签了字。

这还不算全部。我和普切林采夫是军人，上边决定也给我俩一身行头。我们来了伏龙芝堤岸（Frunze Embankment，又称伏龙芝沿岸街，苏联国防部所在地）上，国防人民委员会的缝纫实验车间，人称"将军店"的地方。普切林采夫的礼服一个小时内就改好了，我的礼服连影子也没见。压根就

---

[1] 二战后，季米特洛夫在保加利亚出现疏远苏联的倾向，1948年赴苏联就医，1949年7月在莫斯科病故，死因多有争议。——中译者注

没有现成的女兵军礼服，只给 24 小时，谁也做不出来。最后决定，拿将军的高级纯羊毛华达呢军上衣改制一件，去掉领章，保证明天一早直接送到团中央委员会总部。旁边正好有一家鞋店，我买了几双靴子，很漂亮，瓶子形状的高靴筒，涂了清漆，时髦的方头。不过老问题来了：鞋号不合适。店里做的最小号是 37 号[1]，我也只能接受。狙击手经常要一口气走上很多千米路，鞋子十分重要。可我之前从来没穿过这么轻便舒适的靴子，穿在脚上放松极了。

上级还安排人给我们开了几次说明会，这个我必须提到，不然就属于误导读者。我们学到很多新知识，包括盟国各国的当今政策、领导人，还有美国国家结构。讲师介绍了可能出现哪些情况，给我们打了"预防针"，说可能遇到各种挑衅（后来也确实发生了，是由那些反对苏联和美国人民友好的人组织的），建议我们应该如何应对。除此之外，还给了我们预先准备好的演讲概要，有些概要只能背下来，有些可以写在纸上。后来我们访问美国、加拿大和英国的时候，这些东西都派上了大用场。

语言问题相当麻烦。当然，代表团肯定会配上一队口译。不过，我们自己也最好多少会一点英语，因为在各种见面会上可能接触到普通人，而这些接触十分重要。尼古拉·克拉萨夫琴科很干脆地承认自己什么外语也不会说，弗拉基米尔·普切林采夫在矿业学院只学过德语。我妈妈在家教过我英语，大学的外语课教学水平也很高。我尽力回忆那些课程，向他们表示我会一点英语。

我们的护照也从外交人民委员会拿过来了，看着挺漂亮，挺结实：长方形，精装，外层贴了红绸子，有苏联国徽的浅浮雕。里面是俄文和法文[2]

---

[1] 俄罗斯女鞋 37 号相当于中国 39 号，对一般女性来说偏大。——中译者注

[2] 法语曾经长期被人作为国际通用语，20 世纪上半叶才开始被英语取代。——中译者注

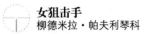

双语文本，下面贴一张小照片。

外交人民委员会自己做主，给我的婚姻状态写了"未婚"，还附上了主要体貌特征说明。我这才发现，我是中等身高，棕色眼睛，鼻梁挺直，深褐色头发。[1] 除了护照，代表团成员还发了外币，每人 2000 美元，当时这可是一大笔钱。发给我们的是小面额票子，厚厚一叠绿色美钞，印着总统肖像，在一只手提箱里占了不少空间。

一切都发生得太快了，我们还没有完全意识到这项任务有多么艰巨复杂，多么不同寻常。上边完全没给我们时间思考，过去几个小时之内，一连串眼花缭乱的事情和各种所见所闻把我们的脑子弄得很乱。深夜，我们又来到马罗塞卡街，团中央总部 4 楼的米哈伊洛夫办公室。

好像只有他才真正明白我们几个被什么样的情绪困扰，我们的脑海里又在闪过什么念头。他说，我们虽然年轻，但已经不是孩子，我们有战争的经验，尽管战争是一位睿智而残酷的导师。美国人对目前的战争还一无所知，我们必须把自己的认识和看法传达过去，让他们明白这是一场关乎全人类未来的生死之战。我们什么也不必编造，对每一个代表团成员来说，最重要的任务就是做好自己。当然，一下子去到一个完全陌生的世界，是一个巨大挑战。不过，莫斯科这边已经尽了一切努力让代表团成员做好准备。我们默默地听着他的建议。

也许我们应该马上回答第一书记，向他保证我们不会让他失望，保证会全力以赴，保证会对得起高层对我们的信任。然而，话到嘴边却无法成句。我沉思地望向窗外莫斯科夏夜的天空：高远、明净，闪烁着成千上万

---

[1] 这里是讽刺这些特征很不准确。普切林采夫回忆录《特殊使命》第 1 章也说，他的护照上记载的体貌特征与他自己完全不符，令他感到十分滑稽。他猜测这些特征是没有见过他们的官员臆测出来的。——中译者注

的星星。在南边的黑海，夜空更暗，星星更亮，就在这样的星空下面，我开始了多少次孤独的狩猎！在充满魔力的克里米亚森林中，这星光多少次为我照亮了蜿蜒的小路！

"柳德米拉，您有问题要问吗？"米哈伊洛夫自信的声音在我耳边回荡。

"没有。但我必须告诉您——我担心我会犯一大堆错误。"

"少尉同志，您这是胡说八道嘛！"米哈伊洛夫哈哈大笑，"我一点也不怀疑，您会成功的，做您自己就好。"

米哈伊洛夫邀请我们参加壮行餐会，他想得非常到位：让旅行者们和他们的至亲围坐在餐桌旁，把气氛搞得轻松融洽，好像在家里一样。普切林采夫的妻子丽塔（Rita）从莫斯科郊外的韦什尼亚基镇被人请来了，我母亲也从斯特罗明卡街的宿舍被人请来了，还有克拉萨夫琴科的妻子，一个年轻漂亮的姑娘娜杰日达（Nadezhda）。晚饭就在米哈伊洛夫办公室里吃的，简单朴素，有伏特加和葡萄酒。米哈伊洛夫第一个祝酒，突然，书记办公桌上的一部电话响了。那是一部特殊的白色电话，拨号盘中央印着苏联国徽。尼古拉·亚历山德罗维奇赶紧拿起听筒，接电话的声音含着深深的敬意（如果不是恐惧的话）："我是米哈伊洛夫……是的，我明白……我们马上过来。"

午夜过后的第一个小时，莫斯科街道上空无一人，一片漆黑。然而，米哈伊洛夫的专车驶入克里姆林宫的博罗维茨基门（Borovitsky）两侧却灯火通明。站岗的是穿着内务人民委员部制服的冲锋枪手和手持托卡列夫自动步枪的士兵，他们仔细检查了我们的证件，但是他们有一份午夜访客的名单，很快，负责值班的中尉向米哈伊洛夫敬礼，下令让汽车通过。

长长的走廊里响起了我们的脚步声。转了一个弯，又转了一个弯，上一层楼梯，我们就到了办公室门口的接待处。最高统帅的秘书亚历山大·尼古拉耶维奇·波斯克廖贝舍夫（Alexander Nikolaevich Poskrebyshev）

打开了这扇门，我终于亲眼见到了伟人。他穿着一件简朴的翻领上衣，但没有什么特别与众不同的地方，身量也不像我先前感觉的那么高。瘦削，皮肤黝黑，脸上有淡淡的麻子印，弯曲的左手拿着烟斗。[1] 吸引人的是他那双老虎般的黑色眼睛，从他身上可以感受到强大的内在力量。

我们在斯大林的办公室待了大概20分钟，可完全没有感觉到时间流逝，时间对我们来说是停滞的。米哈伊洛夫挨个儿介绍了我们，我是最后一个。约瑟夫·维萨里奥诺维奇（斯大林的姓氏和父称，表示尊重）只讲了不多的几句话，关于党和政府的使命、盟军不愿开辟第二战场，还有美国人民需要了解我们反法西斯斗争的真相。

他问："同志们有什么要求吗？"

克拉萨夫琴科和普切林采夫完全傻了，办公室里一时没人说话。我却没有受到同样的影响，我的体验完全不一样——一种前所未有的热情。我想听听最高统帅专门对我说的话。

"是的，斯大林同志，我有一个请求。"我轻声说道，"我们非常需要一本英俄词典和俄英词典，还需要一本语法书。因为，了解盟友很重要，就像了解你的敌人一样！"

"好的，帕夫利琴科同志，您说得很好。"全世界无产阶级的领袖微笑着说道，"这两本书，您会收到的。我亲手寄给您。"

---

[1] 斯大林左手有残疾，因此这里说"弯曲"。俄文 трубку 可以理解为"烟斗"或"听筒"，英译文也翻译成了"电话听筒"。俄语专家认为，领导人在接见来宾时还拿着电话听筒很不适当，而且斯大林有拿烟斗的习惯，下文第18章也专门提到他拿着烟斗，因此这里从俄文版，译为"烟斗"。——中译者注

15

出使华盛顿

黎明的浓雾在波托马克河谷（Potomac）中盘旋。平缓的山丘、绿色草地、树林、果园和村庄，都隐没在飘荡的雾霭中。迈阿密—华盛顿特快列车正驶向目的地，时速高达 60 千米。火车像一把炽热的利剑，划破了萦绕大地的白云。

有节奏的摇晃，车轮碰撞铁轨的声音，时常让我惊醒，又接着睡去。我自己住一个双层铺的包厢，所以能把上衣和内衣都脱了，拿一块浆洗过的床单盖住身子，一直盖到下巴，安心入睡。

我身旁的桌子上有本 3 指厚的小词典，也随着火车震动。苏联武装力量最高统帅说话算话，寄来了这本词典，它的尺寸很小，方便揣在口袋里。我每天都翻词典，一般是在睡觉以前，检验自己的知识水平。我看见扉页一边有干净利落的签名：J. 斯大林。

隔壁的包厢是我的旅伴克拉萨夫琴科和普切林采夫，两周来我们一起穿越了高山、沙漠和大西洋。说实话，他们总是在我眼前晃，让我有些腻烦了。他们人都挺好，但狙击手天生是独行侠，需要安静、冷静，需要时间思考，需要观察周围环境的各种变化。

我们之间建立的关系是礼貌和同志式的，什么可以，什么不可以，都有明确的界限。我们这支"男女搭配"的队伍从莫斯科出发的时候，接受了恰当的指导方针。上级盯着我们每个人的眼睛，把严格的规矩讲给我们听。普切林采夫爱交际，是舞厅常客，共青团领导克拉萨夫琴科沉默寡言，他俩要遵守的规矩可能比我更严。因为共青团第一书记米哈伊洛夫多少知道一点阿列克谢·基岑科的死，知道我发誓要奋勇杀敌，给基岑科报仇。[1]

克拉萨夫琴科比较冷漠，用这态度提醒我们，他是代表团团长。我和普切林采夫的关系不可避免地越来越密切，相处得很不错，忘了我们作为狙击手的猎杀战绩差异，也忘了军衔差异。在一些地方我们停留得比较久，比如在开罗就待了 3 天，于是我们一起在城里逛逛，买点小东西。尤其是普切林采夫，在一家店里忍不住花了 40 美元从阿拉伯人手里买了一块瑞士手表。原来那手表带有各种机械装置，不仅能计算天数和秒数，还能计算枪声的距离远近 [2]，这可是特等射手必备的家什。

我们在开罗还必须拜访英美两国大使。在那里，我第一次穿上了在外交人民委员会地下室商店选的漂亮礼服。这套行头，我非常担心自己穿上以后举止生硬，显得不自然，但实际上高跟鞋给我带来的麻烦更大，在部队这一年下来，我已经穿不习惯了。就算不穿高跟鞋，一踏上豪华宫殿擦得闪闪发光的拼花地板，我的脚还是很容易打滑。普切林采夫很有绅士派

---

[1] 这是米哈伊洛夫在本书最后一次出现。之后他继续担任苏联各种高级职务，1970 年退休，1982 年去世。——中译者注

[2] 军事顾问解释，看到闪光按下计时，听到声音按下结束，看经过了几秒钟，再乘以声速即可得出枪和自己的距离。——中译者注

头地让我挎着他的胳膊，拜会英美大使的任务非常顺利。确实，英国大使不太相信我俩都在前线打过仗，还都是狙击手。

我们从非洲坐飞机抵达迈阿密，行程耽搁了一天。我们听见大海就在附近轰鸣，于是我和普切林采夫去了海边。金色的沙滩、缓慢慵懒的碧绿色海浪和耀眼的阳光把我们留在海滩上 3 个小时，克拉萨夫琴科在路上感冒了，留在酒店房间休息。

火车上，紧闭的包厢门后传来乘务员的脚步声。他正在来回巡视，通知乘客行程还有 30 分钟就要结束，提醒乘客做好下车准备。门被轻轻敲响，一个柔和的声音说道："Washington, Ma'am（女士您好，华盛顿到了）！"

"Yes, thanks（好，谢谢）！"[1] 我用英语回答，然后开始穿衣服。

特快列车准时到达华盛顿：1942 年 8 月 27 日凌晨 5 点 45 分。我们的车厢停在首都火车站的拱顶之下。不过天还没亮，很难看到车站的全貌，而月台上已经聚集了一大群人。我们没想到他们是专门欢迎我们的，还准备拖着沉甸甸的行李箱沿着车厢走廊走到出口上月台。当时我们不知道，8 月 25 日塔斯社播发了苏联学生代表团抵达美国的消息，有些美国报纸转载了。

于是，运送行李的难题，我们完全没遇上。相反，我们被苏联大使馆和贸易代表团兴高采烈的工作人员团团围住，然后是一群锲而不舍的美国记者。在喧闹的人群中，我们从月台走到站前广场，又在一片喧嚣中上了一辆豪华轿车，出发——想象一下吧！——直奔白宫，美国总统的官邸。

尽管时间尚早，但总统夫人埃莉诺·罗斯福还是亲自在白宫门口迎接我们。她祝贺苏联客人安全抵达，并表示我们将在白宫屋檐下度过在美国

---

[1] 本书俄文版中少数地方人物的英语对话保留了原文，配有俄语译文。中文版也这样处理。——中译者注

土地上的头几天。这是她的丈夫富兰克林·德拉诺·罗斯福决定的，他是深受人民爱戴的第 32 任美国总统，也是到那时为止美国历史上唯一连任三届的总统。

第一夫人亲自送我们到二楼，带我们参观了每个人的房间，建议我们在旅途之后稍事休息，还说 8 点半在一楼小餐厅用早餐。

我的小房间布置得简单而舒适，我走到窗前，太阳已经升起，第一缕阳光照亮了白宫前面的区域。白宫周围环绕着法式古典风格的花园，一条条小径上撒着黄色的河沙，修剪整齐的草坪，鲜艳的花坛，还有一丛丛小树，正门前水池里的喷泉发出汩汩的流水声。总统官邸让人联想到某个绅士的乡村庄园，这个人有稳定收入，但肯定不是什么大钱。

在约定的时间，我们下楼来到小餐厅，发现除了总统夫人，还有另外几个人。首先介绍给我们的是国际学生服务中心美国委员会秘书长格特鲁德·普拉特（Gertrude Pratt）。原来国际学生大会就是这个中心主办的。普拉特女士大约 25 岁，是一位艳丽动人的苗条金发女郎。她热情地同我们握手，说非常高兴见到苏联客人。接着给我们介绍了中心副主任亨利·勒什（Henry Lush）[1]，3 个穿着美军军官制服的年轻人在一旁操着流利的俄语帮我们翻译。

罗斯福夫人请大家入座。她微笑着说，我们现在可以熟悉美式生活，

---

[1] 此人其实是普利策奖得主，美国记者、作家约瑟夫·P. 拉什（Joseph P. Lash，1909—1987），在美国出生，父母是俄裔犹太人，因撰写罗斯福和埃莉诺传记而知名。国际学生大会召开时，他已被征召入伍。他档案中含有对共产主义同情的倾向，因此无法加入美国海军情报部门，遂于 1942 年 4 月 28 日加入美国陆军。1935 年，拉什曾与南希·贝德福德－琼斯（Nancy Bedford-Jones）结婚，后来与外号"特鲁德"（Trude）的格特鲁德·普拉特相恋。1943 年，格特鲁德与丈夫离婚，一年后嫁给拉什，当时拉什已经与南希离婚，可能是拉什主动提的，也可能是南希主动提的。

从传统的美式早餐开始。美式早餐继承了传统英式早餐的一些元素，但也有自己特色。桌上不仅有煎鸡蛋、烤培根肉片、香肠和腌蘑菇，还有松软的小煎饼，我们自己管它叫oladi（俄式传统厚煎饼），比俄式blini（薄煎饼）厚一些，配枫糖浆，这些食物可以就着橘子汁、咖啡或冷茶来吃。

美食是陌生人之间"破冰对话"的优秀话题。不过，早餐会还在继续。尼古拉·克拉萨夫琴科作为代表团团长就国际学生大会第一次会议的议程说了一大套无聊的话，美国人则对苏联领土上的战争更有兴趣。普切林采夫也很有兴致地说起了狙击手技巧：带有瞄准镜的步枪、伪装、观察敌人。我没有插话，只是认真在听，但听的不是他而是翻译，那些译员说得太仓促，也不准确。

突然，埃莉诺问了我一个问题，身穿美军中尉制服的年轻人翻译成了俄语："亲爱的柳德米拉，假如您用瞄准镜看清楚了敌人的脸，却还能开枪杀人，美国女性是很难理解您的。"[1]

译员努力以某种方式软化这句话的语气，听起来很客气，但却带有一种令人不快的意味。第一夫人目不转睛看着我，她为什么要这么问，我不太清楚。也许她决定试我一试？我们已经得知，有些英美报纸发文章说，我们不是前线士兵，也不是狙击手，只是专门派到国际学生大会上发言的共产党宣传员。也就是说，总统夫人必须得到清楚明确的回答。

"罗斯福夫人，我们很高兴访问您美丽繁荣的国家。很多年来，你们完全不了解战争是什么样子。没有人毁灭您的城市、农村和工厂[2]，也没有人

---

[1] 文中人物说的英语，俄文版保留了少数，大部分只是英语的俄译文。中译文按照俄语原始情况保留"您"和"你"的区分。——中译者注

[2] 英语 plants 可理解为"庄稼"或"工厂"，译者在俄语顾问帮助下，确定这段话的俄语译文中的 заводы 意为"工厂"。——中译者注

杀害您的同胞、兄弟姐妹和父亲……"我说得很慢，出于某种原因，我的话让在场的人大吃一惊。

当然，我的演讲并不怎么高雅：发音有错，时态有错，句子结构也太简单。不过，美国人理解了我的意思。我向一个远离反法西斯战争的国家的人们解释说，我们来自一个炸弹摧毁了城市和村庄的地方，那里鲜血横流，无辜者被肆意杀戮，我的祖国正在经受严峻的考验。而一颗瞄准的子弹，只是对一个邪恶敌人的回答。我亲眼看着我的丈夫死在塞瓦斯托波尔，在我看来，我透过瞄准镜看到的任何一个敌人，都是杀害他的凶手。

奇怪的是，埃莉诺竟然尴尬了。她赶紧移开目光，说她并没有冒犯我的意思，只是她认为这场谈话很重要，我们应该换个更合适的场合接着谈。但现在，很遗憾，她必须要失陪了。第一夫人起身，匆匆向我们道别，离开了小餐厅。

"你刚才对她说什么了？"克拉萨夫琴科皱眉，仗着是代表团团长，摆了个架子，非常严厉地盯着我。

"没什么大不了的。"我一句话把他打发了，"这些傲慢的美国佬，不能让他们为所欲为。"

早餐之后，格特鲁德带我们在白宫转了一圈。我们参观了内阁会议室、第一夫人办公室和总统的椭圆形办公室。在总统办公室，我们的注意力被一张合影吸引了，照片上是几个穿着军装、面带微笑的小伙子。他们都是罗斯福的儿子：艾略特（Eliot）陆航上尉，富兰克林（Franklin）海军中尉，詹姆斯（James）海军陆战队预备役队员。埃莉诺给丈夫生了6个孩子，有一个在褟褓中夭折了。

这时候，代表团的日程安排就很紧了。我和普切林采夫赶紧回屋换军装，这是我们离开莫斯科后第一次有机会穿军装。命令来自苏联驻美国大

使马克西姆·马克西莫维奇·李维诺夫（Maxim Maximovich Litvinov）。上午10点，大使馆聚了一群摄影师和摄像师，他们想拍下反法西斯英雄们的戎装风采，明天登报。

我们乘坐一辆大使馆的轿车抵达，一大群记者立即将我们团团围住，我们艰难地走到门廊上，应记者们的要求停下来让摄影师和摄像师拍摄。摄影师和摄像师很快又被记者挤走了，他们把麦克风推到我们面前，大声喊着自己的问题。口译员拼了命工作，渐渐地，我们发现大部分问题都是问我的。

过了半个小时，混乱止息，我们走进使馆大楼。一位戴着夹鼻眼镜，很富态的圆脸老人上前迎接，祝贺我们安全到达，他就是李维诺夫大使。我们不得不再次走到门廊上，跟他友好地握手，公开活动继续进行，而且必须给苏联带来最大的利益。

使馆的欢迎晚宴隆重而安静，出席宴会的是外交人民委员会的工作人员及其夫人。大家用俄语祝酒，谈话也十分应景，主要是克拉萨夫琴科详细介绍了我们从莫斯科飞往德黑兰、开罗和迈阿密的行程。他还时不时回头看我，显然是担心我做出点什么不符合外交礼仪的事。

其实这种担心完全没必要，只要别人不惹我，我总是通情达理、冷静沉着的。晚上6点，又举行了一场长达两个小时的记者招待会，通过电台向全美转播，有52家报纸和杂志社、以及12家广播电台的记者出席。这一次，组织工作完全不一样了。首先请学生代表团成员发言，克拉萨夫琴科把宣传部长亚历山德罗夫在莫斯科向他讲过的要点概括了一下，讲述了我国的总体形势：后方支援前线。普切林采夫讲述了红军的状况，已经准备好对德军采取新的打击。

我手上还有一份联共（布）中央通过的声明文本：

亲爱的朋友们！我很高兴向你们转达苏联妇女和苏联青年的问候，他们正在前线与嗜血的法西斯分子战斗。苏联不仅是为自己的自由而战，也是为全世界所有国家和人民的自由而战。从斗争开始的第一天起，苏联人民就为了保卫祖国而投入了所有潜力和精力，苏联妇女在生产线上取代了她们的丈夫、父亲和兄弟。

她们竭尽所能支援男人去战斗。苏联人民感谢你们的帮助，但苏联领导的战斗需要越来越多的资源，我们正在等待积极援助，等待第二战场的开辟。我想告诉你们，我们一定会取得胜利，没有任何力量能够阻挠全世界自由人民胜利前进的步伐。我们必须团结起来。作为一名俄罗斯士兵，我向你们伸出我的手，我们必须齐心协力消灭法西斯怪物！

然后我自己用英语加了一句：Fellow soldiers, forward to victory!（战友们，向着胜利前进！）

记者们稀稀落落地鼓了鼓掌，但接着又变得活跃起来。主持记者会的是大使李维诺夫，他邀请记者们提问。轮到的记者必须站起来，报出自己名字和所代表的新闻机构，而且要明确指定一个学生代表团成员回答问题。

一开始，记者们的行为让我们不知所措，我们本以为他们会觉得声明说得太简单了，希望他们针对我们的发言提问题，以确定和澄清我们在发言中过于简短的表述。结果完全不是这么回事，美国人直接无视了这些相当正式的报告，想诱导我们说一些报告里没有的话。大部分问题问的是我，我瞧着大厅里这些激动不已、拼命提问的人（有些问题我觉得实在很蠢），不知怎的居然想起了当初罗马尼亚军队和德军的攻心战。在战场上，敌人

想要恐吓我们、震慑我们，让我们意志崩溃，逃离阵地，最终消灭我们。在这里，记者们的诉求大致相同：让我们惊慌，迫使我们说一些超出官方范围的话，让发言人出丑，被人嘲笑。以下是记者招待会的精确文字记录选段：

问：柳德米拉，您在前线能洗热水澡吗？

答：当然能，而且一天好几次。你坐在战壕里，遇上炮击，你就会变热，变得很热。是"热"也是"澡"，只不过是泥澡，不是水澡。

问：您有防护措施吗？

答：只有我的步枪。

问：女人打仗的时候可以涂口红吗？

答：可以，只是不一定有时间。您必须随时可以拿到冲锋枪、步枪，或者手枪，或者手榴弹。

问：柳德米拉，您喜欢什么颜色的内衣？

答：在俄罗斯，问这种问题是会被扇耳光的。这种问题一般是问妻子或者情人的，我和您不是这样的关系，所以我很乐意给您一巴掌。请您挨近一点……

问（女记者）：您这套衣服是阅兵礼服还是常服？

答：我们现在没有时间搞阅兵。

问（又一个女记者）：可是这套衣服，您穿着显肥。您不在乎显肥吗？

答：我为穿着这套传奇的红军制服而自豪。我的战友们在与法西斯的战斗中牺牲，他们的鲜血使这身军装神圣不可侵犯。制服上有列宁勋章，这是一种军事荣誉。我希望您至少体验一次轰炸，老实说，您会马上忘了您制服的剪裁。

问：烟草公司菲利普·莫里斯国际（Philip Morris）打算为您提供一份合约，只要您同意在香烟盒上印您的头像，他们就愿意支付50万美元。您同意吗？

答：我不同意。他们见鬼去吧。

李维诺夫站在我旁边，起初我不知道他对这一场骂战会有什么反应，但我无法用其他方式回答美国人，因为激情和兴奋已经让我情不自禁。大使先是惊讶地望着我，然后微笑着鼓励我："柳德米拉，说得好！这些华盛顿蟑螂，就该这么对付！"

记者招待会结束后，学生代表团回到白宫。等着我们的是总统的贴身顾问、老朋友哈里·劳埃德·霍普金斯（Harry Lloyd Hopkins）。1941年夏天，霍普金斯代表罗斯福访问苏联，当时纳粹德国已经入侵我国。霍普金斯会见了斯大林，斯大林对他印象很好，这种好印象原来是相互的。霍普金斯回到美国后，主张与苏联恢复友好关系，他向总统保证，苏联能够承受住前所未有的武力打击，而且需要帮助。现在，消瘦而有病容的霍普金斯先生详细询问了我们关于列宁格勒、敖德萨和塞瓦斯托波尔战役的情况。他对于我们的战事非常感兴趣，想要知道所有细节。可是，美国媒体为什么却不想知道呢？

我们谈话期间，罗斯福夫人走了进来，宣布邀请我们同美国前任驻苏联大使约瑟夫·戴维斯（Joseph Davies）的女儿弗吉尼亚·哈贝（Virginia Haabe）共进晚餐。霍普金斯说，他同我们一道去。联系车的时候，协调出了点问题，开来一辆凯迪拉克，只能容下克拉萨夫琴科、普切林采夫和霍

普金斯，还有苏联大使馆的两名翻译。于是第一夫人建议我跟她一起坐一辆她自己驾驶的双座敞篷车。

我吃了一惊，没想到这位高贵的女士这么快就忘掉了早餐时我放肆的回答。然而，个头足有一米八的总统夫人却相当和蔼地瞧着我，重复了她的邀请。

总统夫人的深蓝色小轿车看起来非常优雅，可以开到很快的速度。埃莉诺虽然已经 58 岁了，开起车来却像个真正的职业车手。我们瞬间摆脱了护送凯迪拉克的警卫车队，疾风般地在华盛顿的街道上狂飙。转弯时，夫人突然减速，汽车引擎就像野兽般咆哮。在十字路口遇到红灯时，夫人就来个急刹车，车轮尖叫着在柏油路上划出黑色的印记。我完全没想到会这样，吓得紧紧抓住门把手，身子拼命靠住埃莉诺旁边的柔软椅背。她狡黠地看我一眼，并没有放慢车速，我也一直没有开口让她放慢车速。

很快，我们来到了郊区，两旁是绿树成荫的富豪宅邸。敞篷车停下后，我长出一口气，我自然不习惯乘坐这么疯狂驾驶的汽车，我们是步兵，还是用两只脚在地上走路来得自在。

弗吉尼亚·哈贝是一位 30 来岁的漂亮女士，她来到门口台阶上迎接第一夫人。弗吉尼亚曾随她的外交官父亲在莫斯科住过几年，俄语说得很好。她一见我就说，她还非常喜欢俄罗斯的古典音乐，我们一边聊天，一边端着开胃酒走向餐桌。桌上摆了几个碗，盛着各种盐渍的果仁和干松饼，旁边的几个玻璃杯和瓶子，装着各类饮料。

那些饮料其实都是烈酒——可当时外人怎么能知道呢？我通常认为饼干和果仁只能配果汁。当一个穿着白衬衫、黑马甲、打着领结的服务员指向一瓶棕色饮料时，我点头示意没问题。他给我倒了大约 1/3 杯，我一口就喝光了，然后手卡着喉咙大声咳嗽。杯子里是正宗的苏格兰"月光"——

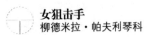

烈性威士忌。

"Be careful!"（当心！）罗斯福夫人关切地说道，拉着我的手进了餐厅。

总体看上去，参加这次晚餐会的人都是一些老熟人，人生观都一样。对他们来说，苏联青年代表团的到访是一件大事，可能会影响美国当前的政策。谈话很轻松，宾主双方都同样有兴致，但埃莉诺却让我坐在她身边，用各种问题分散我的注意力。

她小声说："您的英语还不错。"

"谢谢您，不过，您太客气了。很可惜，我的英语说得不好。"[1]

"您的英语是在哪里学的？"

"我小时候，最早是我妈妈教的。"

"您的母亲是教师吗？"

"是的。"我尽量回答得简短一些，因为我想听美国前任驻苏联大使戴维斯先生在说什么，当时他在讲 20 世纪 30 年代纳粹德国的外交。

"您父亲呢？"

"革命以后，他在红军里当军官。"

"您对武器的热爱是来自于他吗？"

"可能吧。"

出发之前的培训课上，我们了解过罗斯福夫妻俩的情况。埃莉诺·罗斯福（1884—1962）出身富裕的上层家族，有良好的家庭教育，在伦敦艾伦伍德（Allenwood）女校读了 3 年，后来游历了西欧。1905 年 3 月，埃莉诺嫁给了远房亲戚富兰克林，富兰克林是哥伦比亚大学法学院的学生。埃莉诺父亲早早去世了，她叔叔是当时的美国总统西奥多·罗斯福，代替父

---

[1]　因柳德米拉英语口语不是很好，中文版酌情选用了较为简单的词汇及语法，反映这一情况。——中译者注

亲出席婚礼，把她送到了丈夫跟前。[1]

埃莉诺当上第一夫人之后赞助了各种青年和妇女组织，不断参与慈善事业，成为罗斯福政府中非常著名和德高望重的活动家、记者及"不管部长"。1921 年，罗斯福患了脊髓灰质炎，病得很重，丧失了部分行动能力。此后埃莉诺负责了丈夫的各种竞选活动，在全国各地巡回演讲，与选民会面。人称她是"总统的眼睛、耳朵和腿"，因为她总是去那些总统去不了的地方，影响了总统的决策。埃莉诺赢得了人民的爱戴和敬重，1939 年一次民意调查显示，第一夫人的支持率超过了丈夫，这也是理所当然，67% 的美国人认为她的政绩"很好"，罗斯福只得到 58%。

埃莉诺并不以美貌而著称。她的五官很粗糙且不太对称，但她的巨大魅力、智慧和善良让人完全无法抗拒，吸引了很多很多人。坦率地讲，美国之行开始时，我对埃莉诺有着偏见。我想，她是个精英，百万富翁，属于剥削阶级。我从没想到我会对这位杰出的女性产生兴趣。

8 月 28 日早餐时，送到白宫的几份早报证明我们的新闻发布会成功了。我们的照片占据了头版。美国的"自由媒体"居然也给了我这个谦虚的人一点关注。他们八卦我的军上衣的剪裁，引用了我对各种问题的回答，还讨论弱势女性的代表是否真的可以在军中服役。有些人管我叫冷血杀手，说我对不幸的德国士兵毫无怜悯之心，他们只是在执行上级的命令。

埃莉诺把热咖啡推到一边，递给我一份最新一期的厚厚的《纽约邮报》，指着一个署名为埃尔莎·马克斯韦尔（Elsa Maxwell）的长长的专栏，第一夫人说道："这是我的一位老相识。她出席了您的新闻发布会，从头到尾都非常喜欢。您表现得很好。埃尔莎经验丰富，观察力敏锐，笔杆子非常厉

---

[1] 美国婚俗，新娘父亲要带着新娘走过祭坛，把新娘的手交给新郎，象征女儿离开家庭。——中
    译者注

害。我觉得她对您的描述很准，或者确切地说，对您给人留下的印象。"

帕夫利琴科少尉拥有的不仅是美貌。她的淡定从容和自信来自她所经历与承受的一切考验。她拥有一张柯勒乔（Correggio，又译科雷吉欧，意大利文艺复兴时期画家，作品充满活力）油画中圣母玛利亚的脸庞，一双孩子般的手。她橄榄色的军上衣上有红色的印记，（按照苏联的比喻观念）已经被激烈的战火烤焦。记者招待会上，一位女记者坐在我旁边，穿着一件时髦、做工考究的连衣裙，带着几分讽刺问柳德米拉："我想知道，这是您的常服还是阅兵正装？"

柳德米拉相当漠然地瞧着我穿着考究的邻座，回答道："请允许我告诉您，苏联现在没有阅兵式。我们的心思都用在其他事情上了。"[1]

事实证明，女人之间对衣服的争论也引起了男性的共鸣。争论登上了信息量巨大的商业报纸《每日新闻》的版面。这一期登了我的全身照片，照片下面一个很长的标题：《狙击手柳德米拉·帕夫利琴科：我自豪地穿着这身军装！我在战场上牺牲的战友的鲜血使它神圣不可侵犯，因此它胜过最好的裁缝做的最漂亮的衣服！》[2]

---

[1] 这个问答前面也出现过一次。它在前后两处的具体文字，俄文版、英文版均有出入，汉语也作相应处理，翻译得略有不同。——中译者注

[2] Sniper Lyudmila Pavlichenko: I wear my military uniform with pride! It is sanctified by the blood of my comrades in arms who have fallen on the field of battle. Therefore, I value it more than the most beautiful dress from the best tailor!——中译者注

早餐之后，埃莉诺与我们亲切道别。我们在白宫的逗留告一段落，动身前往苏联大使馆。又有一场新闻发布会在等着我们，这一次是为国际通讯社——路透社和美联社举办的。

我一边把登了我照片的各种厚厚的报纸收拾起来，预备回莫斯科汇报用，一边忽然想到：红军最高统帅部大本营其实给我安排了一个新的前线战场，战场的轮廓也越来越清楚了。这是一场同记者的较量，并不是说他们多么卑劣，多么令人厌恶，只是他们对好坏、对有趣和无聊都有着自己的看法。他们挡在我与成千上万美国读者、听众和观众之间，斯大林同志委托我向他们讲述战争的真相。这意味着一个人必须真诚、充满自信、非常镇定、幽默风趣，这样读者才会相信我们。

当天晚上，我与克拉萨夫琴科、普切林采夫去了国家歌剧院看演出。这座美国最古老的剧场位于宾夕法尼亚大道，离白宫不远，演出的是意大利作曲家贾科莫·普契尼（Giacomo Puccini）歌剧《蝴蝶夫人》。这是一场公开演出，大厅里挤满了衣着光鲜的有钱观众。我们穿了便服，一开始没人注意我们，可是第二幕和第三幕之间中场休息的灯光亮起时，经理上台宣布，观众席上坐着苏联学生代表团成员。雷鸣般的掌声响起，我们不得不走上舞台，普切林采夫代表我们代表团发言，说了不到 5 分钟。紧接着，礼堂里出现了几个穿着时髦的姑娘，拿着彩色募捐箱，开始给支援红军的基金筹款。

筹款活动非常顺利，很多捐了钱的人起身走上舞台，要同我们握手，讲话支持我们。后来，在我们的美国之行中，类似的场景又多次出现。总之，我们代表团募集并向苏联大使馆转交了大约 80 万美元，这个数目相当可观。不过，我们内部时常争论，我们对这个过程应该采取什么态度。普切林采夫说，这感觉像是侮辱人，就好像我们伟大的祖国，我们无敌的军队太穷了，在求着有钱的美国人施舍一点。克拉萨夫琴科作为团长，不厌其烦地向头脑发热的普切林采夫解释现实是怎么回事：很多苏联人无家可归，倾家荡产，被疏散到了别处。这笔钱要给他们购买食物和必需品。这当然很正确，但不知怎的，总让人不太舒服。

尽管如此，这还是一次正式访问。1942 年 8 月 30 日，塔斯社发了公报：

苏联代表参加华盛顿国际学生大会[1]

参加国际学生大会的苏联代表团成员克拉萨夫琴科、普切林采夫和柳德米拉·帕夫利琴科三位同志，抵达华盛顿的当天就应邀访问白宫，作为美国总统的贵宾下榻白宫。第三天，华盛顿的一家主要电台播放了苏联代表的讲话，他们讲述了自己与纳粹战斗的经历。

在这档美国各地都能收听的特别广播节目中，详细介绍了帕夫利琴科、克拉萨夫琴科和普切林采夫的到来。各大早报刊登了苏联学生的照片、与他们的对话，以及他们到达华盛顿的详细情况。

克拉萨夫琴科与记者谈话时，请记者们向美国青年和全体美国人民转达在前线抗击纳粹大军的苏联人民的问候。克拉萨夫琴科简要叙述了苏联青年在反侵略战争中参与的方方面面的工作。柳德米拉·帕夫利琴科作为军人，向美国女性转达了苏联女性的问候，并讲述了苏联女性将对敌人的仇恨转化为自我牺牲的勤奋劳作。普切林采夫谈到了狙击手的技巧，并总结说："我们能够取得胜利，

---

[1]　俄文作：Пребывание в Вашингтоне советских делегатов на Международном съезде студентов。
　　——中译者注

我们也必将取得胜利。斯大林是这样说的，所以胜利必然实现！"

苏联学生们对罗斯福先生在白宫给予他们的盛情款待表示衷心感谢。

9月2日早上，我们准备参加国际学生大会第一次会议。我们穿上制服，检查一切要素是否有序，是否就位，然后还不无紧张地说起这场会要怎么开，他们会怎么欢迎我们。"国际大会！"我们把这几个字互相说了又说，却没有意识到美国人是打马虎眼的高手。大厅里坐了不到400人，这就是全世界的学生代表。诚然，这些学生来自53个国家，有拉丁美洲人、非洲人、亚洲人和欧洲人。不用说，德国及其盟国代表没有与会。[1]

经验丰富的克拉萨夫琴科是共青团官员，他把名单看了一遍，说国际学生大会组织者的意图已经很清楚了。他们中绝大多数是美国、英国和加拿大的代表，所以这些人一定会影响投票，无论他们想要什么，都会用多数票把意志强加给别人。团长总结说，有必要增加一个规矩：必须一个代表团一票，而不是出席会议的每个人一票。

我们穿了一身红军军装，一下子就引起了所有人注意。会场入口，记者们再次一拥而上，闪光灯亮成一片，问题纷至沓来。我们艰难地挤过人群，进了大厅，罗斯福夫人已经在那里恭候代表们。记者们赶紧围住第一夫人，请她与我们合影。

埃莉诺没有反对，普切林采夫上尉站在她左边，我站在她右边，她拉着我俩的手。苏美反法西斯同盟由此得到了生动具体的表现。[2]第二天，照

---

[1] 据YouTube网站当时的宣传电影 *FDR Addresses International Student Assembly 1942*，德国流亡到美国的反纳粹学生代表也出席了。——中译者注

[2] 埃莉诺撰写的报纸专栏《我的一天》（My Day）1942年9月3日文章记载："昨晚（中译者补充：埃莉诺写下的文章可能第二天才见报，因此她这里可能在说1日的事情），我同参加国际学生大会的荷兰和苏联代表团共进晚餐，我们共度了一段有趣的时光，虽然我感觉不能

片见报，评论家纷纷猜测，这么解释，那么议论。

大会第一天，除了介绍各个代表团和表决议程之外，还举行了全会，讨论"战时大学"这一议题。克拉萨夫琴科发表讲话，详尽叙述了苏联学生参战及后方工作的情况。当晚，大会开幕式隆重举行，很多嘉宾出席：美国民间组织代表、总统幕僚以及第一夫人。招待会还没结束，罗斯福夫人就过来对我们说，请苏联代表团到白宫参加晚宴，必须马上就走。

我们很快就知道了这么匆忙的原因。好像碰巧一般，我们在白宫见到了美国总统富兰克林·罗斯福。他在白宫一个房间里，坐在一张高背宽扶手的木椅上，双臂搭在扶手上，腿上盖着苏格兰格子花呢毯子。

第一夫人说："弗兰克，我想把我们的苏联新朋友介绍给你。"

总统显然是个非常杰出的人，有着敏锐的头脑和坚强的意志。我见到他犀利的目光，握着他瘦削坚韧的手，脑海中马上闪过这个念头。总统专注地听着翻译介绍我们，重复了那些我们来自的城市名字："莫斯科……列宁格勒……敖德萨，还有塞瓦斯托波尔……太棒了！目前苏德战争的真实简史！"他像个真正的绅士，首先与我说话，询问我参加了哪些战斗，因何获得勋章，同团的战友是如何作战的。总的来说，他了解各条战线的作战情况，但很关注细节，关注直接参与者的印象。

在近3年的战争中，英美军人从来没有像苏联人在莫斯科、列宁格勒、敖德萨和塞瓦斯托波尔那样成功抵抗敌人那么长时间。总统想知道我们是如何做到的，是因为俄罗斯传统的坚毅军事精神、士兵的训练、军官的技能、将军的战略才能、精良的武器装备？还是最重要的——军民团结，拿

同一个人直接说话十分不便……这位苏联年轻姑娘柳德米拉·帕夫利琴科少尉身上有什么东西非常吸引我。她与这些年轻人一样经历了很多艰苦，而且她经历的艰苦还有些是全世界共通的，让全世界人团结在一起，不分语言。"——中译者注

起武器抵抗侵略者？罗斯福很可能已经在为将来打算了。

1941 年 12 月 7 日，德国的盟友日本在珍珠港大败美国舰队，之后迅速将美军赶出了东南亚。那以来，总统一直在寻找一个问题的答案：谁能够帮助美国重返东南亚？反法西斯联盟中的国家并没有给他太大的希望。大英帝国在战争期间遭到削弱，半个法国被纳粹占领，另一半被与希特勒勾结的维希政权统治，中国发生了内战[1]。余下的只有苏联了——当然，苏联要帮助美国，就必须在斯大林格勒击败德军，并将德军赶出自己的国境，这一切的前提又是苏联能够恢复工业潜力。

谈话的最后，罗斯福问我："您在我们国家觉得怎么样？"

我回答："好极了，总统先生。"

"美国人待您友好吗？"

"无论在什么地方，人们都把我们当作贵宾欢迎。不过有时候我们也会遇到突然袭击。"

"真的？"总统吃惊了。

"我是说，被您的记者袭击。"我让谈话保持在严肃水平，"他们非常执着，实在无法抗拒他们的压力。所以只能完全坦诚，有什么说什么。"

总统笑了。这个评价，他很喜欢。

我本来还能接着开玩笑，但我想问罗斯福那个最重要的问题：问他如何更有效地支援苏联，在西欧开辟第二战场，这样能够迫使德国撤回在伏尔加河沿岸作战的一部分德军的师。

罗斯福先生好像读懂了我的想法。"请您转告苏联政府，并亲自转告斯大林先生……"他若有所思地说，"目前我很难给贵国提供更多实质性的帮

---

[1] 或指当时国民政府发动的反共高潮。——中译者注

助。我们美国人还没有准备好采取决定行动，我们被我们的英国伙伴拖住了，但美国人民从心底支持我们的苏联盟友。"[1]

国际学生大会按部就班地进行，有些发言很有意思，还有一些辩论也很激烈，与会者差点儿打起来。比如，讨论所谓"印度问题"的时候，有个孟买大学的学生，头上缠着头巾，朝牛津大学的英国学生大喊："殖民狗！迟早我们会揍扁你们，赢得独立！"人们费了好大力气，才把印度人和英国人分开。孟买代表跑到苏联代表这里抱怨。我们对小亚细亚和东南亚受压迫的人民非常同情，但在国际会议上公开大吵大闹——莫斯科确实没有指示我们这么做。

首先我要说的是，事实证明，大会最后一次会议通过的宣言中不可能包括关于在欧洲开辟第二战场的条款。不过，主办方还是跟我们妥协了。代表们通过了《斯拉夫备忘录》，强烈谴责德国法西斯主义，并呼吁各国人民团结起来反对法西斯主义。很多报纸和广播电台都报道了这份备忘录的通过，塔斯社也做了大量报道。

1942年9月5日，一个晴朗而温暖的傍晚，与会者们来到白宫旁边的草坪上。[2] 美国政府在这里举行了招待会，庆祝国际学生大会圆满结束。招待会由埃莉诺·罗斯福主持，几十位姑娘小伙端着纸盘、三明治和瓶装的

---

[1] 英国极端重视中东，因此想竭力通过登陆西北非来保证中东安全，不想在欧洲登陆。而美国更加偏向于在欧洲登陆作战。1942年7月，英美决定秋季在北非登陆，实施"火炬"行动。此后，丘吉尔飞赴莫斯科与斯大林会谈，得到斯大林的理解。为响应苏联强烈要求，1942年8月19日，即本书中的苏联代表团启程访美后不久，英国和加拿大联军尝试突袭德占法国北部港口迪耶普，遭到惨败，但也为之后的诺曼底登陆积累了经验。11月8日—10日，盟军"火炬"行动取得成功，北非的战事规模进一步扩大。——中译者注

[2] 埃莉诺专栏《我的一天》提到闭幕式的那篇文章标题作"9月7日"，并说"昨晚是美国国际学生服务中心组织的大会闭幕式"，说明这篇文章本身可能是在6日写下的。——中译者注

软饮料，或单独或成群地漫步在令人惊叹的古典法式花园的小径上，讨论民主青年运动的宗旨和目标。

第一夫人对我们代表团尤为关注。她已经会了 5 个俄语单词：spasibo（谢谢）、khorosho（好）、da（是）、nyet（不）和 konyechno（当然）。我们和她的聊天不再那么拘谨，感觉更加自在。埃莉诺跟我们说说笑笑，告诉我们她是如何想到这个大会的创意，又是怎么计划举办的。在她看来，大会应该有深刻的文化教育内涵，并在国际青年背景下促进美国价值观的传播，但是，苏联人的出现改变了很多事情。我们谈论这场战争时充满了激情和感情，因为我们对战争非常了解。于是，这场美国人以前觉得遥远而难以理解的战争突然一下子变得鲜明起来：普通民众的苦难、战斗中流淌的鲜血、瞬间降临的死亡。罗斯福夫人为此向我们表示感谢，还希望她的祖国，以及整个美洲大陆的居民都能听到我们的讲述。

16

"我亲爱的……"

第二天早上，我们去了李维诺夫办公室，向他呈递了国际学生大会宣言和《斯拉夫备忘录》的文本。大使感谢我们的辛勤工作，说我们表现出高度的思想政治修养，公开演讲的能力，在与资产阶级对手的争论中捍卫了共产主义理想。他说，美国合作伙伴提出延长学生代表团的逗留期限，并邀请代表团在美国各大城市巡回访问，以更广泛地宣传反希特勒联盟各国的活动。苏联大使馆同意了。

但我们对这一决定并不感到高兴。我和普切林采夫都想着尽快回家，1942 年 7 月底开始，斯大林格勒前线一直在激战，德军正向伏尔加河猛攻。8 月初，德军第 6 集团军一部已逼近斯大林格勒郊区。

苏军虽然顽强抵抗，但德军兵力占优，在 9 月[1] 已经逼近城区，小规模的巷战不断发生。战局逐渐进入阵地战，正是狙击手出动的最佳时机。我

---

[1] "在 9 月"据俄文版增加。——中译者注

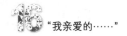

们不想躺在功劳簿上睡大觉。普切林采夫已经打死 154 个纳粹，我是 309
个。我们都想要在祖国河边的城市前线上进一步增加成绩。

李维诺夫平静地听取了我们的诉求，提醒我们：军官必须始终服从红
军最高统帅的命令。然后建议我们做好准备，9 月 6 日星期日前往纽约。这
一天正好是美国劳动节 [1]，是全国法定假日。我们一早出发，搭乘华盛顿—
纽约特快列车，而且必须穿礼服。

在纽约火车站，照例有一群记者上来迎接，但这一次他们没有成功
实现各种胡闹，被挡在一段距离开外。我们坐上一辆汽车，在警笛和摩托
引擎的轰鸣声中，被警察护送到中央公园正门。正门也围了一大群人，有
些膀大腰圆的小伙子穿着夹克，戴着鸭舌帽，以军人的姿态把我们举到
他们肩头，抬到了舞台上。纽约市长菲奥雷洛·拉·瓜迪亚（Fiorello La
Guardia）对着话筒宣布，英勇的红军代表已经来到了大会现场，并对苏联
人民与德国法西斯进行的艰苦卓绝的战斗表示敬意。公园里的人群回以热
烈欢呼，接着，黑人歌手保罗·罗伯逊（Paul Robson）登台演出，用俄语
演唱了杜纳耶夫斯基创作的歌曲《祖国进行曲》。[2]

大会结束前，东道主向苏联客人赠送了象征性的礼物：用海生橡木
精心雕刻而成的心形纪念章，中间镶有一个银盘，上面刻着 "For active
participation in the struggle against Fascism（为了积极参与反法西斯斗争）"。
我不得不接受了这份礼物，接着我又必须做一段简短但通俗易懂的答谢演
讲。"亲爱的朋友们！"我开始讲话，"法西斯野兽注定灭亡，它看到了自己

---

[1] 美国劳动节是每年 9 月第一个星期一，1942 年劳动节实为 9 月 7 日。——中译者注

[2] 罗伯逊（1898—1976）是美国运动员、歌手，民权运动活动家，因激进的政治立场而闻名。他
曾经用中文演唱《义勇军进行曲》，支援中国抗日。20 世纪 50 年代遭到麦卡锡主义迫害，想
来华但未能成行。1980 年，罗伯逊的儿子小保罗·罗伯逊夫妇成功访华。——中译者注

灭亡的前景，正在孤注一掷，拼命想要在盟军灭亡它以前阻挠我们这些国家的团结。对于每个国家热爱自由的人民来说，利用我们所有的力量向前线提供援助是一个生死攸关的问题。光荣的美国工人们，请你们多多生产飞机、坦克和大炮吧！"

我的声音被麦克风放大，越过安静的人群，回荡在公园最远处的小路上。纽约人当然听不懂我说的俄语，直到翻译了才听懂，但他们感受到了我的语调传递的热情。我想向人群传达我的热诚，唤起对我国人民的同情，在他们心中激起回应。我似乎成功了，人群首先回以克制的欢呼，接着是雷鸣般的掌声和赞许的呐喊。

随后，苏联总领事维克托·阿列克谢耶维奇·费久申（Victor Alexeyevich Fedyushin）举行了正式晚宴。这场招待会在美国皮货商协会总部召开，会上也给我们送了礼物：我收到了一件拖地的浣熊皮衣，小伙子们是奢华的海狸皮夹克。皮货商们凑了一桌贵宾，出席活动的有很多商界代表、市政府公务员和文艺界人士。

就在这时候，有人给我介绍了一家冶金公司的老板，名叫威廉·帕特里克·约翰逊（William Patrick Jonson）。[1] 我并没有觉得他有什么不寻常，他是一位身材高大的英俊绅士，35 岁左右，同招待会上的其他人一样，用嘴唇轻轻碰了碰我的手，说了几句乏味的话，称赞我长得漂亮，称赞我在中央公园集会上的演讲精彩，原来他当时也在场。只有一件事不寻常：他坚持邀请我参观他在纽约郊区的庄园，那里收藏了一批 20 世纪初俄

---

[1] 帕夫利琴科写了这个人的英语名字，而且用了不常见的拼写形式 Jonson（中译者补充：一般拼写为 Johnson），但英译者不确定这个拼写正确。作者提到的这个人最可能是威廉·约翰斯顿三世（William Johnston Ⅲ），1935 年纽约人口普查将此人列为冶金学家，研究员。此人年龄段与职业均与作者描述相符。

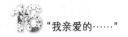

国先锋艺术家的油画。对先锋艺术家，我印象很模糊，只熟悉巡回展览画派（Peredvizhniki）的画家，尤其欣赏战地画家瓦西里·魏列夏庚（Vasily Vereshchagin）的作品。

但这样的个人旅行和接洽，我们的纪律是禁止的。我只好笑着回答约翰逊先生：很遗憾，我们的日程安排很紧，我没有任何机会接受他的邀请。我认为我们的谈话这就结束了，以后也不会有见面的机会，没想到，这还没完呢。

纽约集会大获成功，国际学生服务中心的组织者、苏联大使馆和美国白宫也大受鼓舞，又策划了一次宣传之旅：1942 年 9 月 10 日，前往大西洋沿岸大城市巴尔的摩。从华盛顿出发，有一条优质的多车道高速公路。我们早早出发，坐一辆大使馆的车，中午到了巴尔的摩。这一次照例有警察护送，警笛呼啸，几排戴白头盔、穿黑色警服的摩托车手在前面开道。在去见市长的路上，可以看到路边站了不少人，对我们挥着手，喊着欢迎的话语。

城市广场又举行了集会，我再次发表了演讲，人群再次欢声雷动，举着俄语和英语的横幅："红军万岁！""欢迎反法西斯战士！""我们支持开辟第二战场！"随后，在市长办公室召开了官方招待会，有多位巴尔的摩知名人士出席。威廉·帕特里克·约翰逊又来了，这次穿了一套灰色条纹西服。约翰逊走到我跟前，说很高兴再次见到我，说他有位表姐住在巴尔的摩，拥有一家大型百货公司，而且有个很棒的成衣部门，最近从伦敦进了一批时尚新品，不知帕夫利琴科女士是否方便光临？他刚说完，有个浑身珠光宝气的中年妇女向我们走来，她就是约翰逊先生的表姐。她微笑着说道，那些衣服非常适合我的身材，我穿上后一定会光彩照人，并建议我马上去试衣。约翰逊还说，他可以把任何我看上的衣服当作礼物送我。

这可就严重多了。我必须拒绝这种百万富翁的死缠烂打，但要温柔、礼貌、不卑不亢。我解释说，我确实喜欢漂亮衣服，但我要奉斯大林同志的命令行事。两位本地大亨都很惊讶：一个漂亮的年轻姑娘想要给衣橱添置点存货，什么命令可以限制她呢？我问他们，是罗斯福总统给他们下了命令，还是他们只是因为经营方面的冲动而这么提的？就在这两位亲戚整理思绪的时候，克拉萨夫琴科在我身边出现了。他这人有个绝招，总是能恰到好处地冒出来，我挽着他胳膊，快步走到大厅另一端。

第二天 9 月 11 日，代表团返回华盛顿。大使馆有个好消息等着我们，美国总统偕夫人邀请苏联学生在哈德孙河畔的海德公园度过一周，海德公园距离纽约 80 千米，是罗斯福的家族庄园。受邀的除了苏联人，还有国际学生大会的其他参与者：英国人理查德·迈尔斯（Richard Miles）和戴夫·斯科特（Dave Scott）；荷兰人约翰·瓦尔特（Johann Walter）；中国人王莹（Yoon Wang）[1]。我们要坐火车去，第一夫人在车站接我们。[2]

罗斯福庄园占地广阔，环境优美，现代化设施齐全，想要一天转完是不可能的。公园里有笔直的小径、花坛、草坪、凉亭和木椅，与茂密的森林浑然一体，占地面积至少 3 平方千米。庄园中心是一栋两层的石头宅邸，

---

[1] 俄语原文作 Юн Ванг，相当于汉语拼音 Yun Wang。关于此人的身份，译者经过多方查找，最后偶然搜到了最有可能的人选：王莹（1913—1974），安徽芜湖人，原名喻志华，民国时期话剧及电影演员、女作家，淞沪会战后曾在国内和南洋组织抗日演剧队。1942 年赴美参加国际学生大会，并与好友赛珍珠合作宣传抗日，1943 年春在美国演出戏剧，受到罗斯福夫妇的接见，与本书中提到的黑人歌王保罗·罗伯逊也有深厚的友谊。1955 年经曲折回国，70 年代含冤去世。她的名字在其他文献中也写作 Wang Yung 或 Wang Yong，推测柳德米拉因为不熟悉汉语，未能写出她名字的准确发音。但对于这位同样是女性的中国反法西斯战友，柳德米拉为何没有更多关注或更多记载，就不得而知了。——中译者注

[2] 按照 FDR Library 网站记载，罗斯福于 1942 年 9 月 12 日下午 3 点 15 分由霍普金斯等人陪伴乘汽车出发去海德公园，14 日中午与霍普金斯返回白宫。——中译者注

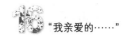

不远处有一处大湖。湖的一侧长满了芦苇，很有几分野趣。另一边则修整得很好，湖边有一座沙滩泳屋，彩色的栈桥延伸入清澈的湖水中。这些设施附近有几条小船系在岸边，随着微风轻轻摇摆。

吃完早饭，我出去散步。我注意到一艘奇怪的小船，很窄，好像包裹着皮革，中间有个小座位，桨架上有短桨。以前在家乡白采尔科维市，我和姐姐瓦莲京娜喜欢坐一艘名为"哥萨克橡树号"（*Cossack Oak*）的平底船游览罗斯河（Ros）。我没怎么多想，就跳上了这只"美国印第安人"独木舟（后来我才知道这就是它的名字），把它推离了栈桥，用力划桨。

小船像鸟儿一样往前飞去，但它的吃水很浅，一个急转弯独木舟就翻了，我掉进了冰冷的湖水。

我想要捞起自己的毡帽，结果不行，帽子很快就沉底了。我也没办法把独木舟弄回原来的位置，原来船体果真包着皮革，船舷湿透了，手摸着打滑，抓不住。我只好拖着小舟游到岸边，这件事有两个目击者：理查德·迈尔斯和戴夫·斯科特。

两位高贵的英国绅士就站在原地，重心从左脚移到右脚，不知如何是好：救女士和小舟，这就非得脱了衣服下水不可。叫仆人来帮忙，这就需要跑到庄园的中心地带，虽然并不远。俩人只是焦急地站在水边，大声讨论着。很快，他们就看到了不寻常的一幕：一名红军女军官从水里冒了出来，浑身湿透，这让她的身形显露无遗。

我瞧见他们一脸严肃，忍不住哈哈大笑。老实说，在异国他乡做这种蠢事，实在荒唐。坐上一艘陌生的小舟，要划到湖的另一边，在水里挣扎，潜水找帽子，再当着两个白痴大小伙子游到岸上，他们看得目不转睛，好像看见火星人入侵地球一样。

我一边笑着，一边走回自己的客房，客房离湖边很远，在一栋两层小楼后面。针织衫湿漉漉的领子贴在我的脖子上，半毛呢裙子下摆沉甸甸的，走路很吃力。水也在鞋里哗啦啦响着。可是这儿不能脱衣服！再说脱了衣服又太冷。

9月的风很大，一点不暖和，气温顶多16度。"柳德米拉！"忽然传来第一夫人惊慌的声音，她打开主楼一层的一扇窗户，"出什么事了？"

"我去湖里游泳，没穿游泳衣。"

"这天气根本不该游泳的！您得赶紧换衣服，快过来！"

总统夫人在门厅迎接我，把我请进了她的书房兼卧室，这间房连着浴室和卫生间。我一边走一边笑，开玩笑地告诉她，那条船有多么阴险，毡帽像石头一样往下沉，阿尔比恩（Albion，英国古称）的儿子们怕水怕得要死，而且可能从来没见过 en déshabillée（法语：穿着显身材的睡衣，意为有点衣冠不整）的女人。

埃莉诺拿来一条大浴巾递给我，我的鞋还湿着，不敢踩她书房地板上的豪华波斯地毯。她说："去浴室把衣服脱了，我马上回来。"

过了15分钟，总统夫人回来了，手里拿着她的睡衣、剪刀和一个针线盒。我裹着浴巾等着她，把湿衣服、内衣、长筒袜和鞋都留在浴室里，赤脚站在地毯上，对这个场面万分尴尬。梳妆台上的大镜子里，我看见了自己的影子：湿漉漉的头发纠缠在一起，露着肩膀、胳膊和腿。浴巾虽然长1.5米，但并不宽，没法把我裹严实。

埃莉诺飞快瞧了我一眼，微笑着叫来女仆，跟女仆吩咐了浴室里的东西怎么处理：如果脏了就洗，然后弄干、熨烫，再送回来。黑黑壮壮的中年女仆披着一头波浪式黑发，戴着白帽子，围着蕾丝边的白围裙。她点点头，时不时望我一眼。大概，总统的客人从来没有在仆人面前露出这样 risqué（法语：有伤风化）的样子。女仆走了，埃莉诺转向我："这是我的睡

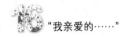

衣，您换上吧。"

"可是……我身高和您不一样啊。"

"没关系！我把袖子和裤腿改短一点就行。"

"您自己改？"我大吃一惊。

"对啊，我的朋友。您以为罗斯福家族的女人都是吃闲饭的？我向您保证，美国妇女干起活儿来，个个都是一把好手……"

首先，她把睡衣铺在大床上。这是一套崭新的睡衣，料子是厚厚的粉色缎子，领口、袖口和口袋上都绣着紫罗兰，一看就不便宜。但埃莉诺拿着剪刀兴致勃勃地在上面空剪了几下（只是开合剪刀，没有真的剪东西），接着从针线盒里拿出一条长长的卷尺，毕竟裁剪衣服应该先把尺寸量好，不能只凭眼睛看。[1]

第一夫人施展出裁缝手艺，飞快地量好了我的胳膊，接着绕到背后，测量我的肩宽。浴巾只盖到我腋下，罗斯福夫人看见了那条长长的淡红色的分叉伤疤，从我的右肩胛骨斜着一直延伸到脊柱。夫人吓了一跳，后退一步，惊呼道："天哪！柳德米拉，这是什么东西？"

"一块金属留下的。"我当时还不会用英语说 scar（伤疤）、splinter（弹片）和 shell（炮弹），就换了一个词。

"可是，这块金属怎么进去的？"埃莉诺小心翼翼地用手指抚摸那道疤痕。

"去年 12 月，塞瓦斯托波尔。"

"是打德国人吗？"

---

[1]　"剪"英文 snipping，英语顾问确定是实际的剪断行为。埃莉诺这么做，似乎与作者态度（应该先量再剪）及一般做法相悖。咨询俄语顾问得知，俄语的描述意为"像小孩子玩耍那样开合剪刀，没有真正剪断材料"，可见英文版有误。此处从俄文版。——中译者注

"是的。"我确认。

"我可怜的姑娘!"夫人动情地拥抱我,用嘴唇擦过我的额头,"您经历了多么可怕的磨难啊!"

夫人的话语充满了真心的同情,甚至是痛苦。[1]我相信夫人,尽管我们在白宫早餐会上的首次见面对相互了解并不算个好兆头,也许她现在想起了当时让我不舒服的那番话。当时她对我的举动有些不满,而且她精于公开辩论,于是决定用骑士的长矛给我——这个她眼里的"塞瓦斯托波尔阿玛宗女战士"[2]——的盔甲来个轻轻一击。但她得到的回应却直截了当,一针见血。也许,从那以后,埃莉诺就开始思考,苏联人身上可能有些盎格鲁–撒克逊人无法理解的秘密,她想解开这个谜团。

罗斯福总统对我们不在餐厅吃饭感到奇怪,坐着轮椅来到他妻子居住的那一半房子,在卧室里遇到了我们。我们坐在宽大的床上,全神贯注地忙着缝衣服,改睡衣的活儿正在进行,快改完了。我们周围放着各种鲜艳的布料,还有剪刀、线团和插在碎缎子上的缝衣针。我们热烈讨论着当今的流行趋势——怎么裁衣服最适合我们俩,什么颜色最漂亮,怎么装饰效果最好,配什么首饰最合适。我当时已经把睡衣穿上了,可是一瞧见美国总统,我还是浑身一激灵,赶紧跳起来,把毛巾往腰上一围,大声说道:"啊,罗斯福先生,请您原谅!"

总统大笑起来。在他看来,这场面有趣得很。两个女人在年龄、成长

[1] 埃莉诺《我的一天》9月14日文章:"今天(推断应为13日——译者)早上我们再次翻开报纸,发现斯大林格勒仍在坚守。它一定会作为英勇的防御战而载入史册。我非常同情如今在我国旅行的3个苏联年轻人,他们必须每天看报,并且想知道我们这个处于战争状态的国家为何依然可以这么舒服地生活。"——中译者注

[2] 阿玛宗是个传说中的好斗民族,军队里只有女兵,曾与希腊人作战。阿玛宗是罗念生译名,用作其他含义时通译"亚马逊"。——中译者注

环境、教育和社会地位方面都相差悬殊，甚至说话都不太听得懂，然而这些一点也不妨碍她们就一些绝对琐碎的话题展开热烈讨论。两人发现彼此对生活各种方面的看法碰巧完全一样，于是欣喜地望着对方，兴致勃勃地进行着毫无意义的闲聊。闲聊并没有带来新的信息，也没有假装得出什么严肃的结论和推论，就这么聊了一个多小时……

傍晚，哈德孙河上刮起大风，天空乌云密布，很快下起了倾盆大雨。万幸，饭厅里点燃了壁炉，因为这饭厅很宽敞，窗框上的玻璃让暴风吹得直发抖。这秋天的阴郁天气，好像穿透了宅邸石墙，把哈德孙河面升腾的湿气灌满了屋子。

总统顾问哈里·霍普金斯来海德公园吃晚饭，他已经是我们的老熟人了。他从华盛顿带来一些文件，在餐桌上和我们聊得很愉快。霍普金斯去年因为癌症，胃部动了手术，不能喝酒，也不能吃高盐、辛辣和油腻食物。但他的情绪一点也没受影响，他对近期时事发表了各种幽默评论，我们都被逗乐了。我注意到，埃莉诺对他的到来尤其高兴，埃莉诺先同霍普金斯打了个招呼，说想要与他专门讨论一个问题。

在罗斯福庄园的 7 天一晃就过去了，我们回到华盛顿，再次拜访了苏联大使李维诺夫。大使向我们转达了莫斯科关于学生代表团下一步工作的决定，让我们十分惊讶的是，代表团要分成两部分。克拉萨夫琴科和普切林采夫会前往美国东北部的克利夫兰、布法罗、奥尔巴尼、匹兹堡、里士满等城市，与高校学生会面。我要去西部和中西部 [1]：芝加哥、明尼阿波利斯、丹佛、西雅图、旧金山、弗雷斯诺和洛杉矶。[2] 9 月 24 日，我同两位小

---

[1] 美国地理上分为四大区：东北、中西、南部、西部。中西部是历史名称，实际上指美国中北部的州。——中译者注

[2] 据《特殊使命》第 8—9 章记载，9 月 19 日是代表团在海德公园的最后一天，20 日离开，21 日

伙子亲切道别。我知道，这次巡游期间，总统夫人会经常陪伴我。第一夫人的出席决定了同美国人会面的层次：各州州长或市长招待会、商务午餐会、商界晚宴、为当地报纸和广播电台举行的新闻发布会……

装有防弹玻璃的总统豪华轿车在空旷的高速公路上疾驰，前后各有一辆安保车辆随行。美国中西部最古老的城市之一底特律郊区迪尔伯恩的房屋和街道渐渐消失在远方，我们对全球知名，也是美国最大的汽车公司——福特公司的参观访问刚刚结束。

我们首先参观的是飞机制造厂，生产一种双引擎轰炸机，美国人称之为"铁皮鹅"（Tin Goose，又译"锡鹅"）[1]。我们看到了飞机的整个制造过程，用金属管焊接出飞机框架，用巨大的机械冲压机压出硬铝（Duralumin，一种铝合金）质地的机翼，一直到流水线，这架战争机器在这里慢慢显出了狰狞的面目。企业负责人劳伦斯先生（Lawrence，英译者猜测拼写可能为Laurence）做了讲解。

管理大楼内部，"汽车大王"福特亲自带领家属和公司高层会见了来宾。亨利·福特是位开朗、瘦削的老人，见到我非常高兴，送了我一枚福特汽车公司的金质徽章，还请求与我及同行的埃莉诺·罗斯福合影。记者们立刻冲上前来，拼命按闪光灯，问起工厂、轰炸机和美国军力的问题。

但午餐会没有邀请媒体代表，公司为我们这一小群人准备了三明治、甜甜圈、可口可乐等简餐。公司创始人和所有者福特先生发表了简短的爱

前往加拿大一日游，在多伦多车站、市政厅受到群众热烈欢迎，晚上在枫叶公园举行大规模集会，深夜回到纽约。综合来看，代表团一共来到加拿大两次，之后再次经由蒙特利尔飞往英国。——中译者注

[1] "铁皮鹅"实为三发动机运输机，只在1926—1933年生产。帕夫利琴科可能指的是四引擎B-24"解放者"（Liberator）式轰炸机，1942—1945年在福特公司下属的柳树大道工厂（Willow Run）生产。

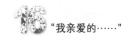

国主义演讲，然后迪尔伯恩市长发言，接着轮到我发言，招待会刚好半小时结束。这是难以避免的，福特帝国和其他地方一样，"时间就是金钱"。

然而工人的行为却让我很吃惊。他们都聚在一个仓库里，大概有300人。他们都穿着深蓝色工装裤，脸色阴沉，不苟言笑，显得心事重重。负责人让我注意发言简短，避免用共产主义的口号和呼吁。我照办了，转达了苏联劳动人民对美国无产阶级的问候，说苏联人民在反法西斯斗争中等待援助。没有我熟悉的掌声、提问或祝福，我离开的时候，他们默默从椅子上站了起来。

"真是劳动人民的敌人！"我从车窗里望着行道树，讽刺地说。这些树已经染上秋天的气息，落叶缤纷。

"亲爱的，你错了。"埃莉诺笑着回答。

"可他是怎么对待手下那些工人的？他们还不如被牧牛犬赶着的笨牛！他们怎么一句话都不说？"

"他们是劳工里的贵族阶层。福特给的工资很高，他们会失去一些东西，不得不小心。不错，福特确实一直盯着他们：要去教堂，不要喝烈酒，不要赌博，要养家，不要加入工会，不要罢工……他们不敢和你说话。你毕竟来自共产主义的苏联。"

"好吧！"我的拳头猛敲一下膝盖，"下回我就要给美国人说点什么了！"

司机和副驾驶座上的警卫与我们之间隔着玻璃隔板，听不见我们说话，发动机稳定的嗡嗡声也没有妨碍我们说话。汽车速度很稳定，这速度是专门为城际公路上的总统车队设定好的。我们从底特律开到芝加哥，全程450千米多一点，花了5个半小时。

公路两边都是一望无际的密歇根平原。埃莉诺选了这条路，显然是为了向我展示她位于中西部的故乡，以及那些舒适的小城——安阿伯（Ann

Arbor）、阿尔比恩（Albion）[1]、卡拉马祖（Kalamazoo）和本顿港（Benton Harbor）。然后公路转向了密歇根湖畔，密歇根湖太大了，就像一片海。这里的风景变了，如镜的水面不时被山丘和小树林遮掩，靠近岸边的许多小岛清晰可见。一路往南，高大的沙丘越来越多，形状优美。

第一夫人的介绍详细、诙谐、有趣，她热爱美国，也十分了解美国。在帮助丈夫竞选和执行总统的各种任务时，她走遍了美国的南北东西，她希望我对美国也能有更多了解。她开玩笑说：当然，少尉的整颗心完全属于伟大的祖国俄罗斯。不过，去看看其他国家，了解其他民族的生活，对谁都是有益的。

夫人努力放慢英语的语速，而且说得很简单，只用一般现在时。但我实在缺乏外语交流经验，哪怕完全听短句，也要非常集中精神，5个小时下来，我实在累得够呛。另外我也不习惯坐汽车旅行，哪怕是总统的凯迪拉克这么舒服的汽车。

后来我压根没有看见芝加哥郊区的西塞罗镇（Cicero）和橡树公园（Oak Park）的优美风景，因为我靠在第一夫人的肩上睡着了。车停了，我醒过来，万分尴尬。埃莉诺若无其事地笑了笑：

"亲爱的，醒醒吧。芝加哥到了。"

芝加哥市政府选了格兰特公园（Grant Park）作为集会地点，这是密歇根湖畔一个具有法式风格的历史性区域。公园占地宽广，整治精细，有草坪、花坛、自行车道、白金汉喷泉和亚伯拉罕·林肯的雕像，还有一座音乐会的舞台。舞台上挂着反希特勒同盟国家的国旗，包括美国、英国、苏联和中国，还有这些国家领导人的肖像：罗斯福、丘吉尔、斯大林和蒋

---

[1] 这是密歇根州下半岛中南地区的小城，与前文提到的英国古称同名。——中译者注

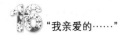

介石。集会的报道和邀请消息，已经刊登在该市报纸《芝加哥论坛报》（*Chicago Tribune*）上。

出席会议的贵宾当中有埃莉诺，还有慈善社区组织"俄罗斯战争救济会"（Russian War Relief）主任弗雷德·迈尔斯（Fred Myers）。这个组织由美国共产党人和同情共产主义的自由派创建于 1941 年 7 月，主要成员是富于创造力的知识分子（比如演员查理·卓别林、电影导演乔治·奥森·威尔斯和艺术家罗克韦尔·肯特）。美国陆军代表史蒂芬·道格拉斯上校也出席了集会，他是从伊利诺伊州毗邻的肯塔基州诺克斯堡军事基地来的。我荣幸地成为红军代表。

像往常一样，市长宣布大会开幕，简要介绍了反希特勒联盟，以及美国参与的联盟工作，然后把舞台让给了我。我走向话筒，舞台前面聚了一大群人，前几排观众的脸我看得很清楚，大部分是三四十岁的男人，他们亲切地望着我，面带微笑。我介绍了几句在遥远的苏联肆虐的战争，停顿了一下，然后突然大声说："先生们，我今年才 25 岁，已经在前线消灭了 309 名法西斯官兵！先生们，难道你们不觉得你们在我背后躲得太久了吗？"[1]

口译员惊讶地回头看着我，然后将我的话翻译成英语，尽量还原我的语气。人群沉默了几秒，接着，一场真正的风暴在古老的公园上空爆发了。人们大喊大叫、呼口号、吹口哨、跺脚、鼓掌。记者们冲上舞台，还有不少人也冲上来，把记者推到一边，他们想为苏联援助基金捐款。芝加哥市长在宣布会议开幕时要求为援助苏联的基金捐款，并为该基金设立了专门

---

[1] 这一名句的俄语原文：Джентльмены! Мне двадцать пять лет. На фронте я уже успела уничтожить триста девять фашистских солдат и офицеров. Не кажется ли вам, джентльмены, что вы слишком долго прячетесь за моей спиной? 中译文采用网上通行译文略加修改。

的俄罗斯战争救济会募捐箱。还有些委实热情的人希望把捐款当场交给我，人高马大的保安立刻在舞台前面排成一道人墙，不让他们扰乱会场秩序。

我依然站在话筒前，双臂下垂，十指紧扣。公众情绪的爆发在我看来似乎太猛烈了，我构思演讲的时候并没有指望会出现这样的场面。只是我在福特工厂受挫之后，我想要说一些话能够立刻打动他们，打动这块哥伦布发现的新大陆上的人——这些幸运、安逸、太精于算计的人。

后来有人告诉我，芝加哥集会的报道，还有我的演讲都上了美国很多报纸头条。路透社把消息传遍了全世界，还配发了积极的评论，他们写道，英美人对苏联抗击德国侵略者的残酷斗争的态度实质，被我做了生动而准确的表达。

晚上，在芝加哥市长举办的招待会上，我被正式授予"美国荣誉公民"称号，并颁发了印制精美的证书和一枚金质徽章[1]，这一称号是芝加哥设立的。大厅里的来宾都经过精心挑选：女士们穿着晚礼服，男士们穿着燕尾服。我的卡其色军上衣只有不多的几件饰品：列宁勋章、战功奖章、近卫军和狙击手证章，证章的红色与白色珐琅闪闪发光。在这样的场合下我似乎显得过于简朴，但这正是组织者的愿望，被我实现了。很多人向我说起苏美在战时的合作，在欧洲开辟第二战场的必要性。我想，如果能用行动来配合这些话语就好了。他们对我说了各式各样的溢美之词，我知道该怎么回应：面带微笑，镇定自若，不卑不亢。

然而，要将这种从容不迫保持到最后却很难。这场盛大活动的结尾，威廉·帕特里克·约翰逊出现了，可以说很突然。我花了一点时间，才把他与其他绅士区别开：还是那套燕尾服、白衬衫、领结、深色偏分头，标

---

[1] 这份奖励现藏俄罗斯联邦武装力量中央博物馆，档案编号 2/3776。

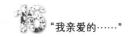

准的美式表情（我一切都好，很开心）以及和蔼可亲的微笑。

"您是怎么进来的？"对他那些华丽的欢迎词，我只能这么回应。

"啊，很简单，帕夫利琴科夫人。"他郁郁寡欢地回答，"我从底特律开车跟来的。很不巧，福特总部我没进去，安保措施太严了。"

"这儿的安保措施不严吗？"

"这儿是另一回事。芝加哥东郊有一家钢铁厂，我占股30%。和经理谈妥了很容易，而且这里……"

"听着，威廉。"我打断了这个陌生人的话语。从所有情况判断，他显然是专门跟着我不放，"您就真的这么闲吗？"

"我不闲。"约翰逊叹了口气，"您看到了，我是个鳏夫。我妻子是个年轻漂亮的姑娘，一年半以前得了脑瘤，没了。我在报纸上看见，您的丈夫也在塞瓦斯托波尔战役中牺牲了。"

"是的，他牺牲了。"

"所以，我希望向您求婚。"

"您可真是疯了！"我脱口而出，一边还是想努力保持亲切的表情。

"帕夫利琴科夫人，在纽约中央公园的那次集会上，我一见到您就爱上了您。您是一位非凡的女性，实在让人没办法抗拒。我的心告诉我，您是我唯一的选择。"

"这里不是说这种话的地方。"

"当然不是。"冶金公司老板看起来高兴得很，"请您告诉我，我们可以在哪里见面？"

招待会接近尾声，宾客陆续离开大厅，他们彼此道别，说了些客套话，没几个人注意我和约翰逊说话。只有埃莉诺一直盯着我瞧，她马上就猜到我需要帮助，第一夫人昂首挺胸大步走过来。看到总统夫人来了，百万富翁很不高兴，马上后退一步，鞠躬，头也不回地走了。

我有些不安地向夫人讲了经过，她答应调查约翰逊的情况。另外，她还匆忙把我介绍给了诺克斯堡基地的史蒂芬·道格拉斯上校，还有芝加哥特等射手协会主任麦考密克先生。他们邀请我第二天在他们的射击俱乐部与协会成员见面，我同意了。

共青团代表团在美国逗留期间，有些当地记者拼命想要证实自己的假设：阴险的布尔什维克派来的不是狙击手，而是专门训练过的宣传鼓动员，从没上过前线。为此，他们专门安排代表团参观军事部门和军官俱乐部，这些地方保管着轻武器。还安排代表团参观靶场，参加打靶活动。于是，在芝加哥射击协会[1]总部，我瞧见一位拿着笔记本的热情小伙子，外加两位拿着照相机的结实汉子，丝毫没有感到奇怪。

另外，我个人也很想看看美国的狙击武器，这个机会来了。我首先拿起一把加兰德 M1 自动步枪，然后是一把斯普林菲尔德 M1903 栓动步枪。两支步枪都配有韦弗（Weaver）瞄准镜。我像往常一样，用手指摸了摸后膛、枪管和枪口，检查了扳机装置和弹仓。加兰德步枪很像我们的 SVT–40，用火药燃气通过专门导气管进入枪膛，解锁枪机。斯普林菲尔德步枪采用后拉式枪栓，模样很像莫辛"三线"步枪。另外它还有手动保险，类似德制毛瑟 Zf.Kar.98k，我对这种德制步枪也相当了解。

美国人密切注视我的一举一动，"美人儿第一次看见步枪"的幻象显然立刻消失了，他们都笑起来。在翻译的帮助下，我向美国盟友介绍了美制

---

[1] "芝加哥特等射手协会"和"芝加哥射击协会"这两个名字应当是同一个组织，俄语分别作 Чикагской ассоциации метких стрелков 和 Чикагской стрелковой ассоциации，英语分别作 Chicago Sharpshooters' Association 和 Chicago Shooting Association，都有一些差异。中译文也保留原状。初步查找发现英文的历史网页中有前者出现，但没有后者。

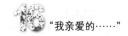

武器与苏制步枪的异同点，其实我不得不给他们小小地上一节课，就好像他们是从苏联后方来到塞瓦斯托波尔我排里的新兵。射击协会的会员都听得非常认真，但拿着笔记本的记者很快就没了兴趣，因为实在没有任何内幕，也没有什么耸人听闻的丑事可挖。

然后我们从军械库出发去了靶场，我承认我当时紧张得很，我已经一个半月没摸过步枪了，而枪械专家每周至少要训练两次。我也不太相信美国产品的质量，但事实证明，美国枪械的质量很高，靶场设备也十分精良。我一如既往地喜欢打靶，几乎每一发都是十环。

从靶场出来，射手们兴高采烈地簇拥着我们走向一间大厅，大厅里已经准备好了茶点。桌上摆着杜松子酒、威士忌和白兰地。协会会员主要是美国陆军退伍的士兵和军官，很多人参加过一战，而且当的就是狙击手。不过，他们并没有喝太多，酒杯是40毫升的。我同意跟他们喝了两杯——一杯敬军事合作，一杯敬开辟第二战场。之后我们就聊得更加融洽，说话也直接了。老兵们都很热情地说起往事，我也听到了一些有意思的故事：讲他们的武器、伪装方法、与敌人对决，等等。

访问结束时，有个惊喜等着我。芝加哥射击协会主席麦考密克先生在热烈的掌声中送给我一件礼物：一把装在红木盒子里的柯尔特M1911A1手枪，盒子里面还有各种附件，外加两个装满子弹的弹匣。盒盖上有个银盘，刻着纪念铭文。我毫不犹豫地拿出了手枪，这把威力很大的11.43毫米口径手枪太吸引我了。这把枪的发明人正是全球知名的天才武器设计师约翰·摩西·勃朗宁，柯尔特公司只是与他签了生产合同。1911年美国陆军采用了这种手枪，一战期间俄国经由英国进口了这种手枪，一些欧洲国家

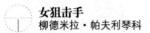

也同样进口了，但我从来没有在我国军队中看到过柯尔特。[1]

回到酒店后，我把手枪拆解了，好熟悉一下它的结构。这时候，埃莉诺来了，分了我的心，我只得把枪又组装起来，放到盒子里收好。在此期间，夫人用客房服务订了晚餐，因为就像我在格兰特公园出席活动一样，去一次餐厅就会有一堆人找我签名，让我觉得很烦。

晚饭送来了，我和夫人在餐桌旁坐下。夫人笑着对我说："亲爱的，我有个好消息带给您。"

"什么好消息？"

"威廉·帕特里克·约翰逊确实有一家钢铁公司，也确实在一年半以前失去了妻子。[2] 他的妻子很有魅力，可惜突然得了一场大病，没了。"

"这些为什么对我是好消息？"

"他的求婚，您不妨考虑一下。"

"埃莉诺，您是认真的吗？"

"为什么不呢，亲爱的？"第一夫人伸手去拿沙拉盘，"您将会嫁给一位富有的绅士，他爱您爱得发疯，会让您的整个余生都幸福快乐。您会留在我们的国家，我还能再与您见面，命运的安排给了我们这个难得的机会，对此我十分庆幸呢。"

---

[1] 这批手枪有一段有趣的历史。一战期间，俄国从柯尔特手里买下了这批手枪，不过订单是英国人下的，给了俄国一个折扣价，因为俄国当时已经用黄金作担保而借了债。据可靠说法，柯尔特商业产品中共有 51100 把 M1911 手枪完成收货，序列号为 C23000 至 C89000，运货日期为 1916 年 2 月 19 日至 1917 年 1 月 8 日。这些手枪套筒左侧均有 АНГЛ.ЗАКАЗЪ 字样，拉丁转写 ANGL.ZAKAZ，意为"英国订购"。在 1917 年十月革命之前，这批手枪具体有多少真正发放给了俄军，目前依然不明。推测在俄国内战中很多柯尔特手枪遗失了，因此在红军当中很少看见。

[2] 英文版作"一个半月以前"，英译者注明"原文如此"。中译者参考的俄文版可能由于版本原因，依然是"一年半以前"。此处从俄文版，直接写上正确的时间。——中译者注

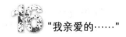

"我不喜欢约翰逊先生。"

"我的天!"夫人惊呼,"您只见过他3次,搞错也是有可能的。他是个非常和蔼可亲、教养良好的人。"

"不,我没搞错!"我站起来,拿了最新一期的《芝加哥论坛报》递给埃莉诺。"看看这个,拜托!'帕夫利琴科夫人对美国菜喜爱有加,今天早饭吃了5个菜……'[1]睁眼说瞎话!他们怎么知道的?问了服务员了?还是看了餐厅账单了?他们为什么对这些无稽之谈这么着迷?我在您的国家感觉就像被人取笑的小丑,无聊的好奇心对象,好像马戏团出来的,就像——留胡子的女人!可我是红军军官!我一直为祖国的自由和独立而战,还会继续战斗下去!"

我刚开始说这一番话的时候,当然很激动,可以说很气愤。为了找合适的词句,我从英语说到俄语,后来意识到了,又改回了英语。我以为夫人会生气,可是她把刀叉放在一边,带着温柔的微笑注视着我。大概就像大人看那些叛逆青少年的恶作剧,但仍然爱他们吧。埃莉诺没有打断我,只是点头表示同意。我最后说:我完全是奉斯大林同志的命令来这儿的。只有他有权延长帕夫利琴科少尉在美国逗留的时间,或者召她回前线,归队继续与德国法西斯侵略者战斗。

"亲爱的,没问题,别担心。"睿智的埃莉诺终于找到机会,在我语无伦次的爆发中插了一句,"这时候,先请您忘掉约翰逊先生吧,我们明天飞往洛杉矶。"

---

[1] 文章作者这么写是为了暗示她肥胖、贪吃。译者暂未查到《芝加哥论坛报》有这篇报道。《史密森尼杂志》(*Smithsonian Magazine*)作者吉尔伯特·金(Gilbert King)的考证文章《埃莉诺·罗斯福与苏联狙击手》(Eleanor Roosevelt and the Soviet Sniper)转引了一位波士顿记者的报道,且附有参考文献,但也未列出这句话的具体出处。引文与本书英文版具体文字有差异,似乎本书英文文本是从俄文的二次翻译,而非原始报道。——中译者注

加利福尼亚州的洛杉矶号称"天使之城"，同美国所有南方城市一样，人口稠密、嘈杂、多样化。洛杉矶位于太平洋沿岸一处山谷中，一侧有群山遮挡。美国中西部已经进入秋天，而这里几乎感觉不到秋的气息。清晨，灿烂的阳光洒满街道，中午却热得简直受不了。傍晚，凉意才降临到高楼大厦的街区和郊外的小房子上，天使之城的全体居民都能享受到一望无际的大海上夕阳西下的壮丽景色。

我有太多会议要开，太多演讲要做。除了洛杉矶郊区的比弗利山庄，我实在挑不出哪次活动真正有趣，真正使人难忘。那里有好莱坞各种名人的宅邸：演员、导演、摄影师和制片人。苏联领事馆的人事先没打招呼，就直接把我带到了查理·斯宾塞·卓别林的家，我就这样认识了这位天才演员、人道主义者和苏联人民的好朋友。

卓别林亲自开门，带我走进客厅，他的朋友和同事们都聚在客厅。我认出了演员道格拉斯·范朋克（Douglas Fairbanks），他主演了我最喜欢的电影《佐罗的印记》（*The Mark of Zorro*）。还有女演员玛丽·碧克馥（Mary Pickford），年纪稍长一些，但依然富有魅力。其余的客人也同样出名，却都用普通人特有的不加修饰的好奇目光瞧着我。

卓别林邀请我坐在沙发上，玩了一个马戏团的小把戏：倒立着走到一个放着几瓶酒的篮子跟前，回来的时候带着一瓶香槟——咬在他嘴里。瓶子打开，玻璃杯满上，这位伟大的艺术家俯身坐在我脚边的地板上，举杯祝愿第二战场早日开辟。

接着，艺术团从客厅转移到了一座小电影院。卓别林给大家放了他的新作《大独裁者》，他用滑稽手法模仿了希特勒。观影会之后是晚餐会，这位伟大的艺术家兼导演请我坐在他旁边，问我对这部电影印象如何。我说，我很喜欢，但当下的法西斯主义与其说可笑，不如说恐怖。只是当时的欧

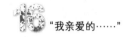

美人民还不知道纳粹犯下的所有滔天罪行。

卓别林在慈善团体俄罗斯战争救济会（Russian War Relief）的活动中发挥了重要作用，帮助苏联人民筹集了大量资金，为红军提供武器装备。我和他谈得非常愉快，他了解苏德前线的战争动向，还让我给他详细介绍敖德萨和塞瓦斯托波尔保卫战，以及担任狙击手的情况。我与他的会面以一种出人意料的方式结束。卓别林单膝跪地，说他愿意亲吻我手上的每一根手指，为了309名留在苏联土地上的法西斯分子。让我极为尴尬的是，他马上就实现了自己的愿望。记者们自然兴高采烈，拼命按快门，不少美国报纸登了这张照片，照片说明写道：查理·卓别林跪在一位苏联女军官面前亲吻她的手。[1]

1942年10月19日，学生代表团成员再次在华盛顿苏联大使馆集合。李维诺夫大使听取了我们全美之行的汇报，大使开着玩笑，微笑着对我们表示称赞。用他的话说，我们完成了几乎不可能完成的任务。美国舆论逐渐向苏联倾斜了，先前"自由媒体"给苏联人民和苏联生活编造的各种疯狂故事已经彻底破产，因为美国人与这些快乐而勇敢的年轻人真正见了面，尤其是那位穿着简朴的军上衣的迷人姑娘。

我们坐在大使面前，静静地听着他的长篇大论。我们在等待最重要的

---

[1] 作者未写出她在大部分城市的活动，此处中文译者补充一条。埃莉诺《我的一天》10月6日文章记载："周六（推断为10月3日）飞往西雅图的旅程很愉快……晚间，我们来到（华盛顿州）州立大学，这里召开了一场联合国团队的会议，代表先前9月在华盛顿举行的国际学生大会……强调联合国项目的价值，不仅是为了赢得战争，也是为了将来的和平奠定更坚实的基础。苏联女狙击手，柳德米拉·帕夫利琴科少尉吸引了最多的目光，因为她代表着对我们而言很不寻常的事物。她的演讲重点是呼吁我们支援苏联，这很自然，目前苏联的情况十分危急，我们见证了斯大林格勒守军极为英勇的抵抗。我希望我们的军事当局能够以他们认为明智的方式做出援助，但也希望这些苏联青年能够把联合国战线对战争与和平的价值，作为他们与荷、英、中、美的密切联系而带回去。"——中译者注

消息：何时以及如何将我们送回莫斯科。但李维诺夫避开了这个话题，虽然他显然注意到了，参加国际学生大会的代表们已经因为一直生活在聚光灯下而厌烦得透透的了。我们实在腻烦了美式的热情好客，美式佳肴（与俄罗斯传统饮食完全不一样），以及美国人无休止的持续不断的盘问，如果是在苏联，这些问题随便哪个十几岁的孩子都能明白。

最后，大使先生向我们宣布了克里姆林宫发来的最新指示：继续这次旅程，访问加拿大，然后飞往英国。出使华盛顿任务顺利过渡到出使伦敦。我们站起身来，心情沮丧地向门口走去。不过，大使有个私人问题要问我，请我先留步。

李维诺夫问："您与埃莉诺·罗斯福的旅行顺利吗？"

"非常顺利。"

"关于威廉·帕特里克·约翰逊这个人，您有什么要说的吗？"

"您怎么知道他的？"我不由得大吃一惊。

"看看这个。"大使从办公桌上拿起一张厚纸递给我。毫无疑问，约翰逊先生向苏联驻美国大使馆提出的申请实在令人难忘。纸上有浮雕图案，由一名公证人见证，在他的办公室登记了一个三位数号码。纸上宣称："约翰逊父子钢铁公司"所有者，在"美国银行"（Bank of America，这是一个专有名词，不是泛指）拥有 50 万美元账户，及伊利诺伊州和纽约州其他多处动产及不动产的鳏夫威廉·帕特里克·约翰逊，请求苏联政府批准他与苏联公民、红军少尉柳德米拉·米哈伊洛芙娜·帕夫利琴科，按照苏联现行法律登记结婚。

我相信，约翰逊还没有意识到向大使馆提出这样的申请会给我造成什么影响。我猜，应该是有人（很可能是埃莉诺）建议他直接向苏联政府提出申请。这一切只能证明美国人实在是太天真了，他们自信得没边儿，而

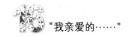

且对美洲大陆之外的世界有着各种荒唐想法。

我把申请书和附在后面的俄语译文放在大使的桌子上，冷静地说："哦，他疯了。"

"您确定？"李维诺夫厉声问我。

"我当然确定。"

"那您写封回信吧。"

"写什么回信？给谁写？"我吃惊了。

"约翰逊先生的信是邮寄过来的，由使馆办公室登了记。我们不仅要就此向外交人民委员会报告，还要给申请人一份正式答复，就是要用大使馆的信笺，寄到信封上的地址。您用俄语写，我们的翻译会翻成英语。"

"这件事，我实在是完全没想到。脑子很乱，一时想不出来该怎么写。"

"就写个最简单的回答。"李维诺夫很同情地望着我，"就说您已经有未婚夫了，已经有心爱的人在苏联等着您回去呢。"

在此期间，苏联代表团前往英国的行程一推再推。英国人非常喜欢那一套官僚主义的诡辩术，一个劲儿折腾：怎么确定这次访问的性质（外交访问？军事访问？公开访问？），用什么飞机（客机还是轰炸机？），还要等天气合适，10月底的天气已经开始多变了。

这些准备情况，总统夫人一直在关注。日子定在1942年11月1日。决定日期之后夫人邀请我们参加白宫的告别晚宴。晚宴上，夫人给我们赠送了礼物。首先是一张夫人的大幅照片，她身穿黑色晚礼服，背景是总统肖像，右上角有题词。除了照片，我们还收到了装有华盛顿和纽约照片的彩色相册、书籍和各种纪念品盒子。我还额外拿到一盒纪念品，埃莉诺笑着说，有些美国绅士被我的俏模样迷住了，决定送我一套珠宝。我们谁也没想到在餐桌旁边打开盒子，仆人们把珠宝用纸袋装好，送到车上。

回了房间，我才看了看礼物。因为好奇，我第一个打开了那只额外送的用彩色布料包裹的盒子。里面是一组镶嵌在黄金上的钻石饰品，相当奢华：项链一条，手镯两个，胸针和戒指各一枚。还附了一张珠宝店开具的8000美元发票，因为海关检查的时候可能会遇到各种盘问。在项链下面，我又发现了一张威廉·约翰逊的小照片。背面写着："我亲爱的，我们会再见面的！献给挚爱的柳德米拉。W. P. 约翰逊上。"

但我再也没有见过约翰逊先生，我把他的这份非凡礼物带回莫斯科收了起来。后来在莫斯科，在世界其他城市，我都有机会参加各种正式招待会，穿着漂亮的晚礼服，这些钻石首饰其实很配。然而，我从来没有戴上过，也从来没有给人看过。这些首饰就留在我家里，作为美国之行的纪念品，也作为这位美国绅士心中怀有一份怪异的、无法言喻的感情的纪念品。

我同埃莉诺的关系发展则截然不同。1942年11月，我们在英国再次见面。她飞来参加第一届国际青年大会，我们的学生代表团也出席了大会。当法西斯德国覆灭后不久，冷战就开始了，这要拜苏联凶恶的敌人，英国首相温斯顿·丘吉尔之赐。美国总统富兰克林·罗斯福在1945年4月去世，他和妻子埃莉诺都没有参与冷战。埃莉诺失去了以前对政策的极其重要的影响力，但是作为坚定的民主信仰者，她一直广泛参与公共和慈善事业。

我们通信，交流家人的消息，就有趣的文学作品交换意见，讨论参加致力于和平斗争的国际大会的行程。应我的邀请，夫人在1957和1958年两次访问苏联。[1]我们在莫斯科待了很久，还一起去了列宁格勒，进了剧院，参观了冬宫、俄罗斯博物馆、彼得霍夫宫、加特契纳宫和沙皇村。[2]埃莉诺

---

[1] 关于1957年二人重逢的场面，详见本书译后记所引埃莉诺1957年10月10日《我的一天》记载。

[2] 综合介绍：俄罗斯博物馆是全国规模最大，也是最早的国立美术馆。彼得霍夫宫现名"彼得宫"，位于列宁格勒（现名圣彼得堡）以西的芬兰湾，是彼得大帝的夏季皇宫。加特契纳

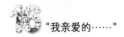

想要安排我回访美国，但美国国务院显然还记得我 1942 年在一次次集会上的火爆演讲，于是没有批准。以下是罗斯福夫人写来的一封信：

1957 年 11 月 4 日[1]

亲爱的柳德米拉：

来信收悉，十分高兴。衷心感谢您[2]寄来的照片，寄来照片彰显了您的情谊，我也非常乐意珍藏起来，作为我们在莫斯科愉快重逢的纪念。

返美之后，我经常谈到您的热忱欢迎及对我的悉心照顾。特鲁德和约瑟夫·拉什[3]听说我们见面，也很高兴，和我一起向您表示诚挚问候。

希望您能够很快来访问我们这里。

怀着深深感激和美好祝愿，

您挚爱的，埃莉诺·罗斯福[4]

宫位于圣彼得堡郊区的加特契纳市，是夏宫建筑群之一。沙皇村是圣彼得堡南部郊区的村庄，罗曼诺夫家族的居住地，今属普希金市。——中译者注

[1] 美国人写信习惯把日期写在最前面。——中译者注

[2] 信中"您"的称呼从俄文版。——中译者注

[3] 即上文第 15 章提到的外号"特鲁德"的格特鲁德·普拉特与约瑟夫·P. 拉什，国际学生服务中心主任和副主任。

[4] 这封信现藏俄罗斯联邦武装力量中央博物馆，编号 4/3761/15–38。

17

大洋小岛 [1]

我们的苏联学生代表团从美国出发，来到加拿大蒙特利尔市。我们并没有在这里待多久，必须前往哈利法克斯市（Halifax，加拿大新斯科舍省省会）的英国空军基地。1942 年 11 月 3 日晚间，我们从基地出发，乘坐波音 B-17 四发动机"飞行堡垒"轰炸机飞越大西洋。[2] 但我们并没有看到蔚蓝的大洋，因为我们坐在飞机弹仓里的长椅上。

10 个小时后，11 月 4 日上午，飞机安全降落在英伦三岛的另一处空军

[1] 或因版本不同，本章仅见于英文版，在译者自行寻找的俄文版中缺失。此外，中译者还在 militera.lib.ru 网站找到了普切林采夫回忆录《特殊使命》，其中一些文本与《女狙击手》本章英文对应。中译者采用该书内容，用脚注形式为本章记载的英国访问活动酌情做了补充。——中译者注

[2] 英国皇家空军当时有三种 B-17 服役，分别为 Ⅰ 型、Ⅱ 型、Ⅲ 型。这三种机型设计任务原为高纬度地区日间轰炸，但效果不佳，后降级执行远程反潜巡逻任务，或为英国皇家空军海岸司令部（Coastal Command）执行侦察任务，或为货运司令部（Ferry Command）执行洲际运输任务。货运司令部位于皇家空军艾尔基地（RAF Ayr），又称希思菲尔德基地（RAF Heathfield）。帕夫利琴科所说的运输机应当为这几种型号之一。

基地，距离苏格兰城市格拉斯哥不远。飞行员们帮我们出了舱，踏上地面。我们沿着水泥跑道来到一栋两层办公楼跟前，楼顶飘扬着英国国旗，也叫"米字旗"——深蓝色的底色上叠加两个红白相间的十字。

前厅有一位很和善的金发女郎，身材娇小而纤细，走出来迎接我们。她亲切地微笑着同我们握手，自我介绍名叫海伦·奇弗斯（Helen Chivers），她讲的英语语速非常快，我们多多少少听明白她的第一句话。她是一名教师，是某个青年组织的负责人，从伦敦专门来到格拉斯哥迎接我们，但其余的话我们就听不懂了。[1]

海伦一口纯正的英式英语，我们在美国待了 2 个月，已经习惯了美式英语，英式和美式英语毕竟还是有一点差异。我用掌握的那点可怜英语，向我们的新朋友做了解释。海伦尴尬地脸红了，再说话就慢得多了，每个单词说得很清楚，用的句子也更短，更简单。我们之间的交流一下子就顺利起来。

我们在格拉斯哥住了两天。天气晴朗温暖，很适合散步，海伦自告奋勇给我们当导游。她给我们讲了格拉斯哥的历史，这座古城是公元 6 世纪建立的，如今是重要的工业中心。我们也游览了格拉斯哥的名胜古迹，特别是圣芒戈大教堂（Cathedral of St Mungo，又称格拉斯哥大教堂）和塔尔博特（Talbot）钟楼，修建于中世纪。

不过，我们更感兴趣的是这座古城的今天。海伦说，邀请我们来英国的发起人是英国全国学生理事会（National Council of Students）主席玛格丽特·盖尔（Margaret Gale）夫人。因此，我们预期要出席 11 月 24 日—25

---

[1]　这可能是海伦·路易莎·奇弗斯（Helen Louisa Chivers），1916 年生，丈夫名叫阿瑟（Arthur），1939 年列入了伦敦选民登记册，1947 年又列入了格拉斯哥选民登记册。

日在伦敦举行的国际青年大会。[1]

我们已经在华盛顿参加过一次类似的大会，大概了解这种会议是怎么组织的，也知道该怎么表现，怎么说话，在讨论中提出什么样的建议和主张。我们参会是为了在欧洲开辟第二战场，讲述苏联人民抗击纳粹德国侵略中的英勇斗争。美国各大城市的民众给了我们狂热支持，但是当权者却采取了谨慎态度，什么也没有承诺。这一下，看看英国人怎么欢迎我们吧。

清晨，火车从格拉斯哥抵达伦敦。伦敦车站灯光很暗，海伦说这是为了防备德军空袭，有意限电。我们来到月台上，吸了一口潮湿冷冽的空气，周围的一切都淹没在浓雾中，雾气里的行人好像一个个幽灵。

全国学生联合会（National Students' Union）[2]的几名积极分子前来迎接我们，都是活泼开朗的姑娘小伙。我们跟着他们坐上一辆车，前往伦敦市中心的皇家酒店。司机高超的驾驶技术令人叹为观止，他在乳白色的雾霭中极为灵巧地穿行，不少汽车突然从雾里冒出来，他都能一一躲过。难怪，我国伟大的诗人亚历山大·普希金把这座大洋中的岛屿称作"雾锁的阿尔比恩"。[3]真是大雾弥天，名副其实。

---

[1] 此处有误。按照《特殊使命》记载和其他网上资料，大会实际举行时间应该在14—15日。中文版注解和译后记补充了大会一些其他资料。——中译者注

[2] 此处名称与前文"英国全国学生理事会"不同，猜测应为同一个组织。——中译者注

[3] 这句话实为俄国诗人巴丘什科夫（Batyushkov）所写。1814年他访问英国，一年后写下这句诗。中译者补充：康斯坦丁·尼古拉耶维奇·巴丘什科夫（Konstantin Nikolayevich Batyushkov，1787—1855），拉丁语翻译，普希金的好友。19世纪初期从军，参加了一系列反对拿破仑的战争。1813年10月在普鲁士参加号称"民族之战"的莱比锡会战，这场战役迫使拿破仑第一次退位。巴丘什科夫的好友伊万·亚历山德罗维奇·佩京（Ivan Aleksandrovich Petin，1789—1813）在战斗中头部受伤而阵亡。拿破仑退位之后，巴丘什科夫曾到巴黎游历，后经过英国、瑞典返回俄国。这首诗名为《友人之影》（Тень друга），创作时间有争议，一说写于1814年6月。译者在俄文专家的协助下，通过艾伦·迈尔斯（Alan Myers）的英译文转译了这首诗，作为附录。

到酒店后，普切林采夫和克拉萨夫琴科被安排进了有 3 个房间的"豪华套间"，我则住进了一间比较简朴但舒适的单人客房，房间里有几面镜子和几把安乐椅。现在我们必须准备好，换上军装了。在酒店大堂等候我们的有英国新闻部（Ministry of Information）的公务员、英国全国学生联合会的负责人员，还有记者和苏联大使馆的工作人员。

我们在伦敦参访的第一站就是新闻部，新闻部雄伟大楼前方的柏油铺就的广场上，一列身着阅兵服的全副武装的士兵一动不动肃立着。当我们走近时，军乐队奏起《苏联颂》[*Hymn of the Soviet Union*，作于 1938 年，原为联共（布）非正式党歌，1944 年定为苏联国歌]，苏联国旗也冉冉升起，士兵们行举枪礼，场面看起来壮观得很。

相比之下，美国就显得无忧无虑，太过"平民化"了，没有谁想到这样的仪式。但英国人就很重视传统，对于隆重的仪式驾轻就熟。现在红军是英王乔治六世陛下军队的盟友，两国合力抗击纳粹德国，应当按照特定的礼节欢迎盟军军官，仪式要不折不扣地执行。

双方互致简短欢迎辞，然后主办方给了我和普切林采夫一个机会"检阅"英军，对我们的问题，士兵们都微笑作答。应摄影师的要求，我拿起了一名下士的李·恩菲尔德的 4 号 M1 型步枪，它的结构很像我国的莫辛步枪。记者们非常高兴，闪光灯纷纷亮了起来。第二天，一家著名报纸登了这张照片，可能是《泰晤士报》或者《每日邮报》，我记不清了。我现在只保留了一篇剪报文章，标题是《柳德米拉少尉检阅国民军》[1]。

新闻部会议厅又有一场记者招待会在等着我们，多亏有了当初在美国与媒体打交道的经验啊。我们集中精神，做好了准备，应对那些最惊人、

---

[1] 英文作 Lieutenant Lyudmila inspects the Home Guard。其中 Home Guard（国民军）又译地方志愿军，是英国二战时组建的民兵组织。——中译者注

最刁钻，有时甚至是最白痴的问题。

新闻发布会按惯例开始，持续了大约 3 个小时。而那些白痴问题——根本没有！我们惊讶地望着礼堂，里面坐的都是绅士淑女，先生们穿西服、衬衫，打领带，女士们穿英式正装，一个个表情严肃。他们手里拿着记事簿和钢笔，态度沉着冷静，轮流发言，没有一点骚动。给我们的感觉是他们参加新闻发布会是预先做了功课的，了解了一些列宁格勒、敖德萨和塞瓦斯托波尔战役的进程。我和普切林采夫参与了这些战役。不得不说，他们的态度让人肃然起敬。除此以外，记者问的问题是关于现在依然在进行的斯大林格勒战役，苏联国防工业的运转，以及苏联各种新式坦克、火炮和飞机的情况。

还有一个问题问到了德国侵略者在被占苏联国土上的暴行，还要求澄清：这是真的吗？"是真的！"克拉萨夫琴科严厉地回了一句，然后说他坚信那些战犯迟早会站到国际法庭上，承认他们的罪行！

英国报刊和广播电台工作人员做事的方法，我们是很欣赏的。发布会过后，我们在前往苏联大使馆的路上还讨论了这个话题。我们认为原因很简单，英国人和美国人不一样，已经知道现代战争和德国法西斯主义是什么样的，他们已经在战场上与德国鬼子较量过了。1940 年夏天，在敦刻尔克，形势对英军尤其不利，英法联军遭遇了惨败。

我们见到了苏联驻英国大使伊万·米哈伊洛维奇·迈斯基（Ivan Mikhailovich Maisky），我们与他也交流了这个话题。他是一位经验丰富的外交官，英语极好，对"雾锁的阿尔比恩"的历史文化有着深刻了解。他担任大使已有 10 年，对本地人的习俗和礼仪也非常熟悉。

伊万·米哈伊洛维奇给我们完完整整上了一课，讲了过去两年中的大事。敦刻尔克大撤退之后是不列颠之战，这是一场大规模空战，英德双方出动了数百架飞机。[1] 纳粹想要摧毁英国空军，轰炸了英国各大城市、工业中心和军事基地，伦敦、贝尔法斯特、朴次茅斯和考文垂都遭遇了大规模空袭，考文垂几乎被夷为平地。然而希特勒并没有摧毁英国人民的抵抗意志，他原本计划展开"海狮行动"，入侵英伦三岛，最后不得不取消行动。

迈斯基说："不要对英国人的决心感到惊讶。当然，纳粹也确实没办法在大西洋地区展开大规模行动。斯大林格勒战役把他们牢牢牵制了。"

克拉萨夫琴科开玩笑说："这么说，苏联人在庇护古老的英国呢？"

迈斯基回答："实际上，英吉利海峡沿岸还是有一些德国空军部队的。今年4月，德军轰炸了巴斯（Bath）和埃克塞特（Exeter）。最近，在10月，德军又轰炸了坎特伯雷（Canterbury）。当地媒体报道，德军出动了大约30架飞机。"

我说："如果能表达我们对盟军的支持就好了。"

"已经为你们安排了去坎特伯雷的访问。"大使看着我笑道，"我还给你们安排了在英国期间的整个行程，行程相当紧啊。比如，明天，11月7日，你们早上要前往伦敦皇后厅（Empress Hall）出席英国进步人士大会，纪念伟大的十月社会主义革命胜利25周年。晚上，也是为了纪念革命胜利，还要在大使馆举办正式招待会。"

从伦敦前往岛国东南部的肯特郡，一路都是高质量的柏油公路。肯特郡被称为"英国后花园"，果真如此。秋日的阳光照亮了公路两边精耕细作的田地，有苹果园、牧场和灌木丛。我们时不时看到一些漂亮的农舍，城堡的灰色塔楼和周围的城墙，石头房子组成的村落，附近还有整洁的乡村

---

[1] 这一说法不够准确。据维基百科"不列颠之战"条目，双方参战的飞机总数，英国近2000架，德国则超过4000架。1940年9月15日单日，双方在伦敦上空参战的飞机就超过1000架。——中译者注

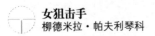

教堂，远远看去就像玩具一般。

11 月 8 日一早，我们离开大英帝国首都，分乘两辆轿车前往肯特郡。其中一辆是新闻部提供的，车上坐的也是新闻部的工作人员。这些人都穿着军服：约翰·哈克（John Harker）上尉，40 岁，为人和气，总是面带微笑；还有罗伯特·史密斯（Robert Smith）中尉，是个瘦削的小伙子，表情很严肃。两人都带了电影摄像机，几盏照明灯和几个装设备的箱子。哈克上尉解释说，他负责拍摄我们与肯特郡居民会面的全部过程，然后要拍摄一部关于苏联学生代表团在英国各地访问的长片。上尉请求我们协助，我们自然马上同意了。

第二辆车是苏联大使馆的车。使馆工作人员谢尔盖·克拉因斯基（Sergei Krainsky）要全程陪同我们到处参观，并担任翻译，对此我们十分高兴。谢尔盖来英国已经 3 年了，他不仅熟悉英语，也熟悉这里的生活习俗。

我们先访问了伦敦大学伯克贝克学院（Birkbeck），虽然是周日，学院却还在上课。学生们热情接待了我们，我们给他们讲了苏德战争前线的情况，回答了各种问题。不过，我们的旅程是精确到小时的，只得匆匆上路。

车队拐弯，开往南部防区的要塞。我们访问了一个英国装甲旅，这个旅将在第二战场开辟时，参加在欧洲大陆的登陆作战。虽然不知道何时开辟第二战场，但我们在该旅受到了隆重欢迎，有仪仗队、军乐队和简短的见面仪式，我们还同该旅的少将旅长进行了友好的座谈。

他有着典型的英国人长相：瘦高个子，红头发，蓝眼睛。他的军大衣和马裤按照礼服样式熨烫得非常整齐，但脚上却穿了一双打了绑腿的靴子，这让我们大吃一惊。苏联红军中这个军衔级别的军事指挥员不打绑腿，只穿黑色的小牛皮长筒靴，通常还喷漆。

少将笑着同我们握手，为我们介绍装甲旅的概况。我们了解到，这个装甲旅共有 3 个坦克营，每个营约有 52 辆坦克和其他军事装备，大约 600 人。坦克有两种型号：丘吉尔 M3 型和丘吉尔 M4 型[1]。随后少将邀请我们前往训练场，观看一个坦克营的训练。我们坐在丘吉尔 M4 坦克的炮塔里，从高处观看了英军的训练科目。

1941 年 8 月到 10 月的敖德萨保卫战期间，我没见过一辆苏联坦克。但我之前看到过不少捷克造的 LTvz.35s 轻型坦克，罗马尼亚军队就是在它们的掩护下进攻我团阵地的。我军士兵用"莫洛托夫鸡尾酒"燃烧瓶把罗军坦克点着，彻底烧毁。塞瓦斯托波尔保卫战期间，我军有 T–26 和 BT–7 轻型坦克参战，有时候这些坦克会帮助步兵击退德军的进攻。

跟这些轻型坦克比，丘吉尔 M4 型简直就是巨无霸！长约 7.5 米，宽 3 米多，重达 40 吨；正面装甲厚达 101 ~ 192 毫米，武器包括坦克炮 1 门，机枪 3 挺，迫击炮 1 门，乘员 5 人。[2]

坦克兵都在坦克旁边列队站好，向我们敬了庄严的军礼。我们走近了这些英勇的小伙子，同他们握手，对英国军工企业如此强大的产品表示由衷的钦佩。我们的感叹让他们非常欢喜，原来他们确实非常喜欢自己的机械怪物，因为坦克内部相当宽敞，装甲防护十分可靠，大多数德国武器都无法穿透装甲。为了让我们全面了解装备，坦克兵甚至让我们坐上了坦克前部驾驶员 / 机械师兼机枪手的座位，打开了左右两个的舱门盖，然后把我

---

[1] 1942 年 7 月起，这些坦克按照租借法案提供给了苏联，参与了库尔斯克会战、列宁格勒解围战以及解放基辅的战役。

[2] 实际上，丘吉尔 M4 型直到 1943 年才投入使用，因此帕夫利琴科很可能说的是以下两种型号：一是丘吉尔 M1 型，只有这个型号才装备了 76.2 毫米迫击炮。二是丘吉尔 M3 型，1942 年下半年服役，基本属于丘吉尔 M4 型前身，但 M3 型炮塔为焊接，M4 型炮塔为一体铸造。尺寸大致与本书中说法相同，但 M3 和 M4 型均装备 1 门 6 磅炮，2 挺 7.92 毫米贝莎（Besa）机枪，并非 3 挺，而且两种型号坦克均未装备迫击炮。

们扶上了炮塔。

操练的技术水准也很高，英军坦克兵给我们演示了如何成纵队前进，如何展开队形进行攻击，如何越过壕沟、山脊和水上障碍，坦克炮和机枪射击。训练场上烟尘滚滚，发动机震天怒吼，履带嘎嘎作响。唯一让我们稍感惊讶的是丘吉尔坦克较慢的时速——不超过 25 千米。

训练之后，坦克营的军官们请我们共进晚餐。我们喝了不少上等葡萄酒，祝愿我们早日战胜共同的敌人，敬我们的战友情谊。

"希望我们合力战胜纳粹的时候，我们能在欧洲战场上重逢！"我向坦克兵告别时致辞道。

少将回答："好的，一定的！"然而，他的笑容里却有一丝不快活的意味。[1]

我们继续在风景优美的肯特郡旅行。天气很好，晴朗而暖和，路况也极佳，村子之间相距不是很远。不到半个小时，两辆轿车就来到了第 70 步兵团的检查点。[2]

我和普切林采夫都属于这个光荣的兵种——步兵。因此，步兵团给我们办了一个简朴的欢迎会，很有战友的风范。接着马上请我们去靶场，展示苏联红军狙击手的训练水准。

对我们，这自然不是什么新鲜事。在美国的一些地方，人们也在努力检验我们的射击水平，为了证实（当然，如果可能的话）那些"自由传媒"

---

[1] 英苏两国在合作的表面下存在多种矛盾。柏林战役之前，英国政界和军界希望由英军占领柏林，并与希望由苏军占领柏林的美军产生分歧。1945 年 4 月，英军与苏军在德国北部维斯马（Wismar）等地会师，双方士兵情绪高涨，但英军上层因苏军攻克柏林而普遍对苏军不满。1947 年，美苏两大阵营形成，冷战开始。——中译者注

[2] 早在 1881 年，英国陆军实施改革，第 70 步兵团已并入东萨里郡团。

的胡编乱造——我们不是上过前线的士兵，而是共产主义的宣传员。有时候，他们交给我们的武器会有些小毛病。热情的东道主会仔细观察我们，当我们很快发现这些毛病，修复并准确地命中靶心时，他们会表现出明显的失望。这个桥段反复出现，我们不得不采取一些保护措施。普切林采夫作为军衔较高的军官，负责首先检查武器，打上两三枪，用狙击手的话说是"试试枪管"。与此同时，我就朝着一群记者和摄影师讲些轻松的故事。然后再让普切林采夫把步枪或者冲锋枪交给我，并简单评论几句。在我身后，全连官兵都全神贯注盯着我，这也是理所当然：竟然有女人拿枪！因此，我的动作要一丝不苟，还必须做得漂亮。

步兵团的靶场模样很普通：一堵实心砖墙，墙上有一排挂着靶子的木板，从射击线到靶子距离约为 50 米。英军递给我一把英国造的斯登 M1 冲锋枪，类似我军称为"施迈瑟"的德制 MP 38。我和普切林采夫都很熟悉这种枪，我们同纳粹机枪手、工兵和通讯兵交战后，经常缴获这类冲锋枪。但英国冲锋枪的造型看起来粗糙得多，而且装弹 32 发的弹匣也不是位于枪管下方，而是在枪管左侧。

普切林采夫检查了冲锋枪，调到单发模式，来到射击线朝靶子打了几发。他告诉我，这把冲锋枪保养情况极好。我又把枪调到自动模式，打了 3 次点射，所有子弹全部命中目标，摄影师们相当满意，接着他们花了很长时间拍我、普切林采夫和英国步兵在被子弹洞穿的靶子旁边兴高采烈聊天的情景。

第 70 步兵团为了表彰我们用英国冲锋枪打出的好成绩，专门赠予我和普切林采夫各一枚特制金属徽章与证书，授予他们部队的荣誉军官称号。[1]

---

[1] 这些文物现藏俄罗斯联邦武装力量中央博物馆，编号 2/3776。

　　这一天的体验格外丰富。最后，我们参观了伯恩哈德·巴伦定居点（Bernhard Baron Settlement），这里有一所寄宿学校，专门招收英国陆军子弟。[1] 学员都是 10~15 岁的少男少女，在我们轿车周围聚了一大群。随后孩子们的监护人巴兹尔·亨里克斯（Basil Henriques）和妻子罗斯（Rose）走了出来，两人带我们参观了学校，高年级学员给我们展示了射击和徒手搏斗，低年级的孩子则表演了舞蹈和民歌。吃完晚饭，他们又组织了少年辩论俱乐部的活动，我们的学生代表团也参加了辩论。[2]

　　坎特伯雷是肯特郡东南部的一座小城，距离海岸 25 千米，是英国最古老的城镇之一。公元 43 年，罗马皇帝克劳狄一世（Claudius）在原凯尔特人定居点遗址上建立了坎特伯雷镇。公元 6 世纪，这里是肯特国王埃特尔伯特（Ethelbert）的居所。在同一时期，建立了主教区和修道院。从那时起，天主教会的坎特伯雷大主教就一直住在这里。《君主至上法》（Act of Supremacy）[3] 通过之后，大主教又成为英国国教圣公会的主教长。坎特伯雷大教堂修建于 12—15 世纪，是一座宏伟壮观的建筑，但如今遭到了严重破坏。

---

[1] 定居点的赞助人是烟草大亨伯恩哈德（又译本赫）·巴伦（1850—1929），发明了最早的卷烟机器，并持有大量卡雷拉斯（Carreras）和加拉赫（Gallagher）烟草集团的股票。巴伦曾赞助伦敦东区斯特普尼贫民区（Stepney）一处专门街区的建设，用于在此建立多处犹太子弟俱乐部，其中有著名的"牛津与圣乔治男童俱乐部"（Oxford and St George's Club for Boys），由巴兹尔·亨里克斯夫妇在一战时建立。

[2] 《特殊使命》记载，射击表演由男生进行，徒手搏斗由女生进行。辩论会主题是关于性别平等，柳德米拉逐渐感到厌烦，问了一句："你们当中哪个人可以说说军事话题吗？"一个年轻姑娘站了起来，她在当地一家军工厂上班，讲述了工人们生产弹药的热情和对苏联红军胜利的喜悦。——中译者注

[3] 又译《至尊法案》《最高权威法令》，英格兰议会 1534 年和 1558 年通过的两项法案合称，标志英格兰教会所有权利属于国王，与天主教会分离。——中译者注

"怎么破坏的?"我打断了谢尔盖·克拉因斯基的有趣介绍,他是使馆派来陪同我们的。

他回答:"德军炸的。这个镇子被德军轰炸了好几次。"

"这里有军事设施吗?"

"没有,只有轻工业。德国鬼子可能是想摧毁英国的历史象征,以此来恐吓英国人。"

我们的车在坎特伯雷市政厅旁停下。市政厅里,市长弗雷德里克·勒费夫尔(Frederick Lefevre)身着传统服饰欢迎了我们:一件色彩鲜艳的天鹅绒长袍,胸前挂着一条大金链子。市长夫人也出席了欢迎会,也戴了一条金链,但是造型简朴得多。寒暄之后,市长带领我们参观小城。

小城的模样唤起了一些悲伤的回忆。我们沿着一条街道走下去,街道已变成一条狭窄小路,两边都是房屋的废墟。英国都铎时期的传统建筑是两层小楼,木制框架,混合了砖石、黏土乃至稻草,很容易被炸弹摧毁。塞瓦斯托波尔,我如此深爱的城市,在今年6月德寇第三次进攻的时候,就是这副样子,敌人每天不停炮击和轰炸,几乎将这座城市夷为平地。如今在远离故土的小镇上看到这样的场景,我的心一阵阵抽痛,思索着德国发起的战争实在给全欧洲带来了太多苦难。

很快,著名的坎特伯雷大教堂就矗立在我们眼前。教堂内部几乎全都堆满了瓦砾,墙上裂开不少大洞,但许多华丽的中世纪彩色玻璃窗却保存了下来。在通往祭坛的一条狭长过道上,一个身材瘦削、灰色头发、身穿黑色长袍的男人出来迎接我们。他就是坎特伯雷地区主教(又称教长)休利特·约翰逊(Hewlett Johnson),号称"红色教长"。[1]

---

[1] 据詹姆士·贝特兰文章《斯特朗、史沫特莱、斯诺和〈红星照耀中国〉的写作》,约翰逊博士也是援华运动委员会的活跃成员,组织了大量对华抗日援助。——中译者注

谢尔盖为我们介绍坎特伯雷和城中居民的时候，就是这么称呼他的。约翰逊教长毕业于牛津大学，早在 1904 年就开始在教堂事奉。他热情地欢迎俄国十月革命的消息，而且一直为苏联与英国建交而不停奔走，还写了好几本关于苏联的书，很有趣。目前，他担任支援苏联联合委员会（Joint Committee for Soviet Aid）主席。

教长带我们在教堂里转了一圈，向我们展示教堂的各种特别之处，介绍了各种雕像和绘画的历史意义，还提到了一些与教堂有着渊源的圣人、神职人员和政治家。在接下来的谈话中，比起克拉萨夫琴科与普切林采夫，红色教长对我更加关注。他的言行表明他很难理解女人为什么能拿枪上战场，这本来是男人的传统专利。教长的言辞相当华丽：

"不过，我亲爱的女士，您消灭那些敌人，如今一定会感觉到心理上承受了重负吧？"[1]

我回答："完全不会，敌人就是敌人。女人的天性不光是创造新生命。只要有必要，女人还要保卫她们的孩子、家庭和祖国。我的国家给了我这个机会。"

"是的，是的，您说得很对。"牧师赶紧让步，"我知道，苏联这个国家很特别，你们的人民最终会取得斗争的胜利。我对您个人的勇气深表敬意，军装和普通女装同样适合您。不过，我还是希望，战后能在这里看到您穿着不一样的服装——和平时期的装束。"

---

[1] 此章大部分对话俄语文本见于《特殊使命》，中译者设法参照该书内容确定了对话中的"您"和"你"之分。此处以"不过"这个转折词开头，是因为《特殊使命》记载教长先前还说了一句话："我很高兴见到一位不寻常的俄罗斯女性，她再次证明了一个真理：在保卫祖国方面，自古以来纯粹由男性所做的事情，女性也能做到。"字面上表示他理解柳德米拉的使命，与本书中柳德米拉观点不尽相符，录此备考。——中译者注

"当然！战争总会结束的。"

教长欣慰地说，"这一天总会到来。教堂的墙壁会重新砌筑，内部装饰也会重新修复，教堂里面会挤满教友。我们会祈祷不再有战争，祈祷女性永远不要再穿上军装，而会平平安安养育自己的孩子。教会更希望看到，女人犹如拉斐尔油画中的圣母一样怀抱婴儿，而不是端着一挺机枪。"

我说："您的话，我百分之百同意。不过，那一天到来之前，我们必须首先粉碎法西斯，所以我才穿上了军装。等到和平降临到全世界，我们就会养育孩子。"

教长送我们上车，他在我们每一个人身上划了十字，同我们告别。我们开车离开时，他站在原地注视了我们很长时间。我至今还记得那穿着黑袍的身影，背景是那座雄伟壮观的教堂，多少年以来，这座教堂历尽沧桑，如今却被现代的野蛮人破坏了。

我们在肯特郡的最后一站是多佛（Dover），这是一座重要的港口城市、工业中心和英国皇家海军基地。战争爆发以来，多佛一直处在前线。德军一直在炮击多佛，用的是部署在法国北部的大口径火炮，位于英吉利海峡对岸，只有几英里开外。德军还多次对多佛进行大规模轰炸，亏了我们拥有特别通行证，才顺利驶入了多佛。

我终于见到了环绕这个岛国的海。秋日的阳光下，海一直在改变颜色：从亮蓝色，到海蓝宝石的浅蓝色，再到天蓝色。东道主为我们展示了英格兰南部风景如画的海岸是如何变成一处要塞般的防区的，随处可见的种种细节：雷区、带刺铁丝网、蜿蜒的战壕、掩体、机枪火力点和精心布置的炮兵阵地。英国人民为防御敌人入侵做好了充分准备，幸运的是，敌人最终没能入侵。

返回伦敦，我们又拜会了迈斯基大使，向他汇报了这次旅程的经历。

我们的印象好极了，我们现在就等着大使先生说出那句我们期待已久的话："你们明天就会启程回莫斯科……后天……两天时间内……"唉！这些话我们又没等来。大使没有这么说，而是沉思地看着我们，说道："共青团的同志们，过不了多久，英国的冬天就要到了。虽然不像苏联那么冷，但偶尔也会下雪。你们需要配上冬装了。"

普切林采夫吃惊地问："上哪儿去找冬装呢？"

"我们会安排订做。明天，各种料子就会送到你们住的酒店，你们挑最合适的就行。"

事实证明这并不简单。国内的军大衣用的是那种耐磨、结实、粗糙的无绒布料，可这种布料本地根本没有。我们只能将就着挑了质地和颜色（与国内）相似的普通大衣料子，配饰挑起来就更难了：带星星图案的黄铜纽扣、深红色的领章、尉官军衔用的红釉金属方形符号、带金边的 V 字形臂章。这些东西是大使馆从一家私人作坊里一件一件订购的，最后做出来的冬装质量很好。当我们在接下来的旅程中遇到大雨、刺骨的寒风和冰雹时，伊万·米哈伊洛维奇的细心照顾让我们感激不尽。

我们现在朝东北出发，目的地是剑桥。剑桥位于卡姆河（Cam）畔，距伦敦 70 千米。剑桥大学是英国历史最悠久的大学之一，这里的学生请我们去参加一个会议。我们的访问从参观三一学院开始，走近学院大门，可以看到门框上方的壁龛里有一座英王亨利八世的雕像，学院就是他在 1546 年建立的。三一学院出了不少名人，其中包括大英帝国现任国王乔治六世，以及艾萨克·牛顿、弗朗西斯·培根，甚至还有诗人拜伦勋爵。

三一学院由几栋建筑组成，大部分是三层，都有三四百年历史。这里有一座巨大的庭院，庭院中央是精心修剪的绿色草坪和美丽的喷泉，但我们最喜欢的还是舒适的完全现代化的报告厅，设备精良的实验室，收藏了大量艺术品的菲茨威廉博物馆（Fitzwilliam Museum，剑桥大学的艺术和考古博物馆）和雷恩图书馆（Wren Library，三一学院的图书馆，建成于 1695 年）。雷恩图书馆收藏了 1000 多件无价的中世纪手稿，还有威廉·卡克斯顿（William Caxton）在英国印刷的第一本书 [1]。

11 月 11 日晚间，学生们来参加联欢会。联欢会喧闹而热烈，我们听见了不少称赞苏联的友好言论，学生会伦敦分会主席乔伊·里德（Joy Reid）夫人把这次联欢称为"历史性的盛会"。圣约翰学院院长埃恩斯特·贝尼恩斯（Ernest Benians）说，他是在迎接以我们为代表的英勇的红军战士。剑桥大学研究生课程委员会主席理查德·泰勒（Richard Taylor）为我们讲了不少关于学生生活与学习的趣事，尤其令我们惊讶的是：很多剑桥的学生都在兵工厂上夜班，这正是他们为反对纳粹主义的共同斗争所做的贡献。

我们的演讲还是按照惯例：克拉萨夫琴科讲纳粹后方的游击战，普切林采夫讲狙击手的专业内容，我负责讲敖德萨和塞瓦斯托波尔保卫战。我在简短讲话的最后，还提到了坎特伯雷，将这个饱受战火摧残的英国小城与塞瓦斯托波尔相比较。二者都遭到了德寇的野蛮轰炸。听众问了我们不少问题，他们的反应似乎可以用"焦躁不安"来形容，他们显然很熟悉苏德战场前线的情况，衷心地希望我们能够战胜敌人。

11 月 12 日下午，我们返回伦敦，暮色已经笼罩了英国首都。这两天的行程很累，我们都指望今天晚上能在酒店好好歇一歇，于是在豪华套房里预订了晚餐。结果才过了 1 个小时，苏联大使馆就来了一辆车，原来有个

---

[1] "英国印刷的第一本书"网上有多种说法。据大英图书馆的官网，这本书是 1473 年印刷的《特洛伊历史故事集》（*The Recuyell of the Histories of Troy*），是一本法语书的英译本，作者拉乌尔·勒菲弗（Raoul Lefèvre），译者是卡克斯顿。——中译者注

英苏青年友好团体[1]组织了一场联谊，要我们去参加。我们太累了，谁也不想说话。但是一到现场，看见来了足有300多人，气氛那么融洽热烈，我们实在没办法不做回应，不过真正讲话的只有普切林采夫一个。这次联谊会通过的决议相当务实：英国的各青年组织想要收集25000个包裹，作为礼物送给苏联红军战士。

1940年秋天，德国空军猛烈轰炸伦敦，伦敦市民非常恐惧。他们晚上在地铁站过夜，白天在一堆堆瓦砾和废墟中间找东西。令人欣慰的是，到1942年底，人们齐心协力恢复了城市的基本面貌。11月13日上午，我们出去散步时目睹了重建的新城市。

我最喜欢的地方是伦敦市中心威斯敏斯特区的皮卡迪利大街。我在大街上走了走，好奇地观赏着那些奢侈品店，比如福南梅森百货公司（Fortnum and Mason）；还有那些雄伟的高楼：利兹酒店（Ritz Hotel）、标准剧场（Criterion Theatre）、圣詹姆斯教堂（St James's Church）；还有皮卡迪利广场（Piccadilly Circus，伦敦中心一处购物街道交汇点）上的纪念碑，顶端是爱神厄洛斯（Eros，希腊情欲之神，即罗马的丘比特）雕像。这条大街通往海德公园[2]，公园格局严整，花草树木依然青绿，还能邂逅一些沿着公园小径骑马缓行的绅士淑女。

大使先生专门安排我们出来散心，也是经过考虑的。苏联学生代表团需要看见英国的普通人民，不是隔着轿车车窗看，而是凑近了看，并肩同

---

[1] 英文版作 the society for friendship between British and Soviet youth，没有标记为专有名词。据《特殊使命》，这个团体俄文名是 общество дружбы английской и советской молодежи，中译者初步查找的英文名是 Anglo-Soviet Youth Friendship Alliance，即"英苏青年友好协会"。——中译者注

[2] 海德公园位于英国伦敦中心的威斯敏斯特城，是伦敦最大的皇家庭园，与前文罗斯福庄园同名，但名气超过罗斯福庄园。维基百科条目显示，英、澳、美三国均有多处地方名为海德公园。——中译者注

行地看。大使还建议我们整理一下思绪，回顾一下我们肩负的使命。这是有重要原因的，那些希望与我们见面的人当中，有两位正是英国首相温斯顿·丘吉尔爵士和首相夫人克莱芒蒂娜（Clementine）。

我们乍一听都感觉很迷惑，二战爆发之前的那些年，对这位丘吉尔先生，苏联报纸可谓把一切坏话都说尽了。说他是社会主义制度的死敌，是苏联这个年轻的工农国家冥顽不化的对头。报纸说，1918—1921 年，就是他纠集了英法美等国军队干涉我国。[1]1938 年，英国与希特勒和墨索里尼签署的所谓《慕尼黑协定》也归到了他的头上（虽然签署协定的根本不是丘吉尔）。[2]

迈斯基大使看见我们一个个吃惊的模样，哈哈大笑："我的共青团的年轻同志们啊，如今的形势就是这样！近年来，丘吉尔表现出了一位目光长远的聪明政治家的样子。德国入侵苏联，给全世界带来了什么样的危险，他马上就意识到了。早在 1941 年 6 月，丘吉尔政府就与苏联签署了协议，共同对抗希特勒。今年 5 月，也就是不久以前，伦敦又签署了英苏合作条约，对抗纳粹德国，并且约定了战后的合作与互助。"

与首相的会晤在英国议会大厦（英国上下议院所在地，又称"威斯敏斯特宫"）进行，训练有素的服务员为我们开门，并鞠躬致意。我们走进一个不是很大的方厅，厅里有一座用白色大理石装饰的巨大壁炉。方厅正中

---

[1] 1919 年 1 月—1921 年 2 月，丘吉尔担任英国陆军大臣兼空军大臣，敌视苏俄，援助白俄军队。但武装干涉政策在战场上没有成功，在国内也遭到政敌与民众反对而失败。进行武装干涉的国家除英、法、美之外，还有日本、捷克斯洛伐克等多国，这里属于简化的说法。——中译者注

[2] 《慕尼黑协定》于 1938 年 9 月 30 日签署，规定捷克斯洛伐克割让苏台德地区。签署者有英国首相内维尔·张伯伦、法国总理达拉第、德国元首希特勒、意大利首相墨索里尼。捷克斯洛伐克本身的代表被排除在外。丘吉尔对此坚决反对，并试图阻挠张伯伦，没有成功。1940 年 5 月 10 日，张伯伦辞去英国首相职务，丘吉尔继任。——中译者注

摆放着一张桌子，桌子周围有几张椅子。一个身材不是很高的男人从壁炉边向我们走来，他体格健壮，肩膀宽阔，大脑袋圆圆的，嘴里叼着一根雪茄。他那双灰色的略微突出的眼睛仔细打量着我们，我认为他的目光很具穿透力。

迈斯基说："首相先生，请允许我介绍几位大不列颠的客人，来自苏联的3位年轻人。"

丘吉尔从嘴上取下雪茄，朝我走近一步，伸出手来，那只手很大很软，但非常有力。首相带着一丝微笑说："帕夫利琴科夫人，您觉得英国怎么样？我们的雾天有没有让您不舒服？"

我回答："没有，我们不讨厌雾天。我们很高兴能访问一个战时的盟国，雾天是很好的伪装。下雾了，敌机很可能就不会造成那么大的麻烦了。"

接着，丘吉尔同代表团团长克拉萨夫琴科会谈，甚至还开玩笑地问他，手下有帕夫利琴科少尉这样的好姑娘，管理工作容易做吗？之后，迈斯基大使介绍了普切林采夫。我们这时候略感惊讶：首相竟然对苏联的勋奖章制度也有一定了解。首相看到普切林采夫胸前苏联英雄的金星奖章，问道：获得这份至高无上的荣誉，他立下了什么样的功勋？普切林采夫回答，这是因为列宁格勒保卫战期间，他消灭了100名纳粹分子。

首相和我们聊了大约20分钟，接着请我们来到壁炉边坐下，壁炉里正燃烧着微弱的火苗。一位苗条优雅的女士走进方厅，约莫55岁，穿得既漂亮又整洁。迈斯基马上介绍："这位是克莱芒蒂娜·奥格尔维·斯潘塞－丘吉尔夫人（Clementine Ogilvy Spencer-Churchill）。"首相夫人微笑着同我们握手，听着大使——介绍我们。众人在桌旁的扶手椅上坐下，一扇侧门打开，一个仆人推着一张带轮子的桌子走了进来，桌上摆着咖啡壶、牛奶壶、一套咖啡杯，还有几盘三明治和饼干。

丘吉尔点燃了雪茄。他坐在大使先生旁边，两人继续就 5 月缔结的英苏同盟条约的未来进行严肃的交谈。我们几个人的注意力都被丘吉尔夫人吸引了，她热情地谈到她在 1941 年 9 月创立的英国红十字会援助苏联基金会的各种活动。夫人自己捐了第一笔钱，接着成千上万的英国人也捐了钱。他们积极响应夫人号召，而且每周从自己的工资里省下 1 便士捐给基金会。基金会还组织了各种慈善活动，特别是足球赛，所得收入也都存入基金账户。基金会能动用的资金并不算太多，但还是能够采购药品、医疗器械、粮食、衣物、毛毯，甚至包括残疾人的假肢，再设法送到苏联。

首相夫人很关注苏联红军内部的医疗机制，还有官兵在战场和后方所接受的支援。我根据自己的经验回答了夫人的提问，当我在敖德萨负伤的时候，急救由团属医疗连的一名医护兵负责。后来我被送到师属医疗营，由一名外科医生为我做了手术，取出一块弹片。如果有并发症，我会被送往野战医院，必要时再送往后方医院接受全面的手术治疗。

丘吉尔夫人认为这样的机制非常合理。夫人问了我很多问题，有关用药、医疗技术和伤员护理方面的细节，我很乐意回答她的问题。谈话气氛相当热烈，普切林采夫和克拉萨夫琴科两人没有住过院，就没有参加谈话。

大本钟响了，和蔼可亲的东道主站起身来，向我们示意谈话结束了。临别，我们再次友好地微笑握手。夫人很感谢我提供的信息，说这些信息可以用来确定基金会的具体工作方向。

顺便提一句，克莱芒蒂娜·丘吉尔夫人的基金会在 1941—1951 年这段存续时间里，总共募集了 800 多万英镑[1]，并且为斯大林格勒和顿河畔罗斯

---

[1] 相当于今天的 2 亿英镑。今天的伏尔加格勒（Volgograd，即先前的斯大林格勒）有一尊克莱芒蒂娜·丘吉尔女男爵的青铜浅浮雕，胸前就佩戴劳动红旗勋章。铭文叙述了在苏联伟大卫国战争期间，她的基金会的各种活动。

托夫（Rostov-on-Don）的几所医院提供了医疗设备。1945年春，首相夫人访问苏联。为了表彰夫人为援助苏联红军做出的重大贡献，斯大林在克里姆林宫亲自赠予丘吉尔夫人一件礼物——一枚镶有钻石的金戒指。同时，苏联政府也授予夫人劳动红旗勋章。

我不禁把克莱芒蒂娜与埃莉诺做了一个比较。两人年龄相近，教育程度相仿，社会地位和家庭情况都有不少相似之处，两人也都积极参与公共事业。不过，埃莉诺还是显得更加直率，更民主，她扮演的角色也更像政治家。埃莉诺负责丈夫的所有竞选活动，走遍全国，检查丈夫管理的各个委员会的执行情况，向总统汇报；此外还参加内阁会议。相比之下，克莱芒蒂娜还是更像英国上流社会的一名贵妇人，那些一般由男人参与的事业，她不怎么感兴趣，只是把自己的义务局限在慈善事业，但在这方面取得了巨大成功。[1]

我们继续在英国旅行：加的夫（Cardiff）、伯明翰、纽卡斯尔、利物浦

---

[1] 柳德米拉在这里省略了1942年14日到15日举行的伦敦国际青年大会，以及之后的访问行程。根据普切林采夫《特殊使命》第二部分记载，大会共有来自28个国家的400余名代表出席，这也是苏联代表团第一次出席英国本土举行的类似青年会议。柳德米拉被安排到会议下属的军事委员会，普切林采夫则在学生组。虽然有激烈斗争，但大会还是通过了振奋人心的决议《号召行动》（Call to Action）。为了纪念1939年11月17日捷克学生的反法西斯斗争，大会执委会将11月17日定为国际学生节。21日，柳德米拉在伯明翰军工厂和普切林采夫做了打靶演示。23日，柳德米拉前往伦敦参加英苏友好妇女委员会的欢迎仪式。24日到利物浦，在军工厂受到女工的热情欢迎。26日在伦敦金斯威酒店参加送别会，休利特·约翰逊教长再次发言。11月29日到12月22日之间的某天（具体不详），代表团前往法国大使馆拜会戴高乐将军，谈到法国流亡政府派遣诺曼底-涅曼战斗机飞行团支援苏联的事，以及北非的军事行动。柳德米拉在祝酒词中称法国军官们为"同志们"，引起热烈反响。22日之后的一天，三人参观杜莎夫人蜡像馆，发现希特勒与戈林等人的蜡像被放在"杀人狂"展区，非常满意。12月28日，代表团乘火车前往格拉斯哥空军基地，与机组人员共同庆祝了新年。关于大会决议和柳德米拉祝酒词，详见附录和译后记。——中译者注

和考文垂。我们参观了机械制造业、冶金行业、兵工厂、造船厂（参加了一艘战舰的下水仪式）、教育机构和军事部门。每到一处，人们都热情欢迎我们，送给我们不少礼物，比如礼宾版的狙击步枪。

11月底，苏军在斯大林格勒推进的消息传来，随后保卢斯大将的部队被围，成千上万的德军投降，听到新闻的英国人激动万分。盟军意识到，这就是第二次世界大战的转折点，希特勒的德国打输了这一仗，再也不可能从失败中恢复过来。然而现在，我们每时每刻都在想着回家。

18

"斯大林同志命令我们……"

暮色中，四发动机 B-24 "解放者" 轰炸机像一条被人拉上岸来的大鱼，肥大的肚子似乎直接搁在了地上。给人这样的印象，是因为它的三点式起落架支撑杆太短了。一个起落架位于机身前部下方，另外两个在机翼下方，翼展超过 33 米。尽管如此，光滑的机头炮塔伸出的机枪枪管还是给人一副凶猛的印象。机顶也有机枪塔，就在飞行员和领航员的驾驶舱后方。

这一次，轰炸机执行的不是军事任务。这个长翅膀的庞然大物肚子里被机械师用推车推入了一车车东西，不是炸弹，而是一个个行李箱、盒子、篮子。这些都是我们的行李，主要是盟军送的礼物，不用说，行李数量翻了不止一番。士兵们熟练地把东西扔进打开的炸弹舱口，关上舱门。

苏联学生代表们身穿皮革飞行服，戴着飞行头盔和手套，脚蹬高筒皮靴，活像飞行员的样子，与机组人员一起沿着铝制梯子爬上飞机。但我们没有进机舱，而是被安排到了战斗舱旁边的货舱里。这里可一点也没有为旅客的舒适着想，货舱两侧没有座位，只有又硬又窄的长凳，坐着很不舒服，躺着又很困难。货舱也没有舷窗，只有天花板上的几个电灯泡，散发着微弱的光芒。

接下来的 12 个小时，1943 年 1 月 4 日到 5 日晚间，我们就要在这个没有暖气的闷罐子里度过。12 小时，正是"解放者"轰炸机从格拉斯哥附近的英国皇家空军基地到莫斯科附近的伏务科沃机场的飞行时间。自从 1942 年 10 月起，"解放者"轰炸机就开始飞这条航线。从苏格兰北部出发，飞越北海、斯卡格拉克海峡（Skagerrak）、瑞典西部和波罗的海，中间不落地。从列宁格勒到莫斯科的这段航线要飞越前线，有一定危险性。但轰炸机在夜间飞行，高度超过 9 千米，时速 300 千米，德国战斗机飞不了这么高。这款重型轰炸机是美国联合公司（Consolidated）的设计师在二战前设计的，航程 4560 千米，是一款非常成功的飞行器，发挥了巨大作用。

机组人员一个接一个启动了发动机，最后，4 个发动机都轰鸣起来。飞机颤抖着向前滑行，速度越来越快，4 个发动机声音越来越大，飞机沿着跑道加速滑跑了很长一段，然后猛然离地起飞。"解放者"升到机场上空，逐渐爬升高度，盘旋一圈后沿着领航员绘制的航线出发。现在我们只能听见发动机均匀的嗡嗡声。

但这嗡嗡声太大了，根本没办法说话。我们还是想办法在长凳上伸展开身体，克拉萨夫琴科和普切林采夫在右边，我在左边。渐渐地，机身电镀的金属部件上全都出现了霜的冰晶，每过一个钟头，霜晶都变得更加明显，让整个货舱变成了白雪女王的卧室。严寒让我们变得呼吸困难，但我们穿着皮革飞行服，配上特制内衣（带有通电元件），可以保存热量。只是因为贴身的长衣长裤里有一套铜制电网，微弱的电流让皮肤微微刺痛。

轰炸机机组人员经常从驾驶舱走下舷梯，询问我们感觉如何。克拉萨夫琴科和普切林采夫在美国、加拿大与英国待了4个月，已经学会了几百个日常英语单词，能够做出合理的回答。我凭着词典和教科书，英语也大有进步，能够说得很流利。我们最后几次拜访英军部队，参观了火炮、飞机和军舰，那时我甚至能用英语发表简短的讲话，受到盟军的热烈欢迎。

如今我们启程回国了，满脑子想的当然是战争。我和普切林采夫面临的问题很明确：现在要把我们派到哪个方面军，哪个军，哪个师，哪个团？一开始我们以为要去斯大林格勒。当时，英美报纸都在报道狙击手瓦西里·扎伊采夫（Vasily Zaitsev）的战绩，他在3个月中消灭了225名德军。不过，到了1942年12月底，苏军已经包围了德军第6集团军，并彻底击溃了同德军一起围困斯大林格勒的罗、意联军。斯大林格勒战役正接近尾声，红军取得了完全胜利。[1]

然而，列宁格勒保卫战还在进行，普切林采夫从战争初期就在列宁格勒方面军服役，他给我讲述了很多列宁格勒保卫战的事。1941年11月，城防部队阻止了德寇的攻势，但我们兵力不足，还不能把敌人赶出伟大的十月革命摇篮。一场阵地战开始了，我们必须以最小代价，给敌人造成惨重损失。普切林采夫对我说，大规模狙击作战就是在涅瓦河、斯维里河和沃尔霍夫河一带的沼泽平原上开始的，而他是狙击战的先驱之一，因此才得了苏联英雄的称号。[2]

机械师罗伯特·布朗（Robert Brown）从驾驶舱下到货舱来看我们，拿

---

[1] 1943年1月31日，德军第6集团军南部集团投降，保卢斯被俘。2月2日，北部集团投降，战役结束。——中译者注

[2] 列宁格勒保卫战持续时间为1941年9月8日—1944年1月27日，为历史上伤亡人数最大、经济损失最高的单场战役。苏军牺牲至少40万人，苏联平民死亡约85万人，大部分为饥饿致死。——中译者注

来一壶热咖啡、几个杯子和一个堆满奶酪及火腿三明治的盘子。布朗把吃的分给我们，并告诉我们再过一个半小时就该到莫斯科了，已经用电台联系了伏努科沃机场，我们的家人会来接机。

机场终于到了！这是一片白茫茫的俄罗斯雪野，尽头是隐约可见的森林，在远处泛着蓝光。飞机停在跑道边缘，左边有些建筑物，有些人从那里跑向轰炸机。我看见了普切林采夫的妻子丽塔，还有我亲爱的妈妈伊莲娜·特罗菲莫芙娜。我们抱在一起，按民俗亲了对方三下，又拥抱了很久很久。妈妈流着泪说："谢天谢地，谢天谢地，我亲爱的！说出门 1 个月，结果 4 个月才回来！"

国防人民委员会的家属宿舍房间里顿时变得拥挤不堪。只剩一面墙是空的，行李箱只好堆到那面墙边，再慢慢往外拿东西。浣熊皮衣又大又沉，至少可以放进衣柜里。[1] 当初在加拿大多伦多，一家兵工厂的工人送给我一支温彻斯特 M1897 滑膛霰弹枪，我把枪挂在了壁橱里钉好的钉子上。在格拉斯哥的军事基地，英军送给我们一些军官的野战口粮。此时，口粮放在瓷盘里（瓷盘也是礼物）端了过来，看着让人胃口大开：奶酪、火腿、罐头鱼、巧克力和饼干。在这幅"静物画"当中，我还添了一瓶白马牌（White Horse）苏格兰威士忌，我已不记得是什么时候，是谁把这瓶贴着黄色标签的半升装的酒送给我的了。

那天，我和妈妈一直聊个不停。我描述了美国人和英国人如何热情地欢迎我们，他们如何在集会上热烈鼓掌，如何给红军基金捐钱，国际学生大会如何通过反法西斯的《斯拉夫备忘录》，美国总统罗斯福的家人如何邀请苏联学生代表团到他家祖传的庄园——海德公园逗留一个星期 [2]，著名演

---

[1] 参见第 16 章开头，这件皮衣是美国皮货商协会赠送的。——中译者注

[2] "一个星期"据俄文版补。——中译者注

员兼导演查理·卓别林如何请我转达对苏联人民的问候。作为一名外语教师，母亲对我带回的外国报纸很感兴趣。我们讨论了英式英语和美式英语之间的差异，她指出文章里面的一些单词让我翻译，这一切对她非常有用，因为妈妈从来没有出过国。

我们还得提交一份报告，这次访问才算彻底完成。上级给了我们一周时间写报告，为了不分心、不忘事、不弄混，我干脆就没有出宿舍。我总共写了大约30页纸，很多内容被我划掉、补充或修改过。写报告必须突出最重要的事件，不光叙述要准确，还要在政治上保持一致性。

学生代表团首先在共青团中央书记处作了报告，接着在红军总政治部的各办公室做报告，并于1943年1月20日在苏联宣传部青年委员会会议上再次提交了报告。这次会议的文字记录改编成大型广播节目的稿子，让成千上万苏联人了解到3位共青团员在资本主义社会的城乡大力宣传，努力让盟军在欧洲尽快开辟第二战场。

我的报告中有几段摘录也乘着电波飞了出去：

> 我们不得不经由阿斯特拉罕（Astrakhan，苏联南部城市，阿斯特拉罕州首府）、巴库（Baku，阿塞拜疆首都）、德黑兰、开罗和巴西前往美利坚合众国，沿途遇到了各种国籍、各种肤色的人。一开始谁都不知道我们是苏联代表团，当他们知道我们来自苏联时，态度马上就变了，变得非常亲切，对我们好得不行……

> 我们从迈阿密乘火车抵达华盛顿，从车站前往白宫。美国总统夫人埃莉诺·罗斯福接见了我们，我们和她共进早餐，然后去苏联大使馆参加第一次新闻发布会。这里必须讲一句，夫人对我们给予了特别关注，其他的美国官方人士都以她为榜样，对我们表示欢

迎及友好……

我们经常要召开新闻发布会，回答美国记者可能提出的各种问题。美国人很重视信息，也钟爱各种不同的消息来源。然而在发布会上，记者们并没有问很多关于军事进展的问题，而是更多尝试了解我们个人的情况，了解前线的生活条件。听到我们的士兵住在战壕里，他们很吃惊。总之，他们对现代战争完全没有概念，美国人生活在和平环境中，没有一颗炸弹在美国领土上爆炸。[1]纽约市长曾经宣布进行一次空袭警报演习，第二天报纸报道，有 5 人因此死于心力衰竭……[2]

美国本身一方面是个奢侈的国家，另一方面也是个贫困的国家。那里的黑人生活很苦，有一次我们参观了几个地区，那里就连基本生活条件都没有。种族隔离的情况也让我感到惊讶，火车上有专门的车厢，只让白人乘坐，或者只让有色人种坐……[3]

听众对我们的故事有何反应，我们不知道，不过上级对代表团的海外活动做出了自己的评价。克拉萨夫琴科与普切林采夫得到了简单的表扬："好。"有人告诉我，上级对我特别满意，对我的表现打了"优秀"。

---

[1] 这一说法不太准确。1941 年 12 月的珍珠港事件，日本轰炸的地区确实属于美国领土。但这里是军事基地，不是平民区域，而且当时在法律上属于美国的"夏威夷领地"，20 世纪 50 年代才成立夏威夷州，属于不太正式的领土。此外，母语顾问特别指出，当时美国本土居民从观念上确实普遍并不认为夏威夷是美国领土，美国本土也确实一直没有受到战争波及，因此作者笼统这么说也无可厚非。——中译者注

[2] 作者在这里可能道听途说或者引用了当地人并非严肃的报道。详见中文版译后记说明。——中译者注

[3] 美国的种族隔离在 20 世纪 60 年代从法律上废除，但种族矛盾仍很突出，而且废除也带来了其他社会问题，此处不再赘述。——中译者注

随后，代表团宣布解散，克拉萨夫琴科回到共青团莫斯科市委继续上班。普切林采夫很快去了前线，继续英勇战斗，用狙击步枪消灭敌方官兵。战争结束的时候，他的杀敌人数已经到了456人。[1] 我也准备离开莫斯科，因为我是近卫空降兵第32师的狙击排长，这个师被分到了西南方面军。

结果，事情的走向却有所不同。1月底，第32师作战处把我请去，一名佩戴着草绿色大尉领章的军官非常客气地与我交谈了很久。他问到了我生平的各种细节，问的范围前所未有地广：外语知识，在敖德萨和塞瓦斯托波尔执行的作战任务，访问美加英三国，以及与埃莉诺·罗斯福的交往情况。此外，我还填了一份5页的表格，包括各种信息，不光我本人的，还有我的父母、儿子、丈夫和其他亲属的，甚至包括他们的生活方式、职业和埋葬地点。大尉说，我要从第32师调到红军最高统帅部大本营预备役部队，也就是说，我不上前线了。

"可是，大尉同志！为什么呀？"我提高了嗓音。

"我们可能会给您安排别的工作，更符合您的优秀能力。"

"可我是狙击手！"

"首先您是一名军官，而且您宣过誓……"

关于"能力"，他果然没说错。按照苏联国防人民委员会中央人事总局1943年6月3日的第0281号命令，我从少尉升到了中尉。不过，我没有将那两个红宝石颜色的方块嵌在领章上，而是把两颗星装在了军上衣的肩章

---

[1] 据《克里米亚战场的英雄们》，克拉萨夫琴科曾当选共青团莫斯科市委员会第一书记，1949年因政治斗争牵连被免职，后担任莫斯科历史档案学院院长，1993年去世。据称他战后曾与两位旅伴多次会面。普切林采夫战后毕业于列宁格勒军事通讯学院（Военную академию связи в Ленинграде），1976年以上校军衔退役，1997年去世，著有包括《特殊使命》在内的多本回忆录。"杀敌456人"的说法有争议。——中译者注

上。因为 1943 年 1 月的军服已经改革了，从翻领改成了硬质立领，胸前的口袋不是缝上去的明兜，而是暗兜。新式军服还不能很快到我手中，但是带有金穗子的礼服肩章马上就发下来了。

一天深夜，我和妈妈正听着收音机的音乐节目打发时间，收音机是我从美国带回来的，音质极好。我们在听一场音乐会，是应斯大林格勒前线获得胜利的官兵的要求播出的，他们在 2 月彻底歼灭了保卢斯元帅指挥的德军。音乐会演奏了一些古典音乐、几首民歌，还有当时苏联的流行音乐。突然，有人敲门，两名年轻的内务人民委员部军官走了进来，向我问好之后，让我收拾收拾跟他们走。

我们刚喝完了晚茶，可怜的伊莲娜正在擦杯子，不小心把一个杯子掉在地上。妈妈的手吓得直发抖，"组织"是怎么抓人的，当时已经不是秘密了。抓捕人员会突然来到嫌疑人的家里，彬彬有礼打个招呼，然后迅速把人带走。我穿上军装，挂上肩带，把军官腰带系好。腰带右手边挂着深褐色的皮革枪套，装着我的 TT–33 手枪，如果他们命令我摘下枪套，也就是要把枪拿走，那就意味着我被捕了。

"中尉同志，您要去克里姆林宫。"一名军官说。

"去克里姆林宫？"我大步走到书架跟前，拿了英俄词典揣进兜里，又把英文语法书放进大衣口袋。这两本书是最高统帅给我的，如果要去克里姆林宫，就得把书还给他。

从斯特罗明卡街到莫斯科市中心，大约有 10 千米的路。亚乌扎河（Yauza）的堤岸、一栋栋古老的砖房和一些难看的苏俄时代 [1] 建筑，比如鲁萨诺夫俱乐部（Rusanov Club）的二楼就好像一个不完整的巨大齿轮，这

---

[1] 苏俄 1917 年 11 月 7 日成立，苏联 1922 年 12 月 20 日成立，苏俄变成了苏联的一个加盟共和国。作者可能是在特指这段历史时期。——中译者注

些都在我们汽车后面渐渐隐去，车灯的光束从黑暗中掠过林荫道上的树木、电车轨道、楼房的外墙。我努力集中注意力，想着是否会接到特别重要的新任务，或者说是斯大林同志对我们最近访美的细节感兴趣？

接待室里，两名中尉很绅士地帮我脱下大衣。我打开手枪枪套的扣子，把武器交给了斯大林的秘书——身材矮壮的秃顶汉子亚历山大·波斯克廖贝舍夫。他把我的手枪放进书桌抽屉，告诉我，会见之后再来领取，然后指着房门道："进去吧，斯大林同志在等您。"

办公室里的深褐色橡木镶板，放在一起摆出 T 字形的两张桌子，一张蒙着百叶窗的超大号地图——这一切都和 1942 年 8 月一样，当时我们的共青团青年代表团正要去美国。只是如今，站在联共（布）中央总书记面前的只剩我一个人。约瑟夫·维萨里奥诺维奇向我走了一步，握了握我的手，微笑道：

"您好，柳德米拉·米哈伊洛芙娜！"

"您好，最高统帅同志，祝您身体健康！中尉帕夫利琴科向您报到，请指示！这是您的书，词典和教科书。"我将两本书放到长桌子的边缘，再次立正站好。

"两本书派上用场了吗？"

"非常有用！我学会用英语讲话了。"

"听说您这次访问很成功啊。"

"我们努力执行您的命令，斯大林同志！"我保持立正姿势，并按照军事条令的要求直视领袖的眼睛。

"好，请坐吧。"斯大林同志指了指桌子旁边的一把椅子，然后在我对面坐下，"我听说，您应罗斯福总统和夫人的邀请，在他们的庄园——海德公园住了一个星期？"

"是这样，斯大林同志。"

"这个美国人呢，可能今年秋天，我也必须见他一面。"最高统帅把著名的烟斗举到嘴边，深深吸了一口。[1]"您说说，他们是什么样的人？"

我突然莫名紧张，而且紧张得要命。借书是一回事，向国家元首汇报一次复杂访问的结果又是另一回事。毕竟到头来，访问的主要目标没有完成，即以各种方式促进开辟第二战场，而盟军并没有在欧洲展开任何军事行动。[2]我们的这支学生代表团只是成功地对美加英三国的舆论施加了一定的影响，唤起了普通民众对苏联人民反法西斯斗争的同情。这些国家的领导人只是单纯考虑自身的利益，对苏联的同情心并没有多少。然而，我还是认为罗斯福总统夫妇同丘吉尔不一样，他俩是更加真诚、朴实，能够理解另一种观点的人。

我讲得很混乱，有时候会停顿很久。约瑟夫·维萨里奥诺维奇一直没有打断我，但我快讲完的时候，他想要让我冷静下来，关切地问："柳德米拉·米哈伊洛芙娜，您为什么紧张？"

"我负着重大责任——向您直接汇报。"

"您在执行狙击任务的时候并没有迷惑。您在前线如果也这么紧张，那您早就不在了。"

我低声回答："这两种情况根本不能相提并论。"

---

[1] 1943 年 11 月，美苏英"三巨头"在德黑兰第一次会谈，斯大林与罗斯福第一次见面。——中译者注

[2] 英美早在 1940 年 5 月即开始对德国及德占区实施战略轰炸，但直到 1942 年下半年苏联代表团访美时，成效都不大，而且自身损失严重。代表团结束访问之后不久，1943 年春，英美在西线逐渐取得制空权。由于盟军空袭，德国被迫从前线抽调飞机防御，从而减轻了苏联等国的压力。但出于复杂的原因，英美一直没有派出大规模地面部队。1944 年 6 月，盟军才实施诺曼底登陆，柳德米拉反复呼吁的第二战场正式开辟。——中译者注

"这样啊，那咱们就来相提并论一下。"最高统帅开玩笑说，"您讲一讲您担任狙击手的任务吧。讲一讲那些特等射手的训练，射手的武器，还有您在敖德萨附近的草原，在塞瓦斯托波尔附近山区的战术。这两种地区肯定会有些不同吧。"

没想到斯大林对我们的军事专业这么感兴趣，而且知道很多狙击手的特殊情况，他问的问题直击要害，非常具体。我在回答的过程中才真正平静下来，胆子也大了不少，我决定提个请求。我请求最高统帅让我返回前线。

"您被炮弹震伤过，身上还有伤。"约瑟夫·维萨里奥诺维奇说，"为什么要再回前线？"

我回答："这场战争伤亡很大，可是总得有人去战斗。我想回到我的战友身边。我有知识，有经验，所以有更大的机会存活下来。"

我看到我的回答让他很满意，但他没有马上说话。"您不能回前线，"他忽然直接下了结论，"您懂算术吗？"

话题变得这么快，我很吃惊，但还是点点头。斯大林拿了一支铅笔，把桌上一个大笔记本拉到跟前，开始像学校老师那样讲起来："您如果回到前线，可能会消灭 100 个法西斯分子，但也可能被他们射杀。可是，您如果训练 100 名狙击手，将您宝贵的经验传授给他们，让他们每人都能消灭 10 个纳粹分子，一共会是多少人呢？1000 人。这就是给您的答案，中尉同志，这里更需要您！"

最高统帅的话令我十分难忘，这话有着充分的理由。战争刚爆发的时候，按照国防人民委员会 1941 年 4 月颁布的人员配置表（第 04/401 号命令），每个步兵团只有 18 名特等射手。1942 年条令修改了，现在一个团应该有狙击手 87 人，一个连 9 人，一个排 3 人。整个红军中有几百个团，因此所谓的"超级特等射手"数目并不是以一个单位来计算，而是以几十个乃至几百个来计算的。必须有人训练他们，而且必须快速、熟练、高标准地训练他们。

红军狙击手的全面发展急需合格的射击教官。因此，1942 年 3 月，在莫斯科附近的韦什尼亚基镇设立了狙击手教官学校，就是后来的中央狙击手教官学校。事实证明，这还不够，很快，学校开设了为期 3 个月的特等射手培训班。从 7 月开始，培训时间延长到 6 个月。整个伟大卫国战争期间，从 1941 年到 1944 年，"奥索维亚希姆"和非脱产普及军事训练体系总共训练了超过 40 万名狙击手，训练地点在各军区开办的顶级步兵兼狙击手学校，以及陆军的各个训练中心。

1943 年 7 月 28 日，斯大林在克里姆林宫接见了一批前线"超级特等射手"，这是促进苏军红军狙击手发展的重要一步。我和普切林采夫都参加了这次会见，另外还有 10 人从各方面军来到莫斯科，每人的歼敌人数都至少有 150 人。可惜，我已经记不全所有人的名字了。不过，其中特别优秀的是苏联英雄称号获得者，西伯利亚人瓦西里·扎伊采夫。他在斯大林格勒立下赫赫战功，在 3 个月内消灭了 225 个德国鬼子。

会议在公事公办的气氛中进行。最高统帅要求我们有话直说，开诚布公地谈论作战行动中的困难，提要求，说愿望，有什么说什么。我们谈到了统一指挥的必要性，已经拥有狙击手资格的士兵，一个团里只能由一个人负责指挥，不能被营长、连长和其他指挥员指挥。还有一个问题也同样重要，那就是军事专业列表上真的应该加入"狙击手"这个专业了！有人抱怨后勤服务：很多部队没有按时更换夏装、秋装和冬装的迷彩服，也没有发下装甲护盾，而这种护盾可以帮助狙击手避免重伤甚至死亡。很多人谈到有必要改进莫辛步枪，特别是扳机太硬会妨碍战斗，尤其是对新兵来说。

1943 年 8 月上旬，我被调到红军最高统帅部大本营预备队，成为负责训练步兵军官的"红旗伏斯特洛（射击）指挥员和战术高级训练班"的学员，这是营级干部的训练班。上课地点在离谢涅日湖（Senyezh）不远的莫斯科州索尔涅奇诺戈尔斯克，在那里，那些已经有战斗经验的军官（通常是在医院康复之后）提升了他们的技能水平。课程非常紧张，要持续 12 个小时，大部分在野外进行。我们学习了步兵营的现代作战战术，指挥战斗的技巧（在最接近实战的条件下），还有极为详尽的轻武器知识，这一门知识我学起来自然非常高兴。3 个月紧张的实践课程之后，我的同学都上前线指挥步兵营。我作为唯一的女性从营长训练班毕业之后，一直留在这家独特的知名军事培训中心担任狙击手教官，一直到 1944 年 5 月。

伟大卫国战争期间，大约有 2 万名军官参加了伏斯特洛课程培训，其中有 200 人因在与纳粹德国军队的战斗中表现突出而荣获苏联英雄称号。这份荣誉榜上也有我的名字，1943 年 10 月 25 日，苏联最高苏维埃主席团下令，授予我这一崇高的荣誉称号。

我靠边站了！[1]

希特勒德国的末日已近在眼前了。[2] 基辅解放之后，1942 年撤离到哈萨克斯坦的基辅国立大学回到了乌克兰首都。德寇对大学进行了野蛮破坏，炸毁了主楼，将各学院的实验室和图书馆抢掠一空。但经过教授、研究员和教师们的努力，大学在 1944 年 1 月终于恢复教学，还为高年级学生开设了课程。我一听说这件事，就回到了我度过童年的地方。我想回到历史系，通过全国统考，完成我在战前就开始准备的毕业论文答辩。我向上级打了报告，上级批准我离队一年，以完成高等教育。

1944 年 10 月，我把军上衣换成了经典式样的连衣裙，把勋章和奖章放进箱子里收了起来，做回了基辅国立大学历史系大五的学生。我只好再次

---

[1] 本章俄文版标题直译为"铁轨上的装甲列车"。译者猜测，装甲列车曾经在 20 世纪上半叶发挥重要作用，二战后被淘汰，作者以此比喻自己的状态。——中译者注

[2] 1943 年 11 月，苏军发动基辅战役，6 日清晨解放基辅。1945 年 5 月 8 日，纳粹德国投降，苏德战争结束。——中译者注

埋头课本，回忆马列主义理论、考古学基础知识、希腊罗马历史和苏联历史。还必须考俄语、乌克兰语和拉丁语。自然，我已经 28 岁了，丢面子实在是免不了的，虽然在学生中有相当一部分年龄在 25 岁到 30 岁之间的人打过仗，但整个历史系，我是年纪最大的女生。

1945 年 5 月，我以"优"等成绩通过了论文答辩，回到莫斯科。之前我在市区分得一套楼房公寓，里面还住着我的妈妈伊莲娜和儿子罗斯季斯拉夫。之后，我在海军服役，成了海军总参谋部海军科研局舰队历史教研处的助理研究员。随着时间的推移，我身上的旧伤和炮弹休克征发作得越来越厉害。1953 年 6 月，我担任海军少校期间因病（二级伤残）被迫退役，但有权穿军服。

然而，我虽然拿了军官退休金，却没理由待在家里无所事事。1956 年 9 月，苏联退伍军人委员会在莫斯科成立，它是苏联退伍军人协会的领导机构，团结了我国各地成千上万的武装力量成员。接着，委员会召开第一次全国会议，选举了主席团和委员会主席——苏联元帅亚历山大·米哈伊洛维奇·华西列夫斯基（A. M. Vasilyevsky）；秘书长——苏联英雄，飞行员阿列克谢·彼得罗维奇·马列西耶夫（A. P. Maresyev），以及一个主席团，负责指导常务公共委员会的工作：组织工作、国际事务、宣传工作、伤残军人事务、联系各家教育机构，以及永远纪念牺牲的军人。我在筹备和管理这一职能方面发挥了非常积极的作用，当选为主席团成员。

我们定期开展活动，宣传苏军的光荣军事传统，经常与中小学、技术学院和高等院校的学生会面，还多次参观部队。士兵们热情地向我们介绍苏联当代武装力量，邀请我们参加训练课程，展示各种新式武器。

让我难过的是，在反法西斯斗争的岁月里，苏联狙击手的技战术能力曾经达到了前所未有的水平，如今却逐渐消失和衰弱，走向消亡。军事理论发生了变化，如今，国防部认为原子弹的应用会让地面部队免于在战场上与敌人冲突。热核武器爆炸之后，只会留下一片焦黑的沙漠，特等射手再也不用对人开枪了，敌人会像尘土一样消失。于是，20世纪50年代中期，很多狙击手学校停办，课程取消，有经验的军官退役转业。狙击手的训练和指导传统也没了。比如，新条令居然规定机动步兵分队中只配备一名超级特等射手。新的《陆军军事条令》几乎没有提及一般军事行动中的狙击作战。显然，起草条令的人觉得狙击手对战斗结果不可能有任何显著影响。[1]

当然，还有一些特种部队必须在林区、山区和居民区——即根本无法使用重武器的地方——开展军事行动，这些部队很快得到了适当的发展。在这种情况下，第一枪击中目标有时会起到真正的决定性作用，并左右整个行动的成败。

二战结束的时候，在许多人看来，曾忠实可靠地为我们提供过服务的莫辛弹仓步枪似乎已经过时，需要进行现代化改造。人们不止一次尝试想要换掉莫辛步枪，特别是在1945年和1947年，设计师谢尔盖·加夫里洛维奇·西蒙诺夫（Sergei Gavrilovich Simonov）提交了基于SKS卡宾枪的两种新式狙击步枪设计，但这两种设计都有明显缺陷。1958年，苏联火箭炮兵装备总局指示研发一种新式7.62毫米自动狙击步枪，该任务被交给了3个工程师小组共同完成，以实现良性竞争，取得最佳成果。

---

[1] 军事顾问介绍，作者在这里似乎讲了不止一个方面的问题。第一，苏联在20世纪50—60年代曾经片面强调核弹对战争的决定作用。有一种流行理论认为，核战争条件下步兵将无法长期下车作战，因而对狙击手不再重视。第二，在冷战初期，步兵班组的编制发生巨变。苏联步兵作战样式快速向"以车辆载具为核心"的机械化作战转变。步兵的主要武器从单发步枪变为连发的自动步枪，战斗距离也缩短为400米左右。这些原因综合起来，导致这一时期狙击作战和狙击武器的研究停滞，20世纪80年代末才重新恢复，而作者已在1974年病故了。作者在这里表达了这段过渡时期的困惑与不满。——中译者注

第一组组长就是著名的武器设计师谢尔盖·西蒙诺夫，他是社会主义劳动英雄，曾两次获得国家奖项，因为他在 1941 年设计了一种反坦克武器[1]，1945 年设计了 SKS-45 自动卡宾枪（半自动步枪）。他还是 AVS-36 半自动步枪的设计者，该枪于 1936 年被红军采用，我曾在塞瓦斯托波尔见过这种步枪。14.5 毫米口径的西蒙诺夫反坦克步枪在部队中特别受欢迎，能穿透一般德国坦克的装甲。在塞瓦斯托波尔，我们的步兵使用 PTRS 步枪，也就是西蒙诺夫反坦克步枪（枪管很长）挡住了大量德军装甲车辆的进攻。

此时西蒙诺夫已经 65 岁，名气已经很大了，与他竞争的是一群年轻的工程师，这是苏联新一代的轻武器发明家。他们服完兵役，在苏联兵工厂的工人岗位上开始了职业生涯。

第二组组长是亚历山大·谢苗诺维奇·康斯坦丁诺夫（Alexander Semyonovich Konstantinov），他来自哈尔科夫，曾在传奇式的 DP 轻机枪设计师捷格加廖夫领导下的设计局工作。

第三组开始工作稍微晚一些，组长是叶夫根尼·费奥多罗维奇·德拉贡诺夫（Yevgeny Fyodorovich Dragunov），工作地点是伊热夫斯克市（Izhevsk）的伊日马什（Izhmash）兵工厂。德拉贡诺夫在伊热夫斯克出生长大，战争期间在团车间担任军械员，非常了解轻武器。后来回到家乡的工厂，以设计出一些有趣的运动步枪而闻名。我和普切林采夫、瓦西里·扎伊采夫在伊热夫斯克市见到了德拉贡诺夫，因为厂方请我们这些老兵作为顾问参与这个项目，我们一听都高兴坏了。能够参与新型现代化狙击步枪的研发，是特等射手的莫大荣幸，我们满怀热情地投入了工作。

德拉贡诺夫最早设计的几种步枪都是运动型步枪，他把这种体育风格

---

[1] 即下文提到的 PTRS-41 西蒙诺夫反坦克步枪，全枪长 2108 毫米，枪管长 1219 毫米。其反坦克效果后来随着德军坦克的装甲加厚而减弱，但能有效杀伤轻型装甲目标。——中译者注

也融入了狙击步枪的设计中。当我们在图纸上看到所谓"骨架式"设计的枪托（中间有空隙）和手枪式握柄时，感到非常惊讶。毕竟，军用枪械必须能承受比运动型枪械大得多的负荷，要能全天候正常操作，不但在战斗中要握持舒适，在行军途中同样如此。

而且，火箭炮兵装备总局的各种要求有不少还互相矛盾。比如，为了提高射击精度，所有部件都必须紧密贴合，但与此同时，这些部件之间较大的间隙又有利于在射击和装填时能稳定地相互作用。为了同时满足这些要求，需要漫长而深思熟虑的工作，这些工作要分成几个阶段进行。

于是，1959 年在第一阶段，德拉贡诺夫团队展示了步枪的初始版本，满足了对射击精度的一系列严格要求，西蒙诺夫小组研制的狙击步枪马上退出了竞争。有一段时间，德拉贡诺夫和康斯坦丁诺夫的两种步枪在射击对比测试与其他测试中，表现大致相同。但在 1962 年，总局的专家们还是选择了德拉贡诺夫的步枪型号。

这位天才发明家几乎实现了军方为设计团队设定的一切要求。团队克服了很多困难，尤其是枪前托总成（assembly，意为"结合体""整个结构"）的设计，看似简单，其实难度最大。团队花了大约一年时间改进弹匣（可装弹 10 发），伊万·阿尔谢尼耶维奇·萨莫伊洛夫（Ivan Arsenyevich Samoilov）发明了高精度枪管的制造技术，而且团队还研制成功了新的瞄准镜，比我熟悉的 PE、PEM 和 PU 瞄准镜都复杂得多。

PSO-1 瞄准镜的设计者是阿纳托利·伊万诺维奇·奥夫钦尼科夫（Anatoly Ivanovich Ovchinnikov）和洛利·亚历山德罗维奇·格雷佐夫（Lolliy Alexandrovich Glyzov），其主要特征是标线上带有一个小的 V 形的瞄准标记，两边各有 10 个密位的横向修正。1100、1200 和 1300 米处的瞄准点位于瞄准标记的垂直下方，这些都有助于更快更好地瞄准。此外，步枪还配备了常规的机械瞄准具，但是因为枪托上缘的高度问题，机械瞄准具用起来不太方便。

1963 年，德拉贡诺夫狙击步枪（снайперская винтовка Драгунова，缩写 СВД，拉丁转写 SVD）被苏军列装。我相信，我军确实收到了一款优秀的产品，重 4.52 千克，含弹匣和瞄准镜，这个重量对步兵来说属于正常。枪长 1225 毫米，射速为每分钟 30 发，使用瞄准镜时的直接射程为 1300 米，使用标尺准星时为 1200 米。自动装填的动力是射击产生的火药气体。与（我先前用过的）SVT 不同，SVD 的枪机框与活塞不是一体，而是分离的，导气活塞和推杆是单独安装的部件。

伊日马什兵工厂的领导非常感谢退伍的超级特等射手们对这种新式狙击武器做出的贡献。他们办了一个仪式，给普切林采夫、扎伊采夫和我颁发了荣誉证书及奖品，我们每人还收到了一把手工组装的战斗手枪，设计非常独特。

这些年，我不仅去了苏联东部的乌德穆尔特社会主义自治共和国，还去了南部的克里米亚，去了塞瓦斯托波尔，我一直觉得那里也是我的家乡。1961 年，苏联纪念伟大卫国战争爆发 20 周年。杂志和报纸的相关文章、军人回忆录都在这段时间发表，各种军事理论和实践的会议也安排在这段时间召开。对于新一代的苏联人来说，我国人民在反法西斯斗争中的壮举依然是不容置疑的伟大成就。

塞瓦斯托波尔发给我一份邀请函，请我参加塞瓦斯托波尔英勇保卫和解放国家博物馆学术委员会召开的会议，而且要在会议上发言。会议定于 1961 年 10 月 25 日举行，发言时间 20 分钟，主题是《塞瓦斯托波尔狙击手与德国纳粹侵略者的战斗》[1]。这些都是事先商量好的，之后会议记录将予以

---

[1] 俄文作：севастопольские снайперы в боях с немецко-фашистскими оккупантами。

公布。

我在发言的开头说："在我们当中，往往长篇大论地说起狙击手某某杀死了敌方士兵或军官，这已经成为一种惯例。但是，狙击手为此付出了什么代价呢？最近一段时间，有什么机会能详细讨论这项严肃而艰巨的前线行动吗？"

首先，我列举了那些没能活着看到这个光辉日子的狙击手。他们有：苏联英雄，海军步兵第 7 旅诺伊·阿达米亚海军准尉；第 456 内卫团伊万·列夫金下士和同团战友伊万·博加特尔下士，他们也荣获了苏联英雄称号。[1] 还有些人没来得及获得任何褒奖就牺牲了，但他们展现了非凡的狙击能力，比如塞瓦斯托波尔的小伙子尤里·费奥多连科（Yuri Fyodorenko）。

学术委员会的听众是专门挑选过的：3 所市立博物馆的工作人员、历史学家，还有第二次塞瓦斯托波尔保卫战[2]的退伍兵。完全没有必要说服这里的任何一个人，关于狙击手，他们都非常了解。但我想着，会议记录是要出版的，于是决定讲一讲超级特等射手在战场上的战术，还有他们的心理训练。毕竟，狙击手不仅是一种职业，还是一种生活方式。

"在今天这样的日子里——"我指了指窗外，南国的 10 月阳光普照大地，"狙击手会在凌晨 3 点起来，4 点到达自己的隐蔽点。"

狙击手一般潜伏在中立区的无人地带，后面是己方最前沿的岗哨，前面是纳粹。大家知道，塞瓦斯托波尔要塞区的无人地带很窄，有些地方宽度可以达到 150 米，但一般要窄得多，所以狙击手必然距离德军很近。一天下来，可以打 5～10 枪。塞瓦斯托波

[1] 这些人的事迹简介参见第 12 章。——中译者注
[2] 19 世纪克里米亚战争中的塞瓦斯托波尔保卫战是第一次。——中译者注

尔保卫战的我军狙击手表现不差，难道不是吗？他们都很优秀……不知道怎么回事，有一种说法特别流行，说我们狙击手用几片叶子就能互相骗过对方。这不是树叶的问题。假设您在您负责的前线地带遇到一个敌方的狙击手，您已经得到情报，狙击手正在妨碍、扰乱我军调动。然后，我方狙击手接到命令消灭敌人。为了找出敌人的位置，您必须花费两天到两天半的时间，这段时间里，狙击手全程单独行动，观察员要离开。因为只要多一个人，就多一个人可能牺牲或者暴露位置。

为了诱使敌方狙击手开枪，有很多方法可以用，玻璃、罐头，手边有什么就用什么，没有特定的工具。但只要一确定敌方狙击手的位置，就开始了一场所谓的"对决"。您在瞄准镜里看到了狙击手，看见了他的眼睛，他的头发颜色，但他同时也看到了您。这时候，一切都可以在几分之一秒内决定。这样的对决会让狙击手在几个小时里无法活动，狙击手会过于疲劳，累得一个字都说不出来。

有一段时间，我们成功确保了白天敌人无法在阵地周围活动，但现在我们必须主动追捕和歼灭纳粹分子。每消灭一个德军士兵或是军官，都是对敌人的心理冲击，所以有必要研究一种新的作战方式。我们研究出来了，那就是狙击手隐蔽点，隐蔽点会深入敌后500~800米。您晚上走出营地，表面上平静地穿越前线，但实际上皮肤上的汗毛都一根根竖起。只有志愿者才会去隐蔽点埋伏，因为您活着回来的概率很小，10个人里最多回来1个。

凌晨3点，您到达隐蔽点，一直观察到早上8点。一共有3~5个狙击手在观察敌人，命令下来了，狙击手开始攻击，接着就是一群德国人在大喊大叫，纳粹分子们高喊他们遭到了游击队的袭击！

他们惊慌失措，然后镇定下来，就有几十枚迫击炮弹落在我们头上。我们有很多同志就在隐蔽点牺牲了，但我们从来不会把他们的尸体留给敌人，一定要自己背回来。

狙击手在战斗中发挥着重要作用。上头下令步兵进攻的时候，必须设法解决敌方的各个机枪火力点，这个任务就交给了狙击手。前进之前一两个小时，狙击手会来到无人区，悄悄爬到敌人的最前沿，始终瞄准火力点，也就是匍匐在火力点前方。[1]这种任务，我们也执行过不止一次。

塞瓦斯托波尔保卫战期间，司令部对狙击手给予了很高的评价，而我们也当之无愧。

要成为狙击手，不仅仅需要准确射击，还有一件事很重要：必须对敌人有着无情的仇恨。要无情，就必须让情绪服从于计算，士兵的钢铁意志在这里就派上用场了。狙击手日夜不停地观察敌人，而且上头经常会通过狙击手的行动来修正侦察日志中的情报。路上的每一个坑，阵地前的每一丛灌木，狙击手都必须牢记在心。

狙击任务非常紧张，无论是在塞瓦斯托波尔前线，还是苏德前线别的地区，狙击行动特有的这种紧张都严重影响了狙击手的健康。创伤应激症是狙击手的常见病，一般是得不到适当的休息调整引发的。

我还记得塞瓦斯托波尔狙击手的第一次聚会，是滨海集团军

---

[1] 作者在这里似乎没有讲完整个作战过程。军事顾问介绍，进攻部队本身很难专门布置机枪对付敌人火力点，步兵在推进时的步枪射击准确性又很差，因此只能预先安排狙击手。狙击手预先就位后的一般做法是：在进攻开始后，在敌我枪声的掩护下，逐个打掉敌人出现的火力点。既要尽快行动以免我方伤亡加大，又不能急躁以免暴露自己。——中译者注

司令员彼得罗夫少将倡议召开的。少将第一个注意到狙击手艰苦的作战条件，下令给我们这些执行观察任务的狙击手全体发放额外干粮。毕竟不能专门把热饭热菜给我们送过去，我们一般也只在深夜吃饭。彼得罗夫还命令，我们必须每周休息一天。

滨海集团军的狙击行动是在普鲁特河边开始的，在第25"恰巴耶夫"师。当时参与行动的还有瓦西里·科夫通少尉，他是战前从狙击手学校毕业的。第一批援军来到普鲁特河的时候，我们这些特等射手就在科夫通指挥的排里集合。我们很羡慕地瞧着他，当时他已经消灭了50名纳粹，而我们每人只有1~2个。

还要说一句，狙击手完成任务回来之后，会走进遇见的第一个掩体。有时候实在太累，没力气走回自己的掩体。每个陆军士兵和水兵都觉得自己有义务给他腾地方，让他歇过来，他们会用热茶招待狙击手，热茶是用无烟火药煮好的。[1] 每个人都认为有责任让狙击手好过一些。

我们在每周的休息日，会去塞瓦斯托波尔城区，靠近城区时，首先跟我们打招呼的是孩子们。有时候狙击手可能会到处找敌人，可就是没办法消灭哪怕一个敌人，敌人都藏起来了。然后我正好放假进城，就会遇上孩子。一次，有个小家伙，裤子都没穿，还流着鼻涕，煞有介事地问我：你打死了多少个德国鬼子？我可能一个也没打死。我就解释说这附近没有德国鬼子。跟指挥员这么说，没问题。可是跟孩子说，就说不通了，我要是说"这附近没有德国鬼子"，他就会说"你没保护好我们"。

---

[1] 无烟火药在特定条件下确实可以稳定燃烧，但用火药烧水还是有些不寻常。军事顾问也表示没有听说过这种例子。——中译者注

　　塞瓦斯托波尔的孩子们也知道我们缺子弹，缺弹药。有一回，我收到了马秋申科（Matyushenko）山上的几个孩子送给我的弹弓。我问，为什么送弹弓？他们说狙击手必须天天练射击，可是你子弹不多，就别浪费子弹了，拿弹弓练吧！听起来是个笑话。不过这件事也证明了，这座英雄的城市对我们前线情况有着广泛的了解，不光大人知道，孩子也知道。

　　塞瓦斯托波尔居民尽一切努力，在所有方面协助滨海集团军。城市供水有不少困难，用水是定量配给的。我知道我只要一进城，遇见的第一个女人就认定了，她有义务把自己的那份水给我，为我洗床单、洗衣服，有义务给我个地方歇着，不管这地方多么简陋。这就是我们保卫城市的力量之源，人民、陆军和海军三股力量汇聚成一个拳头，在长达 250 天的时间里粉碎了纳粹德国侵略者的进攻。今天，我们非常感激塞瓦斯托波尔的人民，他们没有忘记那段传奇的岁月，保存了我们部队的光荣记忆。保卫者有来有去，但塞瓦斯托波尔永存！[1]

　　我后来多次访问塞瓦斯托波尔，比如 1964 年 5 月，塞瓦斯托波尔解放 20 周年；1965 年 5 月，伟大卫国战争胜利周年纪念，每一次都能感觉到这里笼罩的特殊氛围。对城市的居民来说，老兵讲的那些拼死抵抗敌人的故事绝不是空话。这座城市曾经被敌人破坏、烧毁，如今再次恢复了她往日的美丽，但她的新建筑、街道和广场似乎依然保留着对往日战斗的记忆。我们出席了学校、技术学院和各种类型的企业活动，演讲总能得到听众的

---

[1] 演讲全文现藏塞瓦斯托波尔英勇保卫和解放国家博物馆。

热烈回应。我们看到，所有人不论年轻年长，都很了解1941—1942年苏联官兵在城市各条战线上的英勇事迹，时间的流逝并没有掩盖这些事迹的本质。

所以，遇见喜欢射击的姑娘、小伙子，我就特别高兴。1970年，城市迪纳摩体育协会[1]的城市靶场主任菲利普·费奥多罗维奇·莫扎耶夫（Filipp Fyodorovich Mozhayev）倡议举办了一次射击活动。莫扎耶夫也是体育协会克里米亚分会的高级教练，乌克兰荣誉教练，苏联标靶射击体育健将。他最初给我写了一封信，说他打算举办一场城市射击比赛，奖项以苏联英雄柳德米拉·帕夫利琴科命名，他想征求我的同意。"为什么不行呢？"我想，回答同意。毕竟，射击是年轻人一项极好的业余爱好，未来的特等射手可以在步枪或者手枪射击俱乐部中展现技艺。

莫扎耶夫是一位受过高等教育的军官。1944年，他以优异的成绩从列宁格勒步兵和迫击炮兵学校毕业，在伟大卫国战争期间获得了红星勋章和战功奖章。此后，他在外贝加尔军区继续服役，担任少校，训练狙击手。退役之后，莫扎耶夫同志搬到塞瓦斯托波尔。他一心扑在射击事业上，在本市发起了一个体育俱乐部，准确说是步枪训练中心。他设计了一个靶场，想方设法将自己的设计变成了现实。

靶场位于市中心的"红色坡道"（Krasny Spusk），在去火车站的路上，邻近普希金广场和乌沙科夫广场。这里的体育设施是最高标准的，靶场有10米靶、25米靶和50米靶（适用于气动步枪），还有两间教室，一间教练室和一间安装了装甲防护门的枪械室，可以存放100支步枪和约50支手枪，以及弹药箱。所有房间都被带锁的金属栅栏隔开，配有报警按钮，连着最

---

[1]　"迪纳摩"俄语 Динамо，本意是希腊语"力量"，是内务部所属的体育协会。一说"迪纳摩"意为"发电机"，最早代表电工工会，后来被内务部接管。——中译者注

近的民警局，夜间有一名专门的警卫值班。

当然，无论办什么事，资金都极端重要，但更重要的是，要有一名诚实、博学、有进取心并能激励别人的人去领导这项事业。莫扎耶夫在某些方面让我想起了我的第一任导师，基辅市"奥索维亚希姆"学校高级教官亚历山大·波塔波夫，其中一个重要的相似之处是，莫扎耶夫具有真正的狙击手的关键性格，冷静而平衡，以及作为一名教师的杰出能力。他有很多学生，而且是不同领域的学生：在校学生、工人和黑海舰队的军官。他总共培养了大约100名苏联体育健将、健将候选人和"一级运动员"称号获得者。他的学生在国际、全苏联和加盟共和国的多次比赛中成绩优秀。莫扎耶夫自己的孩子也在靶场练习射击，她们都成了苏联运动健将：大女儿叶连娜（Yelena）是步枪射击健将，小女儿伊琳娜（Irina）是手枪射击健将。

我和莫扎耶夫同志商量之后，决定以手枪射击作为苏联英雄柳德米拉·帕夫利琴科命名的全市有奖竞赛。我也想站到射击线上，打上一两枪，算是为——这么说吧，为比赛开个好头。最近几年，我越来越喜欢短管武器，我的体力已经没法很灵便地使用步枪了。

约定的日子到了，靶场教室里聚了不少人，不光有参赛选手，还有莫扎耶夫的其他学生。我简要谈了谈塞瓦斯托波尔的传奇，年轻人开始提问，他们对非常专业的话题很感兴趣：伟大卫国战争期间狙击步枪和瞄准具的类型、伪装术以及与敌方狙击手的战斗。这些问题表明，俱乐部会员们的理论基础相当扎实。今天，在和平的塞瓦斯托波尔天空下，他们是运动员。而明天，如果国家需要，他们会成为前线的超级特等射手。

接着，选手们前往射击场。比赛组织得十分出色，没有胡闹，没有匆忙，一切都井井有条，按计划进行。成绩最好的是莫扎耶夫的小女儿伊琳娜，在塞瓦斯托波尔器械制造学院上大四。她用马戈林手枪（Margolin）进行了标准的 MP-5 和 MP-8 练习，也就是在 25 米和 50 米距离内快速射击圆形靶，观众们热烈鼓掌，我在掌声中向伊琳娜颁发了荣誉证书。然后我们聊了很久，还在城里转了一圈。1970 年 5 月的塞瓦斯托波尔就和 1942 年 5 月一样美丽，艳阳高照、蓝天碧海，滨海大道上有很多鲜花怒放的花园：菊花、玫瑰、剑兰、郁金香……

第二天，我参加了萨蓬山上"永恒之火"的点火仪式。十几年前，纪念馆里面就摆放了一座三维模型，展现了 1944 年 5 月 7 日红军攻击萨蓬山的场面[1]，那里还有一块纪念碑和一个第二次世界大战军事技术展览。上午，在马拉霍夫高地举行了一个集会，吸引了大批人参加。铜管乐队奏响了乐曲，红色旗帜在海风中飘扬，会上还发表了演讲，歌颂了红军官兵的壮举，歌颂那些保卫黑海舰队主基地抗击纳粹侵略者的人们的坚韧、勇气和果敢，以及后来在反攻中快速推进击溃德军，将敌人赶出这座要塞之城的官兵。

我用马拉霍夫高地防御塔上燃起的永恒之火点燃了一支火炬，传递给苏联英雄费奥多尔·伊万诺维奇·马特维耶夫（Fedor Ivanovich Matveyev）。他参加了解放塞瓦斯托波尔的战斗，1944 年 5 月 7 日，他时任近卫步兵第 997 团中士，随团攻克了萨蓬山上多处德军工事。

我们乘坐装甲运兵车，在礼仪护卫队的陪同下，沿着市中心和"船岸"地区的街道举行了火炬游行，又沿着奥斯特里亚科夫（Ostryakov）将军大道，来到雅尔塔公路，开向萨蓬山。在这里，火炬沿着纪念建筑群的中央

---

[1] 1944 年 4 月 8 日至 5 月 12 日，苏军乌克兰第 4 方面军及滨海集团军发起克里米亚攻势。5 月 7 日上午，苏联第 51 集团军对萨蓬山发起炮击并进攻，步兵第 63 军于当天晚间占领萨蓬山。9 日晚，苏军彻底收复塞瓦斯托波尔，德军撤退行动持续到 13 日。克里米亚战役中，德罗联军惨败，间接导致 8 月 23 日罗马尼亚政变，安东内斯库政府倒台，新政府加入盟军，对德宣战，与苏军合作。——中译者注

道路进发，最后由马特维耶夫在不朽英雄荣耀方尖碑脚下的一个特制壁龛中点燃了永恒之火。

出发前往莫斯科之前，我又一次走过了塞瓦斯托波尔郊区。伯爵码头（Graf Quay）附近的泊位，定期有小型渡船开船。渡船要穿过主海湾，把乘客送到北岸，送到因克尔曼和米哈伊洛夫（Mikhailov）半月堡，以及海边的其他城镇。到了北岸，我必须换乘公交车才能到达兄弟会公墓。这段路程并不长，但对我来说意义非凡。

公墓的主路通向山丘和圣尼古拉教堂。1942年6月，纪念碑附近发生过战斗，不过大多数建于19世纪的精美石碑并没有被破坏。山上的教堂呈现一个很高的金字塔形，现在还关着门，顶部曾经矗立十字架的地方已是一片废墟。我不得不绕过教堂右边，下山，走到墓地的东北墙，这里安息着第二次塞瓦斯托波尔保卫战的战士们。一切都简单朴素，没有黑白大理石纪念碑，没有带铸铁门的墓穴，也没有顶端雕刻英雄半身像的凹槽圆柱。我在墓碑上放了一束红色康乃馨，坐在一棵相思树下的木凳上，相思树的树冠遮住了明媚的阳光。

一种惊人的庄严寂静笼罩了兄弟会公墓，只有鸟儿的叫声在雪松之间来回穿梭，只有偶尔从海上吹来的阵风，吹得野玫瑰丛沙沙作响。只有晶莹剔透的天穹在士兵纪念碑的人行道、小路和墓碑上闪烁着蔚蓝色的光芒。公墓与全世界之间隔着一堵厚实的高墙，自从步兵第54团的官兵们埋葬了阿列克谢·阿尔卡季耶维奇·基岑科少尉——一位英勇的军官，也是我的丈夫——之后，这里的一切都没有改变。

他在一场前所未有的残酷战争中倒下了。我们曾经在火线上并肩作战，但我活了下来，看到了胜利，而他却没有。现在回想起那段绝望的日子，我突然觉得，我们这一代人不仅经受了巨大的磨难，而且获得了莫大的荣耀。我们成功保卫了祖国，就好像我们所有人的出生、成长、学习和工作都是为了一个目的：在祖国最需要我们的时候，走上前线，奋不顾身地保卫她……

莫斯科—塞瓦斯托波尔，1967—1972 年

附录1 友人之影

К. Батюшков

Sunt aliquid manes: Letum nonomnia finit;

Luridaque evictos effugit umbra rogos.

Propertius

Я берег покидал туманный Альбиона:

友人之影

作者：（俄）康斯坦丁·巴丘什科夫

译者：刘巍，根据艾伦·迈尔斯英译文转译

存在某种阴魂：死亡并非结束一切，

灰白的魂影战胜焚尸堆后遁逸。

——塞克塔斯·普罗佩提乌斯

（Sextus Propertius，古罗马诗人 [1]）

我作别雾锁的阿尔比恩海岸，

---

[1] 选自《哀歌集》（*Elegiae*）第四卷第七首开头，王焕生译，华东师范大学出版社，2006。——中译者注

Казалось, он в волнах свинцовых утопал.

　За кораблём вилася Гальциона,

И тихий глас её пловцев увеселял.

　Вечерний ветр, валов плесканье,

Однообразный шум и трепет парусов,

Γ　И кормчего на палубе взыванье

Ко страже дремлющей под говором валов;

　Всё сладкую задумчивость питало.

Как очарованный у мачты я стоял,

　И сквозь туман и ночи покрывало

Светила Севера любезного искал.

　Вся мысль моя была в воспоминанье,

Под небом сладостным отеческой земли.

　Но ветров шум и моря колыханье

На вежды томное забвенье навели.

　Мечты сменялися мечтами

И вдруг… то был ли сон?.. предстал

товарищ мне,

　Погибший в роковом огне

Завидной смертию, над Плейсскими

струями.

　Но вид не страшен был; чело

隐去了，像埋入铅灰的浪底；

船尾半空盘旋着翠鸟，

啭着喉咙，使我们快意。

晚风快休止了，海浪在起伏，

还有帆和索不变的轻呼；

甲板上，舵手的呼喊惊起

倚在危栏的，睡去的更夫。

周遭一切，令我神驰心荡，

桅杆左近，我驻足思量；

穿过沉沉与漠漠去寻找

辉耀北国家园的星光。

于是我埋首于过去的情感，

想到生我的土地和苍天；

而未几，低吟的风和摇荡的海，

把倦怠灌满了我的视线。

这一个梦境与那一个混同，

然后——夜色中有谁伫立？

那曾在普莱瑟河边战死的，

分明是我牺牲未久的兄弟！

那形影没有令我悚然，

---

[1]　综合介绍：普莱瑟河，流经莱比锡会战的战场，因此激烈的战斗多发生在河边。贝罗娜是古罗
　　马战神，此处"贝罗娜的强光"比喻激烈的战斗。——中译者注

Глубоких ран не сохраняло,
Как утро Майское веселием цвело,
И всё небесное душе напоминало.
«Ты ль это, милый друг, товарищ лучших
дней!

Ты ль это? я вскричал, о воин вечно милой!
Не я ли над твоей безвременной могилой,
При страшном зареве Беллониных огней,
    Не я ли с верными друзьями
Мечем на дереве твой подвиг начертал,
И тень в небесную отчизну провождал
    С мольбой, рыданьем и слезами?
Тень незабвенного! ответствуй, милый брат!
Или протекшее всё было сон, мечтанье;
Всё, всё, и бледный труп, могила и обряд,
Свершённый дружбою в твое воспоминанье?
О! молви слово мне! пускай знакомый звук
    Ещё мой жадный слух ласкает,
Пускай рука моя, о незабвенный друг!
    Твою, с любовию сжимает...»
И я летел к нему... Но горний дух исчез
В бездонной синеве безоблачных небес,
Как дым, как метеор, как призрак полуночи,
    Исчез, — и сон покинул очи. —

眉间也不见了野蛮的伤口；
提醒我，他已化作神灵，
满脸欣喜，如同五月的白昼。
"是你吗，我的战友，旧日同袍？

真的是你，我捐躯的同道？
莫非我不曾逆着贝罗娜的强光，
将你早逝的新坟筑好？[1]
莫非我从未与同伴们拔剑，
把你功勋在橡树上写出；
又把你的阴影送回天际，
伴着祈祷、哽咽和哀哭？
英勇的弟兄啊，回答我，
这果真是梦，是虚假的真情？
难道我的幻想创造了一切——
那苍白的形骸、葬礼、坟茔？
对我发一言吧，让那声音，
重又温慰我谛听的耳朵，
握紧情义吧，永远不忘的人，
当我的手掌再寻到你的！"
我飞扑向前，那生魂却已
遁入无云的蓝色深渊，
像轻烟、流星、午夜的灵，
消失在梦回的眼睑之间。

347

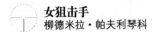
Всё спало вкруг меня под кровом тишины.

Стихии грозные казалися безмолвны.

При свете облаком подёрнутой луны,

Чуть веял ветерок, едва сверкали волны,

Но сладостный покой бежал моих очей,

　И всё душа за призраком летела,

Всё гостя горнего остановить хотела:

Тебя, о милый брат! о лучший из друзей!

静谧中泛起深思的缄默，

可畏的自然，一发高卧；

余下昏暗的月陷入浓云，

碎浪与金风也很少经过。

灵台却渴望赶上那幻影，

这稳静的心早换成忐忑；

亲爱的兄弟，挚爱的朋友啊！

我愿留住你，来自苍穹的访客！

附录 2　帕夫利琴科小姐

Miss Pavlichenko

Lyrics and Composer: Woody Guthrie

帕夫利琴科小姐

词曲：（美）伍迪·格思里

译配：刘巍

（副歌）

Fell by your gun, fell by your gun,

Three hundred Nazis fell by your gun.

Fell by your gun, oh, fell by your gun,

More than three hundred Nazis fell by your gun.

被你放倒 被你放倒

三百个纳粹被你放倒

被你放倒 啊 被你放倒

不止三百个纳粹 被你放倒

Miss Pavilichenko's well known to fame,

Russia's your country, fighting is your game.

The world will love you, long time to come,

Three hundred Nazis fell by your gun.

说起帕夫利琴科 谁都知道

来自俄罗斯 枪法最好

全世界都会 把你记牢

三百个纳粹 被你放倒

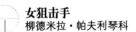
（副歌重复）

In the mountains and canyons quiet as a deer.　　　沉静像小鹿　高山深谷

Down in your forest, knowing no fear.　　　潜入密林中　危险不顾

Lift up your sight, down comes a hun,　　　瞄准镜一套　强盗[1]别跑

Three hundred Nazis fell by your gun.　　　三百个纳粹　被你放倒

（副歌重复）

In the hot summer's heat, or the cold winter snow,　　　你夏战三伏　你冬战三九

All kinds of weather, you track down the foe.　　　阴晴和雨雪　你跟踪敌后

Your face is the pride, is the new morning sun,　　　你骄傲的脸庞　将晨光映照

Three hundred Nazis fell by your gun.　　　三百个纳粹　被你放倒[2]

（副歌重复）

---

[1]　"强盗"原为 hun，为德语 Hunnen（匈奴人）之意。1900 年德皇威廉二世发表演讲，煽动德军要像匈奴王阿提拉带领的匈奴兵一样作战。一战及二战期间，西方普遍用 hun 作为德国侵略军的蔑称，类似中国的"鬼子"。——中译者注

[2]　另一版的这一节后两句有所不同：This world will love your sweet face the same way I've done/'Cause more than three hundred nazzy hound fell by your gun. 中文译配作："你美丽的脸庞让世界自豪 / 不止三百条纳粹恶狗被你放倒"。其后还另有一节歌词：I'd hate to drop in a parachute and land an enemy in your land/If your Soviet people make it so hard on invadin' men/I wouldn't crave to meet that wrong end of such a pretty lady's gun/If her name was Pavlichenko, and mine Three O One. 译配作"抗击侵略者 你们最狠 / 我不敢跳伞 变成敌人 / 姑娘的枪口 越远越好 / 免得三百人加上我这一号"。这一段有较强的戏谑色彩，可能也因此被认为在一些场合不够得体，而出现了两个版本。——中译者注

附录 3 号召行动：国际青年大会建议案，英格兰，伦敦，1942 年 11 月 14—15 日 [1]

选自：《国际青年大会议程·号召行动》（Call to Action, Proceedings of the International Youth Conference），英格兰，伦敦，1942 年 11 月 14—15 日。大会建立了世界青年协会（World Youth Council，WYC）

《号召行动》

这份号召由 1942 年 11 月伦敦举行的国际青年大会上齐聚的 28 国代表共同签署。400 名青年男女出席了大会。一位美国代表、三位苏联代表飞行了总共超过 75000 英里的路程参加大会。世界各地发来贺电。大会代表着英国土地上近 200 个组织，其中超过 100 个为盟军或反纳粹组织。

---

[1] 本文及正文之前的说明选自 brill.com 网站 William A. Angel 编辑的英文图书 *The International Law of Youth Rights*（《青年权利国际法》第 2 修订版）136–137 页，部分中译文参考普切林采夫《特殊使命》收录的俄语译文选段的中文机翻修改。

我们，30 个国家的青年：士兵、商船水手、工人、学生，在各国人民反法西斯斗争的关键时刻聚集在一起。战争的新阶段，即反攻阶段已经开始。我们，为这场攻势而奋斗和训练的青年，承诺加倍努力，确保最终击败敌人。

很多个月以来，我们一直期待着进攻行动。我们向苏联人民表示最深切的同情，他们今天在与主要敌人的斗争中首当其冲。我们强烈希望参与并减轻红军在列宁格勒、莫斯科、塞瓦斯托波尔、斯大林格勒的英勇抵抗的负担，这些抵抗挫败了希特勒的各项阴谋，从而使我们有机会准备目前的各项攻势。我们向战斗的苏联青年致敬。

在欧洲敌占区，青年们正在坚持与暴政、压迫战斗，而且力量愈来愈强大。他们通过充满勇气的斗争联合体，也在准备一场进攻战争。我们对沦陷各国的青年们说：坚持住，消灭敌人，削弱敌人力量！

我们向南斯拉夫、希腊、阿尔巴尼亚的游击队员们致敬；向捷克斯洛伐克、波兰、挪威、比利时、荷兰、卢森堡、法国、奥地利、丹麦以及所有沦陷国家的勇敢青年致敬。

我们向在海上、陆上、空中为自由而沉重打击敌人的不列颠青年致敬。

我们向为了祖国解放而进行第六年战争的勇敢的中国青年致敬。

我们向在很多国家奋战，确保自由不会从世界上消亡的美国军事力量致敬。

我们向亚非、澳洲、拉美等地联合起来，从世界各地集合到一起，参与自由事业的青年们致敬。

我们向在争取自由的斗争中献出生命的各国英雄致敬。

他们的勇敢榜样激励着我们这一代人。让我们本着兄弟情谊，本着在联合斗争中共有的牺牲精神团结起来，向全世界宣告，呼吁各国人民团结一致，要求每个国家的自由力量为了各国人民大团结而把自身命运抛在脑后。我们的斗争不仅限于摧毁法西斯主义，而是希望为我们这一代赢得建设民主新世界的机会。这是我们为各国青年提供的目标：免于匮乏的自由、免于恐惧的自由、良心自由、言论自由。让我们全世界的青年为目标的实现而坚持奋斗！

我们的陆军士兵、水兵、飞行员、商船水手们将会做出一切牺牲来加速胜利的来临。我们在工厂、煤矿、码头、办公室、农场上的工人们将会奉献出每时每刻来加速生产。我们的学生和干部将会全心投入训练，完成任务。我们早一天让胜利到来，各沦陷国人民的痛苦就会早一天结束。

我们向全世界的年轻人发出呼吁！更加努力地工作，提供武器来击败北非的德国和意大利军队；还要更加努力地工作，提供武器来击败欧洲的德意军队！攻势不应以北非行动的成功而停止。我们必须在欧洲大陆继续这一行动，打击德军最为脆弱的地方，在那里，德军将分裂到两个主要战线。我们要以此来支援我们的盟友苏联，以此将被占领国家的人民从希特勒的暴政下解放出来。只有这样，我们才能摧毁法西斯战争机器——对全世界热爱自由的人民的最大威胁。

我们的领导人号召我们奔赴战斗岗位。我们回答：我们已经做好准备，团结一致，我们将竭尽全力争取胜利。

向着你们的未来前进！团结起来！为青春而战！进攻！走向胜利！

译后记

    2022 年底，我有幸得到西风文化公司的信任，接下了英文版《女狙击手：柳德米拉·帕夫利琴科》的翻译任务。这是我翻译的第一本军事纪实作品，也是第一本从英文转译的其他语种图书。这本苏联王牌女狙击手柳德米拉·帕夫利琴科亲笔写下的自传（未完成），从多个方面将我的视野带入了新的维度。以下，我试图对这些方面做一点挂一漏万的回顾。

明暗交织的少年时代

    我非常关注青少年文学和心理健康，因此也回顾了柳德米拉少年时期那段不幸的婚姻。柳德米拉本人很不愿意提起这件事，乃至于正文中只是说了一句"校园恋情"，接着就讲到了她"七岁的儿子"，令我和军事顾问都很困惑。后来查找网上的俄语纪实作品《单发》(Одиночный выстрел)，作者阿拉·伊戈列夫娜·别古诺娃（Алла Игоревна Бегунова，也是本书俄文版的编辑），这才补齐了拼图的一部分。我坚信，这位英雄的生平不能缺少这一部分。虽然柳德米拉自己避讳，但我们早已不应当把它看作羞耻。通过机翻，我大略总结如下：

1931 年，柳德米拉快满 15 岁了，在上中学八年级。她在一次舞会上认识了比她大很多的农校毕业生阿列克谢·帕夫利琴科，很快坠入爱河并怀孕，孕期四个月时，在柳德米拉父亲别洛夫的强烈要求下与阿列克谢结婚。十月革命之后，苏俄、苏联的社会风气曾经一度激进，年轻人把婚姻视为社会枷锁，追求恋爱婚姻自由。但是到了 1931 年，社会重新趋于保守。加上白采尔科维这座小城相对闭塞，居民普遍认为这种事情丢人，流言蜚语四起。在我们看来不可思议（而又似曾相识）的是，舆论谴责柳德米拉，认为她堕落，而相对同情阿列克谢，认为他被坏女人勾引了！

1932 年 1 月，夫妻分居，阿列克谢前往乌克兰南部的赫尔松州一家农场工作，但对新婚妻子十分冷淡，几个月期间只给柳德米拉来了两封信。这场婚姻闹得沸沸扬扬，导致 1932 年 4 月，柳德米拉上到九年级就退学了。6 月，罗斯季斯拉夫（"小海象"）出生。这段时间，柳德米拉渐渐从狂热中恢复过来，意识到阿列克谢给自己生活带来了灾难，不再亲近丈夫，但也没有特别厌恶他，只是感到空虚。11 月，如正文开头所说，别洛夫一家搬到了基辅，从此与阿列克谢断了来往，或者来往极少。别洛夫曾经建议女儿登记离婚，把姓氏改回来。但出于某些原因，柳德米拉没有同意。关于阿列克谢的结局，柳德米拉自己说他参了军，在苏德战争中失踪了，我初步查找也没有找到结果。两口子如此不同的归宿和评价，很是引人深思。此外有一个矛盾之处：《单发》说 1941 年年中，战争爆发之前不久，柳德米拉还曾经去过阿列克谢父母家作客。但本书中柳德米拉自己在 1941 年说与阿列克谢已经三年没见面了，说明他们至少 1938 年就不再来往了。

令我称奇的是，这次伤害竟然并没有妨碍柳德米拉这位单身母亲来到基辅兵工厂当工人，同时继续读书，乃至当了基辅大学的本科生。据《单发》记载，她周围的人们也都喜欢"小海象"，教官波塔波夫还专门教过"小海象"射击。这虽然可能有别洛夫关系的帮助，但与当时苏联、乌克兰和基辅（属于大城市）的社会体制和总体氛围一定脱不了关系。乃至"知乎"上有人说，柳德米拉是当时"苏联梦"的代表。柳德米拉在白采尔科维受到排挤，而在基辅闯出了一条人生路，这也是两种社会的鲜明对比。

战火中的青春

接下来就是人们熟知的参军经历。如作者所言，这是一场前所未有的残酷战争。我小时候从《世界五千年》等读物上略微了解一点这场战争的激烈和残忍，知道列宁格勒围城、不列颠之战、攻克柏林等著名战役。然而"翻译"这种特殊的阅读经历，却让我前所未有地贴近了柳德米拉这位亲历者所见的战争——主要是从国境撤退、敖德萨保卫战、塞城保卫战这三部分。她收获了人生中唯一（？）的真挚爱情。然而分外黑暗的是，仅仅三个月之后，丈夫便在敌人的炮火中牺牲了，成了柳德米拉一生的伤痛，乃至她本书最后一个场景还是给丈夫扫墓，哀思溢于言表。

这也是我翻译的所有图书里面悲剧分外集中的一本。除了丈夫基岑科，柳德米拉在书中提到的战友们明确阵亡的就有好几位：沃罗宁、科夫通、谢尔吉延科、布罗夫、尼娜、别兹罗德内……还有一些人，包括老猎人，并没有明确交代他们的结局。但在那样惨烈的战争中，恐怕人人都凶多吉少——尤其是在塞城与她并肩作战的狙击手费奥多尔。他们每个人都曾经活生生地存在过，然而却因为野心家的愚蠢、凶残而把这些鲜活的生命断送了。

我在上小学的时候学过尼古拉斯·S.乌斯季诺维奇的《林中生活》节选《大森林的主人》，所以看到柳德米拉深入森林，与老猎人并肩作战的故事，觉得非常亲切。特别是放走小野猪的场面，老猎人称赞柳德米拉做出了正确的选择。当时虽然没有"生态平衡"的科学意识，但民间却有着朴素的观念，认为森林有自己特定的规律，无论是猎人还是其他人都破坏不得。

然而，在噩梦般的日子中，闲趣和快乐总是短暂的。她经历的难以想象的压力和痛苦，在正文和序言中表现得已经很明显了。她的伤痛直接导致她在 37 岁时无法工作而退休。对此，虽然她语焉不详，一笔带过，但从序言和网上的零星介绍中，我依然感觉到了战争对这位年轻姑娘的巨大损害。

神奇旅程

作为生性沉默寡言的独行者，她被苏联政府作为青年学生代表送到国外，加入了与她作风格格不入的另一个战线。这确实让她得到了宝贵的生存机会，开阔了眼界。但在当时，人们对心理健康还相当不了解的环境下，这必然也造成了另一种伤害。

作为跨文化交际实践者的一员，我自然也非常关注她出访美、加、英三国（主要是美英两国）的体验和心路历程。最让我动容的是她和埃莉诺·罗斯福的深厚友情。在我看来，这是极为成功的跨文化交际。文化的相同与差异，分别会产生积极和消极效果，相同方面的结果分别是"亲切"和"无聊"，差异方面的结果则是"新鲜感"和"排斥"。两人的情分，应该是"亲切"与"新鲜感"的最佳组合。

我曾经感叹，跨文化思想的碰撞，是这世上最有趣，最惊人，也最可怕的事。柳德米拉虽然背负着宣传和外交使命，天性也不爱张扬，但人毕竟是复杂的，而她骨子里还是有一定"火爆"成分。尤其遇上了这种陌生而有一定敌意的环境。她在餐会上直接"呛"埃莉诺，在记者会上针对挑衅的回击，在芝加哥突然的张扬演讲，就是她性格另外一面的展现。

出于意识形态等原因，柳德米拉在非正式场合对美国社会的态度也比较复杂。因为场合的限制，这种复杂态度经常不能得到很好的沟通和解释。

《美国传承》（*American Heritage*）杂志 1992 年 4 月第 43 卷第 2 期有一篇署名 E. M. 坦尼（Tenney）的回忆文章《罗斯福夫人、俄罗斯狙击手和我》（Mrs. Roosevelt, the Russian Sniper, and Me），作者在柳德米拉访问西雅图时刚好是华盛顿大学的一位女生，有机会参加了埃莉诺和柳德米拉出席的活动，也被柳德米拉的讲述吸引了。当晚，坦尼的宿舍被安排接待柳德米拉住下，坦尼回忆当时的场面：

那天夜里晚些时候，柳德米拉·帕夫利琴科与口译来到了我们黑暗的家门口（当时西雅图已经出现了多次停电）。我打开前门，她穿着俄罗斯陆军军装大步走进来，戴着帽子、挎着弹带，穿着靴子。她厌恶地扫视了我们相当豪华的门厅，然后用她一双狙击手的眼睛盯着我，说了两个词，接着马上重复了一遍。我听不懂，就向翻译求助。（翻译回答）"第二战场！她说她想要开辟第二战场！"我点点头，希望这样表达了我的真诚同意，尽管这一刻我也不明白（为了第二战场）能做点什么。我带她参观了我们可爱的小套房，里面有浅色地毯、粉红色云纹窗帘、褶子桌布罩着的梳妆台，还有漂亮的床罩。柳德米拉的目光扫过房间，脸色僵住了。厌恶？鄙视？都有？我开始感到（这环境）很轻浮，有些歉意。我向她和翻译说了晚安，就退了出来，想着：他们是否宁愿在地板上过夜，也不愿被这种资本主义的堕落腐蚀呢？第二天早上我还没起床，她就走了。后来我常常想知道她发生了什么事，她是否在战争中幸存下来。（译者补充：1957 年，坦尼再次见到埃莉诺，才得知埃莉诺访苏时同柳德米拉重逢，很欣慰）

我个人看到这一段，着实有些不解。如果翻译传达得没错，柳德米拉为什么要在准备住宿的场合，对一个平民说起"第二战场"这样的话题呢？只能说，这种尴尬再一次证明了跨文化交际的难度。

不过，虽然有种种困难，但苏军的抵抗还是在英美获得了实打实的敬佩，代表团在各地受到热烈欢迎。普切林采夫回忆录《特殊使命》还记载了另一个激动人心的场面——柳德米拉在伦敦参加法国驻英国大使馆招待会时，对法国抵抗军军官们的祝酒词。

紧接着，柳德米拉从座位上站了起来。她坐在戴高乐将军身边。一旁，一位年轻的军官兼翻译立刻小心翼翼地靠近将军，准备翻译帕夫利琴科的话。在大厅无数的灯光照耀下，柳德米拉的脸颊因为喝了酒而发红，身穿军服的她很是引人注目。她用手理了理乌黑的直发，棕色的眸子淘气地闪烁着，用不容置疑的声音说道：

"我应该称呼大家'Месье! Господа! Мистеры'（译音"密歇、格斯帕达、密斯脱"，分别是法语、俄语、英语的"先生们"），但我今天不会这么说……"大厅里一片寂静，柳德米拉故意犹豫了一下，突然严肃地说："我会像一个红军士兵一样称呼你们'同志们'！"法国人都惊呆了，接着整个大厅一片欢腾，热烈回应帕夫利琴科的致意。柳德米拉接着说："是的！我称呼你们'同志们'，我没有说错，因为在苏联，这个词是对战友说的！我相信，即将到来的 1943 年，将是我们对纳粹德国采取联合军事行动的一年。在前线，在战场上，战火中的兄弟情谊始终是无价的。我们这种兄弟情谊的第一个标志，就是诺曼底中队的法国飞行员和苏联的友谊。我提议，为法国和苏联的军事友谊干杯！"

酒会结束后，戴高乐专门会见了代表团成员，对柳德米拉热情地说："能够见到柳德米拉·帕夫利琴科和她的年轻同事，我感到非常荣幸。我从迈斯基先生那里听说，您很快就要返回苏联。我愿意相信，胜利之后，我们的道路将在某个地方交汇。我邀请您在法西斯主义被击败后访问我们的国家。与此同时，请允许我祝愿您安全返回祖国，并作为对我们这次会面的纪念，赠送您我小小的纪念品。"之后，送给三人每人一份戴高乐亲笔题词的戎装像。

遗憾的是，冷战开始以后，出于大环境的转变，苏联与西方的关系总体恶化了，柳德米拉访美的愿望没有成真，我也没有查到她访法的记载。造化弄人，不仅展现在重大事件，也展现在生活与工作方方面面的细节。比如代表团在美国没有准备好应对记者的刁钻问题，突遇了一大堆。他们吸取教训，准备应对英国记者的刁钻问题，却完全没有遇到。

我个人尤为好奇的是，对反法西斯战线的女性（虽然不是军人）——中国艺术家王莹女士，柳德米拉为什么完全没有更多接触和记载。就连英国的理查德·迈尔斯、戴夫·斯科特还多少让他们出了个场，虽然两人的表现有些尴尬。《特殊使命》记载，王莹女士和另外几位美、英、荷学生代表实际上一直在与苏联代表团共同旅行，在英国大部分时间都在一起参加活动。柳德米拉写下自传的20世纪70年代正是中苏交恶的时期，我大胆猜测：不排除柳德米拉和王莹女士有过交往，但没有写进书稿，或者因为当时的政策而没有被编辑保留。

我希望补充一个本书没有提到，却尤为黑暗的方面：《特殊使命》记载，代表团分开旅行期间，10月5日，普切林采夫与克拉萨夫琴科去了匹兹堡，访问了匹兹堡大学，但与学生会面的气氛很沉闷，令他们困惑。夜间普切林采夫睡不着，来到旅馆走廊，见到两名高个子警察也在走廊上踱步，很吃惊。一番询问，才知道这两名警察是来保护他们的：匹兹堡有大量德国移民，很多移民公开表示支持希特勒。这时候两名苏联代表来访问，特别是其中一名是击杀150个德军的狙击手，人们的反应可想而知，有的法西斯分子公开发表了威胁。普切林采夫陷入深思，并在之后的活动上改变了说话风格，以他列宁格勒居民的身份出发，讲了他目睹的市民生活，气氛这才活跃起来。我不禁想到，柳德米拉的访问也完全可能出现各种突发情况，但她并没有提到，只是和罗斯福开了个玩笑，说记者会"突然袭击"。实际上，更加凶险的事情何尝不可能发生？这是名副其实的、个人层面的"第二战场"。

代表团访美期间，也听说了1942年8月19日发生的迪耶普突袭。加拿大青年杂志《新发展》（Ньюэдвенс，相当于英语 New Advance，中译者暂未查到确切英文名）记者采访普切林采夫对此的看法，他回答："一开始大家都以为迪耶普就是第二战场，但我们很快就意识到，这次行动只是一次简单的力量考验，但这并不损害士兵们的勇气和英雄气概。"

对两次学生大会的一点钩沉工作

1942年在美国举行的国际学生大会，以及在英国举行的国际青年大会，国内网上可以看到的资料并不多，乃至于我自己在翻译这本书之前完全没有听说。上网一搜，几乎没有成文记载，我甚至查不到中国派了哪些代表过去。就连11月17日"国际大学生日"，中文网也普遍声称是1946年捷克首都布拉格举行的世界学生大会上确定的，实际要早四年，是在伦敦。

幸运的是，一些有年代的信源保留了一些痕迹。《中国青年》杂志1949年16期《世界民主青年联盟》一文介绍："1942年，欧洲各国青年在伦敦成立了一个反法西斯的青年组织，叫世界青年协会。1945年11月，在伦敦开了一个世界青年代表大会，大会共到代表600余人，代表着62个国家的3000万名有组织的青年群众。在这个会上，决定成立'世界民主青年联盟'（简称世界青联），并通过了世界青年民主宪章。"同一期《中国青年》的《国际学生联合会》一文介绍："1946年11月17日，在世界民主青年联盟的号召和协助下，国际学生第一次代表大会在捷京布拉格召开，大会到有41国的学生团体代表，正式成立了国际学生联合会。"维基百科条目显示，苏联解体之后，这个联盟继续存在至今。中国也作为观察员参加了，其机构为中华全国青年联合会。

本书对美国大会记载相对详细，而对英国大会只提了一句，还写错了日期。《特殊使命》则详细叙述了英国大会上各派别的复杂斗争。有些人主张要讨论战后防止德国法西斯主义复活，以及势力划分等问题，普切林采夫坚决反对，引用了一句俄罗斯谚语："熊没打死，就想分皮！"（Не надо делить шкуру неубитого медведя!）得到学生组绝大多数成员支持。英国大会不是本书的主要情节，也没有柳德米拉的具体活动，这里不适合长篇展开。但为了信息完整，我还是在17章末尾总结了一条较长的脚注。

值得一提的是，《特殊使命》还提到了一位在1942年11月15日全体会议上发言的中国青年"доктор Чэн"，直译"陈博士"或"程博士"。译者初步查找，认为他可能是《国际学生联合会》一文中提到的"中华全国民主青年联合总会、中华全国学生联合会及中国新民主义青年团代表"中的陈家康先生（秘书长），一位新中国的外交家。在扩展阅读过程中，我还了解到其他一些经历苏德战争的中国人，如战地女记者胡济邦、亲历莫斯科战役的伊万诺沃国际儿童院少年肖苏华等人，每人的事迹都令我感慨。

大会通过了宣言《号召行动》。在修改本书稿子的最后阶段，我专门把这篇不长的文献翻译了出来。虽然经历了80年的岁月，依然能够在字里行间感受到起草人和代表们"烈焰般的激情"(《童僧》诗句)。结尾的呼唤"UNITE–FIGHT–ATTACK–WIN"在我脑海中久久回荡。这份宣言刚好发表在反法西斯斗争的转折点,所以它又显出了极为厚重的历史分量,令我想到了宣言致敬的千千万万中国革命前辈。更令我想到,任何为了人类幸福的正义事业,都需要不同国家、民族、文化之间的充分理解与团结拼搏,而这,正是我们跨文化一线工作者在今天的光荣使命。

然而,如此热情的宣言,针对的是20世纪最黑暗的一页。跨文化事业也是如此,既然有光荣使命,就必然有重重阻碍。柳德米拉出访期间遭遇的很多困难来自那些反对美苏人民友好的人。我在翻译时曾多次引用埃莉诺《我的一天》补充本书内容。无独有偶,1942年9月19日《我的一天》记载了一位政治挂帅的美国贵妇,其观点和行为今天的人们似曾相识:

> "华盛顿,星期五——奇迹中的奇迹,我刚刚遇到了一位并不怎么愿意发问的女士。这位女士不久前写信给我,指责在美国国际学生服务委员会主持下,在华盛顿举行的学生大会是一个奇怪的混合体——用她自己的话说:"这群由希特勒分子和前任共产分子组成的乌合之众。"这混合体可真够意思!
>
> 我回信试图告诉她一些真相,但她连信封都没打开,就把我的信退回了。我想知道她只是单纯一点也不好奇,或者确信所有该知道的事情,她都已经知道了,所以别的事情她也就不想再知道了!
>
> 当然,无论她相信什么,都不会伤害任何人。但我有一个看法:如果你对其他人,甚至其他群体抱有痛苦和愤怒,发现这情绪没有必要,对自己是有好处的。沉溺于痛苦和愤怒,造成的唯一

伤害，只针对那个沉溺的人自己。医生告诉我们，经历这种情绪的人，体内会发生化学变化，因此对攻击者有害，但对被攻击者无害。"

埃莉诺的感想发表80多年了。无论在个人层面还是在更加广阔的跨文化交往层面，都依然闪烁着它不灭的价值。

书中还反复提到一种现象：人们对两个不同事件的关注程度，往往和这两个事件本身的重要性并不相称。机枪手尼娜因为姿态很"酷炫"，名气一度超过了作为狙击手的柳德米拉。柳德米拉访美期间发现，总统顾问霍普金斯非常关注苏联战场局势，媒体却相对漠不关心。苏联平民对参加两次会议的同胞们也是这样。《特殊使命》记载，11月19日苏军开始斯大林格勒战役反攻，苏联报纸11月23日刊登了塔斯社的简短消息，报道了代表团在国外的工作。当然，这消息基本被苏联民众忽略了，因为国内的战局对他们相对而言实在是太重要了。普切林采夫感慨地说：即便如此，但这条简短的信息是一项证据，证实他们的微薄工作没有被祖国忘记。

我还经常感到，包括我在内的国人对"两个外国"之间的事情，除了极少数重大事件，如二战的重要战役、美苏争霸等，一般是缺乏关注的。这次对柳德米拉出访及两次青年会议的译介，令我感到十分新奇，也促使我进一步思考。

晚年及其他

柳德米拉也没有详细讲述自己的晚年，本来就不多的篇幅还加入了德拉贡诺夫狙击步枪的研制经过。我总觉得这些挤占了她自己人生的记载。

幸运的是，埃莉诺《我的一天》专栏的1957年10月10日文章，记载了（可能是先前）访苏时与柳德米拉的重逢，以及到她家作客的经过：

　　我在莫斯科会见苏联妇女委员会（Committee of Soviet Women）成员时，向她们承诺，我会探索是否可能安排，邀请委员会访美事宜。

　　……委员会有一个人，我在二战早期就见过她。当时，柳德米拉·帕夫利琴科与另外两个小伙子来参加一场学生大会。当时她穿着军装，是苏联陆军的一名特等射手。今天，她的头发已经灰白，身形很健硕，穿着正装、女式衬衣，佩戴着别针与金星，表示她荣获了"苏联英雄"称号。她也是苏联退伍军人委员会主席。

　　我们见面的时候，我一开始并没有认出她，直到她说话才认出来。她与我重逢似乎很开心。我们说起了学生大会的那些日子，还有我和一些代表在海德公园共同度过的那个周末。她请我会见苏联退伍军人委员会的成员们，还邀请我去她家做客。

　　她与丈夫的家境很好，有一处公寓住宅，4 个房间，只有她的母亲同两人住在一起。我去看她，她母亲非常热情地欢迎了我。她母亲 60 岁退休，负责很多住宅楼的社会福利工作。她家客厅的一面墙摆满了书。

　　柳德米拉告诉我，家里由她管钱，总是拨出一部分资金专门买书。苏联英雄理应获得特殊待遇，我想她因此才在客厅里过得如此舒适。她说，一家人收入的很大一部分都用于饮食，吃得很好，三人每周大概要花 350 卢布（35 美元）。她说，每天都有不少水果、肉、罗宋汤。当然，还有数量可观的茶叶、面包。偶尔还会有鱼子酱和精致的蛋糕。

埃莉诺提到的"丈夫"，应该就是她第三任丈夫（或者至少是伴侣）康斯坦丁·安德烈耶维奇·谢维列夫。这个人身份很神秘，在全网（包括俄文网）上记载极少。当然，这件事也侧面证明了柳德米拉显然过着尽可能低调的生活。只是有一些零散资料说两人显然感情很好，1963年谢维列夫去世，又给了柳德米拉严重打击。

接下来的场面，记载于《史密森尼杂志》考证文章《埃莉诺·罗斯福与苏联狙击手》和前文那篇《美国传承》杂志的文章：

埃莉诺访苏受到严格限制和监视，身边总有一名"向导"陪伴。埃莉诺作客的时候，两人"冷静而正式"地聊了一会儿，然后柳德米拉找了个借口，把这位贵宾拉进卧室，关上门。在"向导"视线之外，柳德米拉热情地拥抱了埃莉诺，"半笑半哭地告诉她，见到她是多么高兴"。两位老朋友低声回顾了当年一起旅行的经历，以及15年前那次最不可能的夏季美国之旅中遇到的许多朋友。

同年，埃莉诺返美之后，在一次集会上讲述了这件事，说她希望带领一群普通的苏联妇女访美。那位见过柳德米拉的坦尼女士也在场，坦尼问埃莉诺，如果连埃莉诺这样有地位的人都不得不暗中交往，那么普通的苏联妇女怎样能自由谈论她们在美国看到的一切？埃莉诺歪着头，狡黠地回答："亲爱的，消息总会传出去的。"

万幸，正如埃莉诺所言：如今这个时代，互联网跨越了国家、民族、语言，让柳德米拉这位鲜活的英雄出现在我的眼前——而且是字面含义。通过YouTube网站上的三段录像，我看到了活生生的柳德米拉。第一段是她青年时期，1942年访美时的演讲节选，还有那句英语"战友们，向着胜利前进！"口音很重，但对于那个环境下的她而言，已经是了不起的成就了。第二段是几个不同片段的混剪，其中就包括自传提到的"带着步枪爬上一棵老苹果树"，想必镜头后面就是那位"导演"，被她说成"特别烦人"的米科沙。第三段录制于她的晚年——1973 年，第二年她就去世了，直到 1975 年才在电视上播出，主要讲的是狙击手的工作。画面中她消瘦而憔悴，看上去令人心情很是沉重。下面的俄语评论热情洋溢，感谢她为和平做出的杰出贡献。世界各国人民对英雄的缅怀之心都是相通的。

虽然并非主要情节，但柳德米拉还写到了对苏联体制的某些不满，例如：部队里的男上级经常骚扰女下属；塞瓦斯托波尔大量苏军俘虏的消息被历史掩盖；狙击手因为组织工作缺陷而遇到的各种困难（彼得罗夫"大可直言"的请求，侧面透露了军中很多时候无法直言）；内务人民委员部军官的到来，吓得柳德米拉一家人魂不附体，也体现了那个特殊时期的恐怖。二战之后苏军的理论变化过于极端，导致狙击事业被冷落，又导致了她事业上严重受挫。最后一章的标题"我靠边站了！"，苦涩之情不言而喻。好在她热爱的射击事业依然后继有人。

这里有一句题外话：柳德米拉曾经感叹过罗马尼亚军队的暴行，而苏军虽然是赢得世界敬佩的勇猛正义之师，但也出于各种原因，在反攻期间有过极为不利于军队形象的行为。这些都是历史需要记取的教训。

人际关系片段的启示

我关注的另一个独特方面，是书中那些篇幅不大的互动揭示的人际关系规律。比如，阿列克谢始乱终弃的行为，让他成了不具存在感的影子，但又同时给柳德米拉打了长效预防针，使她再也没有放松对男人的警惕。波塔波夫教官对柳德米拉严格要求，但又开诚布公，给她留下的印象极好。谢尔吉延科大尉保护柳德米拉免遭骚扰，展现了精湛的交往技巧。彼得罗夫与柳德米拉身份相差悬殊的忘年交也透着深厚的情分。柳德米拉丈夫基岑科对她迅速直白的求婚，大概能启发不少如今的懵懂少年吧。米哈伊洛夫对柳德米拉的爱慕虽然只是顺带一提，但很可能改变了她的人生轨迹。是米哈伊洛夫安排了对她的大规模宣传（虽然有严重歪曲），很可能也因此而促成了她加入代表团出国访问。柳德米拉一开始因为同行狙击手普切林采夫待遇更好而有一些意难平，但很快就冲破了这层偏见，两人惺惺相惜，做了好朋友。

埃莉诺是总统夫人，非常懂得如何掌控气氛。柳德米拉不止一次的反感和烦恼，都被埃莉诺成功安抚了。那位对柳德米拉死缠烂打的约翰逊先生也令我深思。从背景可以看出，约翰逊并不真正了解柳德米拉，也没有机会了解，可能只是凭着媒体报道和她几次公开亮相而莫名其妙地迷恋上了她，而且抓住一切机会（哪怕完全不合时宜）向她求婚，最后认真到专门给苏联大使馆打报告。这感情完全是剃头挑子一头热，而且柳德米拉还沉浸在丈夫牺牲的哀情中，当然严辞拒绝。但这段经历依然给她造成了一定复杂影响。她没有扔掉约翰逊的礼物，只是用"怪异、无法言喻"形容约翰逊的感情，而没有说"恶心、恐怖"这样的词。

斯大林尽管是个说不尽的争议人物，但他与柳德米拉的两次见面却都令人饶有兴趣。第一次见面，柳德米拉没有因不寻常的会见而呆住，直接向最高统帅提了借词典的要求，而且得到了许可。第二次见面，在她紧张的时候，斯大林却用转移话题的方法让柳德米拉先冷静下来，然后有效说明了工作安排，讲了拒绝她回到前线的理由。这都是成功交往的范例，令我不由得想起了《战国策》里的名篇《触龙说赵太后》。

最后，是柳德米拉自己的性格，也是波塔波夫总结的狙击手的优良品质："冷静、平衡，甚至冷漠；不容易发怒、开心、绝望，当然更不能歇斯底里。"这虽然并非在一切场合下都是优秀品质，却说到了我心里。

以讹传讹，无可奈何

2018 年，我翻译了美国建筑大师华盛顿·罗布林传记《造桥的人》。书中，华盛顿在生前对媒体的各种错误说法感到十分恼火，却又毫无办法。本书的作者也面临了同样的问题。她成名之后，就反复遭遇记者、作家的各种"戏说"，让她哭笑不得。我在查资料的过程中，也屡次遇到中、英文传统媒体和网页的各种错误：比如《今日苏联》英文杂志 1942 年文章《柳德米拉·帕夫利琴科少尉致美国人民》，竟然用第一人称直接说"我是乌克兰人"！估计官方需要统一口径，而依据就是拉夫列尼约夫的那本被柳德米拉称作"幻想文学"的小册子。无独有偶，有的国内网页也毫无查证就说她是乌克兰人。另一个段子是德军对柳德米拉喊话，说"我们会给你巧克力"（同样来自小册子）。这种局面，估计柳德米拉听到了也无力吐槽。她丈夫的教名是列奥尼德，而她丈夫真名是阿列克谢，而小册子却改为列昂尼德（Леонидом，现实中柳德米拉部下布罗夫的名字），而且不正确地说两人合作端掉了德军指挥所，现实中她丈夫根本没参与那次行动。后来列昂尼德这个编造的名字又被 2015 年电影版《塞瓦斯托波尔战役》沿用。电影版虽然讲了一个精彩的故事，但简直可以认为是集各种"戏说"之大成……

这些讹传之所以出现，自然有各方的宣传需要。其中就包括给柳德米拉"制造"的德国狙击手奥托·冯·辛格（现实中那次巅峰对决的敌人是赫尔穆特·博梅尔）。作者提到的另一位更有名的狙击手扎伊采夫也被"制造"过敌人。而柳德米拉访美的时候，美国也出现了相反的讹传，说代表团的人不是上过战场的军人而是宣传员。

国内讹传中，最有名的是所谓"柳德米拉墓志铭"："痛苦如此恒久，像蜗牛充满耐心地移动。快乐如此短暂，像兔子的尾巴掠过秋天的草原。"虽然内容确实在一定程度上符合她的人生，但她的墓碑上根本没有这句话。有些中国网民考证了出处，疑似《中华散文》2006 年第 9 期"汗漫"所作的文章《解词（三章）》，但始作俑者依然不明。这句话感觉不像中文原创，更像是从某种欧洲语言翻译而来，但网民用英语关键词尝试搜索，一时也没有结果。

不仅官方和上层有讹传，民间也有。柳德米拉在第9章末尾提到了士兵们对她的迷信传言：树精、女巫等等。我不由得想到了小说《林海雪原》中有关少剑波的传言：勾魂钉身法、掌心雷……更好玩的是，柳德米拉认为这是老猎人编出来的，《林海雪原》也刚好有一位学过相术的老人找到少剑波看相，说少剑波有一颗"智谋痣"。这诚然不符合事实，却是民俗学的研究材料。

有趣的是，柳德米拉一方面澄清了关于自己的种种不实之词，一方面又出于时代和文化局限，她记述的西方情况也出现了一些不准确的地方。英文版译者和编辑指出了一些技术性错误和难以确定的内容，特别是那位约翰逊先生的身份，竟然需要查找人口普查记录才能初步考证出来。我自己主要关注了柳德米拉引用的一篇报道：纽约鸣响防空警报的时候五个人死于心脏病。母语顾问初步查找并未找到这样的新闻，反而有相反的新闻，如《纽约时报》1941年12月10日新闻标题：《防空警报尖啸，全城漠不关心——历史上首次空袭预警，市民反应迷惑多于惊吓》（CITY NONCHALANT AS SIRENS WAIL; Residents More Bewildered Than Alarmed in the First 'Raid' Warning in History）。此外，当时报纸也大量登载空袭警报的预告，市民对此可能也有一定了解。《特殊使命》第12章也提到此事，但把人数写成7人而不是5人，侧面证明此事并不真实。普切林采夫自己也说"美国人或开玩笑或认真地举了报纸报道'空袭'结果的例子"，说明这更可能是当地报纸不严肃的报道。跨文化交往当中经常有这样的例子，文化A的玩笑话被文化B当真。几十年前信息不发达的时候，我国媒体也经常把国外小报的杜撰或者滑稽消息当成严肃新闻。

我自己在翻译小说的时候经常咨询母语和专业顾问，并因此有过一句感想："小说里符合现实的地方让我了解现实，不符合现实的地方让我更深刻地了解现实。"这本纪实作品中记载的讹传，同样如此。

翻译工作的军事方面

我首先面临的问题在于，这是一本军人亲笔写下的回忆录，而我对军事知识本身却是全面缺乏。因此我恶补了一些二战东线战场的资料，包括图书、网上的专题文章、纪录片、教学视频等等。

由此我还发现了一些特定的模式。比如对柳德米拉参与的塞瓦斯托波尔战役，人们大写特写，然而对战役之后，塞城收复之前德军占领期的情况，以及那些苏军战俘的遭遇却着墨甚少。《今日俄罗斯》杂志二战专题"伟大的功勋——第二次塞瓦斯托波尔的保卫战"一文对此有一些记载，除了和本书同样提到的近 8 万名苏军战俘之外，主要是德军虐杀战俘、平民，以及塞城的地下斗争，残酷得令人不忍直视。

我还请来了军工行业专家、多位退伍军人朋友帮我把关：军工专家远望 John 老师，以及他认识的俄罗斯无线电军事专家老尤里先生，提供了一些令我困惑的军事描述的重要解释，以及对作者论述的补充；我的老同学、退伍兵、射击爱好者周锰（Archer）帮我义务审校了全书的军事相关表述，纠正了很多术语和行话的错误；退伍兵朋友李罡（Sky）、玄之也有所帮助。

稿子初步提交之后，西风文化的同仁又请来了一位重量级的军事专家董旻杰（"本垒打"）先生，为我详细审读了书稿全文，做了大量修改，再次纠正了很多错误，并加上了一组脚注，大多是关于军衔和人事变动。我们还就一些问题进行了热烈的讨论，收获巨大。有一次我提到，看到新的资料（两本俄文书）激动万分，很晚才睡。董先生非常理解，并分享了他自己的经验：之前写《沸腾的雪》等著作时殚精竭虑，为资料的矛盾而辗转反侧，为查证而不计投入……为此，我十分荣幸和感激。

西风文化的同仁们耐心地包容了我的工作失误，向他们表示诚挚的歉意。

翻译工作的俄语和其他语言方面

还有一个特殊情况：这本书的原文是俄文版的英译文，转译可能会出现各种准确性问题。怎么办？为尽可能掌握更多信息，我自行查找了网上的俄语电子文本，用谷歌引擎翻译了全文，把俄语、俄语机翻、英译文、我的中译文草稿做了一个逐句对照的 Excel 文件。从我的经验看来，这不仅能够做到三种语言的快速定位，明确对比，而且能够避免漏译。

在此过程中，我也咨询了多位俄语专家以及通晓俄语的国际朋友，包括：中国的张昕先生、吕津莹女士；北外留学生，乌克兰朋友阿罗娜 Marshall 女士；阿罗娜的同班同学，生于立陶宛的俄罗斯朋友柯亦兰女士；吉尔吉斯籍俄罗斯族翻译金淑贤女士；我的北京语言大学校友，俄籍华人胡凤兰女士；俄罗斯实业家谢尔盖先生。书中的酒类知识方面，咨询了葡萄酒专家王薇薇女士；医学方面，咨询了李斌大夫和生物专家疑核。

关于书中对英美两国的记载，我咨询了美国朋友 Sean Toland 和英国朋友英轩 James，以及我所在的一个国际语言群的朋友们。当然，这本书涉及的内容繁多，我的能力又很有限，难免挂一漏万，欢迎广大读者批评指正。

为确保专有名词准确，我将所有专名做了一个俄、英、汉三语对照的内部文件，只要是俄语本土名称，它的汉语名称一概取自现有的俄语直译，并尽可能选用更加突出俄语特色的那个版本，比如柳德米拉的娘家姓有"贝洛夫"和"别洛夫"两种译名，我选了"别洛夫"。英美专名当然以英文版为准。

初稿完成后，承蒙董旻杰先生再次校订了全书，特别致谢。

前文提到，1942 年美英两国的学生大会与青年大会在国内网上资料极少，搜索结果大都是 1946 年在布拉格举行的另外一次"世界学生大会"。书中为了区别和准确起见，对这两场大会的译名用了"国际"而非"世界"。

书中提到的俄语专名十分庞杂，有些名字还十分生僻，无论是俄语还是英语都没有查到现有的中文名。还有一个生僻名字出现了一点小波折：第 4 章开头提到敖德萨附近的一个村子 Mangeim，因为巧合，它的俄语名字 Мангейм 正好与德国城市曼海姆（Mannheim）拼写相同，谷歌地图搜索也没有结果，令我十分困惑。幸亏乌克兰顾问阿罗娜同学给我提供了一幅旧地图的照片，并做了母语发音示范，我最终自行音译成了"曼格伊姆"。

俄语第二人称有"您"（вы）和"你"（ты）的区别，而且用法与中文有一定差异。我虽然不掌握俄语，但通过请教俄语专家学会了这两个词，还有一些用来辨认的语法标记。

俄语的语法之复杂，连俄语母语者都望而生畏。我在翻译中也遇到了几个直接和间接的旁证：柳德米拉称赞她丈夫的优点，其中一条竟然是"说话很有条理，没有语病"。阿罗娜指出，第 6 章开头有一处"花园"俄语是单数，英文版却翻译成了复数。我感到诧异，阿罗娜却用汉语回答："我觉得这不是英译者的问题，俄语的语法真的很难理解的。"

俄文版中保留了一些英语、德语、法语的原文，其中英语在英文版中照抄，显不出来区别了。因为这些语言对于俄罗斯读者来说是外语，我也一概保留，并附上了中译文。

俄语人名和称呼也十分复杂。人名的典型结构是：教名（柳德米拉）·父称（米哈伊洛芙娜）·姓氏（帕夫利琴科）。如果称教名＋父称表示尊敬，类似"帕夫利琴科同志"。我暂时还不确定应该采用什么说法对应敬称，按照董旻杰先生指导，按照俄译汉的传统保留了原格式，并说明"这是敬称"。

教名除了原始形式和敬称，还有"爱称"（如伊莲娜 Елена 称为列娜 Лена）和"亲昵爱称"（莲努夏 Ленуся）。柳德米拉爱称"露西娅"（Люся）、简称"柳达"（Люда）。最初，我主张高度本地化原则，用了"阿莲""小柳"等称呼，还为柳德米拉给基岑科的昵称"廖尼亚"拟了一个充满感情的"列儿"。但董旻杰先生认真地指出，这些非正式称呼都有国内现成译名，这样本地化是不正确的，并在修订中为我改回了标准形式。不过，俄语中的复杂称呼，以及汉化后音节变多的现象，确实会给中国读者带来一定理解困难和陌生感，希望将来业界能有某种解决方法。

版本差异情况下的选择

经过对照，我发现英文版和俄文版某些地方有出入，我就根据查找的旁证选了其中一种较为合理的说法，有时还需要咨询军事顾问。如第 3 章，又如第 10 章柳德米拉消灭德国狙击手之后，说"我们只想快点回到团里"，俄文版作"连里"。周锰指出，柳德米拉去了自己团的外面，这种情况下军人只会说"回团"，因此我采用了英文版说法。一些地方，英文版信息比俄文版更加简略，如柳德米拉使用的"芬兰刀"，英文版没有说出刀的具体种类，因此我采用了俄文版说法。英文版还出现了少数句子的缺失，我根据俄文版补足。董旻杰先生也极为严谨地按照实情做了军事方面的修订，纠正了俄文版或英文版的某些错误说法。

还有一件怪事：英文版章数为 19，而我查找的各种在线俄文版，包括一个俄文网站上的实体书照片都显示章数为 18，缺失了英文版的第 17 章《大洋小岛》，也就是柳德米拉访英的全部记载，缺失的原因不明。这一章只能单纯依靠英文翻译。在修改稿子的最后阶段，我先后看到了两本非常重要的俄文图书，如获至宝：第一本是尤里·鲁布佐夫（Юрий Рубцов,）、德米特里·菲利波夫（Дмитрий Филипповых）著作《克里米亚战场的英雄们》（Герои битвы за Крым），是克里米亚战役重要事件和主要人物的回顾。第二本是《特殊使命》，完整描述了代表团的出访过程。其中，前者引用了后者的一部分（同时作者声称柳德米拉没有写下访英记录），而后者包含的某些文本则与本书英文版第 17 章某些文本对应。译者不从事历史研究或版本考证，也无从得知本书这一章的确切来源，只是参照两本书的内容，酌情为本书补充了一些注解，并确认了对话中一部分"您"和"你"的区别。

遗憾的是，本书中依然存在一些缺乏信源或自相矛盾的说法，受各种条件限制，我无法一一核实。如中文、英文网上普遍说柳德米拉消灭的德国狙击手是 36 人，但本书英文版前勒口的介绍是 29 人。我不清楚哪一种说法更有根据，只能保持原状。有一首诗的引文"步兵坚持住"也未发现出处，只好在张昕先生的协助下，附上了一首后世歌曲《鸦群到来》的资料。

引文、诗歌、文风等方面

本书中提到的各种文化产品和引文，如书籍、歌曲、电影、海报等，我都尽力查找了现有的传统译文或现代网友译文。如列夫·托尔斯泰的《塞瓦斯托波尔故事集》采用了草婴译文。莫洛托夫讲话选自 B 站用户"vitality-zun 什卡"翻译的视频；我在写下之后又看到了《今日俄罗斯》杂志 2015 年 5 月号二战专题收录的中译文，并参照它做了修改。文中提到的歌曲大部分是薛范先生译配的，它们的标题与歌词都取自薛老官网。其余的歌曲也都选用了译配中文版的标题。我也是歌曲译配爱好者，觉得格外亲切。

不幸的是，在我接到这次任务之前，薛老已经在 2022 年夏天离开了我们。愿以这本书献给他的在天之灵。

第 17 章柳德米拉提到了巴丘什科夫（原文错写成巴丘什科夫好友普希

金）所作的悼亡诗《友人之影》。英文版的前勒口也提到美国民谣歌手伍迪·格思里的歌曲《帕夫利琴科小姐》。为了补充更多信息，我对它们分别做了翻译和译配，作为附录。《友人之影》题材是对战友的哀悼，柳德米拉提到这首诗，可能对它也有一定感情。

因为作者是高级知识分子，我把全书文风确定为正式书面语，尽量消除翻译腔，并借鉴了国内军旅文学的色彩。书中对话尽可能做了通俗、流畅处理。

无论是反法西斯的军事斗争，还是外交事业，各国青年的事业，都需要排除万难，团结努力。推而广之，我不仅想到了历史，还想到了我面前的翻译工作本身。我有幸得到这次宝贵的工作机会，除了要感谢西风文化、董旻杰先生、各位军事顾问和语言顾问，也要感谢那些让这份回忆录得以出版，我未曾谋面的多位外国人士：俄文版编辑别古诺娃女士、英译者福尔曼先生等人。这是一次规模小得多，但同样充满意义的群策群力，即使某些参与者并不相识。我还要感谢这个时代的便利：网络和人工智能的发展，使得我和其他参与者都能够相对容易地浏览我不能直接阅读的俄语材料，以及在传统条件下很难查找的旧日资料，如埃莉诺《我的一天》《中国青年》旧杂志文章等等。愿我这次的学习和进步，能够为将来的跨文化事业贡献更多力量。

愿和平早日重归柳德米拉的祖国。

愿和平早日重归柳德米拉战斗过的地方。

刘巍

2023 年 7 月—10 月 15 日于河北燕郊